HarperCollins

Zum Buch:

Zum ersten Mal in seinem Leben hat Dennis keine Verpflichtungen. Er genießt die Sommersonne, als er in seinem Cabrio die Küstenstraße Richtung Smögen entlangfährt. Das Meer glitzert blau, und die Sonne lässt die bunt gestrichenen Häuser der kleinen Fischerdörfer leuchten. Dennis freut sich auf einen unbeschwerten Sommer. Die letzten Monate waren schwer genug. In Smögen will er endlich zur Ruhe kommen. Doch dann geschieht ein Mord in dem Urlaubsparadies, und plötzlich verschwindet Åke, Dennis' Freund aus Kindheitstagen. Kurz vor seinem Verschwinden hat er Dennis anvertraut, das Wrack des 1837 gesunkenen Schiffs *Santa Anna* gefunden zu haben. Mit dem Schiff soll auch ein sagenumwobener Schatz untergegangen sein. Hat Åkes Verschwinden etwas mit seiner Entdeckung zu tun? Dennis hat keine Wahl: Er muss ermitteln.

Zur Autorin:

Anna Ihrén wurde in Stockholm geboren und hat sich bereits als Kind in Schwedens zerklüftete Westküste verliebt. Als sie mit ihren Eltern nach Göteborg umzog, war sie fasziniert von den Abenteuergeschichten der Seefahrer, und ihr Wunsch, selbst Geschichten zu schreiben, nahm Gestalt an. Zu Beginn ihrer Schriftstellerkarriere verkaufte sie ihre Bücher noch selbst bei Fischauktionen, am Kai von Smögen und überall dort, wo Menschen ihren Urlaub verbrachten. Mittlerweile ist sie Bestsellerautorin in Schweden, und ihre Serie um Dennis Wilhelmson erfreut sich großer Beliebtheit.

Anna Ihrén

Mord in den Schären

Kriminalroman

Aus dem Schwedischen von
Ulla Ackermann

HarperCollins®

1. Auflage: Juli 2019
Deutsche Erstausgabe
Copyright © 2019 für die deutsche Ausgabe by HarperCollins
in der HarperCollins Germany GmbH, Hamburg

Copyright © 2014 by Anna Ihrén
by Agreement with Enberg Agency
Originaltitel: »Strandsittaren«
Erschienen bei: MIMA, Stockholm

Umschlaggestaltung: zero-media.net, München
Umschlagabbildung: Mikael Broms, VectorDIY / shutterstock
Lektorat: Sibylle Klöcker
Satz: GGP Media GmbH, Pößneck
Printed in Germany
Dieses Buch wurde auf FSC®-zertifiziertem Papier gedruckt.
ISBN 978-3-95967-295-5

www.harpercollins.de

Werden Sie Fan von HarperCollins Germany auf Facebook!

Danke!

Dan-Robert, Tim und Isabella –
für all Eure Liebe und Zeit ...

Das Wasser war klar. Auf dem Grund verschwand eine Krabbe eilig unter einem Büschel Seetang. Er versuchte zu schwimmen. Versuchte, Hände und Füße so zu bewegen, wie er es einmal gelernt hatte, doch sie wollten ihm nicht gehorchen. Sein Körper wurde mit jeder Sekunde schwerer. Ihm fehlte die Kraft, seinen Kopf noch länger über der Wasseroberfläche zu halten. Er sank in die Tiefe, und sein letzter Gedanke war, dass er seine Liebste verließ. Wie sollte sie ohne ihn zurechtkommen? Er hatte es sich zur Aufgabe gemacht, sich um sie zu kümmern. Nur eine einzige Sache hätte er noch erledigen müssen, um ihr ein anderes Leben zu bieten. Aber es war etwas dazwischengekommen, das seinen Plan zunichtegemacht hatte. Jetzt war es zu spät.

1

Vor ihm erstreckte sich die Uddevallabron majestätisch über das Wasser. Dennis Wilhelmson gab Gas und spürte, wie ihn die Beschleunigungskräfte in den Sitz drückten. Der schwarze Maserati flog durch die Landschaft. Die Pforte zu seinem geliebten Bohuslän öffnete sich, und als es in seiner Magengrube zu kribbeln begann, wusste er, dass er trotz allem die richtige Entscheidung getroffen hatte. Die Situation bei der Arbeit war untragbar geworden. Aus Loyalität der Abteilung und seinen Kollegen gegenüber hatte er um ein Haar sein Leben geopfert. Und als Dank dafür bot man ihm eine Versetzung an: aus Göteborg, wo er über zehn Jahre lang beim Spezialeinsatzkommando der Polizei gearbeitet hatte, auf einen Schreibtischposten in Töreboda, mitten in der Pampa. Sie hatten ihn komplett abgesägt. Erneut spürte er, wie die Mischung aus Enttäuschung und Wut in ihm aufstieg, die ihn seit Tagen begleitete. Um nicht verrückt zu werden, war er gezwungen gewesen, etwas Neues zu machen. Es durchzuziehen. Sich beurlauben zu lassen und nach Smögen – an den Ort seiner Jugend – zurückzukehren, war ihm schließlich als einziger Ausweg erschienen, um auf andere Gedanken zu kommen. Gestern hatte er seine Dienstwaffe und seine Polizeimarke abgegeben und anschließend den Wagen abgeholt, der fast seine gesamten Ersparnisse verschlungen hatte. Doch der Kitzel, den er jedes Mal spürte, wenn er das Gaspedal durchdrückte, war jede Krone wert.

Dennis verließ die E6 und wechselte auf die von kleinen Fischerdörfern gesäumte Küstenstraße von Sotenäs. Zu spät entdeckte er die Polizeikontrolle am Fahrbahnrand. Er nahm den Fuß vom Gas. Glück gehabt! Sie packten gerade zusammen. Eine Polizeibeamtin, unter deren Dienstmütze ein blonder Zopf hervorschaute, und ein männlicher Kollege, der sich gerade ins Auto setzte. Ach, dachte er und warf einen Blick zurück. Das musste Paul Hammarberg gewesen sein. Sein Freund und Feind aus Jugendzeiten. Sie waren zusammen gesurft, gesegelt, waren Wasserski gefahren und hatten wilde Partys gefeiert. Sie waren die sogenannten Anführer der beiden Gangs gewesen, die während der späten Achtzigerjahre in Smögen und Kungshamn den Ton angaben. Sie hatten ständig, wenn auch im Scherz, miteinander gekämpft – gegeneinander, und um Eva. Er sah sie vor sich. Ihr langes schwarzes Haar, das in der Sonne glänzte.

Paul hatte immer betont, dass Dennis nicht von der Küste stammte, sondern ein Feriengast war, ein Sommerfrischler, ein Tourist unter vielen, die Smögen nur während der kurzen Sommerwochen einen Besuch abstatteten und dann wieder verschwanden. Doch Dennis hatte sich nie als einer dieser Touristen gefühlt und es jedes Mal gehasst, wenn Paul diese Sprüche klopfte. Er spürte, wie sich der Groll von damals wieder in ihm regte.

Sein Handy summte. Er sah auf das Display. Cleuda. Er ließ es klingeln und drehte die Musik lauter. *God only knows what I'd be without you*. Carl, der jüngste der Beach Boys, hatte eine Stimme, die ihm direkt unter die Haut ging. Langsam fuhr Dennis über die Smögenbron. Am höchsten Punkt warf er zuerst einen Blick nach Osten, auf Kungshamn und Tången, dann nach Westen, auf Hasselösund und die sanfte Klippenlandschaft von Sandön. Nirgendwo auf der Welt gab es eine schönere Aussicht als diese. Davon war er felsenfest überzeugt. Die Sonne strahlte in das Cabrio, Meer und Himmel schimmerten in herrlichen Blautönen. Sommerblau. Zum ersten Mal in seinem Leben hatte er keinerlei Verpflichtungen. Eine ganze lange Weile nicht. Das würde sein bester Sommer seit Teenagerzeiten werden. Damals hatte sich in seiner Welt alles um Musik, Surfen und seine Kumpels gedreht – und natürlich das weibliche Geschlecht. Dieses Mal hatte er sich vorgenommen zu baden, die Ruhe zu genießen und zu schreiben. Um Frauen würde er einen großen Bogen machen. Im Frühjahr hatte er sich in Sachen Beziehung gehörig die Finger verbrannt, und das wollte er nie wieder erleben. Ihretwegen hatte er alles verloren: sein Selbstvertrauen, seinen Job, seine Karriere. Seine Lebensfreude. Alles außer seinen Ersparnissen, die sich stur und starrköpfig immer noch auf seinem Konto befanden, nachdem alles andere in die Brüche gegangen war. Doch jetzt hatte er beinahe jede Öre in ein Auto investiert. Und er hatte nicht die geringste Ahnung, wie er finanziell über die Runden kommen sollte.

Sein Handy meldete sich erneut. Diesmal war es Åke Strömberg.

»Ja, ich bin jetzt da. Sollen wir uns gleich treffen? In Ordnung. Ich komme dahin.«

Eva hatte sich damals für Åke entschieden. Direkt vor Dennis' und Pauls Augen war Åke plötzlich mit seinem Segelboot auf der Bildfläche erschienen und hatte Eva im Sturm erobert. Zuerst war Dennis am Boden zerstört gewesen, doch mit der Zeit waren er und Åke Freunde geworden. Åke hatte ein angenehmes Wesen und sprudelte förmlich über vor verrückten Ideen und Einfällen. Dennis konnte es Eva nicht verdenken, dass sie sich Hals über Kopf in Åke verliebt hatte. Das musste er widerwillig zugeben. Jetzt machte die kleine Vera ihr gemeinsames Glück perfekt. In den letzten Jahren hatte Dennis den Kontakt zu seinen alten Freunden nur sporadisch gepflegt, doch in diesem Sommer würden sie sich wieder treffen, wie früher. Darauf freute er sich wirklich.

Smögen, 2. November 1837

Der Sturm fegte aus Westen über die Küste von Sotenäs hinweg und machte erbarmungslos alles zunichte, was sich ihm in den Weg stellte. Seit fast zwei Tagen wütete er, zertrümmerte Schiffe von nah und fern, schleuderte sie gnadenlos gegen Felsen und Klippen, wo sie zerschellten. Die Katen der sogenannten Strandsitzer standen auf der Leeseite der Insel Kleven, die dem Fischerdorf Smögen vorgelagert war. Doch etliche Male drohten die starken Windböen auch ihre Dächer mitzureißen.

Carl-Henrik betrachtete seine Frau Anna-Katarina, die, obwohl sie unmittelbar vor der Niederkunft ihres ersten Kindes stand, dünn wie ein Löwenzahnstengel war. Er machte sich Sorgen, wie sie die Strapazen der Geburt überstehen würde. Gerade ruhte sie sich auf der Küchenbank aus. Er hatte sie aus Treibholz gezimmert, das nach einem Sturm in den kleinen Buchten von Kleven angeschwemmt worden war. Ihre Wangen waren eingefallen, nur der Hunger konnte ein junges Gesicht derart zeichnen. Sie wurde bald zwanzig, und bisher hatte die bittere Realität ihnen ein hartes Dasein beschieden, fernab ihrer Träume von einem glücklichen Familienleben.

Carl-Henrik goss ein wenig Heidekrauttee mit getrockneten Brombeeren und Himbeerblättern in einen Becher. Das war alles, was er ihr gerade bieten konnte. Bevor das Unwetter über sie hereinbrach, waren ihm ein paar Makrelen ins Netz gegangen, die er über dem Feuer gebraten hatte. Die Mahlzeit war drei Tage her, und Anna-Katarinas Magen musste sich vor Hunger zusammenkrampfen, auch wenn sie sich mit keinem Wort beklagte. Sobald der Sturm abflaute, würde er zum Fischen hinausfahren.

Er war fest entschlossen, Anna-Katarina eines Tages all das zu geben, wovon sie träumte. Er hatte keine Ahnung, wie er das bewerkstelligen sollte, doch tagtäglich zerbrach er sich den Kopf, wie er für das, was Meer und Inseln darboten, einen Lohn erhalten konnte. Ein ärmliches Strandsitzer-Leben hatte er Anna-Katarinas Vater nicht versprochen, als er ihn auf dem Totenbett um die Hand seiner Tochter bat.

2

Åke Strömberg war groß. Er strahlte eine Ruhe und Selbstsicherheit aus, um die Dennis ihn beneidete. Dennis hatte sich im Laufe der Jahre den Respekt seiner Polizeikollegen erarbeitet, und es gab viele, die ihn für seinen Mut in Gefahrensituationen bewunderten. Aber Åkes Ausstrahlung kam von innen. Sie war unerschütterlich. Dennis hatte von jeher gegen seine Selbstzweifel ankämpfen müssen, damit sein positives Selbstbild die Oberhand gewann. Vielleicht lag es an ihrer unterschiedlichen Kindheit. Åke war in einer intakten Familie aufgewachsen, in der beide Eltern dem einzigen Sohn ihre ganze Aufmerksamkeit widmeten; Åke hatte nie mit irgendjemandem konkurrieren müssen. Dennis hingegen hatte seinen Vater nie kennengelernt, er wusste nicht einmal, wer er war. Seine Mutter hatte ihm zahlreiche Männer präsentiert, in den verschiedenen Wohnungen, zwischen denen sie hin und her gezogen waren, aber keiner von ihnen hatte je die Vaterrolle übernommen. Seine Mutter weigerte sich, ihm etwas über seinen Vater zu erzählen. Eines Tages würde er herausfinden, wer er war. Aber nicht jetzt.

»Hallo, Dennis«, sagte Åke und umarmte ihn.

Dennis erwiderte die Umarmung und spürte eine tiefe Freude, seinen Freund wiederzusehen. In seiner Gegenwart fiel es einem leicht, unbeschwert zu sein.

»Ich hole uns mal ein Bier«, sagte Åke und grinste. »Du bist bestimmt wie immer total abgebrannt.«

Während Åke die Bar des Surfers Inn ansteuerte, machte Dennis es sich draußen an einem der Tische in der Sonne bequem. Obwohl es auf den Abend zuging, war es immer noch warm, und in dem kleinen Innenhof zwischen den Häusern ließ es sich aushalten.

»Ich hab was Großes am Laufen«, verkündete Åke, als er das Tablett abstellte, auf dem sich außer dem angekündigten Bier auch zwei Burger mit Jalapeños und eine Soßenauswahl befanden. Die Aufregung in seinen Augen war nicht zu übersehen.

»Was stellst du jetzt wieder auf die Beine?«, erkundigte sich Dennis lächelnd. Er kannte Åkes abenteuerliche Ideen zur Genüge, manchmal erwiesen sie sich als Luftschlösser, doch hin und wieder hatten sie durchaus Hand und Fuß.

»Ich habe Wrackteile der Sankt Anna entdeckt«, flüsterte Åke und sah sich um, als wollte er sich vergewissern, dass niemand sie belauschte.

»Aha«, erwiderte Dennis, der von diesem Schiff noch nie gehört hatte.

»Sie ist im Herbst 1837 vor Kleven auf Grund gelaufen und gesunken. Seitdem hat man weder Reste des Wracks noch Teile ihrer Ladung gefunden.«

»Aber wie hast du das Schiff entdeckt?«, fragte Dennis skeptisch. »Woher weißt du, dass es wirklich die Sankt Anna ist, und falls ja, was ist an ihr so Besonderes?«

»Ihre Geschichte ist phänomenal«, erwiderte Åke eifrig. »Und ich wollte dich fragen, ob du jetzt gleich Lust auf einen Tauchgang hast, damit ich sie dir zeigen kann.«

Dennis schwieg einen Moment, dann antwortete er: »Åke, das klingt unheimlich spannend, aber ich bin gerade erst angekommen und brauche einen Tag zum Eingewöhnen. Können wir das nicht auf morgen verschieben? Sobald ich meine Taucherausrüstung bei Johan abgeholt habe, komme ich mit.«

Åke fuhr sich mit der Hand durch sein dunkelbraunes Haar, und Dennis sah ihm die Enttäuschung deutlich an, hoffte aber, dass sein Freund ihn verstand. Åke war noch nie ein geduldiger Mensch gewesen. Warten gehörte nicht zu seinen Stärken. Er lebte im Hier und Jetzt.

»Kein Problem«, sagte er schließlich. »Ich bin mindestens ein Mal am Tag draußen. Wir werden im Laufe des Sommers also genügend Gelegenheiten haben.«

Als sie sich verabschiedeten, war das schelmische Funkeln in Åkes Augen zurück. Dennis blickte ihm nach, als er mit schnellen Schritten zum Kai des Fischereihafens ging, wo sein Boot lag und auf ihn wartete.

Es war ein heller Abend. Aus den Felsspalten zwischen den Klippen lugten die rosafarbenen Blüten der Strand-Grasnelken hervor. Dennis lächelte, als ihm der Wind die Haare zerzauste. Geschickt kletterte er über die Klippen, hinunter zur Badebucht, der Makrillviken, die ihm nur allzu vertraut war. Seine Füße fanden intuitiv Halt, die Spalten und Vorsprünge waren seit vielen Jahren in seinem Gedächtnis gespeichert. In dem natürlichen Becken der Makrillviken war keine einzige Qualle zu sehen. Was sich im Laufe des Sommers schnell ändern konnte, je nachdem, aus welcher Richtung der Wind kam. Er ließ sich von der Treppe des Stegs ins Meer gleiten und machte ein paar Schwimmzüge unter Wasser. Die Nächte waren noch immer kalt, doch tagsüber wärmte die Sonne das Meer auf beinahe angenehme Temperaturen auf. Als Dennis wieder an die Oberfläche kam, tauchte ein Stück von ihm entfernt eine Seeschwalbe auf der Jagd nach Nahrung ins Wasser. Dieser Sommer würde fantastisch werden. Dennis schwang sich die Leiter empor, setzte sich, ein Handtuch um die Hüften gewickelt, auf den Steg und wandte den Blick gen Nordwesten zum rosafarbenen Horizont.

Als er genug Abendsonne getankt hatte, zog er sich an und ging mit schnellen Schritten zum Bootsanleger zurück, um sich aufzuwärmen. Seine Vermieterin wohnte oben im Friskens väg. Er ging an ihrem Briefkasten vorbei, in dem sie einen Umschlag mit dem Bootsschlüssel für ihn hinterlegt hatte. Gunnel, so hieß seine Vermieterin, war heute nicht zu Hause, deshalb musste er alleine zurechtkommen. Sie hatte ihm angeboten, bei ihr im Souterrain zu wohnen, das sie während der Sommermonate vermietete. Da der Zimmerpreis im Sommer jedoch in astronomische Höhen stieg, war seine Wahl stattdessen auf den Fischkutter gefallen, den Gunnel beim Hauskauf als Dreingabe dazubekommen hatte. In den nächsten Wochen würde sein Zuhause also ein Fischerboot namens Dolores sein, für fünfhundert Kronen pro Monat war sie diesen Sommer die Seine. Dennis' Schwester Victoria hatte nur den Kopf geschüttelt, als er ihr erzählte, wo er untergekommen war. Sie hatte ihm vorgeschlagen, bei ihr zu wohnen, aber Dennis stand nicht der Sinn danach, den ganzen Sommer zwischen Kindergeschrei und vollen Windeln zu verbringen. Es reichte, wenn er Victoria und ihre Familie hin und wieder besuchte.

Er hatte den Kutter erreicht. Dennis fischte den Schlüsselbund aus dem Umschlag und schloss die Steuerkajüte mit dem kleinen Bootsschlüssel auf, der daran hing. Dann betrat er sein neues Reich. Er setzte sich an einen Tisch, der zur Hälfte mit einem Stoß Seekarten bedeckt war. Der Tisch ließ sich absenken. Mit einem Polster und den beiden Sofas an jeder Seite würde er sich eine gemütliche Schlafkoje bauen können. Für die richtige Atmosphäre stellte Dennis eine Flasche Barbados-Rum auf den Tisch. Er zündete die Petroleumleuchte an und goss einige Fingerbreit des honigfarbenen Getränks in ein Glas. Dann machte er es sich mit einem Kissen im Rücken auf einem der beiden Sofas gemütlich.

Anthony Parker lehnte den Kopf an die Nackenstütze des Flugzeugsitzes. Im Laufe der Jahre hatte er etliche Flugmeilen zurückgelegt. Inlandsflüge, überwiegend zu seiner Schwester nach Miami. Aber über den Atlantik, nach Europa, war er noch nie gereist. Wie üblich hatte am Newark Airport Hochbetrieb geherrscht, aber er hatte sich vor die gigantische Panoramafensterfront gesetzt und über die Dächer der Stadt geblickt. Seit dem Tag vor fast vierzig Jahren, an dem er das Landleben und den Hof seiner Vorväter verlassen hatte und nach Greenwich Village zog, war New York sein Zuhause. Es ging ihm gut, aber sein Lebensstil hatte nicht die Voraussetzungen geboten, eine Familie zu gründen. Vielleicht waren das auch nur Ausreden, doch inzwischen ging er auf die sechzig zu und war immer noch Single.

Anthony tastete nach dem Karton unter seinem Sitz – oder genauer gesagt: nach einem der Kartons. Seine Reisetasche hatte er am Check-in-Schalter abgegeben, und im Gepäckfach über seinem Kopf lag noch mehr Material. Er hatte fast alles einpacken können. Eine Reise nach Schweden ohne sämtliche Unterlagen wäre für ihn undenkbar gewesen. Die Briefe, Fotografien und Dokumente verdienten es, wieder auf schwedischen Boden zu kommen. Er würde seinen Traum verwirklichen.

Dennis wurde durch das Schaukeln des Kutters geweckt. Er musste eine ganze Weile geschlafen haben. Eine Person ging vor dem Kajütenfenster über Deck, und ein dunkler Schatten glitt durch die Kabine. Die Tür wurde langsam aufgeschoben, und kühle Abendluft wehte herein.

»Hallo!«, rief jemand. Dennis blinzelte in die Richtung, aus der die Stimme kam. Im Türrahmen erschien ein Frauenkopf.

»Eva, was machst du denn hier?« Seine verschlafene Stimme klang rauer als beabsichtigt. »Wolltest du heute Abend nicht ins Skäret?«

Hasse, der sich um die Verwaltung sämtlicher Ferienwohnungen auf Smögen kümmerte, lud jedes Jahr zu Saisonbeginn alle Wohnungsbesitzer zu einem Umtrunk ein. Viele

Einheimische vermieteten während der Sommermonate ihre Kellerräume an Touristen, um sich ein paar Kronen dazuzuverdienen. Hasses Auftaktveranstaltung war äußerst beliebt, und Eva und ihre Mutter standen immer auf der Gästeliste.

»Doch, aber Åke ist nicht nach Hause gekommen, und ich konnte Vera schließlich nicht alleine lassen. Als Mama wieder zurück war, habe ich sie gebeten, auf sie aufzupassen. Ich habe ihr gesagt, ich müsste kurz frische Luft schnappen.«

»Wo ist Åke denn? Wie spät ist es überhaupt?«

»Ich wollte dich fragen, ob du ihn gesehen hast.« Eva klang niedergeschlagen. »Es ist fast Mitternacht, und er ist immer noch nicht zu Hause.«

»Möchtest du?« Dennis deutete auf die Rumflasche, doch Eva schüttelte den Kopf. »Åke und ich haben ein Bier getrunken, aber er wollte noch mit dem Boot raus. Wir haben uns nur kurz gesehen. Ich war in der Makrillviken zum Baden und bin dann Richtung Fischereihafen gegangen, am Kai entlang. Aber am Bootsanleger habe ich ihn nicht gesehen.«

Evas dunkles Haar glänzte im Schein der Petroleumlampe. Ihre Augen waren gerötet, doch Dennis dachte, dass sie immer noch genauso schön war wie früher.

»Das ist dieses Wrack«, seufzte sie. »Åke ist wie besessen davon. Er ist der Meinung, dass er der Erste ist, der es entdeckt hat, obwohl es schon vor fast zweihundert Jahren gesunken ist.«

Dennis vermied es, Eva in die Augen zu schauen. Er hoffte inständig, dass Åke nichts zugestoßen war. Aber Åke war ein erfahrener Taucher und würde kein unnötiges Risiko eingehen.

3

Hafenkapitän Neo Waltersson schloss den obersten goldfarbenen Knopf seines Hemds und setzte seine Kapitänsmütze auf. Vielleicht war das ein bisschen übertrieben, doch wenn man ihn gezwungen hätte zu gestehen, was ihn dazu brachte, seinen Dienst so pflichtbewusst zu verrichten, dann war es das Gefühl, wenn er seine Uniform anzog. Seit er vor über einem Jahrzehnt an Land gegangen war, arbeitete er während der Sommermonate im Gästehafen. Jeden Morgen fand er sich pünktlich um sieben Uhr unten am Kai ein, wo ihn die jüngeren Hafenmeister, die gerne bis weit in den Vormittag hinein schliefen, zum Elf-Uhr-Kaffee ablösten.

Seine Frau trat hinter ihn und strich mit den Händen über die Epauletten seiner Kapitänsjacke.

»Alles kommt wieder ins Lot, du wirst schon sehen«, beruhigte sie ihn. Sie kannte ihn gut und wusste, woher die tiefen Sorgenfalten auf seiner Stirn stammten.

»Hm«, murmelte er skeptisch.

Es gab zwei Dinge im Leben, die Neo ganz besonders am Herzen lagen. Das eine war das Meer und das andere seine jüngste Tochter Maya. Was das Meer anging, fühlte er, dass diese Liebe auf Gegenseitigkeit beruhte. Sie war unkompliziert. Das Meer hatte ihm die Möglichkeit gegeben, seine Familie zu versorgen, ein ganzes Arbeitsleben lang, genau wie sein Vater und sein Großvater es getan hatten. Die Liebe zum Meer verlieh seinem Dasein einen Sinn und erfüllte es mit einer Freude, mit der sich nichts anderes messen konnte. Außer Maya.

Er hatte drei Töchter. Die beiden ältesten hatten ihm nie Anlass zur Sorge geboten. In ihrer Kindheit hatte sich in erster Linie seine Frau um sie gekümmert, was er ihr hoch anrechnete, denn er war meistens auf See gewesen. Beide Mädchen hatten eine Ausbildung zur Krankenschwester absolviert, die Älteste war mit einem Feuerwehrmann verheiratet, die Zweitälteste mit einem Polizisten. Inzwischen wohnten beide mit ihren Familien auf dem Festland.

Seine jüngste Tochter Maya hatte sich als kleine Überraschung kurz vor seinem fünfzigsten Geburtstag eingestellt. Während der Geburt ordnete der Arzt plötzlich einen Notkaiserschnitt an. Als sich seine Frau nach dem Eingriff erholte, hatte Neo stundenlang mit dem kleinen Mädchen im Arm dagesessen. Er war ganz verzaubert gewesen von dem winzigen Wesen, das seelenruhig in seinen Armen schlummerte. Seit diesem Moment hatte Maya von seinem Innersten Besitz ergriffen. Wenn Maya weinte, war er traurig, wenn sie lachte, war er glücklich. Mayas Haar war weiß wie Milch und bildete einen auffälligen Kontrast zu ihren großen grünen Augen. Wenn Neo früher in diese Augen geblickt hatte, war er bereit gewesen, Maya jeden Wunsch zu erfüllen. Doch jetzt hatte sich alles verändert. Im letzten Sommer war sie eines Tages mit schwarz gefärbten Haaren nach Hause gekommen und hatte verkündet, sie würde ihre Krankenschwesterausbildung abbrechen und ein Studium an der Kunsthochschule beginnen. Wohnen würde sie im Studentenwohnheim auf dem Campus. Im Herbst und Winter hatte er seine Tochter kaum zu Gesicht bekommen. Und auch im Frühjahr war sie nur sporadisch zu Hause gewesen. Aber vergangenen Freitag hatte sie um die Mittagszeit aus heiterem Himmel vor der Tür gestanden und sie gebeten, in die Souterrainwohnung ziehen zu dürfen, die sie eigentlich an Sommergäste vermieten wollten. Neo hatte erst Nein gesagt, doch seine Frau stimmte ihn um. Die Kinder sind zu Hause immer willkommen, hatte sie gesagt. Er hatte nachgegeben, aber die Spannungen, die im Haus herrschten, seit Maya wieder bei ihnen wohnte, zehrten an seinen Kräften. Eigentlich würde er sie am liebsten ganz fest in die Arme schließen, aber das brachte er nicht über sich, er konnte sie nicht einmal ansehen.

Neo zog die Haustür hinter sich zu und ging zum Kai hinunter. Dort war alles wie immer, dort war er in seinem Element.

Obwohl die Junisonne die roten Klippen wärmte, die zwischen den Bootsschuppen hervorlugten, hatten noch nicht übermäßig viele Sommerfrischler den Weg auf den Smögen-Kai gefunden. Während der Hochsaison bevölkerten Segler und Touristen aus der ganzen Welt die in den Felswänden verankerten grün gestrichenen Bänke. Neo absolvierte seine übliche Runde. Am Eiskiosk stand eine halb ausgetrunkene Saftpackung, und in einer Ritze der Bretterwand steckte eine Papierserviette. Er sammelte den Abfall auf und warf ihn in eine Mülltonne, in der bereits ein voller Beutel lag. Vermutlich von dem norwegischen Ehepaar, das gestern Abend angekommen war, dachte er. Er hatte gesehen, dass sie schon in aller Frühe wieder aufgebrochen waren. Warum nur? grübelte er. Mit einem Motorboot wie dem ihren fuhren sie die Küste von Bohuslän innerhalb von ein paar Stunden rauf und wieder runter, so eilig konnten sie es doch wohl kaum haben.

Neo hielt sein wettergegerbtes Gesicht in die Sonne, zog leicht an seiner Pfeife, die ihm im Mundwinkel hing, und schritt entschlossen den Kai hinunter, dessen verwitterte Planken von der jahrelangen Behandlung durch Salzwasser und Wind silbergrau schimmerten. Plötzlich zuckte er zusammen. Ein schriller Schrei durchschnitt die kühle Morgenluft. Er kam aus Richtung des Hafenbeckens. Neo biss auf das Mundstück seiner Pfeife und lief zur Kante des Kais. Eine Frau schwamm im Wasser und ruderte wild mit den Armen. Neo kletterte an Bord der vor ihm liegenden Motorjacht und von dort zum hinteren Badesteg des Bootes. Er beugte sich tief herunter, bekam die Frau unter den Achselhöhlen zu fassen und zog sie zur Leiter. Neben der Frau trieb ein toter Mann im Hafenbecken. Seine Augen starrten blicklos in den Himmel.

Jacqueline Bijou stieß die Fensterläden auf und genoss die Aussicht über die Terrasse. Vor ihr erstreckte sich die grüne Bergkette bis hinunter ans Mittelmeer, am Horizont verschmolz das Blau des Wassers mit dem Himmel. Sie sog den würzigen Duft von provenzalischen Kräutern ein. Alphonse lag noch im Bett, Sonnenstrahlen fielen auf seine schöne, junge Gestalt. Jacqueline fragte sich, was sie eigentlich dazu veranlasst hatte, mit einem Mann den Bund fürs Leben einzugehen. Obwohl ihr Gatte zehn Jahre jünger war als sie, hatte er in den letzten Jahren nicht nur angefangen, sich wie ein alter Mann zu benehmen, er sah auch wie einer aus. Alphonse gab ihr etwas völlig anderes und außerdem Freiheit. Zwischen ihnen existierte nur eine einzige stillschweigende Übereinkunft, und die bestand darin, dass es keine gab. Diese Art von Beziehung war ganz nach ihrem Geschmack.

Sie hatte ihren Vater François Bijou nie kennengelernt und hatte ihn nie vermisst. Doch vor einigen Jahren erfuhr sie, dass er gestorben war und ihr ein Haus in den Bergen oberhalb von Nizza vererbt hatte. Ihre Mutter hatte sich viele Male bitterlich beklagt, kurz vor der Geburt von ihm sitzen gelassen worden zu sein. Aber was hatte sie erwartet? Ein Sommerflirt in Nizza, was hätte daraus anderes werden sollen? Als ihre Mutter vor einigen Jahren starb, hinterließ sie ihr nichts außer einem Paar Goldohrringe, die Jacqueline sofort versetzt hatte, als ihr klar wurde, dass sie ein paar Tausend Kronen wert waren. Sie hatte noch nie eine nostalgische Ader besessen. Nicht, dass sie das Geld wirklich benötigte. Ihre Firma florierte. Das Haus auf Smögen hatte sie von ihren eigenen Ersparnissen für sich und ihren Mann gekauft. Als Lehrer verdiente er nicht gerade üppig. Sie hatte keine Ahnung, wie er nach der Scheidung über die Runden kommen sollte, doch sie selbst würde ihr Leben fortan in vollen Zügen genießen. Wie es ihr zustand.

Im Herbst würde sie fünfzig werden, aber körperlich und geistig fühlte sie sich wie Alphonse, höchstens fünfundzwanzig. Und das hatte er ihr auf Französisch wieder und wieder bestätigt, nicht zuletzt in der vergangenen Nacht. Jacqueline betrachtete ihn erneut und lächelte. Ein bisschen schade war es schon, dass sie heute nach Schweden zurückflog, doch sich von ihren Ehemann am Telefon zu trennen kam für sie nicht infrage. Nach beinahe acht Jahren Ehe gebot es der Anstand, dass sie ihm ihre Entscheidung persönlich mitteilte. Außerdem wollte sie seine Miene sehen, wenn sie es ihm sagte. Wie befreit sie sich hinterher fühlen würde! Sie hatte Alphonse versprochen, dass er während ihrer Abwesenheit im Haus wohnen konnte. Es war nur für eine Woche, sie würde im Nu verfliegen. Und in der Zeit würde er auf zwei Modenschauen seine neue Strandkollektion präsentieren. Im Kaufhaus La Fayette in Nizza und im Jimmy'z in Monaco. Im Anschluss fanden große Aftershow-Partys statt, er würde also beschäftigt sein. Sie wäre liebend gern selbst hingegangen, aber das musste eben noch bis nächste Woche warten. Von nun an würde ihr Leben aus einer endlosen Kette an Partys und Modenschauen bestehen. Mittlerweile trug fast jedes Model ihre Schmuckkreationen, und darauf kam es an.

Bertrand hatte auf dem Terrassentisch ein Silbertablett mit einer Kanne Traubensaft und warmen Croissants bereitgestellt. Jetzt ging er durch den Garten und beschnitt Rosenbüsche und Bäume. Was würde sie nur ohne ihn tun? Er kümmerte sich um das Haus, den Garten, und er kochte. Jacqueline nahm sich ein Croissant, den Traubensaft ließ sie stehen. Stattdessen goss sie sich aus der angebrochenen Flasche im Weinkühler ein Glas Rosé ein und machte es sich in einem der Korbstühle bequem.

Ihr Leben hatte in den letzten Jahren eine Hundertachtzig-Grad-Wendung vollzogen. Sie hatte den grauen Alltagstrott hinter sich gelassen und sich ein Leben im Kreis der Schönen und Reichen mit eleganten Kleidern, teuren Autos und Nobelrestaurants aufgebaut. Sie liebte es.

Die Polizei hatte den Kai abgeriegelt, und vor dem blau-weißen Absperrband stand inzwischen eine Traube von Zuschauern. Eine Polizeibeamtin wies die Leute an, obenrum zu gehen, zwischen den Häusern hindurch, um auf die andere Seite zu gelangen, doch keiner der Schaulustigen schien großes Interesse daran zu haben, den Ort des Geschehens zu verlassen.

Hafenkapitän Neo Waltersson hatte die badende Frau in den Salon der Motorjacht begleitet, wo sie von ihrem Mann in Decken gewickelt worden war. Die Frau zitterte am ganzen Körper. Ein Rettungshubschrauber hoverte über dem Kai, und ein Rettungskorb hing in der Luft. Die Leiche des Mannes wurde gerade nach oben gefiert.

»Paul Hammarberg, Polizei Kungshamn.« Neo kannte den Polizisten, der auf ihn zukam und ihm die Hand gab.

»Hafenkapitän Neo Waltersson«, erwiderte er mit fester Stimme.

»Ich würde Sie bitten, heute Nachmittag auf die Wache zu kommen und eine Zeugenaussage zu machen«, fuhr der Polizist fort, ohne zu erkennen zu geben, dass er Neo kannte. Sein Tonfall war professionell-freundlich, doch er markierte deutlich, wer seiner Ansicht nach der Ranghöhere von ihnen beiden war.

»Selbstverständlich«, antwortete Neo mit gleichbleibend fester Stimme. Er spürte, dass dies einer der interessantesten Tage seit Langem werden würde, ließ sich seine Aufregung jedoch nicht anmerken. Er verzog keine Miene. Ihm fiel auf, dass sich die Menschenansammlung vor dem Absperrband inzwischen noch vergrößert hatte. Er kannte einige der Leute.

Im Hafenbecken ließ sich ein Taucher rückwärts aus einem Schlauchboot des Rettungsdienstes ins Wasser fallen.

Neo ging über den Steg an Land und nahm Kurs auf die Kautabak-Front. In Kürze würden alle alten Seebären dort drüben auf der Bank hocken und darauf warten, dass er ihnen erzählte, was passiert war. Er konnte es kaum erwarten, sie zu sehen.

Dennis stand vor dem Absperrband auf dem Kai und bekam gerade noch mit, wie der Rettungskorb an Bord des Hubschraubers gefiert wurde. Er blickte sich um. Auf der gegenüberliegenden Seite entdeckte er seinen Schwager Björn, den Mann seiner Schwester Victoria. Er war in den Anzeige-Modus seiner Kamera vertieft und bemerkte Dennis nicht. Dann mussten sie mittlerweile im Sommerhaus angekommen sein, dachte Dennis. Am Freitag war Mittsommer, und seine Schwester war ganz bestimmt schon mit den Vorbereitungen beschäftigt. So wie er sie kannte, hatte sie im Supermarkt in Kungshamn garantiert die gesamte Lebensmittelabteilung leer gekauft. Er würde sie später anrufen. Heute konnte er sich sein morgendliches Bad im Meer jedenfalls abschminken. Stattdessen drehte er sich um und verschwand oben zwischen den Häusern.

Victoria hatte den Kühlschrank mit allerhand Delikatessen gefüllt und im Haus mit Kornblumen-Sträußen in hohen Glasvasen für eine sommerliche Atmosphäre gesorgt. Momentan war sie in Elternzeit, aber im Vergleich zu der Zeit vor den Kindern, als sie noch gearbeitet hatte, war ihr Tag viel vollgepackter.

Als sich schon bald nach Theos Geburt Kind Nummer zwei ankündigte, hatte sie mit Engelszungen auf Björn eingeredet, und im letzten Herbst hatten sie sich schließlich ein kleines Haus auf Smögen gekauft. Das Erbe von Björns Vater hatte den Ausschlag für Björns Zustimmung gegeben. Schließlich lebte man nur einmal, und dieses Haus war Victorias Lebenstraum. Seit ihrer frühesten Kindheit verbrachte sie die Sommerwochen auf Smögen, und nun würde sie es wieder tun, mit ihrer eigenen Familie, in ihrem eigenen Haus. Sie war den ganzen Winter und noch einen Teil des Frühlings über schwanger gewesen, und Björn hatte buchstäblich Tag und Nacht renoviert, um das Haus bewohnbar zu machen. Es war eines dieser traditionellen weiß gestrichenen Fischerhäuschen mit einer kleinen verglasten Veranda und Vordertreppe. Im Erdgeschoss lagen die Küche und ein großes Wohnzimmer. Die vorhandene Küche hatte ihre besten Tage schon hinter sich gehabt, und da die Arbeitsflächen zudem ziemlich niedrig gewesen waren, hatte die hochgewachsene Victoria auf eine neue bestanden. Um die traditionelle, urige Atmosphäre nicht komplett zu zerstören, entschied sie sich für eine weiße Küche im Landhausstil. Der alte Holzfeuerherd stand immer noch in der Ecke, und sobald Björn die Zeit fand, würde er testen, ob er noch funktionierte.

Ihre kleine Tochter Anna rollte in ihrem Laufstühlchen durch das Wohnzimmer und lutschte dabei an einem Spielzeugauto ihres großen Bruders. Der ein Jahr ältere Theo hatte schon die magische YouTube-Welt entdeckt. Gerade saß er auf der weißen Wohnzimmercouch, über die sie vorsorglich einige Decken gebreitet hatte, und schaute sich eine Folge von »Bob der Baumeister« an.

Björn war heute Morgen in aller Frühe aus dem Haus gegangen, um eine Runde über den Kai zu drehen. Sie freute sich, dass er sich allmählich auf Smögen einlebte. Und egal, wohin er ging, seine Kamera nahm er mit.

Victoria hörte, wie Theo draußen auf der Veranda »Bapa, Bapa!« rief und auf seinen Vater zustürmte, der gerade zur Tür hereinkam.

»Hallo! Kannst du bitte mal kommen?«, bat Björn.

Seine Wangen waren gerötet. Als sie sich kennenlernten, hatte er schwarze Haare gehabt, mit leicht angegrauten Schläfen. Doch inzwischen wiesen Haupthaar und Bart nur noch vereinzelte schwarze Strähnen auf. In nicht allzu ferner Zukunft würde Björns Bart komplett silbergrau sein.

»Sie haben heute Morgen einen ertrunkenen Mann im Hafenbecken gefunden«, sagte Björn. Er klang außer Atem. »Dennis war auch da, er stand auf der anderen Seite der Absperrung, aber ich glaube nicht, dass er mich gesehen hat. Ich hatte die Kamera dabei und habe ein paar Bilder gemacht. Das war vielleicht etwas unpassend, ich weiß, aber ich konnte einfach nicht anders. Ich hatte das richtige Objektiv dabei, die Aufnahmen sind ziemlich gut geworden.«

Viktoria ging in den Anzeige-Modus und zoomte ein Foto näher heran, auf dem das Gesicht des Mannes ziemlich deutlich zu erkennen war. Sie drehte die Kamera, um das Bild im Querformat zu betrachten.

»Setz deine Brille auf«, bemerkte Björn ein wenig gereizt. Victoria versuchte häufig, ohne ihre Lesebrille zu sehen, weil sie keine Lust hatte, nach ihr zu suchen. In der letzten Zeit hatte ihre Weitsichtigkeit stark zugenommen.

»Um Gottes willen! Das muss Sebastian sein!«, rief Victoria entsetzt, als sie endlich ihre Brille auf der Nase hatte.

»Sebastian? Welcher Sebastian?« Björn kannte noch nicht alle Inselbewohner.

»Sofies Freund. Du weißt schon. Die Sofie, die mit Maya befreundet ist«, erwiderte Victoria zerstreut. Ein ungutes Gefühl sagte ihr, dass der Sommer nicht ganz so verlaufen würde, wie sie es sich vorgestellt hatte. Sie beschloss, ihren Bruder

Dennis anzurufen. Er müsste seit gestern Abend auf Smögen sein. Aber warum hatte er sich nicht sofort nach seiner Ankunft gemeldet?

Eva wohnte direkt neben ihren Eltern, und die Grundstücke teilten sich einen gemeinsamen Garten. Wobei die Bezeichnung Garten etwas hochgegriffen war: Es handelte sich um ein kleines Rasenviereck zischen den Häusern, auf dem Veras Bobbycar und ein paar andere Spielsachen herumlagen. Es dauerte einen Moment, bis Eva öffnete. Sie trug noch ihren Schlafanzug und hatte sich einen roten Bademantel übergezogen.

»Oma, Oma!«, rief ein kleines Mädchen, das Vera sein musste.

»Nein, Vera. Oma kommt später. Das ist Dennis, ein Freund von Mama«, erklärte Eva. Vera wirkte fröhlich und aufgeweckt. Ihre Augen blitzten schalkhaft.

»Darf ich reinkommen?«, fragte Dennis.

»Natürlich«, erwiderte Eva ohne großen Enthusiasmus. Sie sah aus, als hätte sie die ganze Nacht kein Auge zugetan.

Dennis setzte sich im Wohnzimmer auf das Sofa. Durch die Spitzengardinen sickerten ein paar Sonnenstrahlen.

»Ist Åke inzwischen nach Hause gekommen?« Dennis suchte Evas Blick, doch sie wich ihm aus.

»Nein, Polizei und Rettungsdienst haben die ganze Nacht mit Booten und Hubschraubern nach ihm gesucht, ohne Erfolg. Ich habe ›Missing People‹ kontaktiert. Wenn die Polizei ihn bis heute Nachmittag nicht findet, schicken sie einen Suchtrupp los.«

»Ja, ich habe den Post auf Facebook gelesen«, sagte Dennis. »Die Jungs aus meiner Band und ich gehen mit.« Zwar war er momentan auf eigenen Wunsch vom Polizeidienst beurlaubt, aber als Privatperson würde er dennoch alles tun, um Åke zu finden. Heute Morgen war er bis an die Landspitze von

Kleven gejoggt, um nachzusehen, ob er in Richtung Penningskär etwas entdecken konnte. Doch das Meer und die Buchten von Kleven hatten allem Anschein nach ruhig und verlassen dagelegen. Auch Åkes Boot hatte er nicht gesehen.

Es klopfte, Eva ging zur Tür und öffnete.

»Hallo, Eva!«, begrüßte sie der Polizeibeamte auf der Schwelle. Dennis erkannte Paul Hammarbergs Stimme sofort. Eine Polizistin, die hinter Paul stand, stellte sich als Sandra Haraldsson von der Polizei Kungshamn vor.

»Habt ihr ihn gefunden?«, fragte Eva knapp.

»Dürfen wir reinkommen?« Paul und seine Kollegin gingen an ihr vorbei durch die Veranda und setzten sich an den Küchentisch. Eva nahm gegenüber von ihnen Platz.

»Eva, wir haben heute Morgen einen ertrunkenen Mann im Hafenbecken gefunden. Aber es ist nicht Åke. Wir wollten, dass du es von uns erfährst, bevor irgendwelche Gerüchte die Runde machen. So etwas führt häufig zu Missverständnissen. Wir suchen weiter nach Åke, aber noch besteht kein Grund zur Sorge. Er taucht bestimmt bald wieder auf.« Die Polizeibeamtin warf Paul einen undefinierbaren Blick zu.

Eva nickte, konnte die Tränen aber nicht zurückhalten. Pauls Kollegin ging um den Tisch und legte ihr den Arm um die Schultern.

»Ihr Mann ist bestimmt bald wieder bei Ihnen«, sagte sie.

Eva schüttelte den Arm der Polizistin ab und gab deutlich zu verstehen, dass sie ihr nicht glaubte. Sie wandte sich ab, um nach ihrer Tochter zu sehen. Vera saß neben Dennis auf dem Sofa, und die beiden blätterten zusammen ein Totte-Buch durch. Dennis las gerade aus »Totte badet« vor.

Paul folgte ihrem Blick. Als er Dennis entdeckte, verdüsterte sich seine Miene.

»Dennis, es ist am besten, wenn du jetzt gehst«, sagte er. »Eva braucht Ruhe.«

Dennis sah auf. Beruflich zeigten Paul und er eigentlich nie, dass sie einander kannten. Wenn sie sich bei irgendwelchen dienstlichen Anlässen gesehen hatten, waren sie sich bisher geschickt aus dem Weg gegangen.

»Es ist am besten, wenn *ihr* jetzt geht«, erwiderte Eva und ließ Paul nicht aus den Augen. Dennis merkte, dass Paul das ganz und gar nicht passte, doch er fügte sich. Seine Kollegin und er verließen die Küche und gingen hinaus zu ihrem Streifenwagen.

Smögen, 2. November 1837

Die Tür schlug mit einem lauten Knall hinter ihm zu. Anna-Katarina saß neben der Küchenbank auf dem Boden, und trotz der feuchtkalten Luft in der Kate war ihr Gesicht schweißüberströmt. Die Haare klebten ihr an Stirn und Wangen. Carl-Henrik stürzte zu ihr hin und strich ihr die nassen Strähnen aus dem Gesicht.

»Atme, Liebste«, beschwor er sie.

»Jaa«, stöhnte Anna-Katarina. Dieses Stöhnen kannte er aus seiner Kindheit, er hatte früher häufig genug bei der Entbindung seiner kleinen Geschwister zugesehen. Anna-Katarina schrie. Wenn ihm diese Schreie nicht so vertraut gewesen wären, hätte er geglaubt, sie läge im Sterben, doch bisher schien alles so zu verlaufen, wie es sollte.

»Warte hier, ich bin gleich zurück«, sagte er ruhig und stand auf. Anna-Katarina sah ihn verzweifelt an. Er strich ihr über den Kopf und versuchte, ihr mit seinem festen Blick zu verstehen zu geben, dass alles gut gehen würde.

Er verließ die Hütte und hastete zur Kaufmannskate hinüber, die nur einige Schritte entfernt lag. Die Kaufmannskate unterschied sich nicht von ihrer eigenen Behausung, wurde aber so genannt, weil ihr Besitzer, Herr Kreutz, als Kaufmann arbeitete und nicht wie Carl-Henrik ein einfacher Strandsitzer war. Ohne anzuklopfen, öffnete er die Tür und ging hinein.

»Es ist so weit«, sagte er.

Die Kaufmannsfamilie saß gerade am Tisch und löffelte ihre Suppe.

»Wir essen«, brummte Herr Kreutz, ohne von seinem Teller aufzublicken.

Frau Kreutz kommentierte die Bemerkung ihres Mannes mit einem Schnauben und ging zu dem Schrank, in dem sie ihr Leinen aufbewahrte. Die fünf Kinder blickten Carl-Henrik mit leuchtenden Augen an. Plötzlich wurde er verlegen.

»Nehmen Sie das mit und machen Sie Wasser heiß«, sagte Frau Kreutz. »Ich komme.«

4

Paul Hammarberg saß an seinem Schreibtisch. Das Kungshamner Polizeirevier befand sich seit einem Umzug im Industriegebiet am Stadtrand von Kungshamn, in direkter Nachbarschaft von einem Taxistand und einer Elektrofirma. Ihm wäre es lieber gewesen, zentraler angesiedelt zu sein, am besten in der Nähe des Hafens so wie früher, aber egal. Mittlerweile war er zum Dienststellenleiter aufgestiegen, da spielte die Lage der Wache eine untergeordnete Rolle. Er hatte gerade mit Camilla Stålberg telefoniert, der Chefin der Bezirkskriminalpolizei Göteborg. Sie bestand darauf, Verstärkung zu schicken. Er hatte versucht zu erklären, dass er mit dem Fall allein zurechtkam, doch davon wollte sie nichts wissen. Die Kriminaltechniker schlossen ein Verbrechen hinter Sebastian Svenssons Tod nicht aus. Deshalb hielt man die Anwesenheit eines erfahrenen Voruntersuchungsleiters für erforderlich. Paul wurde in seinen Gedanken unterbrochen, als Sandra den Kopf zur Tür hereinsteckte.

»Hast du Mittagessen dabei?«, fragte sie. Auf dem Rückweg von Eva war Paul schweigsam gewesen, und Sandra schien ihn aufmuntern zu wollen, bevor sie nach der Mittagspause mit den Zeugenbefragungen begannen.

»Ja, habe ich«, erwiderte er. Seine Frau Agneta hatte ihm die Reste des gestrigen Kohlpuddings mit Salzkartoffeln und Sahnesoße eingepackt, dazu noch Preiselbeerkompott. Das Essen stand schon im Kühlschrank des Polizeireviers. In seiner Jugend war Paul durchtrainiert und schlank gewesen, hatte sich mit Windsurfen und Krafttraining fit gehalten. Doch in den letzten Jahren, seit die Kinder zur Welt gekommen waren, lag das Training auf Eis, und er wurde zusehends fülliger.

Das Telefon klingelte, Paul nahm ab. Es war die Rechtsmedizinerin Miriam Morten. Er bedeutete Sandra, dass er gleich nachkäme. Als er das Gespräch beendet hatte, ging er in die Küche und setzte sich an den Tisch. Sandra hatte schon für sie gedeckt und das Essen in der Mikrowelle aufgewärmt.

»Was glaubst du?«, fragte Sandra. »Ist er betrunken vom Kai ins Wasser gefallen, oder haben wir es mit einem Verbrechen zu tun?«

Sandra war eine Polizeianwärterin aus Lysekil, die ein halbes Jahr mit ihm zusammenarbeiten sollte. Sie war nicht so clever und routiniert wie er, aber ehrgeizig und meistens gut gelaunt.

»Das am Telefon war Miriam aus der Rechtsmedizin. Sie hat gesagt, dass Sebastian betäubt war, als er im Wasser landete«, antwortete Paul mechanisch.

»Dann stecken wir also in einer Mordermittlung«, stellte Sandra fest.

»Nein, so würde ich es noch nicht formulieren«, erwiderte Paul hastig. »Wer hätte einen so jungen Mann wie Sebastian ermorden wollen?«, fuhr er fort.

»Seine Freundin vielleicht«, spekulierte Sandra, »oder deren Vater. Möglicherweise war Sofies Vater mit Sebastian als zukünftigem Schwiegersohn und damit auch Erben seines Vermögens nicht einverstanden. Vielleicht hatten sie einen Streit, von dem wir nichts wissen.«

»Warum passieren solche Schurkereien immer nur auf Smögen? Einbrüche, Taschendiebstähle und der ganze andere Kram. Und jetzt womöglich sogar ein Mord«, ereiferte sich Paul.

»Na ja, diese Dinge passieren auch an anderen Orten«, erwiderte Sandra, »nicht zuletzt in Kungshamn.« Sie kannte die ständigen Sticheleien zwischen den alteingesessenen Bewohnern von der Insel Smögen und dem benachbarten

Kungshamn, dem Hauptort der Gemeinde, doch sie hatte keine Lust, in diese Kabbeleien mit hineingezogen zu werden.

»Ich kann Sofies Vater anrufen und ihn bitten, heute Nachmittag zu einer Befragung vorbeizukommen. Vielleicht kommen wir weiter, wenn wir die Aussagen von Hafenkapitän Neo Waltersson und Sofies Vater vorliegen haben.«

»Mmh«, murmelte Paul, den Mund voller Kohlpudding. Wenn es um Hausmannskost ging, reichte niemand an Agnetas Kochkünste heran.

»Gute Idee«, antwortete er, als der Bissen in seinem Magen angekommen war. Dass ausgerechnet jetzt ein Mordfall auf seinem Schreibtisch landete, kam zum denkbar ungünstigsten Zeitpunkt. Agneta würde wahnsinnig werden, wenn er nicht wie versprochen am Freitag in Urlaub ging. Am besten wäre es, wenn sie einen Mord ausschließen könnten. Aber dafür müsste er den Befund der Rechtsmedizin widerlegen – oder anders interpretieren: Vermutlich hatte Sebastian einfach zu viel von irgendeiner dieser lebensgefährlichen Drogen geschluckt, die die Kids heutzutage im Internet bestellten. Dass ein Mörder in Sotenäs sein Unwesen trieb, war völlig absurd. Hoffentlich würden die Befragungen am Nachmittag seine Theorie diesbezüglich untermauern.

»Kochst du eine Kanne Kaffee für den Vernehmungsraum?«, bat er Sandra und stand vom Tisch auf, ohne seinen Teller oder sein Glas abzuräumen.

Dennis schloss das Steuerhaus ab und sprang auf den Steg. Er wollte zu seiner Vermieterin, um die erste Monatsmiete zu bezahlen.

»Wie lange bleiben Sie hier?«, erklang eine Stimme aus dem Bootsschuppen, der in unmittelbarer Nähe der Dolores lag. Dennis drehte sich um, ging zu der geöffneten Tür und blickte hinein. Ein Mann mit einer Schiffermütze und einem kurzen weißen Bart, der den Großteil seines Gesichts bedeckte, war damit beschäftigt, ein Fischernetz zu flicken.

»Nur eine Weile«, antwortete Dennis und lächelte schief. Er streckte eine Hand aus, doch der Mann machte keinerlei Anstalten, sie zu ergreifen.

»Dürfen Sie auf dem Kutter wohnen?«, fragte er stattdessen mürrisch. Er sprach Dänisch, doch Dennis verstand, was er sagte.

»Ja, das geht in Ordnung«, erwiderte Dennis betont fröhlich, um den Mann milder zu stimmen.

»Ich arbeite hier, und ich möchte nicht, dass von morgens bis abends Leute um meinen Bootsschuppen herumlaufen«, fuhr der Däne im selben unwirschen Tonfall fort.

»Keine Sorge, ich habe nicht vor, wilde Partys zu feiern. Deswegen bin ich nicht hier.«

»Und weshalb sind Sie hier?«, fragte der Mann, und seine Stimme klang nach wie vor alles andere als entgegenkommend. Dennis wusste nicht, was er darauf erwidern sollte. Er hatte keine konkreten Pläne und konnte sie daher auch niemandem mitteilen.

»Wohnen Sie auf Smögen?«, startete er einen neuen Versuch.

»Ja, das tue ich«, antwortete der Däne.

»Dann werden wir uns bestimmt häufiger begegnen«, sagte Dennis und verabschiedete sich mit einem Winken.

»Das fürchte ich auch«, erwiderte der Däne und widmete sich wieder seinem Netz.

Gunnel wohnte in einer dieser kleinen, schmucken alten Fischerhütten mit Steinfundament und frisch gestrichener weißer Holzfassade. Dennis konnte sich gut vorstellen, in einem solchen Haus zu leben. Es ähnelte dem Haus seiner Schwester in der Vikingagatan und Hunderten anderen Fischerkaten auf Smögen. Dennis klopfte an. Gunnel kam in einem pinken

Hausanzug zur Tür. Er reichte ihr den Briefumschlag mit der Miete.

Als er mit ihr telefoniert hatte, hatte er eine Mittsechzigerin vor sich gesehen, doch die Frau vor ihm auf der Treppe war schätzungsweise Anfang dreißig. Sie hatte eine schlanke Figur, und blonde Locken umrahmten ihr Gesicht.

»Komm rein, ich habe Kaffee gekocht«, sagte Gunnel.

»Ach, ich wollte nur schnell die Miete vorbeibringen«, versuchte Dennis, das Angebot abzulehnen.

»Aber auf eine Tasse Kaffee wirst du doch hereinkommen können«, erwiderte sie lächelnd.

Gunnel lebte erst seit Kurzem auf Smögen, und Dennis nahm an, dass sie noch keinen besonders großen Bekanntenkreis auf der Insel hatte. Er betrat das Haus, und Gunnel führte ihn ins Wohnzimmer. Dort war alles weiß: die Sofas, die Bodendielen, die Möbel, die Wände und die Decke. Die einzige Ausnahme bildete ein Strauß rosa Pfingstrosen auf dem Wohnzimmertisch. Und Gunnels pinkfarbener Hausanzug. Sie holte große weiße Keramikbecher aus der Küche und stellte eine Platte mit noch warmem Gebäck auf den Tisch.

»Gefällt es dir auf Smögen?«, fragte Dennis, bevor er in ein köstliches Cremetörtchen biss.

»Ja, bisher hatte ich alle Hände voll zu tun, das Haus zu renovieren und den Keller auszubauen, um ein Zimmer vermieten zu können. Jetzt waren gerade die ersten Gäste da, ein deutsches Ehepaar. Ich musste mein Schuldeutsch wieder hervorkramen«, lachte Gunnel ein bisschen verlegen. »Als sie heute Vormittag abreisten, bedankten sie sich und sagten, das Zimmer sei sehr ›gemütlich‹. Das hat mich natürlich gefreut. Fühlst du dich auf der Dolores wohl?«

»Das Boot ist perfekt für mich«, versicherte Dennis.

»Fühlt sich ein bisschen merkwürdig an, dich auf einem Fischkutter wohnen zu lassen, wo ich doch die Kellerwohnung habe. Aber von den Touristen bekomme ich natürlich siebenhundert Kronen pro Übernachtung, das würde für dich auf die Dauer ziemlich kostspielig.«

»Mach dir keine Gedanken, das Boot ist wunderbar«, erwiderte Dennis. »Ich habe sogar schon einen Nachbarn«, fügte er lachend hinzu.

»Ach ja, richtig, der Däne«, antwortete Gunnel. »Er heißt Mik und ist nicht besonders glücklich darüber, dass der Kutter dort am Steg liegt. Doch da hat er kein Mitspracherecht.«

»Vielleicht kommt es ihm auch nicht gerade gelegen, dass ein Polizist direkt neben seinem kleinen Fischereibetrieb eingezogen ist«, meinte Dennis lächelnd.

»Gut möglich.« Gunnel lächelte ebenfalls.

»Ich denke, dass ich bis Oktober auf dem Boot wohnen bleiben werde«, fuhr Dennis fort.

»Du kannst den Kutter mieten, solange du willst. Die Witwe, von der ich das Haus gekauft habe, sagte, dass er von ihrem Mann stammt, der vor einigen Jahren verstorben ist. Er hatte ihn von seinem Vater geerbt, und wenn ich sie richtig verstanden habe, hat er der Fischersfamilie, die in diesem Haus lebte, über mehrere Generationen ein Auskommen gesichert. Ich habe ihn zum Haus dazubekommen und weiß nicht so recht, was ich damit anfangen soll.« Gunnel bekam mit einem Mal einen besorgten Gesichtsausdruck. »Hast du übrigens von dem ertrunkenen Mann gehört, den man heute Morgen im Hafenbecken gefunden hat?«

»Ja, ich war zufällig sogar am Kai, als er geborgen wurde«, sagte Dennis.

»Weiß man, wer der Mann ist?«, fragte Gunnel.

»Sein Name war Sebastian, und er arbeitete bei Smögen-Bau.« Weiter wollte Dennis auf dieses Thema nicht eingehen, und Gunnel hakte nicht nach.

Kurz darauf verabschiedete er sich. Auf dem Rückweg

schmeckte er immer noch die Cremetörtchen auf seiner Zunge. Statt des Nickerchens im Liegestuhl an Deck, auf das er sich gefreut hatte, würde er joggen gehen und sich anschließend unter die Dusche stellen. Er hatte nicht vor, diesen Sommer auch nur ein einziges Kilo zu viel auf den Rippen mit sich herumzutragen. Auch wenn er bald vierzig wurde, würde er keinen Bierbauch ansetzen. Als er Eva besucht hatte, war ihm aufgefallen, dass Paul Hammarberg ordentlich an Gewicht zugelegt hatte, und das amüsierte ihn. Seit Paul vor sechs, sieben Jahren Vater geworden war, hatte er ihn nicht mehr häufig zu Gesicht bekommen. Aus Kungshamn waren keine größeren Polizeiermittlungen gemeldet worden, jedenfalls nichts, was bis in die Kreise der Göteborger Polizei vorgedrungen wäre. Dennis fragte sich, wie Paul in diesem Fall vorzugehen gedachte. War Sebastian ertrunken? Oder würde sein Bauchgefühl recht behalten, das ihm sagte, dass Sebastian ermordet worden war?

Hafenkapitän Neo Waltersson betrat das Polizeirevier. Tatsächlich war er noch nie zuvor hier gewesen. Die Dienststelle wirkte schlicht und klein. Die Polizeibeamtin, die er auf dem Kai getroffen hatte, kam ihm entgegen und begrüßte ihn.

»Hallo, ich bin Sandra Haraldsson. Willkommen«, sagte sie in einem bestimmten, aber freundlichen Ton.

»Ich sollte mich um eins auf der Wache einfinden«, erwiderte Neo und merkte, dass er nervös klang. Warum eigentlich? Es gab nichts, weshalb er sich Sorgen machen müsste.

Sandra bat ihn, in einer Art Besprechungsraum Platz zu nehmen. Die Wände waren ebenso gelb wie die um einen rechteckigen Tisch gruppierten Armlehnstühle.

»Paul Hammarberg kommt gleich zu Ihnen. Sie können gerne einen Kaffee trinken.« Auf dem Tisch standen eine Thermoskanne und einige Pappbecher. Doch Neo würde wie immer heute Nachmittag um drei Uhr gemeinsam mit seiner

Frau Kaffee trinken, und von einer Kaffeetafel zur nächsten zu ziehen kam nicht infrage. Greta backte beinahe täglich.

Paul Hammarberg betrat den Raum und setzte sich an den Tisch. In seinen Mundwinkeln klebten Gebäckkrümel. Keiner von ihnen schenkte sich Kaffee ein.

»Ist es Ihnen recht, wenn ich unser Gespräch aufzeichne?«, fragte Paul, nachdem er Neo höflich begrüßt hatte.

»Natürlich«, antwortete Neo. Inzwischen hatte sich seine Nervosität gelegt, und er fühlte sich ein wenig schläfrig. Um diese Tageszeit hielt er normalerweise ein Nickerchen.

»Was ist heute Morgen passiert? Können Sie mir schildern, was Sie gemacht haben?«, begann Paul Hammarberg und faltete die Hände auf dem Tisch.

Neo erzählte, was geschehen war, von der schreienden Frau im Wasser und wie er sie an Bord der Motorjacht gezogen hatte. Er hatte auch den toten Mann aus dem Wasser gehievt, weil er befürchtete, die Leiche könnte davontreiben und schwieriger zu bergen sein. In dem Moment hatte er angenommen, dass der Mann ertrunken war, und nicht den geringsten Verdacht gehegt, es könne sich um ein Verbrechen handeln. Viel mehr als das konnte er nicht sagen.

»Wo waren Sie gestern im Laufe des Tages und am Abend?«, fragte Paul, nachdem er ein paar Notizen auf seinen Block gekritzelt hatte.

Neo wurde unbehaglich zumute; er fühlte sich angegriffen, antwortete aber weiter auf die Fragen: »Nachmittags war ich unten am Kai, und als ich nach Hause kam, haben meine Frau und ich ferngesehen. Gegen dreiundzwanzig Uhr sind wir ins Bett gegangen.«

»Um wie viel Uhr sind Sie nach Hause gekommen?«

»Um halb sieben. Um diese Zeit essen wir zu Abend. Und danach haben wir uns eine Dokumentation über Schneeleoparden angesehen.«

»Kann Ihre Frau das bestätigen?«, hakte Paul nach.

Er schlug wieder denselben offiziellen Tonfall an wie bei ihrer Begegnung am Vormittag.

»Natürlich kann sie das?«, erwiderte Neo barsch, dessen Laune jetzt wirklich auf dem Nullpunkt war. Er rutschte auf seinem Stuhl hin und her, stand auf und erkundigte sich, ob Paul noch weitere Fragen an ihn habe.

»Nein, fürs Erste sind wir fertig. Melden Sie sich bitte, falls Ihnen noch etwas einfällt.« Pauls Stimme klang jetzt milder, als wolle er das Gespräch in einer freundschaftlicheren Atmosphäre beenden. Neo nahm widerwillig seine Visitenkarte entgegen, dann drehte er sich um und verließ das Polizeirevier.

Er setzte sich ins Auto und fuhr in Richtung Brücke. Dieser verfluchte Grünschnabel. Aber was hatte er auch erwartet? Paul kam aus Kungshamn. Die Kungshamner hielten sich für etwas Besseres als die Inselbewohner. Er war jedenfalls froh, dass er Paul Hammarberg nichts von dem Ring erzählt hatte.

Dennis schleppte die Teile seines Schlagzeugs Stück für Stück die steile Treppe aus dem Laderaum des Fischkutters hinauf. Der Geruch der unzähligen Tonnen von Fischen, die dort unten im Laufe der Jahrzehnte nach Luft geschnappt hatten, während sie darauf warteten, auf dem Markt verkauft zu werden, hing nach wie vor in der Luft. Doch nun eignete sich der Raum hervorragend als Lagerplatz. Dennis war es gelungen, seine alten Bandmitglieder zusammenzutrommeln, mit denen er früher in den Sommermonaten immer gejammt hatte. Ihre letzte Probe war bestimmt über fünfzehn Jahre her, und die meisten hatte er seitdem nicht mehr getroffen. Brickan und Affe spielten Gitarre, Kalle übernahm meistens den Bass. Dennis selbst wechselte zwischen Schlagzeug und Hammond-Orgel hin und her, und Micke war der Mann am Saxofon. Jeder von ihnen sang. Ihr gemeinsames Interesse am Windsurfen und an der Musik der Sechziger- und Siebzigerjahre hatte sie zusammengeführt.

Als Dennis das Schlagzeug und alle anderen Sachen auf den Kai geschleppt hatte, war er komplett durchgeschwitzt. Er musste den Landungssteg abholen, den er in der Tischlerei in Auftrag gegeben hatte, damit er den Kutter leichter be- und entladen konnte. Dennis sah auf die Uhr. Wenn er sich sofort auf den Weg machte, hatte er noch genügend Zeit, um vor der Probe bei Smögen-Bau vorbeizufahren. Er verstaute sämtliche Sachen im Kofferraum und auf dem Beifahrersitz. Das Auto war für einen Drummer definitiv nicht geeignet. Bevor er losfuhr, schlüpfte er noch rasch in ein hellblaues Leinenhemd, das er locker über die Jeans fallen ließ.

Dennis spürte die Blicke des Dänen, vermied jedoch, in dessen Richtung zu sehen. Dass der neue Nachbar auch noch Schlagzeug spielte, erfreute ihn ganz sicher nicht.

Als er vor der Tischlerei parkte, die auf Kleven neben einem Geschäft für Bootszubehör lag, blieb Dennis einen Moment im Auto sitzen. Eigentlich war es nicht der passende Tag, um Pelle Hallgren einen Besuch abzustatten. Schließlich hatte er einen seiner Angestellten verloren, und sein Geschäftspartner Åke Strömberg galt als vermisst, doch zu guter Letzt siegte Dennis' Neugier. Die Ladentür stand offen. Da er im Geschäft niemanden entdeckte, ging er auf die Rückseite und betrat den Außenhof der Baustoffabteilung. Unter einer Regenschutzplane warteten hohe Holzdielenstapel auf die unzähligen Kunden, die eifrig dem Trend folgten, ihre Häuser rundum mit Holzterrassen zu umgeben. Auch in der Baustoffabteilung war kein Angestellter zu sehen. Etwas weiter hinten auf dem Gelände befand sich ein Arbeitsschuppen, dessen Tür offen stand. Dennis ging hinein, auf einem Tisch an der rückwärtigen Wand fiel ihm ein Architekturmodell aus weißen und roten Holzklötzen und Styropor auf.

Er trat näher, um es genauer zu betrachten. Im ersten Moment hatte er keine Ahnung, was das Modell darstellte, doch dann dämmerte es ihm. War es wirklich das, was er glaubte? Entsetzt betrachtete er die Miniaturabbildung.

Auf dem Hof erklangen Schritte, Dennis drehte sich um und ging wieder nach draußen. Die Schritte entfernten sich, Dennis folgte dem Geräusch. Es war nicht Pelle, es musste einer der angestellten Tischler sein. Als der Mann Dennis bemerkte, drehte er sich hastig um und lief davon. Instinktiv sprintete Dennis ihm hinterher. Der Typ verließ die Baustoffabteilung durch den hinteren Ausgang und hielt auf die Klippen zu. Obwohl er eine Tischlerhose trug, in deren Taschen sicher schwere Werkzeuge steckten, war er schnell. Dennis gab sich alle Mühe, dem Mann auf den Fersen zu bleiben. Ihm steckte noch die Müdigkeit von seiner morgendlichen Joggingrunde in den Beinen. Doch er lief weiter die Klippen hinauf. Erst auf der äußersten Spitze von Kleven hatte die Verfolgungsjagd ein Ende. Der Mann, der sich als etwa zwanzigjähriger Jungspund entpuppte, stolperte über eine Spalte zwischen den Klippen und stürzte zu Boden.

»Warum zum Teufel sind Sie abgehauen?«, keuchte Dennis und schnappte nach Luft.

»Ich dachte, Sie wären von irgendeiner Behörde«, antwortete der junge Mann.

»Was für eine Behörde sollte das sein? Das Finanzamt? Keine Sorge, es ist mir völlig egal, ob du schwarzarbeitest.«

»Bitte sagen Sie Pelle nichts davon«, bat der Mann.

Dennis reichte ihm die Hand und zog ihn auf die Füße.

»Schwimmen Sie eine Runde, das erfrischt«, sagte er, bevor er zu seinem Auto zurückging. Jetzt war er spät dran. Eigentlich hatte er seine alten Kumpel damit überraschen wollen, pünktlich zur Probe zu erscheinen.

Smögen, 3. November 1837

Carl-Henrik legte seine neugeborene Tochter zurück in die Arme seiner Ehefrau. Am frühen Morgen hatten sich die tiefen Sorgenfalten auf Frau Kreutz' Stirn geglättet, und mit einem Lächeln hatte sie Anna-Katarina das kleine Mädchen an die Brust gelegt. Trotz der mageren Gestalt seiner Frau hatte der Säugling bekommen, was er benötigte. Beim Anblick des winzigen Gesichtchens lief Carl-Henrik eine Träne über die Wange. Die Freude machte ihm das Herz leicht, aber der andauernde Sturm erfüllte ihn mit Sorge und Rastlosigkeit. Anna-Katarina hatte immer noch kein Wort darüber verloren, doch ihm war klar, dass der Hunger unerträglich für sie sein musste. Mutter und Tochter lagen dicht beieinander auf der Küchenbank, und er sah, wie das kleine Mädchen das letzte bisschen Kraft aus seiner Liebsten saugte, Tropfen für Tropfen. Er musste endlich etwas zu essen besorgen. Wenn Anna-Katarinas Milch versiegte, würde das Mädchen womöglich nicht überleben.

Sich in den Sturm hinauszubegeben war töricht, doch er musste nachsehen, ob das Unwetter abflaute. Er zog seinen Mantel an, klappte den Kragen hoch und strebte gegen die heftigen Böen ankämpfend an die Spitze von Kleven.

Carl-Henrik blickte auf das tosende, windgepeitschte Meer hinaus. Hohe Wellen brachen sich an den Klippen, und die Gischt überspülte ihn, obwohl er ein gutes Stück entfernt stand.

In den grauen, aufgewühlten Wogen machte Carl-Henrik ein Segelschiff aus, das westlich vom Leuchtturm der Insel Hållö in Seenot geraten war. Er musste sich niederkauern und an einem Heckenrosenbusch festhalten, um nicht von den Wellen mitgerissen zu werden. Kurz darauf war der Zweimaster so nah, dass er erkannte, was an Bord geschah.

Der Kapitän stürzte an Deck, er hatte einen buschigen roten Bart. Das Schiff krängte auf eine Weise, die Carl-Henrik noch nie zuvor gesehen hatte. Der Steuermann wurde hin und her geschleudert, während er verzweifelt versuchte, das Ruder in der Hand zu behalten. Stürme vor Sotenäs waren keine Seltenheit, doch dieser wütete schlimmer als alle seine Vorgänger. Carl-Henrik sah, wie das Schiff steuerlos in den Sund zwischen Sälö und Hållö trieb, nicht weit entfernt von Smögens sicherem Hafen. Das Großsegel hatte sich losgerissen, und die Rahnocken stießen an beiden Seiten der engen Fahrrinne ans Ufer. Der Steuermann hatte inzwischen vollständig die Gewalt über das Ruder verloren, und es wirbelte so schnell hin und her, dass es ihn mit einer Drehung enthauptete. Der Kopf des Steuermanns flog über Bord in die aufgewühlte See.

Carl-Henrik erschauerte, und obwohl er ein derart grausames Schauspiel nicht zum ersten Mal verfolgte, musste er sich übergeben. Das karge und harte Leben an der Küste von Bohuslän hatte ihm etliche Male sein grausames Gesicht offenbart, doch es war immer noch genauso schmerzhaft.

Der Kapitän stürzte an das Ruder und versuchte, es wieder unter Kontrolle zu bekommen, um den Zweimaster durch den Sund zu manövrieren. Es gelang ihm, das Schiff aus der Meerenge zu steuern, doch Carl-Henrik sah, dass er zusehends ins flache Fahrwasser vor Penningskär geriet, dessen Klippen sich heimtückisch unter der Wasseroberfläche ausbreiteten. Er hatte sich nicht getäuscht: Kurz darauf lief das Schiff auf Grund. Nach einer Weile glückte es dem Kapitän jedoch, das Schiff mithilfe zweier Anker so gut festzumachen, dass es den Sturm überdauern konnte, bis die Lotsen und Fischer von Smögen der Besatzung zu Hilfe eilten. Als Carl-Henrik die Handfackel aufleuchten sah, drehte er sich um und ging zurück zu seiner Kate. So gerne er hinausgerudert wäre, um der

Mannschaft behilflich zu sein, ihm waren die Hände gebunden. Der Sturm und die Wellen würden ihn in seinem Kahn gegen die Klippen schleudern und zerschmettern. Der Zweimaster lag sicher vor Anker, und sobald sich das Wetter beruhigte, würde er hinausrudern. Jetzt konnte er nur abwarten.

5

Victoria verstaute die Wickeltasche im Auto und schnallte Anna in ihrem Kindersitz an. Eigentlich war sie nicht gestresst, doch sie wollte so schnell wie möglich zum Supermarkt. So kurz vor Mittsommer konnten die neuen Kartoffeln hier in der Küstenregion schnell ausverkauft sein. Sie hatte schon vor einigen Tagen mehrere Kilo besorgt, doch nachdem ihre Arbeitskollegin Monica angerufen und gefragt hatte, ob sie auch kommen dürfte, war sie sich nicht mehr sicher, ob die Menge ausreichte. Natürlich freute sie sich, dass Monica Mittsommer mit ihnen zusammen feiern wollte. Victoria fuhr in Richtung Brücke. Der örtliche Supermarkt auf Smögen war in der Regel gut sortiert, doch sie nutzte gerne die Gelegenheit, um einen Abstecher in den Supermarkt nach Kungshamn zu machen. Zum einen war das Angebot dort größer, und zum anderen konnte sie auf diese Weise zweimal über die Smögenbron fahren. Die Aussicht von der Brücke war einfach traumhaft, besonders an sonnigen Tagen wie heute, wenn Millionen Lichtreflexe das Meer zum Glitzern brachten.

Victoria setzte Anna, die im Auto eingeschlafen war, mitsamt Kindersitz in den Einkaufswagen und steuerte die Obst- und Gemüseabteilung an, wo sich vor den Frühkartoffeln bereits eine Schlange bildete. Als sie ihre Portion ergattert hatte, entdeckte sie Eva vor einer der Auslagen. Vera saß zufrieden im Einkaufswagen und trällerte ein Lied.

»Eva, wie geht es dir?«, erkundigte sich Victoria leise, als sie die beiden erreichte.

Eva schaute Victoria mit übernächtigten Augen an. Åke war inzwischen seit fast vierundzwanzig Stunden verschwunden. Wie hoch die Chancen standen, ihn noch lebend zu finden, war ungewiss.

»Du weißt also Bescheid«, sagte Eva bedrückt.

»Ja, ich habe es heute Morgen erfahren. Aber solltest du unter diesen Umständen wirklich einkaufen? Willst du dich nicht lieber ausruhen?«

»Ich finde aber keine Ruhe«, erwiderte Eva. »Ich kann nicht tatenlos zu Hause rumsitzen. Außerdem versteht Vera ja gar nicht, was los ist. Sie erwartet, dass immer Programm ist, wie sonst auch.«

Ein unangenehmes Schweigen entstand. Victoria hatte keine Ahnung, was sie noch sagen sollte, doch Eva half ihr.

»Aber sag mal, wie alt ist diese kleine Dame eigentlich? Sie ist ja wirklich zum Anbeißen! Dennis hat erzählt, dass ihr kurz nach Theo noch einmal Nachwuchs bekommen habt. Ist das nicht ziemlich anstrengend?«

Eva gab sich Mühe, fröhlich und unbeschwert zu klingen, als sie mit Anna sprach, die sich verschlafen in der fremden Umgebung umblickte.

»Sie ist vier Monate. Am Anfang war es schwer. Björns Vater ist außerdem im letzten Jahr gestorben. Das alles hat Zeit und Kraft gekostet. Aber jetzt wollen wir hier oben einen ruhigen Sommer verbringen. Ich bin mit Anna in Elternzeit, und Björn mit Theo, wir wollen so lange wie möglich gemeinsam auf Smögen bleiben. Das Haus ist noch nicht komplett fertig, aber wir lassen es ruhig angehen und erledigen eine Sache nach der anderen.«

Da packte Eva sie plötzlich fest am Arm. »Victoria! Åke ist ermordet worden!«, platzte es aus ihr heraus.

»Was?! Warum glaubst du das?« Victoria starrte ihre Freundin entsetzt an.

»Ich spüre es einfach«, erwiderte Eva und presste die Lippen aufeinander. Dann verabschiedete sie sich rasch und eilte in Richtung Kassen davon.

Anna begann zu quengeln. Eine Weile hatte sie fröhlich

und gut gelaunt im Einkaufswagen gesessen, doch jetzt war ihr langweilig, und sie hatte Hunger. Victoria ging also zur Kasse, hastete dann weiter zum Auto und packte alle Tüten in den Kofferraum. Wie immer hatte sie viel mehr eingekauft als nur die Frühkartoffeln, deretwegen sie hergekommen war. Wegen Monica hatte sie das Gefühl, extra auftischen zu müssen. Monica besaß einen erlesenen Geschmack, oder jedenfalls tat sie so, als ob. Victoria war wild entschlossen, dass sich das Mittsommerbüfett vor Delikatessen biegen würde. Nachdem sie Anna gestillt hatte, machte sie sich auf den Heimweg.

Bevor sie nach Hause fuhr, hielt sie bei Dennis' Kutter. Sie konnte direkt am Kai parken. Anna war während der Fahrt wieder eingeschlafen, und Victoria ließ sie im Schatten der alten Garnelenfabrik im Auto sitzen. Als sie zum Fischerboot ging, sprang gerade eine Frau von der Dolores auf den Steg. Sie trug eine weiße Jeans und eine lachsfarbene Bluse. Ihre Schuhe waren auf den Farbton der Bluse abgestimmt. Die Frau nickte ihr zu und schlüpfte an ihr vorbei. Victoria drehte sich um und schaute ihr hinterher, als sie an ihrem Auto vorbeiging, in dem Anna mit offener Tür schlief.

»Wer war das?«, fragte sie Dennis neugierig.

»Meine Vermieterin Gunnel.«

Dennis stand an Deck an einem Tischgrill und bereitete Maiskolben, ein Fischfilet und einige Limettenscheiben zu.

»Aha, aber was wollte sie denn hier?«, erkundigte sich Victoria, deren Neugier immer noch nicht gestillt war.

»Bist du plötzlich unter die Detektive gegangen?« Dennis lachte. »Sie hat mir ein paar Briefe gebracht. Ich lasse mir meine Post an ihre Adresse nachsenden.«

»Das nenne ich Service.« Victoria grinste, und sie mussten beide lachen.

»Dennis, hör mal!« Victoria wurde wieder ernst. »Ich habe

Eva im Supermarkt in Kungshamn getroffen. Sie glaubt, dass Åke ermordet wurde. Wie kommt sie darauf?«

»Ich habe keine Ahnung«, erwiderte Dennis.

»Du musst ihn finden«, sagte Victoria, »bevor Eva den Verstand verliert.«

»Das werde ich«, versicherte Dennis und schaute auf das Skagerrak hinaus, wo ein Motorboot die glitzernde Wasseroberfläche auf dem Weg in den Hafen zerteilte.

Paul Hammarberg bat Sandra, zur Tür zu gehen und einen Blick auf den Parkplatz des Polizeireviers zu werfen. Pelle Hallgren von der Firma Smögen-Bau war weder zur vereinbarten Zeit auf der Wache erschienen noch ans Telefon gegangen, als ihre Kollegin Helene Berg ihn angerufen hatte.

Die Rechtsmedizinerin hatte sich noch einmal gemeldet, und zwar mit einer ungünstigen Information: Das Narkosemittel, von dem sie Spuren in Sebastian Svenssons Mund gefunden hatten, wurde vor allem in Zoos verwendet. Die Theorie, dass er irgendeine Droge konsumiert hatte, die im Internet erhältlich war, mussten sie fallen lassen. Und obwohl immer noch Unklarheit über Sebastians genaue Todesursache herrschte, war eine Ermittlung zum Tatbestand Mord beziehungsweise Totschlag eingeleitet worden. Als Paul an das Versprechen dachte, das er seiner Frau gegeben hatte, spürte er einen Kloß im Hals. Fünf Wochen Urlaub gleich nach Mittsommer. Doch nun befürchtete er, dass ihm viele lange Arbeitstage samt Nachtschichten bevorstanden. Und jetzt war auf Geheiß von Camilla Stålberg auch noch Ragnar Härnvik als zusätzliche Verstärkung aus Göteborg angereist. Paul würde sich richtig ins Zeug legen müssen.

Paul rief nach Ragnar und Sandra. Ragnar Härnvik musste sich so schnell wie möglich in den Fall einarbeiten. Er bat sie, zu Smögen-Bau zu fahren und Pelle Hallgren zur Vernehmung zu holen. Selbst wenn er tatsächlich beruflich so stark eingespannt war, wie er behauptete, hatte er sich auf dem Polizeirevier einzufinden, wenn er die Aufforderung erhielt. Ordnung musste schließlich sein.

Ragnar Härnvik übernahm das Kommando und setzte sich hinters Steuer, als sie ins Auto stiegen. Sandra spürte, wie sie innerlich bereits kochte. Sie war sich sicher, dass sie sich in dieser Gegend bedeutend besser auskannte als er, aber als Polizeianwärterin musste sie sich in Geduld üben. Allerdings passte es ihr ganz und gar nicht, dass Ragnar sie ihren untergeordneten Rang spüren ließ, auch wenn sie sich noch in der Ausbildung befand.

Sandra, die es gewöhnt war, neben dem hochaufgeschossenen Paul zu sitzen, sah aus dem Augenwinkel zu Ragnar hinüber, der sich strecken musste, um über das Lenkrad sehen zu können.

»Wo liegt Kleven?«, fragte er, als sie am Fußballplatz Havsvallen vorbeifuhren.

»Das ist eine Insel vor Smögen«, erwiderte Sandra.

»Eine Insel?«, echote Ragnar entsetzt.

»Smögen und Kleven sind heute miteinander verbunden«, erläuterte Sandra. »Zwischen den beiden Inseln verläuft ein schmaler Sund, der bei ruhigem Wetter von kleineren Booten befahren werden kann. Er hieß früher Smygen und hat Smögen vermutlich seinen Namen gegeben. Das Becken zwischen Smögen und Kleven fungiert heute als Gästehafen von Smögen.« Sie musterte Ragnar, um festzustellen, ob ihn ihr Lokalwissen beeindruckte, doch das Fahren auf den sich schlängelnden Straßen schien seine ganze Aufmerksamkeit zu beanspruchen.

Als sie den Smygen-Sund überquerten, ließ Sandra ihren Blick über Vallevik schweifen. Noch waren nicht viele Leute unterwegs. Aber falls das schöne Wetter bis Mittsommer anhielt, würde sich das schnell ändern. In manchen Jahren machten die Mittsommerfeierlichkeiten aus Smögen die reinste Müllhalde. In jeder Klippenspalte steckten Garnelenschalen oder leere Bierdosen, und überall brannten Abfallbehälter, weil die Leute vergaßen, die Kohle in ihren Wegwerfgrills zu löschen. In den letzten Jahren war es ein wenig ruhiger zugegangen. Natürlich spielte das Wetter dabei eine Rolle. In den vergangenen Jahren hatte es an Mittsommer geregnet. Die Polizisten schickten immer ein dankbares Stoßgebet an die Wettergötter, wenn die großen Feiertage buchstäblich ins Wasser fielen. Weniger tödliche Verkehrsunfälle und weniger handgreifliche Streitigkeiten.

Auf der anderen Seite des Smygen-Sunds fuhren sie an den neuen Wohnhäusern auf Kleven vorbei.

»Unfassbar, wie viel hier gebaut wurde«, sagte Ragnar und brach das Schweigen zwischen ihnen.

»Ja, es hat sich einiges getan«, erwiderte Sandra. In den vergangenen zwei Jahren waren hier mehrere größere Wohnkomplexe entstanden, und Smögen-Bau konnte sich vor Aufträgen kaum retten.

»Sieht ja wirklich schick aus«, fuhr Ragnar fort, »aber billig ist diese Lage bestimmt nicht.«

»Nein«, stimmte Sandra zu, »aber ich glaube trotzdem, dass alle Wohnungen verkauft sind. Ich habe spaßeshalber mal geguckt, was eine Dreizimmerwohnung kostet. Der Preis belief sich auf mehrere Millionen Kronen, damit war ich aus dem Rennen.«

Ragnar bog ab und parkte auf dem Außenhof der Baustoffabteilung. Sandra stieg aus und ging zu einem jungen Mann, der ein Sweatshirt mit dem Aufdruck *Smögen-Bau* trug. Er belud gerade einen blauen Lieferwagen, an dessen Seite ebenfalls der Schriftzug der Firma prangte.

»Wir würden gerne mit Pelle Hallgren sprechen«, sagte Sandra zu dem Mann, der kurz innehielt.

»Er macht Mittagspause«, antwortete er und wandte sich wieder ab, um mit seiner Arbeit fortzufahren.

»Ist es dafür nicht ein bisschen spät?«, fragte Ragnar und warf einen Blick auf seine Armbanduhr.

»Wir essen, wenn wir die Zeit haben«, erwiderte der Mann und packte weitere Utensilien in den Lieferwagen.

»Hat er gesagt, wo er hinwill?«, erkundigte sich Sandra, die nicht gerne mit leeren Händen ins Revier zurückkehren wollte.

»Nein, aber wir fahren normalerweise entweder zu Göstas Fisch, direkt gegenüber von der Fischhalle, oder zu Bella Gästis in Hunnebostrand. Die Pizzen da sind der Hammer.«

»Gut, vielen Dank«, sagte Sandra. »Richten Sie Pelle bitte aus, dass wir nach ihm gefragt haben und dass er heute vor siebzehn Uhr ins Polizeirevier kommen soll. Wir haben versucht, ihn auf seinem Handy zu erreichen, aber er geht nicht ran.«

»Nein, ich weiß«, erwiderte der Mann lachend. »Wenn wir viel zu tun haben, geht er nie ans Telefon. Aber wenn auftragsmäßig Flaute herrscht, sitzt er rum und starrt die ganz Zeit auf sein Display.«

»Kannten Sie Sebastian gut?«, erkundigte sich Sandra.

Der junge Mann hielt erneut inne und wirkte mit einem Mal ernst.

»Geht so, wir hatten selten auf denselben Baustellen zu tun. Wir haben uns fast nie gesehen. Entweder haben wir jeder alleine gearbeitet, oder einer von uns ist mit Pelle mitgefahren.«

Ein blauer Lieferwagen bog auf den Baustoffhof, hielt an, wendete abrupt und fuhr wieder davon. Sandra lief zum Streifenwagen. Ragnar folgte ihr. Er hatte später reagiert als sie. Als Ragnar auf den Beifahrersitz gerutscht war, fuhr Sandra dem Lieferwagen hinterher, der bereits ein gutes Stück vor ihnen lag. Sandra schaltete das Blaulicht an. Sie musste die Geschwindigkeit erhöhen, und die Straßen waren schmal. Sie fuhren in Richtung Smögen, den Klevenvägen hinauf, am Minigolfplatz vorbei und die Anhöhe zum Markt hinunter. Sandra vermutete, dass der Fahrer des Lieferwagens auf die Smögenbron wollte, denn auf der Insel selbst hatte er keine Chance, ihnen zu entkommen. Oben auf der Brücke entdeckten sie den Lieferwagen wieder. Am Ende der Brücke bog er links ab. Sandra kam näher und blendete die Scheinwerfer auf. Plötzlich schwenkte ein Wohnwagen vor ihnen auf die Straße. Gemächlich fuhr er über beide Spuren und blockierte die gesamte Fahrbahn. Sandra hatte keine andere Wahl, als zu bremsen.

»Kein Problem«, sagte Ragnar. »Er kommt nicht weit. Wir schreiben den Lieferwagen zur Fahndung aus.«

Sandra war klar, dass Ragnar von den Göteborger Maßstäben ausging und keine Ahnung hatte, wie begrenzt ihre Ressourcen in der Küstenregion waren. Aber sie wendete gehorsam und fuhr zum Polizeirevier zurück. Verdammt, sie hätte ihren Auftrag so gerne erfüllt. Jetzt musste sie Paul kleinlaut Bericht erstatten. Ragnar hingegen schien ganz und gar nicht unzufrieden zu sein.

»Es ist spannend, mal wieder im Feld zu arbeiten«, sagte er, als sie an der Wache aus dem Auto stiegen. »In den vergangenen Jahren bin ich nicht gerade häufig draußen im Einsatz gewesen. Heutzutage verbringt man die meiste Zeit mit irgendwelchem Papierkram oder damit, die Medien bei Laune zu halten.«

Sandras Wut kochte wieder hoch. Endlich bot sich einmal die Gelegenheit, qualifizierte Polizeiarbeit zu leisten, die aus mehr bestand, als lediglich Anzeigen über verlorene Portemonnaies und gestohlene Fahrräder aufzunehmen, und die

Chefin der Göteborger Bezirkskriminalpolizei schickte ihnen einen drögen Bürohengst. Sie brauchten einen erfahrenen Polizeibeamten, der vor allem an die Feldarbeit gewöhnt war. Immerhin hatten sie es mit einer Mordermittlung und einem möglichen Vermisstenfall zu tun.

Auf dem Polizeirevier führte Paul gerade in einem der Besprechungszimmer eine Vernehmung durch. Sandra klopfte an und öffnete die Tür, um ihm mitzuteilen, dass sie zurück waren. Als sie sah, mit wem er sprach, platzte ihr beinahe der Kragen. Paul Hammarberg und Pelle Hallgren saßen einander gegenüber und unterhielten sich lachend. Paul verstummte für einen kurzen Moment, als er Sandras Blick bemerkte, doch dann wedelte er mit der Hand und bedeutete ihr, den Raum zu verlassen und die Tür hinter sich zu schließen.

Es war kurz vor drei Uhr nachmittags, und Neo Waltersson kam gerade von seiner zweiten täglichen Runde über den Smögen-Kai nach Hause. Er zog sein Hemd aus und schlüpfte in ein kurzärmeliges weißes Polohemd. In der Silberschale auf der Schlafzimmerkommode lag der Ring, den er bei Sebastian gefunden hatte, als er ihn aus dem Wasser zog. In den kommenden Tagen würde er ihn ins Polizeirevier bringen, doch sein Ärger über Paul Hammarberg war noch nicht verraucht, das konnte also noch ein bisschen warten. Als er Sebastian auf den Badesteg der Motorjacht gehievt hatte, war ein kleiner Seidenbeutel aus dessen Tasche gefallen. Aus reiner Neugier hatte er hineingeschaut und den kleinen Ring herausgenommen, der darin lag. Dabei war ihm der Beutel aus den Händen ins Wasser gerutscht, davongetrieben und unter dem Steg verschwunden. Als er mit dem Ring in der Hand neben Sebastian kniete, hatte er ihn mit dem Vorsatz in die Tasche gesteckt, ihn der Polizei zu übergeben, sobald diese eintraf. Doch in dem ganzen Tumult hatte er es vergessen, und jetzt war er, wie gesagt, sauer auf diesen Lackaffen Paul Hammarberg, der ihn so unhöflich behandelt hatte. Seine Frau rief aus dem Esszimmer nach ihm. Der Ring musste warten.

»Leopold, kannst du bitte das Milchkännchen holen, das auf der Spüle steht?«

Gehorsam ging er in die Küche. Er wusste, dass alles einfacher und unkomplizierter war, wenn er tat, was Greta wollte. Niemand außer seiner Frau nannte ihn Leopold. Als Kind hatte er seinen Namen zu Neo verkürzt, weil es leichter auszusprechen war. Doch als er Greta vor zweiundfünfzig Jahren bei dieser Tanzveranstaltung der Kirche kennenlernte, hatte er sich mit seinem richtigen Namen Leopold vorgestellt, und seitdem nannte sie ihn so.

Greta saß mit ihrer Nachbarin Alfhild bereits am Esstisch.

»Hast du gehört, dass Leopold derjenige war, der Sebastian gestern im Wasser entdeckt hat?«, fragte Greta gerade.

»Ja, angeblich ist er ermordet worden«, erwiderte Alfhild, zufrieden, dass sie noch weitere Informationen beisteuern konnte, denn Alfhilds Schwester war die Mutter von Paul Hammarberg, dem Polizisten in Kungshamn.

»Bist du ganz sicher?«, erwiderte Greta erstaunt.

Neo wusste ganz genau, dass Alfhild nicht aus purem Zufall ausgerechnet heute zum Kaffeetrinken zu ihnen kam. Doch er musste zugeben, dass auch er der Unterhaltung gerne folgte.

»Laut meiner Schwester hat Paul gesagt, dass Sebastian Svensson bewusstlos war, als er ins Hafenbecken fiel. Jemand hat ihm ein Betäubungsmittel verabreicht und ihn anschließend ins Wasser geworfen.« Beim letzten Satz wanderte Alfhilds Blick von Greta zu Neo. Gretas Augen waren kugelrund, Neo hielt sich räuspernd zurück. Alfhild schien ihre Äußerung im Nachhinein zu bereuen. Vermutlich hatte ihre Schwester ihr dieses Detail unter dem Siegel der Verschwiegenheit erzählt. Paul durfte zum gegenwärtigen Zeitpunkt schließlich keine Fakten ausplaudern, die die Ermittlungen betrafen.

»Du kannst uns vertrauen«, versicherte Greta und sah Neo an.

Die angespannte Atmosphäre lockerte sich, als plötzlich Gretas und Neos jüngste Tochter Maya im Esszimmer auftauchte. Sie schnappte sich aber nur ein paar Plätzchen, legte sie auf eine Serviette und verschwand wieder zur Tür hinaus.

»Es wird spät heute!«, rief sie ihnen noch zu, ehe sie das Haus verließ.

Das war das übliche Maß an Konversation, das ihnen ihre Tochter momentan zugestand. Neo seufzte und nahm eine große Gabel von dem Käsekuchen, der auf seinem Teller lag. Er war wunderbar cremig, genau, wie er sein sollte.

Paul Hammarberg war nach dem Gespräch mit Pelle Hallgren bester Laune. Neben den Informationen, die Pelle ihm gegeben hatte, hatte er außerdem versprochen, später mit ein paar Holzdielen bei ihm zu Hause vorbeizukommen, die Paul noch für seine Terrasse benötigte. Er und Pelle kannten sich seit der Schule. Sie waren in dieselbe Klasse gegangen, doch inzwischen trafen sie sich eigentlich nur, wenn Paul irgendwelche Baumaterialien benötigte. Als er sich von Pelle verabschiedet hatte, ging er in den Pausenraum, wo Ragnar, Helene und Sandra saßen.

»Hallöchen«, sagte Paul fröhlich, doch er merkte, dass die Stimmung nicht besonders euphorisch war. Besonders Sandra schien schlecht gelaunt zu sein.

»Das nenne ich gutes Gebäck!«, sagte Ragnar und meinte damit die Zimtschnecken, die Paul heute Morgen von zu Hause mitgebracht hatte. Pauls Frau ließ den Kollegen ihres Mannes immer eine Tüte zukommen, wenn sie backte. Nicht zuletzt zur Freude von Stig Stoltz, der auf dem Polizeirevier als Mädchen für alles fungierte.

»Ja, das war ein lustiger Zufall«, fuhr Paul fort. »Kurz nachdem ihr weggefahren seid, kam Pelle auf die Wache. Er stand an der Rezeption, als ich mir einen Kaffee holen wollte.«

»Und du bist nicht auf die Idee gekommen, uns zu informieren?«, erwiderte Sandra säuerlich.

»Doch, aber Pelle hatte es eilig, und ich habe ihn sofort befragt. Pelle hat für den fraglichen Abend und die Nacht ein Alibi. Er ist unschuldig, und etwas anderes habe ich auch nicht erwartet. Er sagte, dass Åke und er sehr gut in der Firma zusammenarbeiten. Ihre Verantwortungsbereiche sind klar voneinander getrennt. Dort existiert also kein Sand im Getriebe, um es mal so zu formulieren. Es ist immer schön, einen möglichen Verdächtigen ausschließen zu können«, sagte Paul zufrieden.

»Was für ein Alibi hat Pelle für Sonntagabend und die Nacht auf Montag?«, wollte Sandra wissen.

Ohne ihre Frage zu beantworten, fuhr Paul fort: »Die Person, die Åke zuletzt lebend gesehen hat, war Herman aus dem Fischgeschäft am Kai. Er hat Åke kurz vor Ladenschluss Austern und ein paar andere Dinge verkauft. Seitdem hat ihn niemand mehr gesehen. Was Sebastian angeht, hat Pelle ihn kurz nach fünf am Sonntagnachmittag auf dem Baustoffhof getroffen. Er kam vorbei, um fehlendes Material für einen Auftrag bei einem meiner Nachbarn zu holen. Danach hat ihn niemand mehr gesehen, bis er heute Morgen kurz nach sieben tot im Hafenbecken aufgefunden wurde.«

»Abgesehen von seinem eventuellen Mörder«, warf Sandra mürrisch ein.

»Austern?«, fragte Ragnar überrascht. »Warum hat Åke ausgerechnet Austern gekauft?«

Paul überging auch Ragnars Einwurf.

»Pelle hat Sonntagabend hier in Kungshamn gearbeitet. Gegen neunzehn Uhr ist er nach Smögen zurückgefahren und hat anschließend den ganzen Abend und die Nacht zu Hause bei seiner Frau und den beiden jüngsten Kindern verbracht. Am nächsten Morgen verschlief er und kam erst um Viertel vor acht zur Arbeit, normalerweise beginnt er um halb sieben.«

Sandra berichtete ausführlich von Ragnars und ihrem Einsatz und ließ auch die Verfolgungsjagd nicht aus, obwohl ihr das Ganze ein bisschen peinlich war. Sowohl dass sie nach Pelle Hallgren gesucht hatten, während der in aller Seelenruhe auf dem Polizeirevier saß und mit Paul redete, als auch die Tatsache, dass sie jemanden mit dem Auto verfolgt hatten, den sie für Pelle hielten. Aber warum war der Fahrer des Lieferwagens so eilig wieder vom Hof gebrettert? Sein Verhalten wirkte trotzdem verdächtig.

»Ja, ja«, sagte Paul. »Wir haben jedenfalls herausgefunden, was wir herausfinden wollten. Pelle ist vernommen worden, und wir können ihn von der Liste der Verdächtigen streichen.«

Ragnar schwieg. Er knabberte an einer Zimtschnecke und ließ sie nicht an den Gedanken teilhaben, die ihm eventuell durch den Kopf gingen.

»Wer steht noch auf deiner Verdächtigenliste?«, fragte Sandra und sah Paul an. Sie musste versuchen, gute Miene zum bösen Spiel zu machen, und sich kooperativ zeigen. Obwohl diese langsamen Herren der Schöpfung sie zur Weißglut trieben.

»Gute Frage, Sandra! Vielleicht sollten wir die möglichen Kandidaten durchgehen. Wen haben wir?«

»Sebastian Svenssons Schwiegervater in spe, also Pelles Bruder Carl Hallgren«, begann Sandra. »Aber wir könnten es auch mit einer völlig fremden Person zu tun haben, der

Sebastian zufällig begegnet ist. Jemand, der ihn ausgeraubt und anschließend getötet hat. Allerdings halte ich dieses Szenario nicht für sehr wahrscheinlich, da sein Portemonnaie noch in seiner Hosentasche steckte.«

»Nein, diese Tat war geplant«, ließ sich Ragnar plötzlich mit Nachdruck vernehmen.

»Genau«, pflichtete Paul bei, der seine Theorie, dass ein selbst verschuldeter Unfall Sebastians Tod verursacht haben könnte, widerwillig fallen lassen musste. »Hafenkapitän Neo haben wir befragt, aber seine Aussage dreht sich ja nur darum, wie er die Leiche entdeckt und aus dem Wasser gezogen hat. Gibt es weitere Verdächtige?«

»Möglicherweise einen oder mehrere Kollegen von Åke und Pelle«, spekulierte Sandra. »Wenn man Sebastians Fundort bedenkt, ist es nicht völlig ausgeschlossen, dass er in der Nähe der Baufirma ins Wasser gestoßen wurde.«

»Mmh«, stimmte Paul zu, der mit einem Mal gestresst wirkte. In ein paar Tagen war Mittsommer, und sie hatten keine einzige Spur. Was bedeutete, dass vermutlich ein Mörder auf Smögen oder in Kungshamn herumlief. Die Augen seiner Kollegen aus Uddevalla, Göteborg und der gesamten Westküste waren auf ihn gerichtet. Sie mussten Ergebnisse liefern, und bisher hatten sie nicht das Geringste vorzuweisen.

»Hat Pelle Hallgren noch irgendetwas von Interesse ausgesagt?«, erkundigte sich Ragnar.

»Nein, ich habe ihn gefragt, ob Sebastian seines Wissens irgendwelche Feinde hatte, und das hat er verneint. Der Einzige, der ihm einfiel, war ein Kunde, der sauer auf Sebastian war, weil er die falschen Holzdielen für seine Terrasse bestellt hatte. Als Sebastian schließlich das richtige und teurere Material besorgt hatte, wollte der Kunde den Aufpreis nicht bezahlen. Sebastian ist wütend geworden, hat den Kunden als ›alten Sack‹ beschimpft und die Baustelle verlassen.«

»Wie heißt der Kunde?«, fragte Sandra.

»Lass mich nachsehen«, sagte Paul und blätterte in seinem Notizblock, der kaum beschrieben war. »Ach ja, genau, er heißt Berglund. André Berglund.«

Das Schwimmen im Meer war für Dennis zu einer Art Ritual geworden, und er liebte es. Jedes Mal, wenn er mit dem Kopf unter Wasser glitt und anschließend wieder auftauchte, fühlte er sich wie neugeboren. Meistens wählte er das natürliche Becken der Makrillviken, doch manchmal badete er auch in Vallevik, in Sandön oder draußen auf Hållö. Heute hatte er beschlossen, sich selbst herauszufordern und durch die Felsenschlucht zu laufen, die vom Klevenvägen zur Makrillviken führte. Die Schlucht war schmal und lang und gerade breit genug, dass zwei normal gebaute Menschen nebeneinanderher gehen konnten. In den Sommermonaten kam es vor, dass man jemandem in der Schlucht begegnete, doch in den restlichen Monaten des Jahres geschah das eher selten. Im Grunde genommen war Dennis froh, dass die Touristen Smögens Schönheit im Herbst, Winter und Frühling noch nicht entdeckt hatten. Im Sommer war Smögen traumhaft, aber die anderen Jahreszeiten standen dem in nichts nach, und da war die Insel vielleicht sogar noch einzigartiger. Viele Orte in Schweden waren bei Regen, Schneematsch und Nebel nicht besonders verlockend, aber das Naturerlebnis auf und rund um Smögen war immer atemberaubend, egal bei welchem Wetter.

Zu spät entdeckte Dennis, dass ihm jemand in der Schlucht entgegenkam. Das gefiel ihm nicht. Durch die Schlucht zu laufen war etwas, das er sich hatte antrainieren müssen. Seine Klaustrophobie war ausgeprägter, als er für gewöhnlich zugab. Er hatte die Mitte der Schlucht fast erreicht, umzudrehen hatte also keinen Sinn. Er versuchte, ruhig zu atmen und an die Worte seines Therapeuten zu denken. Doch sein Puls wollte nicht auf sein inneres Mantra hören, und das Herz schlug ihm bis zum Hals. Seine Knie begannen zu zittern, und ihm wurde schlecht.

»Hallo, Dennis! Bist du auf dem Weg zum Baden?« Gunnels Stimme klang unbeschwert und locker. Ihr schien die enge Passage nichts auszumachen. »Geht's dir nicht gut? Du bist ja weiß wie ein Laken.«

»Alles in Ordnung«, krächzte Dennis. Um nichts in der Welt wollte er sich auf Gunnels pinkfarbenen Bikini übergeben. Er hielt sich nur mit Mühe aufrecht und klammerte sich krampfhaft an einen Vorsprung in der Felsenwand.

»Man sieht sich«, sagte Gunnel.

»Ja, bis dann«, erwiderte Dennis kaum hörbar.

Gunnel schlüpfte an ihm vorbei. Dennis blieb allein zurück und fasste sein Ziel ins Auge: den Ausgang auf der anderen Seite. Er wollte den Felsvorsprung nicht loslassen, doch schließlich beruhigte er sich so weit, dass er irgendwie den Weg aus der Schlucht fand. Als er über die Klippen zu seiner Badebucht kletterte, fühlte er sich wackelig auf den Beinen, wie nach einem langen Whisky-Abend mit Björn. Vorsichtig stieg er vom Steg ins Wasser, in dieser Verfassung wagte er nicht, einen Kopfsprung zu machen. Das Schwimmen würde ihn beruhigen. Dennis hielt sich an der Leiter fest und glitt in die Wellen.

Der Bus schlängelte sich durch die Ortschaften der Insel Smögen in Richtung Brücke und Festland. Anthony Parker war der einzige Fahrgast, und weil der Busfahrer sehr gesprächig wurde, als er hörte, dass Anthonys Vorfahren aus Schweden stammten, setzte Anthony sich zu ihm nach vorn.

»Der Bruder meines Großvaters ist nach Amerika ausgewandert«, erzählte der Busfahrer und sah ihn im Rückspiegel an.

»Ach ja?«, erwiderte Anthony. »Ist er später nach Schweden zurückgekehrt?«

»Nein, ich habe ihn nie kennengelernt. Aber seine Tochter hat lustigerweise einen Göteborger geheiratet und ist mit ihm dorthin gezogen. Sie und ihre Kinder habe ich tatsächlich getroffen. Sie hat irgendwann angerufen und ein Treffen vorgeschlagen.«

»Sind sie nach Smögen gekommen?«, fragte Anthony.

»Ja, ich habe ihnen das Haus gezeigt, in dem mein Großvater und sein Bruder aufgewachsen sind. Sie fanden es fantastisch.«

Der Busfahrer hielt an, um ihn aussteigen zu lassen. Anthony bedankte sich.

Die Bibliothek lag in Kungshamn. Er hatte sich das Gebäude und die Straße unzählige Male im Internet angesehen. Und jetzt war er hier. Die Bibliothekarin führte ihn an einen Computertisch.

»Sie können den Platz nur eine halbe Stunde nutzen«, erklärte sie verlegen.

»Ich bin auf der Suche nach einem Verwandten, der möglicherweise auf Smögen lebt«, sagte Anthony.

»Ach«, erwiderte die Bibliothekarin und errötete bis zu ihrem grauen Haaransatz. »Beschäftigen Sie sich mit Ahnenforschung? Das tue ich auch. Ich konnte meine Vorfahren bis ins 16. Jahrhundert zurückverfolgen. Meine Verwandten gehörten zu den ersten Familien, die sich auf Hasselön ansiedelten.«

»Waren Ihre Verwandten Strandsitzer?«

»Ja, aber sie haben rund um ihre Katen auch kleine Flecken Land bewirtschaftet, deshalb bin ich in alten Steuerbüchern auf ihren Namen gestoßen.«

»Dann sind wir vielleicht miteinander verwandt«, scherzte Anthony. »Meine Familie stammt von Smögen, aber meine

Großeltern mütterlicherseits sind in den Zwanzigerjahren nach Amerika ausgewandert. Wenn Sie entschuldigen, ich sollte besser anfangen, sonst sind meine dreißig Minuten gleich vorbei.«

Die Bibliothekarin blickte sich in dem leeren Lesesaal um.

»Ach, bleiben Sie, solange Sie wollen, ich meine, so lange, wie kein anderer Bibliotheksbesucher den Computerplatz benötigt«, sagte sie und lächelte ihm verschwörerisch zu, als würde sie etwas Verbotenes tun.

Anthony setzte sich an den Computer, rief die Seite auf, auf der er seine bisherigen Ergebnisse über seine Familiengeschichte zusammengetragen hatte, und loggte sich ein. Fünf genealogische Datenbanken hatte er bereits abonniert, und jetzt hatte ihm sein Vermieter auf Smögen noch eine weitere empfohlen, die Zugriff auf das zentrale Melderegister der Region Bohuslän gewährte. Die wollte er sich gerne näher ansehen. Sein Stammbaum erschien auf dem Bildschirm, und wie üblich folgte er den Kästchen Ast für Ast. Er begann bei sich selbst und ging dann chronologisch in der Zeit bis zu seinen Großeltern mütterlicherseits zurück. Die Adresse ihres Geburtshauses kannte er mittlerweile auswendig. Seit seiner Ankunft auf Smögen war er etliche Male daran vorbeigelaufen. Dann ging er aus dem Jahr 1910 wieder bis in die Siebzigerjahre des 20. Jahrhunderts. Doch in der Chronologie gab es eine Lücke: Eine Person, die die Schwester seiner Großmutter in ihren Briefen erwähnte, war nicht im Stammbaum verzeichnet. In den Briefen war nur von »dem Kind« die Rede; bisher hatte Anthony keine Ahnung, ob es sich um einen Jungen oder ein Mädchen handelte, doch angesichts des Geburtsjahres musste dieser Verwandte von ihm noch am Leben sein. Wegen dieses letzten fehlenden Puzzleteilchens war er in die Bibliothek gefahren, und er hatte nicht vor aufzugeben, bevor er es gefunden hatte.

Dennis holte Eva gegen sechzehn Uhr ab. Ein Fischer hatte südlich von Måsekär einen leblosen Taucher im Wasser entdeckt. Die Polizei hatte Eva angerufen und ihr mitgeteilt, dass es sich möglicherweise um Åke handelte. Eva hatte Dennis gebeten, sie zum Leichenschauhaus in Uddevalla zu begleiten, wo sie den Mann identifizieren sollte. »Missing people« wartete mit der Suchaktion, bis sie Rückmeldung von Eva erhielten.

Evas Gesicht strahlte Gleichgültigkeit aus. Dennis war klar, dass es ihr schwerfiel, sich der Situation zu stellen. Einzusehen, dass Åke weg war und nie mehr zu ihr und Vera zurückkehren würde. Letztendlich hatte sie sich eingestehen müssen, dass Åke vermutlich ertrunken war, sich jedoch bis zuletzt an die Hoffnung geklammert. Åke war ein erfahrener Taucher, auch Dennis konnte nicht begreifen, dass ausgerechnet er bei einem Taucherunfall ums Leben gekommen sein sollte, doch leider schien genau das passiert zu sein.

»Könntest du heute vielleicht bei uns schlafen?«, fragte Eva, während sie weiter starr geradeaus auf die Straße blickte. »Mama und Papa sind heute Abend bei Freunden in Hunnebostrand eingeladen und werden wahrscheinlich dort übernachten. Sie wollten zu Hause bleiben, aber ich habe sie gebeten, zu fahren. Das Leben darf nicht völlig zum Stillstand kommen. Es muss weitergehen.«

»Natürlich«, erwiderte Dennis. »War es eigentlich Paul Hammarberg, der dich angerufen hat?«

»Nein, irgendeine Polizeibeamtin«, antwortete Eva gleichgültig.

In Wirklichkeit war Dennis nicht besonders erpicht darauf, bei Eva und Åke zu übernachten, aber er konnte verstehen, dass Eva nicht allein sein wollte, insbesondere, wenn ein Mörder auf Smögen frei herumlief. Dennis litt noch unter den Nachwirkungen des Vorfalls in der Schlucht. Er hatte geglaubt, seine Klaustrophobie relativ gut in den Griff bekommen zu haben, doch offensichtlich war er trotz Therapie wieder ganz am Anfang. Ihm stand momentan ganz und gar nicht der Sinn nach Autofahren und einem Besuch im Leichenschauhaus, aber Eva zuliebe riss er sich zusammen. Ihm war bewusst, dass es ihr gerade viel schlechter ging als ihm.

»Soll ich mit reinkommen?«, fragte er, als sie vor dem Obduktionsraum standen.

»Nein, ich gehe allein«, erwiderte Eva. »Ich möchte ihn allein sehen.«

Dennis wartete draußen, während Eva den Raum betrat. Als er sich im Gang auf einen Stuhl setzte, kam eine ehemalige Kollegin auf ihn zu. Er hatte die Rechtsmedizinerin Miriam Morten vor etlichen Jahren kennengelernt, als sie noch in Göteborg arbeitete.

»Dennis, lange nicht gesehen«, begrüßte sie ihn lächelnd.

»Ja, ich habe mir eine kleine Auszeit genommen. Und du arbeitest jetzt also hier?« Dennis bemühte sich um einen netten Tonfall.

»Meine Lebensgefährtin kommt aus Uddevalla, und irgendwann habe ich zugestimmt, hierherzuziehen. Wir haben ein Haus gebaut, ziemlich nah am Meer, und wir fühlen uns wohl. Komm doch irgendwann mal mit Cleuda vorbei. Wir würden uns freuen.« Miriam plapperte wie üblich daher und strahlte über das ganze Gesicht. Dennis hatte keine Lust, sich auf eine Unterhaltung einzulassen, sondern nickte nur höflich als Zeichen, dass er die Einladung annahm.

»Seid ihr wegen des ertrunkenen Tauchers hier?«, fragte Miriam, als Dennis keine Antwort gab.

»Ja, genau«, erwiderte er.

»Das ist diese Woche schon der zweite Tote von Smögen. Was macht ihr da oben eigentlich?«, scherzte sie. Leichen waren für Miriam Teil ihres Alltags, und normalerweise wäre

Dennis auf ihren Ton eingegangen, doch diesmal ging es um Åke. Das war etwas völlig anderes.

»Hoffentlich ergibt sich bald die Gelegenheit für ein Treffen«, sagte Dennis, als sich die Tür des Obduktionsraums öffnete.

Eva trat auf den Gang hinaus. Dennis drehte sich um und nickte Miriam zum Abschied zu. Evas Augen waren geschwollen. Sie trug kein Make-up, die Sonne hatte ihre Haut noch nicht gebräunt, und ihr Gesicht war kreidebleich. Die roten Lippen bildeten einen starken Kontrast zu ihrem fahlen Teint. Ihr Haar, das sie zu einem Knoten hochgesteckt hatte, schimmerte schwarz. Sie sah aus wie ein trauriges Schneewittchen. Dennis nahm sie am Arm, und sie verließen das Leichenschauhaus.

Im Auto kam ihm eine Idee. Vielleicht würde Eva es falsch verstehen, aber er fuhr trotzdem zum Marktplatz von Uddevalla und bat sie, im Wagen zu warten. Eva blieb sitzen und starrte mit leerem Blick vor sich hin. Kurz darauf kehrte Dennis mit zwei Waffeln Klings Blaubeereis in der Hand zurück. Das hatte ihm seine Mutter immer gekauft, wenn sie in seiner Kindheit irgendwelche Besorgungen in Uddevalla erledigen mussten. Und er liebte es nach wie vor. Als Eva ihre Waffel entgegennahm, zuckte ein Lächeln in ihren Mundwinkeln. Das Eis weckte auch bei ihr Kindheitserinnerungen. Eva schien den Geschmack jedenfalls ein kleines bisschen zu genießen, als sie schweigend nebeneinandersaßen und ihr Eis aßen.

»Der Mann war nicht Åke«, sagte sie unvermittelt und sah aus, als sei sie gerade von den Toten auferstanden.

Smögen, 4. November 1837

Der Sturm hatte sich endlich gelegt. Nach drei schicksalhaften Tagen war in Sotenäs wieder Ruhe eingekehrt. Die Sonne schien sanft über der weichen Felsenlandschaft, und das Meer schwappte unschuldig gegen Klippen und Strände. In südlicher Richtung sah Carl-Henrik, wie die Lotsen zu dem Zweimaster hinausruderten, der immer noch vor Penningskär ankerte. Obwohl er die ganze Nacht kein Auge zugetan hatte, hatte er vorgehabt, dem Schiff so schnell wie möglich zu Hilfe zu kommen. Doch nun wartete er ab. Drei erfahrene Lotsen waren auf dem Weg, und was ihnen nicht gelang, konnte auch er nicht besser machen. Carl-Henrik verfolgte, wie zwei der Männer über eine Leiter an Bord des Zweimasters kletterten und mit dem rotbärtigen Kapitän sprachen, der an Deck auf sie wartete.

Er blickte sich um und merkte, dass er nicht allein auf der Klippe war. An Klevens Küstenlinie standen mehrere Fischer und einige Familien aus den Katen der Strandsitzer. Sogar Herr Kreutz beobachtete das Geschehen auf dem Wasser. Plötzlich erklang eine gewaltige Explosion. Carl-Henrik zuckte zusammen und sah, wie Herr Kreutz das Gleichgewicht verlor, nach hinten fiel und der Länge nach auf dem Boden aufschlug. Innerhalb weniger Minuten versank der Zweimaster in der Tiefe, der Kapitän und die beiden Lotsen standen nach wie vor an Deck. Kurz darauf lag die Wasseroberfläche wieder öde und verlassen da, einzig das Lotsenboot schaukelte auf den Wellen, bemannt nur noch mit dem jüngsten der drei Lotsen. Hätten nicht so viele Menschen um ihn herum mit eigenen Augen gesehen, was soeben geschehen war, würde ihm vermutlich niemand ein Wort glauben, wenn er davon erzählte. So etwas hatte er noch nie erlebt. Herr Kreutz stolperte mühsam an ihm vorbei, um zu Hause von dem unfassbaren Ereignis zu berichten.

»*Der russische Zar wird keine Gnade walten lassen*«, *orakelte er.*

»*Weshalb?*«, *fragte Carl-Henrik, der nicht verstand, was sein Nachbar meinte.*

»*Warten Sie nur ab*«, *sagte Herr Kreutz.* »*Bald ist es aus mit uns hier draußen auf Kleven.*«

Carl-Henrik blieb verdutzt stehen und sah dem breiten Rücken nach. Er zuckte mit den Schultern. Vielleicht fantasierte Herr Kreutz. Er hatte es nicht leicht, er musste fünf Kinder und eine Ehefrau versorgen. Herr Kreutz gehörte zwar der Kaufmannsgilde an, aber die vergangenen Jahre ohne den ertragreichen Heringsfang hatten sie alle hart getroffen. Carl-Henrik ließ sich von Herrn Kreutz' düsterer Prophezeiung jedoch nicht beirren. Er dachte an seine kleine Tochter und spürte, wie ein warmes Gefühl der Freude in seiner Brust aufstieg. Aber jetzt musste er so schnell wie möglich Nahrung besorgen, damit Anna-Katarina sich satt essen konnte. Das Mädchen brauchte ihre Milch, und Carl-Henrik war der Einzige, der ihnen helfen konnte. Er machte sich auf den Weg zu seinem Kahn, der im Hafen vertäut lag.

6

Dennis packte die Lebensmittel aus, die er unterwegs eingekauft hatte: ein Seehechtfilet, eine Zitrone und ein Glas Pesto. Er wollte die Gelegenheit zum Kochen nutzen, wenn ihm eine richtige Küche zur Verfügung stand, und er vermutete, dass Eva abgesehen von dem Blaubeereis heute nicht gerade viel gegessen hatte. Außerdem hatte er im Laden auch eine Totte-DVD entdeckt.

»Vea, Vea!«, rief Vera, als er ihr das Geschenk zeigte.

»Genau«, lächelte er, »das Geschenk ist für Vera.« Trotz Schleife und Tesafilm packte sie das Paket mit ihren kleinen Fingern geschickt aus.

»Totta, Totta!«, jubelte Vera und wurde ungeduldig, weil Dennis die DVD nicht schnell genug in den Rekorder legte.

Eva wirkte frischer und ausgeruhter als vorhin und schien ein wenig Make-up aufgetragen zu haben.

»Du siehst gut aus!«

»Danke, ich fühle mich auch ein bisschen besser«, sagte sie. Dennis hatte gesehen, dass sie gelächelt hatte, als sich Vera über ihr Geschenk freute. »Warst du einkaufen?«, fragte sie überrascht.

»Ja, ich wollte für uns kochen. Fisch. Hast du Hunger?«

»Keine Ahnung«, erwiderte Eva, als sie mit zwei Gläsern Wein aus der Küche zurückkam. Eins davon reichte sie Dennis. Er nahm es, war jedoch unschlüssig, ob er tatsächlich etwas trinken sollte. Aber er schlug seine Bedenken in den Wind. Ein Glas Weißwein konnte nicht schaden.

Vera wollte Dennis helfen. Sie tapste fröhlich durch die Küche und rief: »Essen, essen!«, während die Totte-DVD mit der Stimme des Erzählers im Hintergrund weiterlief. In den letzten Tagen war in der Küche offenbar nicht viel gekocht worden. Dennis krempelte die Ärmel hoch und band sich eine Schürze um. Da er ein weißes Hemd trug, nahm er sich ein wenig in Acht. Er erledigte einen Handgriff nach dem nächsten und genoss es, am Herd zu stehen, während er an seinem Wein nippte. Eva hatte es sich auf dem Sofa gemütlich gemacht und blätterte in einer Illustrierten. Dennis gab das Pesto, ein Bund Basilikum, geriebenen Parmesan und einen Schuss Olivenöl in den Mixer und drückte auf Start. Nichts tat sich. Ihm fiel auf, dass der Stecker nicht in der Steckdose saß. Typisch. Gut, dass er das überprüft hatte, bevor er Eva um Hilfe bat. Er schloss das Gerät an, und im nächsten Moment dröhnte der Mixer ohne Vorwarnung los. Verwundert warf er sich auf das Gerät, um es auszuschalten.

»Verdammter Mist!«, fluchte er und konnte das Schimpfwort vor Vera nicht unterdrücken. Er hatte den Deckel noch nicht auf den Mixer gesetzt, und die grüne Masse spritzte in der Küche umher. Trotz Schürze war sein Hemd mit grünen Punkten übersät, in den Maschen der Spitzengardinen klebte grünes Pesto, und auch die Wände hatten etwas abbekommen. Das Pesto tropfte sogar von der Decke.

Eva stürzte herbei. »Was ist passiert?«

»Sieh dir das an, manchmal bin ich wirklich ein Tollpatsch«, sagte Dennis zerknirscht.

Eva blickte sich um und begann schallend zu lachen. Sie lachte so sehr, dass ihr die Tränen über die Wangen liefen. Sie griff nach Dennis' Arm, um zu zeigen, dass es nicht schlimm war. Und obwohl er am liebsten vor Scham im Boden versunken wäre, musste auch er lachen. Es gelang ihm, noch genug Pesto zusammenzukratzen, um das Seehechtfilet mit einer Kruste zu versehen. Eva gab ihm eines von Åkes Hemden und steckte seins in den Wäschekorb. Dennis platzierte den mit Pesto ummantelten Fisch auf einem Bett aus Zitronenscheiben, goss Sahne darüber und schob ihn in den Ofen. Als

Beilage gab es Kartoffelpüree und einen Tomaten-Mozzarella-Basilikum-Salat, den er auf einer Platte anrichtete. Es sah richtig lecker aus, als alles fix und fertig auf dem Tisch stand. Vera verlangte in ihrem Hochstuhl nach »Isch« und »Mate«, Fisch und Tomate. Eva schenkte ihnen Wein nach und begann, mit Appetit zu essen. Das Lachen in der Küche schien ihr gutgetan und sie etwas entspannt zu haben.

Nach dem Essen brachte sie Vera ins Bett. Währenddessen machte Dennis es sich auf dem Sofa bequem und checkte auf dem Smartphone seine E-Mails. Sein Bandkumpel Kalle fragte an, ob sie in der Woche nach Mittsommer einen Gig im Havet spielen könnten, einem Restaurant direkt am Kai. Dennis spürte ein Kribbeln im Magen, genau wie früher. Ihre Probe war richtig gut gelaufen.

Eva kam nicht mehr zurück. Nach einer Weile schlich Dennis nach oben und warf einen Blick ins Schlafzimmer. Eva lag im Doppelbett und schlief, die Nase in Veras Locken vergraben. Er ging wieder nach unten und legte sich aufs Sofa, aber er fand keine Ruhe. Das Sofa war unbequem, und er schlief unruhig.

Im Halbschlaf hörte er plötzlich Schritte. Im ersten Moment konnte er nichts erkennen. Um Mittsommer waren die Nächte hell, doch er musste mehrmals blinzeln, ehe er die Konturen seiner Umgebung ausmachen konnte. Jemand ging im Wohnzimmer umher. Er hörte, wie langsam eine Schublade der Anrichte aufgezogen wurde. Eine Hand wühlte zwischen Papieren und anderen Gegenständen umher. War Eva aufgewacht und wollte ihn nicht wecken? Dennis bewegte sich nicht. Am besten tat er so, als hätte er sie nicht gehört. Doch die Person bei der Anrichte war größer und schmaler als Eva. Oder? Er flüsterte ihren Namen. Leise, um sie nicht zu erschrecken. Die Gestalt, die einen dunklen Kapuzenpullover trug, stieß einen erschreckten Laut aus, lief durch das Wohnzimmer und stürzte zur Hintertür hinaus. Dennis rannte hinterher. Barfuß sprintete er zwischen den Häusern hindurch über das Kopfsteinpflaster der kleinen Gassen. Doch die Person war schnell, und die kantigen Steine bohrten sich in seine nackten Fußsohlen. Hinter einigen Bootsschuppen, die zwischen den Wohnhäusern standen, verlor er die Gestalt aus den Augen. Er lauschte einen Moment, doch das einzige Geräusch war das Rascheln der Fliederbüsche, deren Blüten sich leicht im Wind bewegten. Dennis humpelte zum Haus zurück. Als er ankam, saß Eva mit einem Glas Milch am Küchentisch.

»Wo warst du?«, fragte sie verschlafen.

Er wollte ihr keine Angst machen, doch jetzt konnte er sich schwer aus der Affäre ziehen.

»Ich bin aufgewacht, weil jemand bei der Anrichte im Wohnzimmer stand. Im ersten Moment dachte ich, du wärst es, doch die Person war größer als du. Ich bin ihr gefolgt, aber dieses verdammte Kopfsteinpflaster hat mir in die Füße geschnitten, und ich war nicht schnell genug.«

»Wer kann das gewesen sein?«, fragte Eva. »Glaubst du, es war ein Einbrecher?«

»Sieht ganz danach aus. Am besten, du schaust nach, ob irgendetwas fehlt.«

Die Schublade der Anrichte stand immer noch offen. Eva untersuchte den Inhalt. Es roch nach abgestandenem Zigarettenrauch.

»Åke hat die Anrichte von seiner Mutter geerbt«, erzählte Eva. »Ich habe eigentlich nie hineingesehen. Die meisten Dinge, die hier drin liegen, gehören seiner Mutter. Er wollte sie immer mal durchgehen, ist aber nie dazu gekommen.« Eva blickte mit zusammengepressten Lippen aus dem Fenster.

»Was könnte der Dieb dort gesucht haben?«, fragte Dennis.

»Ich habe keine Ahnung. Aber ich bin froh, dass ich dich gebeten habe, heute Nacht hierzubleiben. Stell dir vor, ich hätte den Einbrecher überrascht. Ich wäre vor Angst gestorben.«

Eva ließ zu, dass Dennis sie in den Arm nahm. Er machte sich Sorgen. Noch mehr böse Überraschungen würde Eva in ihrem gegenwärtigen Zustand kaum verkraften. Er blickte ihr nach, als sie die Treppe hinaufging, um sich wieder zu Vera zu legen.

Dennis' Gehirn arbeitete auf Hochtouren. Er machte es sich so gut es ging auf dem Sofa bequem und zog eine Decke von der Armlehne. Aber erst bei Sonnenaufgang schlief er ein.

7

Am nächsten Morgen machte sich Dennis auf den Heimweg. Der Schlafmangel steckte ihm in den Knochen, aber bevor er auf seinen Kutter zurückkehrte, wollte er die Strecke von letzter Nacht ablaufen, als er den Einbrecher verfolgt hatte. Zwar war es nicht komplett dunkel gewesen, doch bei Tageslicht betrachtet erschien vieles klarer. Von Evas Haus war er der Gestalt auf der Kopfsteinpflastergasse nachgelaufen.

Körperbau und Bewegungen sprachen für eine relativ junge Frau. Oben an der Ecke war sie links in den schmalen Durchgang zwischen zwei Bootsschuppen geschlüpft. Dennis hatte keine Ahnung, wer in dem blauen Haus wohnte, doch das dahinterliegende gehörte Hafenkapitän Neo Waltersson. Er hatte ihn dort irgendwann einmal besucht. Als er vor dem Gartenzaun des blauen Hauses stand, entdeckte er keine Spuren, die mit den Ereignissen der vergangenen Nacht zusammenhingen. Dennis drehte sich um und ging in Richtung Hafen. Obwohl Eva und er gestern einen netten Abend miteinander verbracht hatten, sehnte er sich danach, in sein eigenes Reich zurückzukommen. Eva hatte sich bei ihm dafür bedankt, dass er bei ihr geblieben war, und ihn gefragt, ob sie den Einbruch anzeigen sollte. Er hatte ihr zugeraten. Was hätte er sagen sollen? Er war Polizist und konnte sie nicht bitten, es nicht zu tun, selbst wenn es ihn möglicherweise in eine peinliche Lage brachte. Wer würde glauben, dass er nur auf dem Sofa übernachtet hatte? Er spürte, dass die Dinge immer komplizierter wurden. Er hatte sich Ungebundenheit und Freizeit gewünscht, und nun wurde er gegen seinen Willen in eine Mordermittlung hineingezogen, für die er überhaupt nicht zuständig war. Trotzdem konnte er das Grübeln nicht lassen. In welcher Beziehung stand Åke zu der jungen Frau, die er verfolgt hatte? War sie zurückgekommen, um etwas zu holen, das sie in der Anrichte vergessen hatte? Aber weshalb sollte sie zwischen den Sachen von Åkes Mutter suchen? Erst als Dennis den Kutter erreichte, schob er die Gedanken an den Einbruch beiseite. Offenbar hatte er unerwarteten Besuch erhalten. Eine uniformierte Polizistin mit blonden Haaren wartete auf ihn.

Maya wachte früh auf. Sie musste auf die Toilette, und ihr war so übel, dass sie nicht mehr im Bett liegen bleiben konnte. Mit der Hand vor dem Mund stürzte sie ins Badezimmer. Sie hatte heute einen Termin im medizinischen Versorgungszentrum und fragte sich, wie sie den Weg dorthin bewältigen sollte. Allein beim Gedanken, mit dem Bus nach Hunnebostrand zu fahren, musste sie sich erneut übergeben. Das Sommersemester auf der Kunsthochschule war ganz anders verlaufen als das Wintersemester. Den ganzen Herbst über war sie niedergeschlagen gewesen, hatte schlechte Arbeiten abgeliefert und sich ausgeschlossen gefühlt. Vom Unterricht hatte sie so gut wie nichts mitbekommen. Ihre Aufnahmearbeit lag in einem verschlossenen Schrank im Lehrerzimmer. Ein breiter Silberreifen mit schönen Schmucksteinen. Ihre Mutter hatte für die Materialien ein Vermögen bezahlt. Während des ganzen Herbstes war es ihr nicht gelungen, auch nur annähernd an diese Leistung anzuknüpfen, es war wie verhext.

Nach den Weihnachtsferien hatte sie sich am Montag trotz Kopf- und Magenschmerzen pünktlich um neun Uhr morgens im Kursraum eingefunden. Während sie auf ihrem Platz saß und befürchtete, ein ebensolches von Ängsten erfülltes Semester durchleiden zu müssen wie das vorherige, ging die Tür auf, und ein Dozent kam herein, den sie noch nie zuvor gesehen hatte. Er hatte sich vorgestellt, und von dem Moment an hatte sie ihren Blick nicht mehr von ihm losreißen können. Seine Worte klangen wie Magie und sprachen ihr aus der Seele. Sie spürte neue Motivation in sich wachsen. Er teilte sie in Arbeitsgruppen ein, in denen sie kleine Kunstprojekte auf die Beine stellen sollten. Am Ende hatten sie ihre Werke in ausgelassenen Vernissagen präsentiert. Plötzlich redeten alle miteinander, tauschten sich aus, und ein Gefühl von Gemeinschaft entstand, sowohl in der Klasse als auch in den Gemeinschaftsräumen des Wohnheims. Die Studierenden lernten sich untereinander besser kennen, und Maya freundete sich mit zwei Kommilitoninnen an, zu denen sie im Laufe des Sommersemesters ein enges Verhältnis entwickelte. Abends nahm sie Nachhilfeunterricht, um den Stoff aufzuholen, den sie im Wintersemester verpasst hatte. Doch in diesen Nachhilfestunden waren Dinge ins Rollen gekommen. Dinge, von denen niemals jemand etwas erfahren durfte, die jedoch Konsequenzen nach sich gezogen hatten.

Jetzt waren Sommerferien, und sie hatte einen Termin bei der Hebamme. Ihren Vater zu bitten, sie nach Hunnebostrand zu fahren, kam nicht infrage, auch ihre Schwestern konnte sie nicht fragen. Die beiden arbeiteten als Krankenschwestern, aber glücklicherweise in Lysekil und nicht im kleinen Hunnebostrand. Die Situation, in die sie sich hineinmanövriert hatte – wobei der werdende Kindsvater natürlich seinen Teil dazu beigetragen hatte –, war ein Desaster, und solange sie sich so schlecht fühlte, konnte sie nicht klar denken. Ihre Gedanken fuhren unablässig Achterbahn, sie bekam sie nicht zu fassen. Maya war außerstande, sie zu einer Ordnung zusammenfügen, auf deren Grundlage sie eine Entscheidung treffen konnte.

Sandra hatte sich neben dem Kutter auf den Steg gesetzt. Während sie wartete, hing sie ihren Gedanken nach. Seit März arbeitete sie als Polizeianwärterin in Kungshamn. In der ersten Zeit hatten ihr die kleinen Aufträge, die man ihr zuteilte, Spaß gemacht, und es war ein großartiges Gefühl gewesen, den Polizeiberuf endlich in der Realität ausüben zu können. Paul Hammarberg hatte sich als guter Chef erwiesen, und sie hatte gespürt, dass er ihre Arbeitsweise zusehends mehr schätzte. Sie war schnell und lernte rasch, das wusste sie. Außerdem war sie jung und ambitioniert. Doch in der letzten Zeit fühlte sie sich immer öfter ausgenutzt. Sie war diejenige, die Überstunden machte, damit sich die anfallenden Tätigkeiten nicht anstauten, doch sobald eine Aufgabe etwas mehr Kopfarbeit erforderte, war sie plötzlich außen vor. Gut, sie hatte mitfahren dürfen, um Pelle Hallgren zur Vernehmung zu holen, aber dabei hatte sie sich mehr als Ragnar Härnviks Anhängsel gefühlt. Mittlerweile kannte sie Kungshamn, Smögen, Hunnebostrand und Bovall wie ihre Westentasche. Warum hatte man nicht ihr die Verantwortung für den Einsatz übertragen? Ragnar kannte sich in der Küstenregion überhaupt nicht aus, und allein das wäre Grund genug gewesen, sie die Aktion leiten zu lassen. Bei der Situation mit dem flüchtenden Lieferwagen hatte sie die Initiative ergriffen.

Da riss eine Stimme sie aus ihren Gedanken. »Hallo! Ist heute etwa Fischkutter-Razzia angesagt?«, lachte ein Mann, der Dennis Wilhelmson sein musste.

Sandra drehte sich um und blickte in ein fröhliches, braun gebranntes Gesicht. Gerüchteweise hatte sie von Dennis' Heldentaten in Göteborg gehört, bei den jüngeren Polizisten besaß er sogar Legendenstatus. Er war dafür bekannt, seinen eigenen Weg zu gehen, und im Laufe der Jahre hatte er mehrere gefürchtete Gangsterbosse dingfest gemacht. Irgendwann hatte sie Paul gegenüber einmal Dennis' Namen erwähnt und gefragt, ob sie sich kannten, aber ihr Chef hatte nur irritiert mit der Hand gewedelt und geschnaubt, dass Dennis ein überschätzter Polizist sei, der überall, wo er auftauchte, nur für schlechte Laune sorgte. Der Dennis, der vor ihr stand, sah alles andere als schlecht gelaunt aus, aber sie hatte sich vorgenommen, auf der Hut zu sein.

»Sandra Haraldsson, Polizeianwärterin aus Kungshamn«, stellte sie sich vor. »Deine Chefin hat versucht, dich zu erreichen«, sagte sie so unbefangen, wie sie sich traute. »Du bist nicht an dein Handy gegangen.«

»Möchtest du ein Glas Limonade?«, fragte er. »Ich kann auch Kaffee kochen, aber die selbst gemachte Holunderlimonade meiner Schwester geht ein bisschen schneller.«

»Ja, gerne«, erwiderte Sandra. Sie hatte es nicht eilig, ins Polizeirevier zurückzukommen, und obwohl sie ein kurzärmeliges Hemd trug, schwitzte sie unter ihrer Uniformweste. Sie kletterte hinter Dennis an Bord und setzte sich in einen der Korbsessel, die neben einem Tisch an Deck standen. Die Limonade war kalt und erfrischend. Dennis hatte sie aus einem Korb geholt, der an einem Seil über der Reling hing und in dem außer der Limonade noch eine Flasche Wasser und ein paar Dosen Bier lagen.

»Wohnst du hier?«, erkundigte sich Sandra interessiert.

»Ja.« Dennis lächelte verlegen. »Mir gefällt's«, sagte er und wies mit einer ausholenden Handbewegung auf seine schwimmende Burg. »Aber es ist nur vorübergehend.«

»Mein Vater hatte auch mal so einen Fischkutter, zu Hause in Lysekil«, bemerkte Sandra.

»Ah, aus Lysekil kommst du. Gefällt es dir denn in Kungshamn und auf Smögen?«

»Ja, es ist in Ordnung.«

»Aber?«, hakte Dennis neugierig nach.

»Ach, nichts, aber ich würde allmählich gerne an richtigen Fällen arbeiten und nicht nur nach verlorenen Portemonnaies suchen, wenn du verstehst, was ich meine.«

»Natürlich, aber eine Mordermittlung ist doch ein richtiger Fall, oder etwa nicht?«, gab Dennis zu bedenken.

»Ich habe nicht das Gefühl, besonders miteinbezogen zu werden«, erwiderte Sandra.

»Hab ein bisschen Geduld«, sagte Dennis. »Sobald die Drecksarbeit erledigt werden muss, glänzen viele plötzlich durch Abwesenheit. Bleib am Ball, zeig, was du kannst! Das wird sich auszahlen.«

»Ich werde es versuchen«, versprach Sandra, und ihre Stimme klang ein wenig zuversichtlicher. Sie durfte sich nicht beklagen. Das war tabu, wenn sie etwas erreichen wollte.

»Du sagtest, dass meine Chefin angerufen hat. Ich habe mich beurlauben lassen, was will sie von mir?«

»Pauls Frau hat sich den Fuß gebrochen. Ihr Bein wurde bis übers Knie eingegipst. Jetzt muss er zu Hause bleiben und sich um die Kinder kümmern«, sagte Sandra.

Dennis fing an zu lachen. »Paul, der König von Kungshamn, ist also zu einem Dasein als Hausmann verdammt«, kommentierte er amüsiert.

»Camilla Stålberg kann keine weiteren Beamten aus Göteborg herschicken, und sie möchte, dass du deine Beurlaubung unterbrichst und die Ermittlungen leitest, bis Paul zurück ist.«

»Nein, das kommt nicht infrage«, erwiderte Dennis.

Sandra konnte förmlich sehen, wie die Wut in ihm hochkochte.

»Es hörte sich nicht so an, als würde dir deine Chefin freie Wahl lassen«, sagte sie kess.

»Ich rufe sie nachher an«, erwiderte Dennis kurz und bestimmt.

»Das wird vermutlich das Beste sein«, stimmte Sandra zu und erhob sich, um zu gehen.

»Wie gehen die Ermittlungen denn eigentlich voran?«

Dennis wollte sich nicht noch mehr in die Sache verstricken lassen, als er es bereits war, aber auf dem Laufenden zu bleiben konnte schließlich nicht schaden.

»Wir haben nicht viel in der Hand«, erwiderte Sandra zögernd. Sie wusste nicht, wie viel sie Dennis erzählen durfte, aber immerhin würde er in Kürze ihr Vorgesetzter sein und ohnehin alles erfahren. »Wir haben mehrere Personen aus Sebastian Svenssons Umfeld vernommen, aber abgesehen davon, dass einer seiner Kunden sauer auf ihn war, ist bei den Befragungen nichts von Belang herausgekommen.«

»Gibt es etwas Neues in Bezug auf Åke Strömberg?«, fragte Dennis weiter.

»Nein. Bei dem Taucher, dessen Leiche vor Måsekär entdeckt wurde, handelt es sich um einen etwa fünfzigjährigen Mann, der seit zwei Wochen als vermisst galt.«

»Mmh«, murmelte Dennis.

»Ich muss jetzt ins Revier zurück«, sagte Sandra und wandte sich zum Gehen. »Wir sehen uns«, schloss sie mit einem neckischen Lächeln.

Dennis seufzte und winkte ihr nach.

Maya lag im Behandlungszimmer auf der Pritsche. Sofie hatte sie an der Bushaltestelle in Hunnebostrand abgeholt. Die Hebamme tastete Mayas Bauch ab. Drückte und presste. Maya spürte, dass ihr die Tränen in die Augen stiegen, aber sie wollte keine Schwäche zeigen, nicht hier. Sie drückte Sofies Hand, konnte sie jedoch nicht ansehen. Ihre Freundin gab ihr Halt und unterstützte sie, obwohl sie trauerte. Sie vermisste Sebastian. Die beiden hatten sich ein gemeinsames Leben aufbauen wollen, und Sofie wäre endlich von ihrem Vater weggekommen, doch irgendjemand hatte Sebastian und Sofie ihr gemeinsames Glück nicht gegönnt. Maya fragte sich, wer dieser Jemand war.

Die Hebamme hatte inzwischen Gel auf ihrem Bauch verteilt. Die Sonde wanderte hin und her und zeigte, wie der Fötus lag. Den Kopf, den Körper, das pulsierende Herz und die kleinen Finger, an denen das Baby zu saugen versuchte. Maya lächelte schwach. Die Tür ging auf, eine weiß gekleidete Krankenschwester betrat den Raum und nahm etwas von der Ablage direkt gegenüber von Maya. Als sie sich umdrehte, begegnete sie Mayas Blick. Es war eine Freundin ihrer Schwestern. Maya wandte den Kopf ab. Verdammt! Warum war diese Gemeinde so winzig. Die Frau verließ den Raum, und Maya fragte sich, was passieren würde, sobald ihr Vater von ihrem Zustand erfuhr.

Dennis klappte die Badeleiter nach unten und glitt ins Wasser. Es war doch ziemlich kalt, wenn einem die Müdigkeit in den Knochen saß. Er griff nach dem Wasserthermometer, siebzehn Grad. Als er einige Minuten später wieder an Bord kletterte, war er hellwach, und seine Wut über das Telefongespräch mit Camilla Stålberg, der Leiterin der Göteborger Bezirkskriminalpolizei, ebbte allmählich ab. Rasch trocknete er sich ab und machte sich fertig. Das einzige Fortbewegungsmittel, das ihm zur Verfügung stand, war der schwarze Maserati. Er holte ihn aus der Garage und fuhr los. Glücklicherweise schien sein dänischer Bootsschuppen-Nachbar noch nicht wach zu sein.

Camilla hatte nicht mit sich reden lassen und ihn vor die Wahl gestellt: Entweder er brach seine Beurlaubung ab und übernahm die Leitung der Ermittlung, oder er konnte sich nach einer neuen Beschäftigung außerhalb der Polizei umsehen. Deutlicher hätte sie es nicht formulieren können. Aufgrund der personellen Belastung, die die Bandenkriege in Göteborg verursachten, sah sie sich außerstande, jemand anderes in die Küstenregion zu entsenden. Dennis hatte versucht, ihr klarzumachen, dass er nicht die Kompetenz besaß, eine Mordermittlung zu leiten, aber Camilla hatte seine jahrelange Erfahrung bei der Bezirkskripo angeführt. Aufgrund seiner Klaustrophobie-Attacken hatte er seinen Job beim Spezialeinsatzkommando gezwungenermaßen niederlegen müssen, und erst nach drei Jahren Therapie und ausführlichen Tests war er dort wieder aufgenommen worden. Jetzt hatte sie ihn genötigt, ohne Bedenkzeit Ja zu sagen.

Im Revier begrüßte ihn die Polizeianwärterin Sandra Haraldsson.

»Wir können los, sobald du dich umgezogen hast«, sagte sie. »Uniform und Ausrüstung liegen in deinem Schrank. Den Schlüssel kannst du dir bei Stig abholen.«

Dennis kam ihrer Aufforderung nach. Er fühlte sich ein bisschen wie am ersten Schultag. In gewisser Weise ein angenehmes Gefühl, das er schon lange nicht mehr erlebt hatte. Auf dem Weg in den Umkleideraum kam er an Pauls Büro vorbei. Durch die Glasscheibe sah er, dass Paul an einer Wand ein Mindboard erstellt hatte. In der Mitte hing ein Bild von Sebastian, von dem sternenförmige Striche abgingen. Dennis lachte. Entweder hatte Paul in den vergangenen Jahren einen Sinn für Strategie entwickelt, oder er hatte zu viele Kriminalserien gesehen. Aber Dennis musste zugeben, dass das Aufhängen von Fotos und Karten hilfreich war. So blieben alle, die an ein und demselben Fall arbeiteten, immer auf dem neuesten Stand der Ermittlungen. Computer in allen Ehren, aber an der Wand stachen die Zusammenhänge deutlicher ins Auge. Die Eintragungen in den Kreisen am Ende der Striche konnte er nicht entziffern. Man konnte über Paul, der mitunter zu einem regelrechten Angeber mutierte, sagen, was man wollte, aber eines stand fest: Er war ein loyaler Polizist, auch wenn er absolut keinen Ehrgeiz besaß. Seit ihrem Abschluss an der Polizeihochschule tat er in dieser kleinen Wache Dienst und schien damit zufrieden zu sein. In der Nähe von Familie und Freunden, weit weg vom deutlich raueren Großstadtklima. Dennis streifte die Weste über und befestigte das Holster mit der Dienstwaffe am Gürtel. Sein weißes Hemd hing lose über der Jeans. Er hatte nicht vor, das Uniformhemd anzuziehen.

»Dann machen wir uns auf den Weg«, sagte Sandra und ging vor ihm her zu einem Zivilfahrzeug der Polizei. Sie setzte sich hinters Lenkrad, und Dennis rutschte auf den Beifahrersitz. Er sah absolut keinen Grund, sich übermäßig zu verausgaben. Paul würde in einigen Tagen zurück sein, und dann konnte er wieder in seinen gemächlichen Urlaubsmodus schalten.

»Wir drehen eine routinemäßige Runde am Kai, um uns zu vergewissern, dass alles ruhig ist. Dann fahren wir zu André Berglund.«

»Zu wem?«, fragte Dennis.

»Sebastian hatte vor ein paar Tagen eine Auseinandersetzung mit einem Kunden von Smögen-Bau. Wir sollen ihn überprüfen.«

Dennis lehnte sich zurück, während Sandra in Richtung Smögen fuhr. Seine Strategie war, sie die Arbeit machen zu lassen, er erfüllte nur eine begleitende Funktion. Sandra würde das gefallen, und ihm kam es gerade recht.

Sie passierten die Fischhalle am Kai, die Fischhändler hatten ihre Geschäfte geöffnet, und die Glastür von Skärets Konditorei stand weit offen.

»Was hältst du davon, mit einem Kaffee zu beginnen?«, fragte Sandra. Dennis nickte zustimmend und folgte ihr.

Die Konditorei befand sich in einem größeren weißen Fischerhaus. Sie setzten sich an einen Tisch in der Nähe der großen Fenster mit Aussicht auf den Kai. Von hier aus sah man jeden, der vorbeiging, ohne selbst gesehen zu werden.

»Hast du vor, weiter in Kungshamn zu arbeiten, oder willst du dich anschließend in Göteborg oder Uddevalla bewerben?«, fragte Dennis. Der Latte macchiato hatte genau die richtige Trinktemperatur und war wunderbar cremig. Er nippte an dem Schaum.

»Ich weiß nicht«, erwiderte Sandra. »Momentan habe ich eher das Gefühl, dass es an der Zeit ist, weiterzuziehen. Ist zwischen dir und Paul eigentlich irgendetwas vorgefallen? Er scheint nicht gut auf dich zu sprechen zu sein.«

»Nein, ganz und gar nicht!« Dennis lachte und schüttelte so heftig den Kopf, dass sein Pony in Schieflage geriet. »Eigentlich sind wir alte Freunde, aber beruflich haben sich unsere Wege getrennt. Ihm gefiel es wohl nicht, dass ich mich weitergebildet und beim Sondereinsatzkommando in Göteborg angefangen habe. Paul ist ein guter Polizist, aber harte Arbeit liegt ihm nicht, um es mal so zu formulieren. Er möchte gerne jeden Tag pünktlich Feierabend machen und ab nach Hause, wo seine Frau mit dem Essen auf ihn wartet. So ein Lebenskonzept funktioniert in Göteborg nicht.«

»Er sagt, dass du schlampig arbeitest und überall Ärger machst. Ist das wahr?«, fragte Sandra in ihrer direkten Art.

»Auf der Polizeihochschule war es vielleicht so, aber das ist fast zwanzig Jahre her, und seitdem ist viel Wasser unter der Smögenbron hindurchgeflossen, auch wenn Paul das nicht mitbekommen hat.« Dennis sah Sandra mit einem schelmischen Zwinkern in den Augen an.

»Was denkst du über den Mord an Sebastian? Du kennst doch viele Leute hier auf Smögen. Wer, glaubst du, kann so etwas getan haben? Statistisch gesehen müssten wir nach einem Mann suchen, einem Mann, den Sebastian schon lange kannte und zu dem er in irgendeiner Beziehung stand. Ist es nicht so?«, fragte Sandra, die offensichtlich keine Gegenargumente erwartete.

Dennis blickte sich um. Es war noch früh am Morgen, und in ihrer Nähe saßen keine weiteren Konditoreibesucher.

»Möglicherweise«, erwiderte Dennis, »aber man darf sich nicht darauf versteifen. In diesem Stadium der Ermittlungen müssen wir auch eine Frau als Täterin in Betracht ziehen. Genauso wie die Möglichkeit, dass Sebastian seinen Mörder nicht gekannt hat.«

Als sie zum Auto zurückgingen, musste Dennis zugeben, dass Sandras Gesellschaft erfrischend war. Ihre direkte Art entspannte ihn. Sie wirkte unverstellt und authentisch. Vor Göstas Fischgeschäft entdeckte er Gunnel, die offenbar gerade schwimmen gehen wollte. Dennis blieb stehen und sprach sie an. Sandra grüßte ebenfalls.

»Wir laufen uns wirklich überall über den Weg!«, kommentierte Gunnel fröhlich und lief weiter Richtung Kai.

»Stimmt«, meinte Dennis, als sie sich bereits ein Stück entfernt hatte.

»Wer war denn dieser Feger?«, zog Sandra ihn auf.

»Was? Ach, das war nur meine Vermieterin. Sie ist neu auf Smögen und kennt noch nicht so viele Leute.«

Sie gingen zum Auto.

»Jetzt statten wir André Berglund einen Besuch ab«, sagte Sandra und fuhr los, noch bevor Dennis die Tür zugezogen hatte.

»Wo wohnt er?«, fragte Dennis.

»Auf dem Bergkamm oberhalb des Supermarktes«, erwiderte Sandra.

Sandra lenkte sie aus dem historischen Ortskern von Smögen hinaus und fuhr nach rechts an der alten Tennishalle vorbei. André Berglunds Haus lag ganz oben auf der Kuppe des Hügels in der Nähe der Klippen. Die Fassade war weiß gestrichen. Sie klopften an die breite schwarze Eingangstür und warteten.

»Sandra Haraldsson, Polizei Kungshamn. Dürfen wir reinkommen?«, fragte Sandra, als André Berglund öffnete.

»Dennis Wilhelmson«, stellte Dennis sich vor.

»Natürlich, kommen Sie rein!« Berglund führte sie in einen offenen Wohn- und Essbereich mit angrenzender Küche. »Worum geht es denn?«

Er schien allein zu sein. Das Haus war modern eingerichtet. Sauber und tadellos aufgeräumt. Nahezu steril.

»Erwarten Sie Gäste?«, fragte Sandra.

»Nein, nein. Meine Frau lebt den überwiegenden Teil des Jahres in Frankreich, aber sie ist gerade auf dem Heimweg.«

»Wo in Frankreich?«, erkundigte sich Dennis.

»In den Bergen oberhalb von Nizza«, erwiderte André.

»Ich war einige Male an der Riviera«, erzählte Dennis. »Eine schöne Gegend.«

»Ja, meine Frau weigert sich inzwischen, länger als einen Monat in Schweden zu verbringen. Sie fühlt sich dort unten unwahrscheinlich wohl«, erwiderte André. Seine Stimme klang erleichtert.

»Wo waren Sie Sonntagnachmittag nach siebzehn Uhr?«, fragte Sandra. »Wir ermitteln in dem Mord an Sebastian Svensson, und seine Kollegen bei Smögen-Bau haben uns berichtet, dass Sie einen Streit mit Sebastian hatten. Worum ging es bei Ihrer Auseinandersetzung?« Sandra kam ohne Umschweife zur Sache.

Dennis fühlte sich an sich selbst erinnert. Als junger Polizist war er genauso übereifrig gewesen. Inzwischen ließ er es ruhiger angehen. Beobachtete mehr.

André Berglund wirkte mit einem Mal gestresst. Die Ruhe, die er ausgestrahlt hatte, war verflogen. Er schien nachzudenken.

»Ach, das war nichts von Bedeutung«, erwiderte er.

Auf den ersten Blick vermittelte Berglund den Eindruck,

als könnte er keiner Fliege etwas zuleide tun, doch offensichtlich hatte er Sebastian massiv in Rage versetzt.

»Nichts von Bedeutung?«, wiederholte Sandra. »Die Anrede ›alter Sack‹ hören Sie doch bestimmt nicht täglich, oder?«

»Ach, ich bin Lehrer und von meinen Schülern einiges gewöhnt.« André lächelte.

»Welche Fächer unterrichten Sie?«, fragte Dennis.

»Dies und das«, antwortete André, »unter anderem Kunst und Gestaltung.« Sandra sah sich im Wohnzimmer um und trat an eine moderne Skulptur heran, die eine Mutter mit einem Kleinkind darstellte. André Berglund folgte ihr mit dem Blick.

»Seit Freitag habe ich Ferien. Ich bin direkt zu meiner Mutter nach Göteborg gefahren und bis Sonntag bei ihr geblieben. Gegen fünfzehn Uhr war ich wieder auf Smögen. Ich war ziemlich müde und habe ein Nickerchen gemacht. Danach war ich den ganzen Abend und die ganze Nacht zu Hause.«

»Gibt es jemanden, der das bezeugen kann?«, fragte Sandra.

»Nein, aber so gegen neun habe ich mit meiner Frau telefoniert und anschließend ferngesehen.«

»Sie waren also im Laufe des Abends nicht unten am Kai?«, hakte Dennis nach.

»Nein«, erwiderte Berglund zögernd.

»Haben Sie irgendwann am Abend Besuch bekommen?«, erkundigte sich Sandra.

»Nein, ich war allein zu Hause.«

André blickte nervös aus den Panoramafenstern, vor denen sich das Meer und die Klippen erstreckten.

»Ich muss gleich weg. Wenn Sie also keine weiteren Fragen haben, würde ich Sie bitten zu gehen«, sagte er und ging in Richtung Haustür.

»Melden Sie sich bei uns, falls Ihnen noch etwas einfällt«, entgegnete Sandra und schrieb ihre Nummer auf einen Zettel.

Berglund murmelte etwas Unverständliches, und sobald sie auf der Vordertreppe standen, schloss er rasch die Tür hinter ihnen.

»Er hat gelogen«, konstatierte Sandra auf der Rückfahrt nach Kungshamn.

»Mmh, vielleicht«, erwiderte Dennis. »Aber auch wenn Berglund irgendetwas verheimlicht, macht ihn das nicht automatisch zu einem Mordverdächtigen.«

»Was seine Frau wohl beruflich macht?«, fuhr Sandra fort, die das Thema noch nicht fallen lassen wollte. »Ein Lehrergehalt reicht für so ein Haus bei Weitem nicht.«

»Hatte Sebastian Familie auf Smögen?«, fragte Dennis, als sie wieder an der alten Tennishalle vorbeikamen.

»Er hatte jedenfalls eine Freundin. Sofie, sie verbringt den Sommer bei ihren Eltern in Hasselösund.«

»Habt ihr mit ihr Kontakt aufgenommen?«, wollte Dennis wissen.

»Ja, Paul hat gestern Sofies Vater angerufen und es ihm erzählt.«

»Aber ihr ward nicht da und habt mit Sofie persönlich gesprochen?«, fragte Dennis mit einem vorwurfsvollen Unterton in der Stimme.

»Nein«, erwiderte Sandra. »Paul hielt das für unnötig. Sollen wir jetzt hinfahren? Ich weiß, wo sie wohnen.« Sandra ignorierte die Abzweigung nach Kungshamn und fuhr stattdessen geradeaus in Richtung Supermarkt und Hasselösund.

»Woher weißt du das?«, fragte Dennis.

»Jeder hier kennt das Haus von Carl Hallgren.«

»Aha«, antwortete Dennis. »Wir sprechen also von Carl Hallgrens Tochter?«

Carl Hallgren war für zwei Dinge bekannt: seine notorische Unfreundlichkeit gegen alle und jeden und seinen Hang, seinen Reichtum ungeniert zur Schau zu stellen. Sein Haus, seine Boote und seine Autos. Nur das Teuerste war gerade gut genug, und weder seine Ehefrau noch seine Tochter schienen gegen diesen Lebensstandard etwas einzuwenden zu haben. Sie trugen ausschließlich Kleidung von den angesagtesten Modedesignern, und ihr teurer Schmuck stammte von Shoppingtrips in die Metropolen der Welt.

»Carl Hallgren macht ja nicht gerade den Eindruck, als würde er sich krummarbeiten«, bemerkte Sandra. »Smögen-Bau gehört ihm zusammen mit seinem Bruder Pelle Hallgren. Åke Strömberg hat einen Deal mit den Brüdern ausgehandelt. Zusätzlich zu seinem regulären Gehalt zahlen sie ihm eine Gewinnbeteiligung. Aber in Wirklichkeit ist Pelle derjenige, der die Firma leitet, und Carl tritt Gerüchten zufolge nur einmal im Jahr bei der Generalversammlung in Erscheinung.«

»Du weißt wirklich gut Bescheid«, sagte Dennis und blickte an der Fassade des Hauses empor, vor dem Sandra hielt. Beige mit weißen Ornamenten. Auf Höhe des zweiten Stocks verliefen zwei geräumige, mit Holzschnitzereien verzierte Balkone.

Carl Hallgren hatte die Füße auf den großen Hocker gelegt und las zerstreut in der Bohusläns Tidning. Seine Frau Anita hatte das Haus in Hasselösund in geschmackvollen Cremetönen eingerichtet, und er fühlte sich pudelwohl in seinem Heim. Ihre Tochter Sofie verbrachte den Sommer bei ihnen, und es konnte eigentlich gar nicht besser werden. Während der Sommermonate absolvierte sie einige Fernkurse und wollte lieber bei ihnen wohnen als in ihrer Studentenwohnung in der Friggagatan. Ihr gefiel es in Göteborg, hatte sie gesagt, aber im Sommer sehnte sie sich auf die Insel. Das wärmte sein stolzes Vaterherz. Die Dinge hatten sich ganz von selbst auf bestmögliche Weise gelöst. Diesen Tischlerlehrling, der

Sofie in letzter Zeit nachgestiegen war, hatte man ertrunken im Hafenbecken gefunden. Vermutlich unter Einfluss von Alkohol oder irgendwelchen anderen Substanzen, von denen Carl nichts wissen wollte. Im Frühjahr hatte sich dieser Kerl sogar einen Ausbildungsplatz bei Pelle verschafft, in seiner eigenen Firma, ohne dass er etwas davon erfahren hatte. Als er Pelle deswegen zur Rede stellte, war der Ausbildungsvertrag bereits unter Dach und Fach gewesen. Sebastian war in mehrfacher Hinsicht ein zwielichtiger Typ, und es erstaunte Carl wenig, dass es ein solches Ende mit ihm genommen hatte. Außerdem war ein krimineller Tischlerlehrling das absolut Letzte, was er sich für seine Tochter vorstellte. Er war bereit gewesen, alles in seiner Macht Stehende zu tun, um ihn loszuwerden. Doch gestern hatte die Polizei angerufen und mitgeteilt, dass das Problem aus der Welt war. Na ja, so hatte es Paul nicht formuliert, aber Carl hatte die Nachricht dankbar aufgenommen.

Sofie war untröstlich, und es tat ihm weh, seine Tochter so traurig zu sehen, doch das würde vorübergehen. Ihm würde schon etwas einfallen, um sie wieder aufzumuntern. Jetzt saß sie oben in ihrem Zimmer und lernte. Das war ein Anfang.

Es klingelte an der Tür, und er hörte, wie Anita die Küche verließ und öffnete. Kurz darauf führte seine Frau zwei Polizisten ins Wohnzimmer und bat sie, auf dem Sofa gegenüber von ihm Platz zu nehmen. Anita trug eine dünne weiße Strickjacke und eine weiße Jeans. Bei schönem Wetter machte sie regelmäßig einen Spaziergang nach Sandön, um sich dort zu sonnen, und ihre Haut hatte schon einen zarten Braunton angenommen. Er wurde nie müde, sie anzusehen. Carl nahm die Füße vom Hocker und faltete die Zeitung zusammen.

»Ist Ihre Tochter Sofie zu Hause?«, fragte Sandra.

»Ja, worum geht es?«, erwiderte Carl mit verbissener Miene. »Man hat uns bereits informiert.«

»Wir müssen Ihrer Tochter einige Fragen stellen«, erklärte Sandra. »Wir vermuten, dass Sebastian Svensson ermordet wurde.«

»Blödsinn«, erwiderte Carl. »Dieser Kerl konsumiert ... oder konsumierte, besser gesagt, Gott weiß was für Substanzen. Kein Wunder, dass er vom Steg gestürzt ist. Auf Smögen fallen jedes Jahr irgendwelche betrunkenen Touristen ins Wasser.«

»Da mögen Sie recht haben«, stimmte Dennis zu, »aber wir müssen trotzdem mit Sofie sprechen. Können Sie sie bitte holen?«

Seine Frau ging hinauf ins Obergeschoss. Sandra und Dennis saßen schweigend auf dem Sofa und warteten. Kurz darauf kam Anita zurück.

»Sofie ist nicht da, sie muss irgendwohin gegangen sein«, sagte sie und versuchte, gelassen zu klingen, obwohl ihr deutlich anzusehen war, dass sie sich Sorgen machte.

»Was Sebastian angeht, wird Ihnen meine Tochter jedenfalls nichts Neues sagen können«, verkündete Carl entschieden.

Dennis und Sandra wechselten einen raschen Blick.

»Aber wo steckt sie nur?«, fragte Anita angespannt, und in ihrem sonst makellos glatten Gesicht bildeten sich um den Mund herum kleine Fältchen.

»Das wissen wir nicht«, erwiderte Sandra. »Aber falls Sie eine Vermisstenmeldung aufgeben wollen, können Sie diese Nummer anrufen.«

Sie reichte Anita eine Visitenkarte mit den Anlaufstellen der Polizei.

»Sagen Sie Sofie bitte, dass sie sich bei uns melden soll, sobald sie nach Hause kommt? Wir würden gerne so schnell wie möglich mit ihr sprechen«, bat Dennis.

»Wo waren Sie und Ihre Frau übrigens am Sonntagabend

und in der Nacht auf Montag?«, fragte Sandra und sah Carl Hallgren mit festem Blick an.

»Wir hatten den ganzen Abend über Freunde zu Besuch und sind gegen Mitternacht ins Bett gegangen«, antwortete Anita. »Am nächsten Morgen haben wir gefrühstückt, und anschließend habe ich meinen üblichen Spaziergang nach Sandön gemacht. Carl hat sich den Zeh gebrochen und kann momentan nicht so gut laufen. Normalerweise gehen wir zusammen. Als ich wieder nach Hause kam, rief die Polizei an.«

»Dürfen wir uns in Sofies Zimmer umsehen?«, fragte Dennis.

»Ja, natürlich«, erwiderte Anita, aber ihre Stimme klang, als würde sie am liebsten Nein sagen.

Sofies Zimmer war mit einem weißen Bett und einem weißen Schreibtisch eingerichtet, der vor einem Fenster mit Aussicht auf den Hafen von Hasselösund stand. Auf dem Schreibtisch lag ein aufgeklappter Laptop. Sandra bewegte die Maus, und auf dem Bildschirm erschien eine geöffnete Facebook-Seite. Sandra scrollte nach unten. Ein paar Posts von Sofies Freundinnen. Gefolgt von einem Beitrag von einem Markus Svensson. Er hatte ein Foto von sich und Sebastian gepostet. Die beiden lachten und hatten einander die Arme um die Schultern gelegt. Das Bild schien im Ausland in irgendeinem warmen Land aufgenommen worden zu sein. Markus schrieb, dass sein Bruder tot sei und dass er dessen Facebook-Seite eine Weile weiterführen würde, falls jemand Sebastian einen Gruß schicken wollte.

»Was glaubst du, wo könnte Sofie sein?«, fragte Dennis.

»Vielleicht ist sie zu einer Freundin gegangen«, antwortete Sandra. »Das würde ich jedenfalls machen. Ihr Vater ist in dieser Situation wohl kaum jemand, mit dem sie reden möchte. Er scheint nicht gerade begeistert von seinem Schwiegersohn gewesen zu sein, um es mal so auszudrücken. Wir sollten überprüfen, ob Sofie hier auf Smögen eine Freundin hat.«

Sie stiegen ins Auto und verließen Hasselösund. Anita hatte ihnen zwei Namen und Adressen von Freunden ihrer Tochter auf Smögen aufgeschrieben. Anita zufolge hatte Sofie noch zu zwei Freundinnen aus ihrer Kindheit Kontakt.

»Wir fahren sofort zu ihnen«, beschloss Dennis. Sandra nickte. Sofie könnte entscheidende Informationen für sie haben, und je eher sie sie fanden, desto besser.

Unterwegs rekapitulierten sie ihren Besuch in Carl Hallgrens Haus.

»Wenn er sich nicht den Zeh gebrochen hätte, könnte man vermuten, dass Hallgren Sebastian ermordet hat, oder was meinst du?«, sagte Sandra.

»Vielleicht hat er jemanden mit dem Mord beauftragt. Carl Hallgren scheint nicht der Typ zu sein, der sich gerne die Finger schmutzig macht«, erwiderte Dennis.

»Ich werde das Gefühl nicht los, dass Sebastians Tod und Åke Strömbergs Verschwinden irgendwie miteinander zusammenhängen. Für meinen Geschmack ist es ein bisschen viel Zufall, dass zwei Personen, die in derselben Firma arbeiten, unabhängig voneinander an ein und demselben Tag etwas zustößt. Der eine wird ermordet, und der andere verschwindet spurlos«, fuhr Sandra fort.

»Du hast recht«, stimmte Dennis zu. »Das scheint völlig unwahrscheinlich, aber bisher haben wir nichts, das die beiden Vorfälle miteinander verbindet.«

Der erste Name auf ihrem Zettel führte sie wieder auf den Berg oberhalb der Tennishalle. Die Adresse lag nicht weit von André Berglunds Haus entfernt, bei dem sie vorhin noch gewesen waren. Doch es schien niemand da zu sein, die Tür war verschlossen. Dennis ging zum Briefkasten. Er war leer. Sandra klingelte ein zweites Mal, aber niemand öffnete. Ein gemaltes Schild mit Brombeerranken teilte ihnen mit, dass hier Hans, Andrea, Tobias und Jenny wohnten. Jenny war mit Sofie befreundet.

Dann fuhren sie zu der zweiten Adresse auf dem Zettel. Maya Waltersson wohnte in der Stolpegatan. Als sie in die Straße einbogen, erkannte Dennis, dass es sich um das Haus von Hafenkapitän Neo handelte. War Sofie etwa mit einer seiner Töchter befreundet? Sie mussten mindestens zwanzig Jahre älter sein als Sofie. Er konnte sich an die beiden noch aus seiner Jugend erinnern. Sie hatten zum weitläufigeren Kreis seiner Surferclique gehört, waren jedoch einige Jahre älter gewesen als er. Sandra klopfte an. Greta Waltersson öffnete ihnen. Sie verwies sie an die Hausseite zum Eingang der Souterrainwohnung.

»Hallo, was wollen Sie?«, fragte ein junger Typ, der im Türrahmen lehnte. Er war schlank und schlaksig, und seine Hose schien ihm jeden Moment von den Hüften zu rutschen.

Sandra und Dennis stellten sich höflich vor.

»Wir suchen nach Sofie Hallgren«, sagte Sandra freundlich, aber bestimmt.

»Sie ist gerade beschäftigt«, erwiderte der junge Mann.

»Ja, aber wir müssen mit ihr sprechen. Es ist wichtig«, beharrte Sandra.

»Na gut, kommen Sie rein«, gab der Typ nach.

Die Souterrainwohnung wirkte im Grunde gemütlich. Weiße Möbel mischten sich mit Korbstühlen und nautischen Dekoartikeln. Aber Kleiderhaufen, auf dem Boden verstreute Schuhe, Make-up-Utensilien und anderer herumliegender Krimskrams zerstörten den Eindruck, im ganzen Raum herrschte ein einziges Durcheinander. Auf dem breiten Bett hockten zwei junge Mädchen. Eines von ihnen weinte, die andere hatte tröstend den Arm um sie gelegt.

»Sofie«, sagte Sandra sanft. Ihr einfühlsamer Tonfall erstaunte Dennis. Den hörte er zum ersten Mal.

Sofie drehte sich um. Ihr verweintes Gesicht war gerötet und verquollen, und Dennis hatte Mühe, sie von ihrem

Profilbild auf Facebook wiederzuerkennen. Ihre Freundin hatte lange schwarze Haare und schien ebenfalls geweint zu haben.

»Was wollen Sie?«, schluchzte Sofie. »Ich weiß schon, was passiert ist.«

»Ja, das ist uns bekannt, aber wir müssen Ihnen ein paar Fragen stellen. Das ist wichtig für unsere Ermittlungen. Wir können Ihnen auch professionelle Hilfeeinrichtungen nennen, wenn Sie mit jemandem reden wollen. Manchmal kann es schwierig sein, über so etwas mit den Eltern zu sprechen.«

»Ihre Eltern kümmert das herzlich wenig«, sagte Maya. »Ihr Vater ist bestimmt heilfroh, dass Sebastian tot ist. Würde mich nicht wundern, wenn es einer seiner Typen getan hat.«

»Wenn einer seiner Typen *was* getan hat?«, fragte Dennis.

»Sebastian ermorden. Sebastian wäre niemals von sich aus ins Hafenbecken gesprungen. Er war total wasserscheu. Wenn wir am Kai entlanggegangen sind, hat er sich immer an die Wand gedrückt, da, wo die Häuser sind. Im letzten Sommer war er kein einziges Mal im Meer schwimmen«, fuhr Maya fort.

Sofie brach wieder in Tränen aus. Maya legte den Arm um ihre Freundin und zog sie an sich.

»Bitte gehen Sie«, sagte Maya und starrte Dennis unverwandt an. Ihre grünen Augen leuchteten wie die einer Katze.

»Sofie, melden Sie sich bitte bei Ihrer Mutter. Sie macht sich Sorgen um Sie«, bat Sandra, bevor sie und Dennis die Kellerwohnung verließen.

Sie gingen zu ihrem Auto zurück, das sie am Marktplatz abgestellt hatten. Sandra wirkte gestresst.

»In einer halben Stunde beginnt die Pressekonferenz«, sagte sie und warf einen Blick auf die Uhr im Armaturenbrett. »Bist du vorbereitet?«

»Was für eine Pressekonferenz? Davon war keine Rede.«

»Paul hat heute um elf eine Pressekonferenz anberaumt. Ich gehe davon aus, dass du sie jetzt leiten musst, wo Paul nicht da ist.«

»Verdammt!«, fluchte Dennis. Er hatte schon häufiger Pressekonferenzen gehalten, doch jetzt war er ganz und gar nicht vorbereitet. Und das gefiel ihm nicht.

Die Pressekonferenz sollte im Besprechungsraum des Polizeireviers stattfinden. Stig hatte die Stuhlreihen wie in einem Kinosaal angeordnet und vor der Wand mit den Fenstern einen Tisch mit Mikrofonen aufgebaut. Schon um halb elf begann sich der kleine Empfangsbereich der Wache zu füllen.

Stig Stoltz arbeitete seit den Sechzigerjahren als Polizist, aber aus verschiedenen Gründen war er die Karriereleiter nicht so weit nach oben geklettert, wie er es vorgehabt hatte. Jetzt war er das Mädchen für alles und gerade dabei, noch mehr Stühle aufzustellen. Schweiß rann ihm von der Stirn, und sein rundes Gesicht hatte die Farbe eines Granatapfels angenommen. Journalisten und Fotografen von verschiedenen Lokalblättern, Göteborger Zeitungen und anderen Zeitungen aus dem näheren Umkreis strömten in den Besprechungsraum.

Angesichts der Tatsache, dass Mord- und Vermisstenfälle in der Region beileibe keine Seltenheit darstellten, hatten die Vorfälle unerwartet großes Medieninteresse geweckt. Diesmal war ein junger Mann ermordet worden, und viele hatten Åke Strömbergs Verschwinden bereits mit dem Mord an Sebastian Svensson in Verbindung gebracht, obwohl die Polizei mit dieser Möglichkeit noch nicht an die Öffentlichkeit gegangen war. Dass die beiden darüber hinaus auch noch in derselben Firma arbeiteten, heizte die Gerüchteküche zusätzlich an, und das Ausmaß der Spekulationen kannte keine Grenzen, weder seitens der Bevölkerung noch vonseiten der Journalisten. Vielleicht witterten sie eine reißerische Story, die mitten im nachrichtenarmen Sommerloch die Auflagenzahlen in die Höhe schnellen lassen würde.

Geduld gehörte nicht zu Sandras starken Seiten, doch die erwartungsvolle Atmosphäre im Raum färbte auf sie ab. Sie hatte das Gefühl, selbst gleich etwas Neues und Spannendes zu erfahren, von dem sie noch keine Ahnung hatte. Aber da sie die Einzige war, die bei fast jeder Vernehmung und jeder Maßnahme, die die Polizei in den letzten Tagen ergriffen hatte, persönlich beteiligt gewesen war, erschien das ziemlich unwahrscheinlich.

Sie nahm auf einem Stuhl am Konferenztisch Platz, Ragnar Härnvik setzte sich ebenfalls und ließ dabei einen Platz zwischen sich und Sandra frei. Kurz darauf betrat Dennis den Raum und setzte sich auf den leeren Stuhl in der Mitte.

Ragnar ergriff das Wort: »Dann beginnen wir jetzt mit der Pressekonferenz. Es geht um einen Mord und einen Vermisstenfall, die sich in den letzten Tagen auf Smögen ereignet haben. Bei dem Toten handelt es sich um den zweiundzwanzigjährigen Sebastian Svensson, dessen Leiche am frühen Montagmorgen im Hafenbecken von Smögen gefunden wurde. Bisher ermitteln wir in alle Richtungen, um den Täter zu fassen. Er befindet sich noch auf freiem Fuß. Damit gehen wir zum nächsten Fall über. Bei der vermissten Person handelt es sich um den Bauunternehmer und Hobbytaucher Åke Strömberg, der seit Sonntagabend verschwunden ist. Seit heute leitet Dennis Wilhelmson beide Ermittlungen. Er verfügt über langjährige Erfahrung in der Bekämpfung von Kapitalverbrechen bei der Göteborger Polizei. Sie haben nun die Gelegenheit, Fragen zu stellen. Aber wie Sie sicher verstehen, werden wir aus ermittlungstechnischen Gründen nicht alle Fragen beantworten können.«

Ragnar sah Dennis an und gab ihm ein Zeichen, ab hier zu übernehmen.

»Sind Sie sicher, dass Sie es nicht mit zwei Morden zu tun haben?«, fragte ein Reporter vom Uniradio.

»Zum gegenwärtigen Zeitpunkt wissen wir nicht mehr, als dass Sebastian Svensson ermordet wurde. Nach Åke Strömberg wird weiterhin gesucht. Neben der Polizei sind auch Mitarbeiter von ›Missing people‹ in die Suchaktion involviert«, antwortete Dennis.

»Sehen Sie zwischen den beiden Fällen einen Zusammenhang?«, fragte eine junge Frau mit einem roten Lockenschopf. Sie schien von der Bohusläns Tidning zu sein.

»Abgesehen davon, dass sie in derselben Firma gearbeitet haben, konnten wir noch keinen Zusammenhang zwischen ihnen herstellen.«

»Stimmt es, dass Åke Strömberg die alten Bootsschuppen am Smögen-Kai abreißen und dort stattdessen Luxuswohnungen bauen wollte?« Die Frage kam von einem Mitarbeiter einer Online-Zeitung.

»Diese Information liegt uns nicht vor«, erwiderte Dennis.

»Glauben Sie, dass Åke Strömberg aufgrund dieser Pläne ermordet worden sein könnte?«, fuhr der Mann fort.

»Diese Information ist neu für uns, daher sind wir nicht zu diesem Schlusssatz gelangt«, sagte Dennis und blickte die Journalistin von der Bohusläns Tidning an, die ihn eingehend musterte. Ihre roten Locken loderten wie Feuer um ihren Kopf.

Der Fotograf des lokalen TV-Senders schob seine gigantische Filmkamera nach vorne, die daraufhin praktisch in Dennis' Gesicht saß. Sandra legte ihre Finger auf die Linse und schob die Kamera zurück, sodass sie gegen den Schirm der Baseballkappe des Fotografen stieß. Im ersten Moment wirkte der Mann verblüfft, dann verärgert. Vermutlich war er es nicht gewöhnt, dass jemand seine Kamera anfasste. Aber er trat einen Schritt zurück.

»Ist der ermordete Sebastian Svensson mit Åke Strömberg verwandt?«, fragte eine ältere Journalistin, die in der ersten Reihe saß.

»Nein, ist er nicht«, antwortete Dennis. Er ließ noch ein paar weitere Fragen zu und beendete die Pressekonferenz dann mit einer abschließenden Botschaft an die Öffentlichkeit. Er wies daraufhin, dass die Polizei eine Telefonleitung und eine E-Mail-Adresse für sachdienliche Hinweise eingerichtet habe. Des Weiteren bat er alle Personen, die in der letzten Zeit Kontakt zu Sebastian Svensson oder Åke Strömberg gehabt hatten, sich zu melden. Es sei von äußerster Wichtigkeit, dass sie herausfanden, ob Sebastian oder Åke bedroht worden waren, schloss er, ehe er aufstand.

Ragnar erklärte die Pressekonferenz für beendet, und Sandra erhob sich ebenfalls, damit die Journalisten schneller den Raum verließen.

Noch bevor die Turmuhr der Kungshamner Kirche zwölf Uhr schlug, war Dennis auf dem Lokalkanal in einer Sondersendung zu sehen. Sein Bild prangte in den Online-Ausgaben der großen überregionalen Zeitungen sowie der Bohusläns Tidning an oberster Stelle. Doch davon wusste er bisher noch nichts.

Als die Journalisten gegangen waren, brauchte er unbedingt eine Tasse Kaffee. Seine Kollegen saßen bereits im Pausenraum und ließen sich einen Hefekranz schmecken, den Stig in Kungshamn gekauft hatte. Dennis' Telefon klingelte. Es war Camilla Stålberg, die ihm mitteilte, dass sie mit dem Verlauf der Pressekonferenz zufrieden sei.

»Die Leute sehen, dass wir arbeiten, und das ist gut«, sagte sie. »Aber du solltest verdammt schnell in Erfahrung bringen, welche Baupläne Åke Strömberg am Smögen-Kai hatte.«

Dennis legte auf.

»Was für ein Tumult«, bemerkte Stig, dessen Gesicht vor Hitze und Anstrengung immer noch einen puterroten Farbton aufwies. »So einen Medienrummel hatten wir nicht mehr, seit Kronprinz Carl Gustaf hier war, um sich die Smögenbron kurz vor ihrer Einweihung anzusehen. Und das war im November 1970.«

»Wir müssen das hier sauber über die Bühne bringen und die Kommunikation mit Presse und Öffentlichkeit sorgfältig planen«, unterbrach ihn Ragnar, »sonst entsteht das reinste Chaos.« Ragnar Härnvik hatte bei der Göteborger Polizei als Informationsbeauftragter gearbeitet, und man merkte ihm an, dass er das richtige Fingerspitzengespür für diese Dinge besaß.

»Könntest du dich darum kümmern?«, fragte Dennis. »Sandra und ich müssen uns voll auf die Ermittlungsarbeit konzentrieren. Wir müssen den Täter fassen, bevor er weiteres Unheil anrichtet.«

»Oder die Täterin«, warf Helene ein. Sie hatte den ganzen Morgen Kaffee gekocht und war unablässig auf den Beinen gewesen. Jetzt setzte sie sich zu ihnen an den Tisch und ließ sich von Stig eine Tasse Kaffee einschenken.

Dennis nickte Helene zu.

»Natürlich«, erwiderte Ragnar. Dennis' Vorschlag passte ihm ausgezeichnet. Die Hitze, die Sotenäs derzeit im Griff hatte, war nichts für ihn. Er saß lieber bei heruntergelassenen Jalousien im Büro und erledigte seine Arbeit von Computer und Telefon aus.

»Sandra, nach der Mittagspause fährst du zur Gemeindeverwaltung und erkundigst dich, was für ein Bauprojekt Åke Strömberg angeblich am Smögen-Kai geplant hat.« Dennis' Stimme klang entschlossen. Die Pressekonferenz hatte ihm einen Energieschub verliehen. Er wusste, dass er den Fall von jetzt an keine Sekunde mehr ruhen lassen würde, bis er gelöst war. Seine Urlaubsträgheit war verschwunden, und er spürte, wie das Adrenalin durch seinen Körper schoss, genau wie vor jedem neuen Einsatz mit dem Spezialeinsatzkommando in Göteborg. Er brauchte diese Energie, damit die Ermittlungen ins Rollen kamen, und jetzt hatte sie ihn gepackt. Die Pressekonferenz war ganz bestimmt Camilla Stålbergs Idee gewesen, nicht Pauls. Camilla kannte ihn. Sie wusste, worauf er ansprang.

»Wenn du bei der Gemeindeverwaltung warst, holst du mich ab, und dann fahren wir zu Smögen-Bau, um noch einmal mit Pelle Hallgren zu sprechen«, fuhr Dennis an Sandra gewandt fort. »Einer seiner Mitarbeiter wurde ermordet, ein zweiter wird vermisst, und bei der Vernehmung, die Paul mit ihm durchgeführt hat, ist nichts herausgekommen. Irgendetwas stimmt da ganz und gar nicht.«

Sandra setzte sich in den Streifenwagen. Ihr war aufgefallen, wie sich Dennis' Blick während der Pressekonferenz verändert hatte. Jetzt wusste jeder hier, wer er war und welchen Auftrag er hatte. Von nun an würde er sein Leben geben, um den Schuldigen zu finden. Davon war sie überzeugt. Und sie beschwerte sich nicht. Jetzt kam es darauf an, den Fokus zu halten und Ergebnisse zu erzielen. Sandra spürte, wie sie von erwartungsvoller Spannung ergriffen wurde, als sie sich auf den Weg zur Gemeindeverwaltung machte.

Es war kurz vor eins. Eine Mitarbeiterin am Empfang verwies Sandra in den zweiten Stock und rief einen gewissen Arne Anrén an, den sie bat, sich um Sandras Anliegen zu kümmern. Während Sandra auf ihn wartete, betrachtete sie einige Schautafeln zu Bauprojekten, die im Flur ausgestellt waren. Eine Skizze betraf Ramvikslandet, eine andere Hunnebostrand, und mehrere Pläne veranschaulichten Bauvorhaben in Kungshamn. Eine Stellwand für ein geplantes Projekt in Smögen konnte sie jedoch nirgendwo entdecken. Anrén trat durch eine Glastür und begrüßte sie. Er bat sie in ein kleines Büro mit weiß getünchten Wänden, blauen Stühlen und geblümten grünen Rollos, die vermutlich schon seit den Siebzigern dort hingen. Der ganze Raum strahlte sprödes Behördenflair aus. Das Kungshamner Polizeirevier war ganz bestimmt nicht fantasievoller möbliert, aber dort lag immerhin eine gewisse Spannung in der Luft, die die triste Einrichtung kompensierte. Arne Anrén hatte zumindest versucht, seinem drögen Beamtendasein ein wenig Schwung zu verleihen, indem er sich einen buschigen grauen Bart stehen ließ und ein bisschen Gel in sein graues Haupthaar knetete. Sandra stellte sich vor und informierte ihn, dass sie von der Polizei Kungshamn kam.

»Sie interessieren sich für die anstehenden Bauprojekte auf Smögen, genauer gesagt, die Pläne für den Smögen-Kai, ist das richtig?«, fragte Anrén und sah sie an.

»Ja«, erwiderte Sandra. »Existieren Pläne, die Bootsschuppen entlang des Kais abzureißen und dort stattdessen Wohnhäuser und Bürogebäude zu errichten?«

»Na ja«, antwortete Arne und rutschte auf seinem blauen Stuhl hin und her.

»Gibt es solche Pläne oder nicht?«, verlieh Sandra ihrer Frage Nachdruck.

»Wir haben ein Baugesuch von einer Firma erhalten, dem große Teile der Gebäudebestände am Smögen-Kai gehören.«

»Um welche Firma handelt es sich?«, hakte Sandra nach.

»Ich weiß nicht, ob ich Ihnen diese Auskunft erteilen muss, denn das Baugesuch wurde vergangenen Freitag zurückgezogen.«

»Sowohl der Antrag für eine Baugenehmigung als auch der Rückzug des Gesuchs sind öffentlich zugängliche Dokumente, wie Sie wissen. Ich kann Sie bitten, mir diese Schriftstücke jetzt vorzulegen.«

»Es war die Smögen Immobilien GmbH«, kapitulierte Anrén. Der Hartnäckigkeit dieser jungen Polizistin hatte er offenbar nicht viel entgegenzusetzen.

Sandra bedankte sich für die Auskunft und lächelte ihm zum Abschied beruhigend zu. Anrén wirkte erleichtert, dass sie sich mit dieser Information zufriedengab, und hoffte wohl zugleich inständig, sie würde in dieser Angelegenheit nicht weiter nachforschen.

Als kleiner Junge war Dennis kreuz und quer durch die Gassen von Smögen gestreift und hatte nach und nach jeden Winkel der Insel erforscht. Auf einer seiner Erkundungstouren war er Tante Signe begegnet. Er hatte keine Ahnung, warum er als Kind Tante zu ihr gesagt hatte, aber vermutlich wurde sie von den meisten Smögen-Bewohnern so genannt. Tante Signe war wie eine Großmutter für ihn gewesen. Eine Großmutter, die er nie gehabt hatte, weil er seinen Vater nicht kannte. In seiner Kindheit hatte er sie täglich bei seinen Streifzügen besucht, im Laufe der Jahre waren seine Besuche jedoch seltener geworden. Aber wann er auch kam, standen selbst gebackene Butterknoten, Schokoladenschnitten und Nussplätzchen auf dem Tisch. Signe war eine ruhige Frau, und wenn er über irgendwelche Dinge nachgrübelte, hatte er von ihr auf jede seiner Fragen eine kluge Antwort erhalten.

Nach der Pressekonferenz verspürte er das Bedürfnis, sich irgendwo einzuschließen, an einem Ort zu sein, an dem Zeit keine Bedeutung hatte. Er fuhr zu Signes Haus und klopfte an die Tür. Schon bevor er die Treppe zur Veranda hochstieg, wehte ihm der Duft von frisch im Holzofen gebackenem Kuchen in die Nase. Signe öffnete ihm in ihrer blau-weiß karierten Schürze, die sie schon in seiner Kindheit getragen hatte. Ihre Bluse war wie üblich tadellos gebügelt und ihr schlohweißes Haar zu einem Dutt hochgesteckt. Dennis wusste nicht genau, wie alt Signe war. Für ihn hatte sie immer gleich ausgesehen, auch wenn ihr Haar in den letzten Jahren vielleicht etwas heller geworden war.

»Komm rein, Junge«, sagte sie zärtlich und trat zur Seite, um ihn vorbeizulassen.

Dennis nahm ihren Arm und küsste sie auf die Wange.

»Wie geht es dir?«, fragte sie besorgt. »Du hattest dich doch vom Dienst befreien lassen und wolltest Urlaub machen, aber jetzt siehst du völlig erschöpft aus. Geht es um diesen jungen Mann?«

Signe hatte im Fernsehen die Lokalnachrichten verfolgt, während sie darauf wartete, dass der Teig aufging.

»Camilla Stålberg hat mich gewissermaßen gezwungen, wieder zu arbeiten, weil Paul Hammarberg freinehmen musste, um sich um seine Familie zu kümmern.«

Dennis spürte, wie er sich in Signes Gegenwart entspannte, und als er in ihrem Sessel saß, merkte er auch, wie müde er war. Signes Kater Lego hatte es sich auf der Sofalehne bequem gemacht, und er wollte ihn in seinem wunderbar faulen Katzenleben nicht stören.

»Mit einer verschmähten Frau ist nicht zu spaßen.«

Signe lächelte. Abgesehen von seiner Schwester Victoria war sie der einzige Mensch, dem Dennis von Cleuda erzählt hatte. Außer ihnen vertraute er niemandem. Allerdings hatte er nicht die ganze Wahrheit gesagt. Diesmal war er derjenige gewesen, der verlassen worden war.

»Das sollte ich inzwischen wohl gelernt haben«, erwiderte Dennis und grinste schief.

»Ja, das solltest du tatsächlich!«, erwiderte Signe und zwinkerte ihm zu.

Sie bestückte ihre schöne dreistöckige Gebäck-Etagere mit selbst gebackenen Plätzchen und Hefeteilchen, stellte sie auf den Wohnzimmertisch und setzte sich auf das Sofa.

Dennis griff nach einem warmen Butterknoten, der unglaublich locker und fluffig war.

»Glaubst du, dass der Mörder hier auf Smögen wohnt?«, fragte Dennis.

»Ja, irgendeinen festen Bezug werden der oder die Täter wohl zu Smögen haben. Warum sollten sie sonst auf die Idee kommen, hier auf der Insel zu töten?«, erwiderte Signe, als wäre dieser Sachverhalt so klar wie das Wasser im Marmorbecken vor Hållö.

»Aber wer ist so mutig oder so töricht, jemanden kaltblütig zu ermorden? Zudem sind Sebastian und Åke beide ziemlich kräftig«, sagte Dennis.

Bislang galt Åke Strömberg lediglich als vermisst, doch mit jeder Stunde, die verstrich, wuchs Dennis' Sorge. Er befürchtete das Schlimmste. Signe hatte ihm die Augen geöffnet. Wer hatte gesagt, dass sie es mit einem Täter zu tun hatten? Es konnten genauso gut zwei oder mehrere sein. Aber die Statistiken und sein Instinkt hatten ihn bisher nur von einem Täter ausgehen lassen.

»Geh immer unvoreingenommen an die Dinge heran, Dennis. Darüber haben wir schon häufiger gesprochen. Der Täter kann alt oder jung, ein Mann oder eine Frau sein, von Smögen stammen oder vom Festland. Noch ist alles offen, oder etwa nicht?«, sagte Signe und lächelte ihn an.

Auf der Veranda erklangen Geräusche, die Haustür wurde geöffnet und fiel wieder ins Schloss. Eine Tasche polterte auf den Fußboden, und ein kleines blondes Mädchen stürmte in die Küche. Sie hatte ihre nassen Haare zu einem Pferdeschwanz zusammengebunden.

»Hallo, Viola, ist der Schwimmunterricht schon vorbei?«, begrüßte Signe sie. »Möchtest du ein Glas Milch und einen Butterknoten?«

»Wer ist das?«, fragte Viola.

»Das ist Dennis. Er kommt mich schon besuchen, seit er so alt war wie du.«

»Und wie alt ist er jetzt?«, wollte Viola wissen.

Signe sah Dennis an und lachte.

»Er wird bald vierzig«, sagte sie schließlich.

»Oh, dann ist er älter als mein Papa«, antwortete Viola und schien beeindruckt zu sein.

Dennis wäre gern länger geblieben und hätte mit Kater Lego und Viola gespielt, aber die Arbeit wartete. Er versprach, bald wieder vorbeizuschauen.

Smögen, 4. November 1837

»Sie kann Platz nehmen«, sagte Kaufmann Elof Bengtsson und deutete auf den Stuhl mit grünem Lederbezug, der auf der anderen Seite seines Schreibtisches stand. Stina knickste verlegen und setzte sich.

»Sie möchte also als Aushilfe im Laden arbeiten?«, fragte Elof und betrachtete Stina mit einem warmen und neugierigen Blick. Sein Gesicht war ebenso rund wie sein Bauch, über dem seine schwarze Weste beträchtlich spannte.

»Ja«, antwortete Stina und blickte auf ihre Hände.

»Hat sie Referenzen dabei?«, fragte Elof Bengtsson und streckte seine Hand nach dem Blatt Papier aus, das Stina ihm reichte.

Elof klemmte sein Monokel ins Auge und begann zu lesen.

»Wie ich sehe, kann sie gut mit Kindern umgehen?«, fragte er.

»Ja«, antwortete Stina, ohne ihren Blick über die Kante des Schreibtischs zu heben.

»Dann kann sie die Kammer im Obergeschoss beziehen. Und wenn ich nicht zugegen bin, muss sie sich auch um Klein-Olof kümmern, während sie im Laden bedient.«

»Danke, Herr Bengtsson«, erwiderte Stina und stand auf.

»Ich werde Hulda bitten, Stina zu zeigen, wo sie ihre Sachen unterbringen kann.«

Hulda betrat das Zimmer und kniff die Lippen zusammen, als sie Stina sah. Mit einem Wink ihres Zeigefingers bedeutete sie Stina, ihre Tasche zu nehmen und mitzukommen. Stina knickste vor Kaufmann Bengtsson und folgte Hulda anschließend die Treppe hinauf.

»Olof schläft bei mir«, sagte Hulda, als sie im Obergeschoss standen. »Aber du musst dich tagsüber um ihn kümmern, denn dann bin ich für die Küche verantwortlich, und in die Küche kommen mir keine schmutzigen Kinderhände.«

Stina nickte und betrat hinter Hulda die kleine Kammer, die neben dem Treppenabsatz lag.

»Du fängst jeden Tag um sieben Uhr in der Früh an. Um diese Zeit wird der Laden geöffnet. Bis dahin muss Olof gewaschen und angezogen sein. Alle müssen ordentlich und adrett aussehen, wenn die Kunden kommen, das gilt auch für dich.«

Stina nickte erneut, und als Hulda die Tür hinter sich geschlossen hatte, legte sie sich auf das schmale Bett und blickte glücklich an die Decke.

8

Als Sandra das graue Verwaltungsgebäude verließ, schien die Sonne, und sie beschloss, für eine kurze Mittagspause ihre Wohnung auf Smögen aufzusuchen. Das Appartement, in dem sie momentan zur Miete wohnte, gehörte einem Ehepaar, das in Stockholm lebte und arbeitete, aber jeden Sommer einige Wochen auf Smögen verbrachte. Die Frau hatte die Wohnung nicht durch die Hausverwaltung vermieten wollen und jemanden gesucht, der in ihrer Abwesenheit ein Auge auf das Appartement warf. Sie sei von Natur aus ein ängstlicher Typ und dass Sandra auch noch angehende Polizistin war, sei für sie ein beruhigender Gedanke, hatte sie gesagt.

Sandra zog ihre Uniform aus, die durch die Weste ziemlich schwer war. Schnell sprang sie unter die Dusche und schlüpfte anschließend in einen schwarzen Bikini. Sie schnappte sich ein Bund Radieschen aus dem Kühlschrank und nahm eine Mango vom Küchentisch. Dann ging sie nach draußen auf die Terrasse und machte es sich hinter einem Sichtschutz in einem Liegestuhl gemütlich. Hier konnte sie niemand sehen, aber sie hatte im Blick, wer unten auf dem Klevenvägen vorbeikam. Ehe sie nach Hause gefahren war, hatte sie Dennis angerufen. Sie hatten vereinbart, dass er allein zu Smögen-Bau fahren und sie sich später im Revier treffen würden. In der Zwischenzeit sollte sie Mittagspause machen. Sandra hatte keine Einwände gehabt. Bisher hatte sie immer nur kurz am Abend vor dem Zubettgehen in der Sonne gelegen. Jetzt genoss sie es, mitten am Tag ein paar Sonnenstrahlen zu tanken.

Bisher gefiel ihr die Zusammenarbeit mit Dennis. Er war ruhig, aber zugleich aufgeweckt und engagiert. Im Team mit ihm fiel ihr plötzlich eine wichtige Rolle zu. Auf einmal war sie diejenige, die sich mit den internen Abläufen des Polizeireviers besser auskannte, und Dennis zeigte deutlich, dass er sie brauchte. Just in dem Moment fuhr unten auf der Straße ein schwarzer Maserati vorbei. Das musste Dennis sein, auf dem Rückweg von Smögen-Bau. Oder hatte er einen Abstecher nach Vallevik gemacht und die Gelegenheit für ein kurzes Bad im Meer genutzt? Wenn er wüsste, dass sie hier lag und sich in ihrer Mittagspause sonnte. Bei dem Gedanken musste sie lachen. Sandra lehnte den Kopf zurück. Diesen Sommer würde sie voll auskosten. Gute Arbeit leisten und zwischendurch auch die Sonnenseiten des Lebens genießen, wenn sich die Möglichkeit dazu bot.

Sandra musste eingenickt sein, denn sie bekam nicht mit, dass jemand die Wohnung betrat, bevor ein Schatten über ihr Gesicht fiel. Ruckartig fuhr sie im Liegestuhl hoch.

»Habe ich dich erschreckt?«, fragte Dennis lachend.

»Himmel, was machst du denn hier?« Sandra griff hastig nach ihrem Bademantel, der neben dem Liegestuhl auf dem Boden lag.

»Die Tür stand offen, also bin ich einfach hereinspaziert. Ich habe dein Handy in meiner Ortungs-App gespeichert. Als ich vorhin vorbeigefahren bin, habe ich gesehen, dass du hier bist. Dann brauchte ich dem GPS-Signal nur noch bis auf deine Terrasse zu folgen.«

»Du hast ja 'nen Knall«, sagte Sandra, die ihr ausgedehntes Sonnenbad dahinschwinden sah.

»Wirklich keine schlechte Wohnlage«, bemerkte Dennis und bewunderte die Aussicht auf die Klippen und das Meer. »Darf ich mir ein Stück Mango nehmen?«

»Ja, ja, bedien dich. Auf dem Tisch liegt ein Messer.« Sandra ging in die Wohnung, um ihre Uniform anzuziehen.

Dennis setzte sich in den Liegestuhl und warf einen Blick auf den aufgeschlagenen Notizblock auf dem Tisch. Sandra hatte eine Mindmap gezeichnet. In der Mitte standen die Namen Sebastian Svensson und Åke Strömberg, um die sie jeweils einen Kreis gezogen hatte. Von den Kreisen führten Striche zu weiteren Kreisen, in denen die Namen von Personen standen, die eine Verbindung zu ihnen aufwiesen. Abgesehen von Pelle Hallgren, der Åkes Geschäftspartner war und Sebastian als Lehrling angestellt hatte, gab es niemanden, der zu beiden Männern eine Verbindung hatte.

»Arbeitest du etwa auch während deiner Mittagspause?« Dennis lachte. »Das nenn ich Motivation.«

»Was machen wir als Nächstes?«, ging Sandra über seine Bemerkung hinweg.

»Entschuldige übrigens, dass ich dich so überfallen habe«, sagte Dennis. »Ich dachte, das wäre nett. Aber ich kann verstehen, wenn es dir nicht unbedingt recht ist. Erzähl mal, was hat dein Gespräch auf dem Bauamt ergeben?«

»Wir reden im Revier darüber«, erwiderte Sandra und nahm ihre Tasche vom Flurtisch.

»Ach ja«, sagte Dennis, »bei den Ermittlungen solltest du übrigens besser Zivil tragen.«

»Fahr du schon vor, ich komme nach«, erwiderte Sandra. Als Dennis die Tür hinter sich zugezogen hatte, schloss sie ab.

Zu Hause bei Neo Waltersson gab es gerade ein spätes Mittagessen. Normalerweise stand an sechs Tagen der Woche Fisch auf ihrem Speiseplan. Gebratener oder gekochter Dorsch, Schellfisch oder Makrele, hin und wieder Makrelenauflauf oder Makrelenklößchen. Manchmal servierte seine Frau auch Lachs auf einem Bett aus frischem Blattspinat mit im Ofen gegarten Tomaten als Beilage. Montags kam immer irgendein Fleischgericht auf den Tisch. Aber obwohl heute Dienstag war, hatte seine Frau entgegen ihrer Gewohnheit mit Käse überbackene Bratwurst mit Tomaten- und Zwiebelscheiben zubereitet.

»Ich habe es heute Morgen nicht zur Fischhalle geschafft«, entschuldigte sie sich.

»Das macht doch nichts«, erwiderte Neo. Ein bisschen Fleisch zur Abwechslung war ihm mehr als recht.

Nach dem Mittagessen verspürte er den üblichen Drang, zum Kai hinunterzugehen und nachzusehen, welche neuen Boote dort vor Anker lagen.

Als er am äußersten Rand des Betonpiers stand, überkam ihn das übliche Glücksgefühl. Die Möwen kreisten am blauen Himmel und schrien nach Futter. Segelboote und Fischkutter liefen im Hafen ein oder fuhren aufs Meer hinaus. Dieser Anblick erfüllte sein Herz mit Wärme und Freude, jedes Mal, wenn er die frische, salzige Seeluft einatmete.

Neo zündete seine Pfeife an, zog leicht daran und ging in Richtung des Skäret. Die Außentische des Cafés waren in den vergangenen Tagen immer vollzählig belegt gewesen. Der Großteil der Touristen hatte keine Ahnung, dass sich auf dieser herrlichen Insel ein Mord ereignet hatte. Und selbst wenn sie es wüssten, würde es sie vermutlich nicht sonderlich kümmern. Sie waren hier, um ihre freien Tage in vollen Zügen zu genießen.

Um Punkt halb eins klopfte Neo an die verwitterte Holztür. Niemand kam, um zu öffnen, doch da das Vorhängeschloss fehlte, schob er die Tür auf und wurde von neun neugierigen Augenpaaren in mehr oder weniger faltigen Gesichtern begrüßt: Osborn, Harry und Henry, Walter, Egon, Erik, Samuel, John und Karl-Johan. Doch als sie sahen, dass es sich bei dem Besucher nur um Neo handelte, setzten sie ihre Unterhaltung fort, als sei nichts geschehen. Einige der Männer standen, Karl-Johan und Walter saßen auf einer Bank. Der Boden der Tischlerwerkstatt war mit Hobelspänen, größeren Holzabschnitten und Werkzeugen übersät, Werkbänke, Arbeitstische und Stühle standen kreuz und quer. Niemand hatte eine Thermoskanne mit Kaffee dabei, denn sie alle wurden gegen zwei, drei Uhr zu Hause von ihren Frauen zum Kaffee erwartet.

»Dein Sohn steckt ja ganz schön in der Klemme, Erik«, sagte Walter im einheimischen Dialekt der Smögen-Bewohner.

»Was hat er jetzt wieder bloß angestellt?«, fragte Harry.

»Ach, es wird sich alles wieder einrenken«, antwortete Erik in derselben Mundart. »Er ist ein guter Junge. Pelle hat nichts verbrochen, das weiß ich.«

Walter blickte die anderen der Reihe nach an, um zu erfahren, was sie von der ganzen Angelegenheit hielten.

»Natürlich ist Pelle unschuldig, das wird die Polizei auch herausfinden«, ließ sich Harry vernehmen.

»Ja, die Polizei konnte Pelle nichts nachweisen, sie haben ihn wohl heute noch einmal vernommen«, meldete sich Neo zu Wort, dem klar war, um welches Thema sich die Unterhaltung drehte. Wie immer, wenn er mit seinen alten Freunden sprach, wurde auch sein Dialekt breiter.

Plötzlich wandten sich alle Augenpaare wieder dem Eingang des Schuppens zu, Neos eingeschlossen. Jemand klopfte, und die Tür ging auf. Wer konnte das sein? Ihre Rentnerclique war bereits vollzählig versammelt.

»Hallo!«, erklang eine Stimme, und Dennis Wilhelmson steckte den Kopf in den Schuppen. Neo bat ihn hereinzukommen und die Tür zu schließen. Die anderen schwiegen.

»Wie gehen die Ermittlungen voran?«, fragte Neo. Jetzt, da Dennis die Leitung des Falles übernommen hatte, wollte er bei ihm nicht in schlechtem Licht erscheinen. Sein Zorn auf Paul Hammarberg war verraucht, und Dennis kannte er, seit er als kleiner Dreikäsehoch auf dem Kai herumgeturnt war.

»Danke, es geht vorwärts«, antwortete Dennis.

»Gut, gut«, sagte Neo. Die anderen schwiegen weiterhin hartnäckig. Erik räusperte sich, drängte sich an den Männern vorbei und trat auf den Kai hinaus.

»Tut mir leid, dass ich störe«, sagte Dennis. »Ich wollte nur hören, wie es euch geht. Das ist also immer noch euer Treffpunkt, wie ich sehe.«

»Ja«, antwortete Neo.

Dennis besuchte die Männer hier seit vielen Jahren. In der Nebensaison hatte er durch Zufall einige Male beobachtet, wie sie in den Schuppen geschlichen waren, und so ihr Versteck entdeckt; mitten im Sommer fielen sie unter den Touristenscharen gar nicht auf. Eines Tages hatte er an die Tür geklopft, weil er wissen wollte, was sie in dem Schuppen taten. Obwohl jeden Sommer zwei Millionen Touristen draußen auf dem Kai entlangspazierten, hatte keiner von ihnen eine Ahnung, dass Smögens alte Fischer nur einige Meter von ihnen entfernt das ganze Jahr über zusammenkamen. Doch heute fühlte sich Dennis in ihrer Mitte nicht willkommen. Er wusste nicht, weshalb, aber er beschloss, ihren unausgesprochenen Wunsch zu respektieren, und ließ sie allein.

Als Dennis ins Polizeirevier zurückkehrte, saßen die anderen schon im Besprechungszimmer und warteten auf ihn. Sandra war vor ihm eingetroffen und hatte die anderen gebeten, eine Tasse Kaffee mitzunehmen.

»Ich kann dir einen Kaffee holen«, erbot sich Helene in derselben Sekunde, in der Dennis den Raum betrat.

»Nein, Helene«, widersprach Sandra. »Er findet die Maschine allein.« Vom ersten Tag an hatte sie für Paul Kaffee gekocht und andere Botengänge für ihn erledigt, doch das hatte sie bereut. Seit Dennis die Ermittlungen leitete, gehörte das der Vergangenheit an.

Helene lehnte sich zurück und malte eine Blume auf ihren Notizblock. Stig war zwar anwesend, hatte aber nicht die Ruhe, sich hinzusetzen, bevor die Besprechung ernsthaft losging.

»Heute ist Dienstag«, begann Dennis und verzog das Gesicht, als er an dem Kaffee nippte. Automatenkaffee war nicht dasselbe wie ein Latte macchiato am Smögen-Kai.

»Ja, genau«, erwiderte Sandra und wusste nicht, ob sie lachen oder dieser ziemlich überflüssigen Information einfach nur zustimmen sollte. Sie beschloss, sich erst einmal zurückzuhalten, was völlig untypisch für sie war. Aber die bisherige Zusammenarbeit mit Dennis hatte ihr unerwartet großen Respekt vor ihm eingeflößt, obwohl sein Vertrauensbonus durch sein unangemeldetes Auftauchen in ihrer Wohnung ein wenig geschrumpft war. Eigentlich sollte sie diesen Vorfall melden, allerdings hatte sie nicht ansatzweise das Gefühl, dass er es getan hatte, um ihr nachzustellen, sondern nur um ihr zu zeigen, wie effektiv die GPS-App der neuen Telefone war. Und das störte sie fast ein wenig.

»Stig, Ragnar, Helene, Sandra«, fuhr Dennis fort und sah sie der Reihe nach an. »Bisher haben wir noch keine nennenswerten Ermittlungsergebnisse erzielt. Ab sofort möchte ich, dass wir alle unseren gesamten Fokus auf diese beiden Fälle richten. Ich will, dass der Täter gefasst ist, bevor am Freitag im Badhusparken der Mittsommerbaum aufgestellt wird. Deshalb müssen wir Prioritäten setzen und Kräfte mobilisieren. Legt alles andere beiseite. Wenn ihr nicht wisst, was ihr tun sollt, ruft mich an und holt euch weitere Anweisungen. Haben wir uns verstanden?«, schloss er und ließ seinen Blick wieder über die Runde schweifen, um sich zu vergewissern, dass alle zugehört hatten.

Sandra schaute zu Ragnar hinüber, um zu sehen, wie er die Neuigkeiten aufnahm. Dennis trug zwar die Verantwortung für die Ermittlungen, aber der offizielle Voruntersuchungsleiter war Ragnar. Doch der wirkte nicht im Geringsten unzufrieden. Vielleicht war er einfach nur froh, dass Dennis die Arbeit erledigte und er sich lediglich mit der Frage beschäftigen brauchte, welche Maßnahmen ergriffen werden mussten. Auf harte Arbeit schien er nicht unbedingt erpicht zu sein.

»Können wir Sandra anrufen?«, fragte Helene unvermittelt. »Ich meine, weil du so gut wie nie an dein Handy gehst?«

»Ja, das ist in Ordnung«, murmelte Dennis und blätterte in seinen Unterlagen. »Sandra, kannst du uns erzählen, was du beim Bauamt erfahren hast?«

»Natürlich«, erwiderte Sandra und setzte sich kerzengerade auf.

Sie berichtete, was sie vom Bauamtsleiter der Gemeindeverwaltung erfahren hatte, worauf Dennis ihnen den Verlauf seines Gesprächs mit Pelle Hallgren von Smögen-Bau schilderte. Pelle hatte sich höflich und zuvorkommend verhalten. Er hatte keinen Hehl aus Åkes Plänen gemacht, die Bootsschuppen am Smögen-Kai zugunsten von neuen Wohnanlagen mit Geschäftsräumen im Erdgeschoss abzureißen. Er hatte gemeint, dass sich der Kai dadurch einheitlicher präsentieren würde und die bestehenden Gebäude Feuchtigkeitsschäden und andere Mängel aufwiesen, die sie im Grunde genommen unbenutzbar machten. Pelle, dem die Smögen Immobilien GmbH zusammen mit seinem Bruder Carl Hallgren gehörte, war sich als alteingesessener Smögen-Bewohner durchaus darüber im Klaren, dass sie mit einem solchen Bauvorhaben quasi ihr eigenes Todesurteil unterzeichneten. Das habe er auch Åke gesagt, doch der habe mit Blick auf seinen Plan förmlich Dollarzeichen in den Augen gehabt. Åke kam nicht von Smögen, nicht einmal von der Küste. Er war in einem Dorf im Inland aufgewachsen und hatte offensichtlich keinen Begriff davon, was das Meer, die Fischerei und die alten Bootsschuppen für die einheimische Bevölkerung bedeuteten. Pelle hatte Dennis das Architekturmodell gezeigt. Jenes Modell, auf das Dennis zufällig gestoßen war, als er Pelle gesucht hatte, um den Landungssteg für seinen Kutter abzuholen. Schon da hatte er bestürzt reagiert.

»Das glaube ich keine Sekunde«, sagte Stig.

»Was?«, fragte Dennis.

»Dass Åke Strömberg vorhatte, die alten Häuser und Schuppen am Smögen-Kai abzureißen«, verdeutlichte Stig. »Er hat die Frau meines Bruders letzten Sommer allein deshalb abgekanzelt, weil auf ihrer Veranda eine alte Glasscheibe zu Bruch gegangen war. Sie hatte den Haken nicht eingehängt, und bei einer Windböe stieß das Fenster gegen einen Blumentopf mit Geranien, und die Scheibe zerbrach. Das kann einfach nicht stimmen«, schloss Stig mit Nachdruck.

»Warum war er deshalb so aufgebracht?«, fragte Ragnar.

»Weil es noch ein altes Fenster mit Originalverglasung war, die sich nicht mehr ersetzen ließ. Er musste eine moderne Verglasung einbauen. So etwas gefiel ihm nicht. Er wollte den Ursprungszustand der alten Fischerhäuser bewahren.«

»Vielleicht hast du das Ganze missverstanden, oder Åke hat es nur gesagt, um den Anschein zu erwecken, ihm seien die alten Häuser wichtig«, warf Sandra ein.

»Wir werden sehen«, sagte Dennis. »Momentan scheint nichts so zu sein, wie es nach außen hin den Anschein hat.«

Stig verließ wortlos den Raum, und auch Ragnar und Helene erhoben sich, um mit ihrer Arbeit weiterzumachen.

»Pelle Hallgren erzählte, dass Åke vor einigen Wochen während der Arbeitszeit Besuch von einer Frau bekommen hat«, sagte Dennis zu Sandra, als die anderen die Tür hinter sich geschlossen hatten.

»Was für eine Frau?«, fragte Sandra.

»Ich weiß es nicht, aber sie hat ihm ein paar Sachen ausgehändigt und ihm eine Visitenkarte mit einer Göteborger Adresse gegeben.«

»Sollen wir sofort zu dieser Adresse fahren?«, fragte Sandra und stand auf. »Bei der Gelegenheit können wir auch gleich Sebastians Eltern einen Besuch abstatten. Zwei Göteborger Kollegen waren gestern bei ihnen, aber ich bin ihren Bericht durchgegangen, und abgesehen von der Information, dass die Eltern über den Todesfall ihres Sohnes in Kenntnis gesetzt wurden, haben sie nicht vermerkt, worüber sie mit ihnen gesprochen haben. Ich habe heute Morgen in der Göteborger Dienststelle angerufen, die beiden sind seit heute im Urlaub.«

»Ich weiß nicht, vielleicht sollten wir bis morgen warten.«

»Nein, wir fahren jetzt«, beharrte Sandra. »Wir können unser weiteres Vorgehen unterwegs besprechen.«

»Na gut, aber dann schreibst du ein Protokoll«, lächelte Dennis.

»Okay«, stimmte Sandra zu, die sich insgeheim fragte, wie sie das bewerkstelligen sollte. Beim Lesen im Auto oder im Bus wurde ihr immer übel. Sobald sie nach unten sah, hatte sie das Gefühl, ihr Magen stülpte sich um, und sie befürchtete, sich übergeben zu müssen. »Wobei es eigentlich besser wäre, wenn ich fahre. Paul hat mich noch nicht so oft Auto fahren sehen, und die Fahrprüfung ist Bestandteil meiner Ausbildung«, versuchte sich Sandra aus der Affäre zu ziehen, um dem Sekretärinnenjob zu entgehen.

»In Ordnung«, stimmte Dennis zu, »aber wir nehmen meinen Wagen. Ich hoffe, deine Fahrkünste sind passabel.«

Als Sandra das Polizeirevier verließ, wartete Dennis bereits im Auto. Er hatte das Verdeck des schwarzen Maserati heruntergeklappt.

»Wie um alles in der Welt kannst du dir so einen Schlitten leisten?«, fragte Sandra und kramte ihre große Sonnenbrille aus der Handtasche. »Du hast ja noch nicht einmal das Geld für eine anständige Wohnung.«

»Genau das ist der Grund«, erwiderte Dennis.

Sandra sah ihm an, dass er die Fahrt in vollen Zügen genoss. Die Sonne brannte vom blauen Himmel, und der Wind zerzauste ihnen die Haare. Diese Tour würde sie unter ›persönliches Vergnügen‹ verbuchen, auch wenn in Göteborg eine ganze Menge Arbeit auf sie wartete.

Dennis hatte den Namen der Frau, die Åke Strömberg bei Smögen-Bau aufgesucht hatte, herausgefunden. Sie hieß Ebba Svärd und wohnte in der Husargatan im Göteborger Stadtteil Haga. Im Erdgeschoss des Hauses befand sich eine Möbelboutique mit einem bunten Sortiment von modern bis antik. Sandra konnte den Namen Ebba Svärd auf den Klingelschildern über der Gegensprechanlage nicht entdecken. Aber im zweiten Stock war offensichtlich ein Name entfernt worden, Sandra drückte auf die Klingel daneben. Die Bewohnerin hieß Ingela Nordin. Dennis stand neben ihr und wartete ungeduldig.

»Ja, hier ist Ingela«, erklang eine Stimme.

»Guten Tag, mein Name ist Sandra Haraldsson. Ich bin auf der Suche nach Ebba Svärd.«

»Ebba wohnt nicht mehr hier«, antwortete Ingela.

»Wir sind von der Polizei und würden Ihnen gerne ein paar Fragen stellen. Dürfen wir reinkommen?«, fragte Sandra mit dem Tonfall, der sie normalerweise ans Ziel brachte. Freundlich, aber bestimmt.

»Ja, zweiter Stock, die rechte Tür«, antwortete Ingela.

Die Wohnung war größer, als Sandra erwartet hatte. Als Ingela sah, dass sie Zivil trugen, bat sie, einen Blick auf ihre Ausweise werfen zu dürfen. Nachdem sie sie einen Moment studiert hatte, trat sie zur Seite und ließ sie herein. Die Wohnung war schlicht, aber durchdacht und geschmackvoll eingerichtet. Einige ältere Möbel hatte Ingela offenbar neu gestrichen und sie mit ein paar modernen Stücken kombiniert.

»Hat Ebba Svärd mit Ihnen zusammengewohnt?«, fragte Sandra.

»Ja, bis vor Kurzem«, antwortete Ingela und setzte sich auf das Sofa.

»Wo wohnt Ebba jetzt?«, erkundigte sich Dennis.

»Bei den Schwestern in Sjövik«, erwiderte Ingela ruhig.

»Was tut sie da?«, fragte Sandra.

»Sie hat ihre Ausbildung zur Diakonin abgeschlossen und bewirbt sich momentan. Die Schwestern bieten ihr eine Unterkunft, bis sie eine Stelle gefunden hat.«

»Konnte sie nicht einfach hier wohnen bleiben?«, hakte Sandra nach.

»Seit unsere dritte Mitbewohnerin ausgezogen ist, betrug ihr Mietanteil sechstausend Kronen.«

»Können Sie sich das denn leisten?«, wollte Dennis wissen.

»Eigentlich nicht, aber ich suche gerade zwei neue Mitbewohner, und da die Wohnung so zentral liegt, sollte ich die schnell finden.«

»Kennen Sie diese beiden Männer?«, fragte Sandra und zeigte ihr zwei Fotos von Åke und Sebastian.

Ingela betrachtete die Bilder und schüttelte den Kopf.

»Nein, die habe ich nie gesehen«, sagte sie.

»Wissen Sie, woher Ebba und der Smögener Bauunternehmer Åke Strömberg einander kennen?«

»Ich hatte keine Ahnung, dass sie einen Åke Strömberg kennt, aber ich weiß, dass sie vor ein paar Wochen nach Smögen gefahren ist. Das muss in der Woche gewesen sein, bevor sie zu den Schwestern gezogen ist.«

»Was wollte Ebba auf Smögen?«, fragte Dennis.

»Vor dem Umzug irgendwelche Sachen zurückbringen, weil ihr Zimmer im Kloster so klein ist.«

»Wissen Sie, was genau Ebba zurückbringen wollte?«, fuhr Dennis fort.

»Nein, das waren mehrere kleine Boxen, die sie in eine Tasche gesteckt hat, ehe sie losfuhr. Ein paar Tage nachdem sie von Smögen zurückkam, haben wir uns abends kurz unterhalten, aber seither habe ich nichts mehr von ihr gehört.«

»In welcher Beziehung könnte Ebba Ihrer Meinung nach zu Åke Strömberg stehen?«, fragte Sandra und ignorierte Dennis' Blick.

»Ich hab keine Ahnung, wirklich nicht. Aber rufen Sie sie doch an, ich kann Ihnen Ebbas Handynummer geben.«

Draußen auf der Straße schlug Dennis eine späte Mittagspause im Ritz vor. Inzwischen war es schon fast vier Uhr nachmittags, und Sandra hing der Magen in den Kniekehlen, sodass sie keinerlei Einwände hatte.

Die Terrasse des Restaurants lag gerade in der prallen Sonne, und Dennis und Sandra suchten sich einen schattigen Platz an der Hauswand.

Die belaubten Baumkronen des Göteborger Stadtparks boten mit ihren satten Grüntönen ein prächtiges Farbenspiel. Sandra setzte ihre Sonnenbrille auf, die sie meistens nur als Haarband zweckentfremdete.

Der Restaurantleiter kam zu ihnen hinaus und bat sie, sich beim frisch gebackenen Brot und am gigantischen Salatbüfett zu bedienen, das entlang der Theke aufgebaut war. Von der Speisekarte wählten sie Kalbfleisch-Hackbällchen mit Preiselbeeren und Kartoffelpüree. Sandra spürte, wie ihr Magen nach Essen verlangte. Sie setzten sich wieder an den Tisch und verschlangen heißhungrig das leckere Brot.

»Göteborg ist im Sommer einfach wunderschön«, bemerkte Sandra.

»Ja, zumindest hier«, stimmte Dennis lächelnd zu. Im Laufe seiner Jahre bei der Göteborger Polizei hatte er die meisten Stadtviertel kennengelernt. In der Stora Nygatan, in der sie gerade saßen, hatte er einmal bei einem Einsatz mitgewirkt, nachdem die Synagoge eine Anschlagsdrohung erhalten hatte, und ein anderes Mal waren er und sein Team in eine Wohnung eingedrungen, in der ein Restaurantbesitzer brutal ermordet worden war. Manchmal fragte er sich, wie verdorben sein Weltbild inzwischen sein musste, aber zumindest tagsüber hatte er immer die Fähigkeit besessen, zwischen Privatleben und Arbeit unterscheiden zu können. Oder tat er das nicht? Dennis wurde unsicher. Seit einigen Jahren schlief er schlecht. Aber auf Smögen war es anders. Dort entspannte er sich, und die Meeresluft sorgte dafür, dass er abends wie ein Stein ins Bett fiel. Die Ruhe, die er auf der Insel verspürte, hatte bereits auf seine Arbeitsweise abgefärbt. Trotz des Adrenalinkicks der Pressekonferenz ging er deutlich gelassener vor, als es sonst seiner Art entsprach. Doch bislang war er nicht sicher, ob sich das positiv oder negativ auf die Ermittlungsarbeit auswirken würde.

»Worüber grübelst du nach?«, fragte Sandra. Sie merkte, dass Dennis mit seinen Gedanken woanders war, und wollte wissen, ob es mit ihren Fällen zusammenhing.

»Ach nichts. Aber mir ist gerade eingefallen, dass meine Schwester und ihr Mann in Sjövik wohnen, wenn sie nicht gerade in ihrem Sommerhäuschen auf Smögen sind. Ihr Haus liegt nur ein paar Hundert Meter vom Kloster entfernt.«

»Sollen wir zum Kloster fahren, nachdem wir mit Sebastians Eltern gesprochen haben?«, fragte Sandra motiviert.

»Ja, wir können Ebba anrufen und uns erkundigen, ob sie dort ist. Falls es spät wird, können wir im Haus meiner Schwester übernachten. Ich habe einen Zweitschlüssel.«

»Aha, aber so leicht bin ich nicht zu haben«, scherzte Sandra.

Dennis wirkte aufrichtig verblüfft. »Nein, nein«, versicherte er verlegen, als sei Sandra die letzte Person, die ihm in einem solchen Zusammenhang in den Sinn käme. »Das Haus ist groß genug für uns beide. Du kannst im Gästezimmer im Erdgeschoss schlafen, und ich schlage mein Lager oben in Theos Zimmer auf.«

»Theo?«, wiederholte Sandra und fragte sich, ob Dennis merkte, dass sie ihn auf den Arm nahm.

»Mein Patenkind. Er ist anderthalb. Ein kleiner Wirbelwind, aber wunderbar.«

Sandra musste zugeben, dass es die Atmosphäre definitiv auflockerte, wenn sie ihrer Arbeit in ziviler Kleidung nachgingen. Die Polizeiuniform war nicht nur klobig, sondern schuf auch Distanz. Auch gegenüber einem Kollegen. Diese Unterhaltung mit Dennis war nett gewesen, und sie fragte sich, ob weitere folgen würden.

Sebastians Eltern wohnten im Stadtteil Änggården in einem der Reihenhäuser, die im Zuge der Göteborger Jubiläumsausstellung im Jahr 1923 errichtet worden waren. Die Holzfassaden leuchteten in bunten Farben: Hellblau, Gelb, Rosa und Grün. Sandra und Dennis klingelten an der Tür des grünen Hauses, und kurz darauf erschien Sebastians Vater. Er war älter, als Dennis erwartet hatte. Über seinem Hemd trug er eine graue Strickjacke, und der Saum seiner Hose setzte auf braunen Hausschuhen auf.

»Kommen Sie herein«, sagte er und bat sie, im Wohnzimmer Platz zu nehmen. Seine Frau betrat den Raum und stellte ein Tablett mit Tee und Gebäck auf den Tisch, bevor sie Dennis und Sandra begrüßte.

Sandra setzte sich auf eines der Sofas, und Dennis nahm neben ihr Platz. Diese Art von Gespräch lag ihm ganz und gar nicht.

»Wir möchten Ihnen unser Beileid aussprechen«, begann Sandra. Dennis murmelte ebenfalls eine Beileidsbekundung.

»Sebastian war unser Pflegesohn«, sagte Sebastians Mutter, die sich als Margit vorgestellt hatte. »Als er zu uns kam, war Ove schon fast fünfzig.« Sie klang, als wollte sie das fortgeschrittene Alter ihres Mannes entschuldigen. Sie selbst schien einige Jahre jünger zu sein.

»Wie haben Sie erfahren, dass Sebastian umgekommen ist?«, fragte Sandra.

»Er wurde ermordet«, korrigierte sie Ove leise, aber bestimmt.

»Zwei Polizisten in Zivil sind hergekommen und haben uns informiert, dass man Sebastian tot aufgefunden hat«, sagte Margit. »Das war gestern. Wir waren gerade von einem Wochenende bei Freunden in Dalsland zurückgekehrt, die wir dort jedes Jahr besuchen.«

»Warum glauben Sie, dass Sebastian ermordet wurde? Gab es jemanden, der ihm Böses wollte?«, fragte Dennis.

Margit holte tief Luft, ehe sie zu sprechen begann: »Zuerst vermuteten wir, dass es ein Unfall war, aber Sebastian hatte großen Respekt vor Wasser und ging am liebsten gar nicht erst in die Nähe vom Meer oder von irgendwelchen Seen. Deshalb waren wir erstaunt, als er uns erzählte, dass er seine Lehre auf Smögen machen wollte. Näher am Wasser als auf einer Insel kann man schließlich kaum sein. Aber ich weiß, dass er nie freiwillig auf den Kai hinausgegangen wäre. Er hielt immer einen Sicherheitsabstand.«

»Das war dieses Mädchen, das er kennengelernt hat«, murmelte Ove, und Margits Augen wurden schmal.

»Wo wohnte Sebastian auf Smögen?«, fragte Dennis, dem erst jetzt auffiel, dass er das noch gar nicht in Erfahrung gebracht hatte. Dem Blick nach zu urteilen, den Sandra ihm zuwarf, ging es ihr ebenso.

»Er wohnte in einem Haus in der Nähe der Tischlerei«, erwiderte Margit. »Wir sind gestern Abend hochgefahren und haben seine Sachen geholt. Dieses Haus ist die reinste Bruchbude.«

»Wo sind Sebastians Sachen jetzt?«, erkundigte sich Sandra.

Sobald sie wieder auf dem Revier waren, würde sie überprüfen, warum die Kriminaltechniker die Sachen nicht behalten hatten.

»Sie liegen auf seinem Bett«, antwortete Margit. »Sie können gleich nach oben gehen und sie sich ansehen, wenn Sie möchten.«

Die Trauer in den Stimmen von Sebastians Eltern war nicht zu überhören, als sie weiter von ihrem Sohn erzählten. Nach einer Weile erhob sich Ove. Dennis und Sandra verstanden, dass er sie jetzt nach oben in Sebastians Zimmer führen würde.

Es war ein ganz normales Jugendzimmer. Ein Bett mit schwarzblauer Bettwäsche, Poster an den Wänden, ein Schreibtisch mit einem zugeklappten Laptop. Auf dem Bett lagen ordentlich gefaltete T-Shirts, Shorts und Unterhosen, daneben ein Kalender, ein Schlüsselbund sowie ein paar Schrauben und Muttern. Sandra nahm den Kalender in die Hand und blätterte ihn durch.

Dennis durchsuchte die Taschen der Shorts. Sie waren leer.

Ove betrat das Zimmer und blieb hinter ihnen stehen.

»Sie müssen diese Sache aufklären«, sagte er so leise, dass es eher wie ein Zischen klang. »Margit ist am Boden zerstört. Nach außen hin tut sie so, als würde sie es verkraften, doch gestern Abend hat sie sich in den Schlaf geweint. Sie muss den Grund erfahren, warum das geschehen ist. Sebastian war wie unser eigener Sohn. Wir haben ihn von ganzem Herzen geliebt.«

»Wir tun alles, was in unserer Macht steht«, versprach Sandra. »Darf ich den Kalender und den Laptop mitnehmen? Sie bekommen die Sachen zurück, sobald wir fertig sind.«

»Natürlich«, erwiderte Ove und ging wieder die Treppe hinunter.

Als sie kurz darauf im Auto saßen, hielt Sandra Dennis ihre geöffnete Handfläche hin.

»Sieh mal«, sagte sie.

»Was ist das?«, fragte Dennis und griff nach dem Gegenstand.

»Ich weiß es nicht, aber ich denke, wir sollten es einem Experten vorlegen.«

»Sieht aus wie ein Amulett mit irgendeinem Symbol«, sagte Dennis.

Er fuhr wieder in Richtung Stadtzentrum. In Haga hielt er vor einem Antiquitätengeschäft und bat Sandra, im Auto zu warten.

»Und?«, fragte Sandra, als Dennis zurückkam.

»Mirabella will sich das Amulett genauer ansehen und sich bei uns melden«, erwiderte Dennis.

»Sollten wir es nicht besser den Kriminaltechnikern geben?«, wandte Sandra ein. »Diese Mirabella ist schließlich eine Außenstehende.«

»Und was sollen wir den Technikern sagen? Dass wir das Amulett bei Sebastians Eltern geklaut haben?«

»Ich weiß auch nicht«, lenkte Sandra verlegen ein, die begriff, dass sie einen großen Fehler begangen hatte.

»Mirabella St. Clair hat mir schon bei anderen Gelegenheiten geholfen«, sagte Dennis. »Wir können ihr vertrauen. Rufst du jetzt Ebba Svärd an?«

Sandra zog den Zettel aus der Hosentasche, den sie von Ebbas ehemaliger Mitbewohnerin bekommen hatte. Sie wählte die Nummer, und am anderen Ende meldete sich eine junge Frau. Sandra erklärte ihr Anliegen.

»Ist es Ihnen recht, wenn wir heute Abend vorbeikommen?«, fragte sie.

»Ja, das ist in Ordnung«, erwiderte Ebba leise mit einer etwas piepsigen Stimme. »Aber um halb sieben findet eine Messe statt, die ich besuchen möchte. Wenn Sie kurz vor Ende kommen, können Sie noch einen Moment zuhören, und wir unterhalten uns hinterher.«

Smögen, 4. November 1837

Die Dunkelheit brach früh herein. Er war den ganzen Tag mit seinem Kahn draußen auf dem Meer gewesen und hatte gefischt. Doch kein einziger Fisch war ihm ins Netz gegangen. Lediglich einige Muscheln und Garnelen hatte er mit seinen bloßen Händen und dem kleinen Kescher, den er aus einem alten Netz geknüpft hatte, gefangen. Die Müdigkeit und die Hoffnungslosigkeit, die er verspürte, lähmten ihn.

»Das sieht nicht gerade üppig aus«, sagte Frau Kreutz, die ihm mit ihrem kleinen Sohn Walter auf dem Arm entgegenkam.

Carl-Henrik drückte den Rücken durch und gab sich Mühe, sie so stolz wie möglich zu grüßen.

»Vielen Dank für Ihre Hilfe mit der Kleinen«, sagte er.

»Hier, nehmen Sie«, erwiderte Frau Kreutz und drückte ihm eine Steckrübe und einen Kohlkopf in die Hand.

»Nein, das ist zu viel«, wehrte Carl-Henrik ab.

»Laufen Sie nach Hause, zu Frau und Kind«, erwiderte Frau Kreutz und ging zu den Booten hinunter.

Carl-Henrik legte das Gemüse in den Eimer zu den Muscheln und den Garnelen. Frau Kreutz besaß einen grünen Daumen. Neben Steckrüben und Kohl gediehen in ihrem Garten Rosenkohl, Kartoffeln und Spargel. Ehe er seine Hütte betrat, warf er einen Blick auf Anna-Katarinas kläglichen Gemüsebeete, in denen nur ein paar vertrocknete Schnittlauchstängel und eine verwelkte Thymianpflanze sprossen. Er zupfte ein paar Stängel Schnittlauch ab und einige Thymianzweige, an denen trotz des Sturms noch vereinzelte trockene Blätter hingen.

9

Als Sandra und Dennis die Anhöhe zum Kloster hinaufstiegen, nahmen sie in einem der Fenster eine Bewegung wahr. Es war halb sieben, und die Messe fing gleich an. Oben am Treppenabsatz ging die Tür auf, und eine Schwester bat sie herein. Sie schlüpften ganz hinten in die letzte Reihe. Vor ihnen saßen vier Personen, jede in einer Bank für sich. Kein Laut war zu hören.

Als die Messe begann, spürte Sandra, wie die Müdigkeit sie überwältigte, und sie saß so reglos da, als würde sie schlafen, obwohl ihre Augen geöffnet waren. Sie hoffte inständig, dass Dennis neben ihr nicht zu schnarchen begann, doch stattdessen schienen ihn die Abläufe zu interessieren, er wirkte beinahe neugierig.

Nach dem Ende der Messe blieben Dennis und Sandra sitzen. Eine blonde Frau mit einer jungenhaften Frisur und viereckigen Brillengläsern trat auf sie zu.

»Sollen wir in mein Zimmer gehen?«, flüsterte sie.

Trotz ihrer zierlichen Erscheinung wirkte die junge Frau keinesfalls zerbrechlich. Ihr Gesicht war offen und ehrlich, aber in ihrem Blick lag eine Schüchternheit, mit der sie vermutlich zu kämpfen hatte.

Sandra und Dennis folgten ihr langsam. Das Zimmer, in das Ebba sie führte, war klein und schlicht möbliert. Am Fenster standen ein schmales Bett und ein Nachttischchen. Ein Schreibtisch mit einem einfachen Holzstuhl sowie ein Sessel und ein kleines Sofa komplettierten die Einrichtung. Dennis und Sandra setzten sich auf das Sofa, Ebba auf den Stuhl.

Noch bevor sie ihr Gespräch beginnen konnten, öffnete sich die Tür, die Ebba gerade geschlossen hatte, und eine

Schwester betrat den Raum. Ihre Schritte waren leicht, und sie bewegte sich nahezu geräuschlos. Sie nahm in dem Sessel Platz und faltete die Hände im Schoß. Ebba sagte keinen Ton, und auch Sandra und Dennis verschlug es die Sprache.

»Was können wir für Sie tun?«, fragte die Schwester freundlich, aber distanziert.

Sie trug eine grau-braune Ordenstracht, und ihr Gesicht mit der weiß eingefassten Brille wurde von einer Kopfhaube umrahmt.

Dennis ergriff das Wort: »Wir ermitteln im Vermisstenfall des Smögener Bauunternehmers Åke Strömberg. Er ist seit Sonntagabend spurlos verschwunden, und nach Aussage seines Kollegen hat Ebba ihn vor einigen Wochen besucht. Wir würden gerne erfahren, woher die beiden sich kennen und was für Gegenstände Ebba Åke bei der Gelegenheit ausgehändigt hat.«

Ebba hatte den Blick gesenkt und starrte auf ihre Hände, die sie ebenfalls im Schoß gefaltet hielt. Offensichtlich schien sie nicht auf ihre Fragen antworten zu wollen, zumindest nicht in Gegenwart der Schwester.

»Ebba geht es momentan nicht so gut, und ich schlage vor, dass wir die Unterhaltung jetzt beenden«, erwiderte diese.

Weshalb war die Schwester so besorgt, und weshalb war sie überhaupt ins Zimmer gekommen? Sandra und Dennis fügten sich und baten wiederkommen zu dürfen, sobald Ebba sich besser fühlte.

Sandra fuhr durch das Tor der Klosteranlage und auf Dennis' Anweisung hin anschließend erst nach rechts, dann geradeaus und dann nach links.

»Das hat nicht viel gebracht«, bemerkte sie.

»Ja«, stimmte Dennis zu. »Aber die Atmosphäre hat ein härteres Vorgehen unmöglich gemacht. Wir müssen auf eine andere Art mit Ebba in Kontakt treten.«

»Ja, irgendetwas hat sie zu erzählen, so viel steht fest. Wir müssen einen Weg finden, sie zum Reden zu bringen.«

Sandra bog in Richtung Sjöviksgården ab und fuhr anschließend nach links, bis zu einem Schotterweg, der durch den Wald hinunter ans Wasser zu führen schien.

»Hier wohnen deine Schwester und ihr Mann?«, fragte sie.

»Ja, sie haben das Haus vor zwei Jahren gebaut. Es ist noch nicht ganz fertig, aber es nimmt langsam Gestalt an.«

Das Haus war weiß. An der Vorderseite befand sich eine traditionelle Verandatreppe, auf der eine Holzkiste mit Theos Spielsachen stand. Dennis schloss auf; den Schlüssel für das Haus seiner Schwester trug er immer am Schlüsselbund.

Sandra konnte sehen, dass Dennis' Schwester ein Faible für Raumgestaltung hatte, auch wenn sie kein einheitliches Stilkonzept zu verfolgen schien. An der Stirnseite des Wohnzimmers stand ein weiß gestrichenes altes Bücherregal. Davor befand sich ein schlichter weißer Esstisch, um den sich Stühle mit weißen Lederbezügen und Beinen aus gebürstetem Edelstahl gruppierten. Sandra gefiel die Einrichtung.

Dennis nahm ein Rinderfilet und ein Tiefkühl-Kartoffelgratin aus dem Gefrierschrank. Er fragte Sandra, ob sie ihrer Meinung nach den Arbeitstag für beendet erklären konnten, was sie befürwortete. Während Sandra es ausnutzte, eine Badewanne zur Verfügung zu haben, und sich ein Bad einließ, wählte Dennis eine Flasche aus dem Weinregal seines Schwagers.

Sandra legte den Kopf auf den Badewannenrand. Sie hatte einen kleinen Klecks von Victorias Shampoo stibitzt und ließ eine Haarkur einwirken. Die ganze Situation war eigenartig. Dennis Wilhelmson tauchte aus dem Nichts auf und übernahm die Leitung einer der spektakulärsten Mordermittlungen, die es in der Region Sotenäs jemals gegeben hatte, und ihr ehemaliger Chef Paul Hammarberg musste sich freinehmen, weil sich seine Frau den Fuß gebrochen hatte. Und jetzt lag sie im Haus der Schwester der Polizeilegende Dennis Wilhelmson mit einer Haarkur in der Badewanne, während die Legende unten in der Küche den Kochlöffel schwang. Sie merkte, dass ihr die Kontrolle über die Situation entglitten war. Aber gerade das gefiel ihr. Sie arbeiteten, aber ohne das übliche Hierarchiegeplänkel. Sie würden diesen Fall aufklären, das wusste sie. Dennis würde niemals aufgeben – und sie genauso wenig. Sandra ermahnte sich, das Gedankenkarussell für eine Weile abzustellen. Sie spürte, wie die Anspannung von ihr abfiel, und fühlte sich so entspannt wie schon lange nicht mehr.

Dennis hatte angenommen, dass Sandra ungefähr zwanzig Minuten brauchen würde, doch inzwischen war eine Stunde vergangen. Er wollte das Filet nicht anbraten, bevor sie aus dem Badezimmer kam. Er legte ein Ohr an die Tür und horchte. Kein Laut war zu hören. Er drückte die Klinke herunter und spähte hinein. Als er ihren Namen rief, erklang in der Badewanne hinter dem Duschvorhang ein Platschen.

»Entschuldige, wenn ich dich erschreckt habe. Ich wollte nur nachsehen, ob du noch lebst«, sagte Dennis und zog die Tür zu.

»Ich komme gleich!«, rief Sandra.

Dennis zündete Kerzen an und schenkte Wein in die Gläser. Als er sein Arrangement betrachtete, fiel ihm auf, dass es aussah, als hätte er ein romantisches Abendessen geplant. Aber wenn er allein oder mit einem Kumpel zusammen gewesen wäre, hätte er den Tisch genauso gedeckt, das redete er sich jedenfalls ein.

Sandra erschien in Victorias pinkfarbenem Bademantel.

»Glaubst du, ich kann mir den leihen? Ich war nicht darauf eingestellt, heute nicht zu Hause zu schlafen.«

»Ja, klar. Setz dich, ich kümmere mich um das Filet.«
Sandra nahm am Esstisch Platz und nippte an ihrem Wein. Er kam aus Südafrika, erinnerte vom Geschmack aber an die leichten italienischen Weine. Sie hörte das Zischen der Pfanne in der Küche. Der Geruch von gebratenem Fleisch stieg ihr in die Nase. Dennis erschien mit dem Filet. Sie taten sich auf, und Sandra spürte mit einem Mal, wie hungrig sie war.

»Das schmeckt himmlisch«, sagte sie und meinte es auch so. Die Portweinsoße mit Sahne, Kalbsbouillon und schwarzem Pfeffer war ein Gedicht und das Filet auf den Punkt gebraten, innen noch schön saftig und leicht rosa, außen perfekt gebräunt. Dennis hatte Tomaten und Mozzarella in Scheiben geschnitten, abwechselnd geschichtet und mit Kräutern dekoriert.

»Eigentlich müsste es Basilikum sein, aber im Garten habe ich nur Oregano gefunden«, entschuldigte er sich.

»Hast du das etwa alles von Anfang an geplant?«, zog Sandra ihn auf.

»Nein, natürlich nicht«, erwiderte Dennis. »Und das Essen ist Björns Verdienst. Er sorgt dafür, dass die beiden immer etwas Gutes im Haus haben. Schmeckt es dir?«

»Es ist wunderbar«, sagte Sandra. Sie hob ihr Weinglas und prostete Dennis zu.

Sie aßen und unterhielten sich über Sjövik, den Fischfang im Mjörn, dem großen See vor dem Haus, über Dennis' Schwester und gingen anschließend zu Sandras Familie über, die in Lysekil wohnte. Die Weinflasche leerte sich, und obwohl sie beide noch gerne eine zweite geöffnet hätten, machte keiner von ihnen den Vorschlag. Kurz vor Mitternacht verabschiedete sich Sandra, um ins Bett zu gehen. Dennis gab ihr saubere Bettwäsche und überließ ihr das Gästezimmer im Erdgeschoss. Sie wünschten sich eine gute Nacht. Als Dennis in der Küche die Spülmaschine anstellte, kehrten seine

Gedanken zu ihren Ermittlungen zurück. Sie hatten viel zu wenig vorzuweisen. Morgen würde er im Revier anrufen und sich erkundigen, ob der Obduktionsbericht inzwischen gekommen war. Ihm fiel eine Sache ein, die er Sandra hatte fragen wollen. Er ging zum Gästezimmer und klopfte leise an die Tür. Keine Reaktion. Behutsam schob er die Tür auf und sah, dass Sandra sich unter der Decke zusammengerollt hatte. Sie schlief, die Frage musste bis morgen warten.

10

Dennis fuhr mit einem Ruck hoch. Irgendetwas hatte ihn geweckt. Im Schlafzimmer gab es keine Gardinen, und der Raum war lichtdurchflutet. Sein Telefon klingelte, es dauerte einen Moment, bis er es am Fußende des Bettes fand.

»Hallo?«, meldete er sich und gab sich Mühe, wach und munter zu klingen, hörte jedoch selbst, dass es kläglich misslang.

»Camilla Stålberg hier. Wo bist du?«

»Äh, zu Hause bei meiner Schwester.«

»Wir werden Carl Hallgren zur Vernehmung vorladen. Er steht unter dringendem Tatverdacht, Sebastian Svensson ermordet zu haben.«

»Was? Welche Beweise liegen gegen ihn vor?«, fragte Dennis, der immer noch nicht ganz wach war.

»Unter anderem die Aussage seiner Tochter, aber es gibt weitere konkrete Beweise. Du musst sie nur schön zusammentragen, damit wir sie dem Staatsanwalt präsentieren können«, fuhr Camilla fort.

»Aber was für ein Motiv hatte er?«, hakte Dennis nach.

»Er hatte viele Gründe, seinen unerwünschten Schwiegersohn aus dem Weg zu räumen. Was das Verschwinden von Åke Strömberg angeht, ist es sehr gut möglich, dass er dabei ebenfalls seine Finger im Spiel hat, aber da sind wir uns noch nicht ganz sicher. Es ist dein Job, die fehlenden Puzzleteile zu finden.«

»Okay.« Dennis war sprachlos. Das, was ihm Camilla da gerade mitteilte, passte ganz und gar nicht in seine Überlegungen. Natürlich zogen er und Sandra Carl Hallgren ebenfalls als möglichen Verdächtigen in Betracht, doch diese Entwicklung hatte er nicht erwartet. Er war irritiert.

»Und eins noch: Fahr mit Sandra Haraldsson auf der Stelle nach Smögen und fang an zu arbeiten. Mit seiner Auszubildenden zuallererst einmal einen kleinen Liebesurlaub zu verbringen entspricht nicht gerade den üblichen Gepflogenheiten, aber das ist ja typisch für dich.«

»Da hast du etwas ...«

Camilla legte auf. Dennis setzte sich im Ehebett seiner Schwester auf und blickte aus dem Fenster, vor dem Wiesenblumen in allen erdenklichen Farben leuchteten. Niemand brachte ihn so sehr zur Weißglut wie Camilla Stålberg. Er schlüpfte in seine Kleidung von gestern und ging die Treppe hinunter.

Das Gästezimmer war leer. Es war kurz vor neun. Unglaublich, wie lange er geschlafen hatte. Normalerweise wachte er spätestens gegen sieben Uhr von selbst auf.

Sandra kam zur Haustür herein. »Ich war unten am See«, begrüßte sie ihn gut gelaunt. »Sollen wir frühstücken?«

»Ja, unbedingt«, erwiderte Dennis und erzählte ihr von seinem Telefongespräch mit Camilla Stålberg.

»Zieht die Stålberg etwa in ganz Göteborg die Fäden?«, fragte Sandra.

»So könnte man es ausdrücken«, antwortete Dennis säuerlich.

Gunnel ging voran und zeigte ihr den Weg von ihrem Haus neben der Steinmauer zu dem einige Meter entfernten Holzschuppen. Victoria folgte ihr mit dem Kinderwagen. Der Schuppen war klein und genau wie das Wohnhaus weiß gestrichen. An der hinteren Wand stand eine Werkbank, auf der sich große und kleine Tonfiguren aneinanderreihten. Auf dem Fußboden stapelten sich Eimer, die vermutlich Farbe oder Modelliermasse enthielten. Ein großes Fenster über der Werkbank ließ viel Licht herein und bot gleichzeitig eine malerische Aussicht auf zahlreiche Bootsschuppen und Fischerhütten. Auch ein Teil des Hafenbeckens war zu sehen. Es war perfekt. Rechts neben der Tür stand ein kleiner Tisch. Es war Dennis' Idee gewesen, seine Vermieterin zu fragen, ob Victoria Gunnels Gartenatelier ein paar Stunden die Woche als Schreibrefugium nutzen konnte. Gunnel hatte keinerlei Einwände gehabt.

»Hier hast du deine Ruhe«, sagte sie. »Es ist nicht gerade viel Platz, aber der Tisch ist groß genug für einen Laptop, und der Kinderwagen passt direkt daneben. Aber natürlich kann die Kleine auch auf dem Boden herumkrabbeln.«

»Das ist wunderbar«, erwiderte Victoria. Sie hatte gerade einmal ungefähr zwei Quadratmeter der Weltoberfläche für ihr eigenes Reich abgeknapst, aber es genügte, sie fühlte sich so befreit wie schon seit Langem nicht mehr.

»Wie alt ist die Kleine?«, erkundigte sich Gunnel.

Anna war im Kinderwagen eingeschlummert und seufzte im Schlaf.

»Knapp vier Monate, sie krabbelt also noch nicht«, antwortete Victoria lächelnd.

»Nein, natürlich nicht«, erwiderte Gunnel verlegen. »Meinst du, du wirst hier schreiben können?«

»Ja, auf jeden Fall. Aber mir sitzen keine Termine im Nacken. Vielleicht recherchiere ich auch einfach nur im Internet und surfe auf Facebook herum. Aber ein kleiner Tapetenwechsel zwischendurch wird mir guttun.«

»Ist es dir recht, wenn du den Schuppen vormittags zwischen zehn und zwölf nutzt?«

»Ja, es kann allerdings sein, dass ich mit Anna auch mal an den Strand gehe oder einen Spaziergang mache, aber dann sage ich dir vorher Bescheid, wenn du willst.«

»Nein, das ist nicht nötig. Ich melde mich, falls ich den Schuppen vormittags als Atelier brauche. Ich renoviere momentan eines der Zimmer. Morgens bin ich garantiert mit Streicharbeiten beschäftigt oder werkele irgendwo anders im Haus herum.«

Als Gunnel ins Haus zurückgegangen war, setzte sich Victoria an ihren neuen Schreibtisch. Björn würde vermutlich lachen, wenn er sie jetzt sehen könnte. Sie stellte ihren Laptop auf, den sie im Kinderwagenkorb verstaut hatte, und fuhr ihn hoch. Am besten nutzte sie die Zeit, solange Anna schlief.

Als Erstes loggte sie sich bei Facebook ein. Sie war in ihrem Profil schon länger nicht mehr aktiv gewesen. Der Stress der letzten Monate hatte ihr die Energie geraubt. All die fröhlichen Posts und Statusaktualisierungen der anderen über Familienurlaube oder Ausflüge hatten ihr einen Stich versetzt. Doch jetzt wollte sie erfahren, was in der Zwischenzeit alles passiert war. Sie bekam sogar Lust, ein Selfie zu machen.

Sie lud das Foto hoch und schrieb dazu: *Sommerliche Grüße aus meinem Schreibrefugium auf Smögen*, mit einem zwinkernden Smiley dazu. Das klang gut. Auf dem Bild wirkte sie glücklich, beinahe ausgeruht. Jetzt konnte sie die Beiträge ihrer Freunde ohne jeden Anflug von Neid verfolgen. Sie likte einige Fotos und schrieb auch ein paar Kommentare. So locker und entspannt hatte sie sich seit Langem nicht mehr gefühlt.

Auf der Rückfahrt schwiegen Dennis und Sandra zunächst. Von Sjövik aus führte eine Nebenstrecke über Lilla Edet und Ljungskile nach Smögen. Die Straße schlängelte sich durch die schöne Sommerlandschaft. Erst als sie auf die Autobahn fuhren, kam eine Unterhaltung zwischen ihnen in Gang.

»Ich glaube nicht, dass es so einfach ist«, begann Sandra.

»Was meinst du?«, fragte Dennis.

»Dass Sofies Vater seinen zukünftigen Schwiegersohn ermordet hat. Gut, er konnte ihn nicht leiden, aber trotzdem.

Das erscheint mir nicht plausibel. Carl Hallgren mag kein netter Typ sein, aber dumm ist er nicht.«

»Ich bin ganz deiner Meinung«, stimmte Dennis zu. »Aber wir haben Anweisung von oben, diese Spur weiterzuverfolgen. Um diese Theorie zu widerlegen, benötigen wir Indizien, die in eine andere Richtung deuten, und die haben wir eigentlich nicht.«

»Es muss irgendetwas geben, bei dem wir ansetzen können«, beharrte Sandra.

Auf dem letzten Stück diskutierten sie verschiedene Szenarien, die mehr oder weniger unwahrscheinlich erschienen. Dennoch beschlossen sie, den Ansatzpunkten, die sie gefunden hatten, nachzugehen, sobald sie an Ort und Stelle waren. Sie würden in diesen Richtungen weiterermitteln und parallel dazu Beweise für den Tathergang suchen, den Camilla Stålberg ihnen vorgegeben hatte. Åke Strömberg war nach wie vor verschwunden, und bisher lagen keine Indizien vor, die untermauerten, dass Carl Hallgren irgendetwas damit zu tun haben könnte.

Sofies Vater würde bald in Untersuchungshaft sitzen, und laut Camilla Stålberg war ihre Arbeit so gut wie erledigt. Der Fall war also gelöst. Sandra entschloss sich, um einen halben Urlaubstag zu bitten, und den bekam sie. Ihre Aufgabe war es nun, Beweise für den Staatsanwalt zu finden, die gegen Carl Hallgren vor Gericht Bestand haben würden, doch das hatte Zeit bis morgen. Jetzt wollte sie nach Hause und es sich mit einem Erdbeer-Smoothie auf der Terrasse gemütlich machen.

Dennis setzte Sandra vor ihrem Haus ab, doch in der Sekunde, in der sie die Autotür öffnete, wusste sie, dass es mit der ersehnten Ruhe nichts werden würde. Jetzt war das eingetreten, was ihre Nachbarn von gegenüber ihr bereits prophezeit hatten, sie selbst aber noch nicht miterlebt hatte.

»Viel Spaß«, neckte Dennis sie und fuhr davon. Auf ihrer Nachbarterrasse fand eine Party statt. Laute Musik von »Gyllene Tider« dröhnte aus den Boxen, und auf der Terrasse drängten sich junge Männer mit zurückgegelten Haaren und Mädchen in blassrosa Tuniken. Ihrem Dialekt nach zu urteilen stammten sie aus den gehobenen Stockholmer Kreisen. Auf den Tischen standen mit Eis gefüllte Champagnerkühler sowie Wodka-, Rum- und Tequilaflaschen. Sandra machte die Haustür hinter sich zu, und obwohl die Terrassentür ebenfalls geschlossen war, hörte sie das Gewummere der Bässe in jeder Ecke ihres vorübergehenden Zuhauses. Hier konnte sie nicht bleiben. Sie würde den Verstand verlieren. Entweder konnte sie die Jugendlichen bitten, die Musik leiser zu drehen – was sie sowieso nie tun würden – oder die Flucht ergreifen. Sandra schlüpfte in ein neues kakifarbenes Gürtelkleid und ein Paar bequeme Sandalen, steckte ihr Tablet zwischen ihre Badesachen in ihre Strandtasche und verließ die Wohnung.

Ganz Smögen kochte. Die Sonne schien, und kein Lüftchen regte sich. In den Gassen herrschte eine drückende Hitze. Am Smögen-Kai lagen Motor- und Segelboote dicht an dicht. Jugendliche feierten auf den Decks, und Popmusik dröhnte durch die Luft. Die Saison hatte begonnen, und alle warteten darauf, dass Mittsommer, der längste Tag des Jahres, endlich anbrach. Sandra ging hinunter zum Fischereihafen und kaufte ein Baguette und eine große Portion frischen Krabbensalat. Dabei entdeckte sie Hafenkapitän Neo Waltersson, der ein Stück vor ihr lief, kerzengerade aufgerichtet, die Hände auf dem Rücken verschränkt. Aufsteigender Pfeifenrauch formte hin und wieder einen dünnen Kranz aus Wölkchen um seinen Kopf. Sandra dachte an die alten Fischer an der Westküste. Sie wurden immer weniger. In ihrer Kindheit, als sie mit ihren Eltern hier auf Smögen ihre Großeltern besucht hatte, waren die Fischer mit ihren Booten am Kai immer noch das prägende Element des kleinen Ortes gewesen. Heutzutage bestimmten Jugendliche mit teuren Segelbooten, Norweger mit Motorjachten à la Monte Carlo und aufgeregte Touristen, die ihre erste Schlauchboottour unternahmen, das Bild. Sandra hatte nichts gegen Veränderungen, doch manchmal vermisste sie das alte Smögen ihrer Großeltern. Auch ihr Großvater war inzwischen nicht mehr da, aber ihre Großmutter wohnte nach wie vor in der alten Fischerkate und webte hübsche Flickenteppiche in allen Farben des Meeres. Sandra lief eine der grünen Lotsentreppen hinauf und stand kurz darauf vor dem Häuschen ihrer Großmutter. Durch die Spitzengardinen erkannte sie eine Gestalt am Webstuhl. Sie klopfte an die Fensterscheibe in der Tür, wartete aber nicht darauf, dass ihre Großmutter auf die Veranda hinauskam, sondern öffnete selbst die Tür und ging ins Haus, so wie sie es seit ihrer Kindheit tat.

»Mein kleines Mädchen«, begrüßte ihre Großmutter Elfrida sie, als Sandra die Stube betrat.

Die hellblauen Augen ihrer Großmutter waren beinahe durchsichtig, wie Glasmurmeln. Sie konnte nur noch schlecht sehen, doch die Handgriffe am Webstuhl beherrschte sie im Schlaf. Solange ihr jemand die Kettfäden aufspannte, kam sie zurecht. Auch ihr Gespür für Farben war unverändert, ihre Teppiche waren nach wie vor sehr schön und bei den Leuten heiß begehrt. Sie webte, weil sie es liebte, schon ihr Leben lang, und es verschaffte ihr ein zusätzliches Einkommen. Der Teppich, an dem sie gerade arbeitete, war fast fertig, bald würde sie wieder Hilfe mit den Kettfäden benötigen. Der Teppich war fast komplett weiß, lediglich von dünnen rosa Strichen durchzogen. Er ähnelte nicht den Teppichen, die ihre Großmutter normalerweise in den Sommermonaten webte. Diese waren in der Regel weiß mit blauen Ornamenten. »Viel weiß und ein bisschen Meer«, pflegte sie immer zu sagen.

Während des Herbstes fielen die Teppiche etwas dunkler aus, mit kräftigeren Blautönen bis hin zu Petrolgrün. Sandra hatte einen der Teppiche, die ihre Großmutter für sie gewebt hatte, mitgenommen. Er lag momentan in der offenen Küche ihrer Wohnung.

»Der Teppich ist wunderschön«, sagte Sandra.

»Ja, das ist er wohl«, antwortete ihre Großmutter in ihrem breiten Smögen-Dialekt und lächelte ein beinahe zahnloses Lächeln.

»Für wen ist er?«, fragte Sandra. Schon als Kind hatte sie immer wissen wollen, welches künftige Zuhause die Teppiche ihrer Großmutter erwartete.

»Sie wollte einen weißen Teppich mit rosa Strichen. Ich habe gesagt, dass ich nur mit Blautönen arbeite, aber sie ließ sich nicht davon abbringen. Also bekam sie ihren Willen«, erwiderte ihre Großmutter.

Sandra bestrich die Baguettehälften großzügig mit Krabbensalat und schenkte ihnen an dem kleinen Esstisch, auf dem eine saubere Spitzendecke lag, Kaffee ein. Mit ihren bald fünfundachtzig Jahren war ihre Großmutter zwar alt, und ihre Gelenke wurden zusehends steifer, aber in ihrem Haus herrschte immer noch dieselbe Sauberkeit und gemütliche Ordnung wie eh und je. Sandra bat ihre Großmutter, sich zu setzen, und biss herzhaft in ein Krabbenbaguette. Elfrida bediente sich ebenfalls, aß jedoch nur den Krabbensalat. Das Brot konnte sie nicht kauen. Sandra schämte sich, weil sie nicht daran gedacht hatte, aber ihre Großmutter sah trotzdem glücklich und zufrieden aus.

»Hast du einen netten jungen Mann getroffen?«, fragte sie. Das war seit einigen Jahren ihre Standardfrage. Sie wollte so gern einen Mann an der Seite ihrer Enkelin sehen, am liebsten einen Fischer, wo immer man ein solches Exemplar ihrer Meinung nach in der heutigen Zeit auch auftreiben sollte.

»Nein, Oma, hab ich nicht. Aber wenn ich jemanden treffe, bist du die Erste, die es erfährt«, sagte Sandra mit einem Lachen.

Sie half ihrer Großmutter, den Tisch abzuräumen, und machte sich anschließend auf den Heimweg. Hoffentlich war die Partymeute inzwischen weitergezogen, damit sie in Ruhe schlafen konnte.

Als Sandra darum gebeten hatte, den halben Tag freinehmen zu dürfen, hatte sich Dennis ebenfalls entschlossen, eine kurze Atempause einzulegen. Seit dem Frühjahr fühlte er sich auf eine Art und Weise ausgelaugt, wie er es noch nie zuvor erlebt hatte. Und morgen musste er nach Göteborg fahren und den Vernehmungsleiter treffen, der Carl Hallgren in die Zange nehmen sollte. Aber jetzt hatte er Hunger und beschloss, ins Restaurant Sea Lodge am Nordmanshuvud zu gehen. In den Sommermonaten fanden dort Konzerte statt, die zahlreiche Zuhörer auf die Klippen rund um das Restaurant lockten. Doch auch heute Abend war die Terrasse unter dem Segeltuchbaldachin gut besucht. Dennis setzte sich an einen Tisch, und kurz darauf kam ein Servicemitarbeiter mit roten Apfelwangen zu ihm und nahm seine Bestellung auf. Dennis blinzelte in die Sonne und genoss die Aussicht auf die Schären.

»Hallo!«, erklang plötzlich eine Stimme vor ihm.

Er sah auf und blickte direkt in Gunnels Gesicht. Ihre Haut war von der Sonne gebräunt, und sie trug eine weiße Hose, kombiniert mit einer weiten, türkisfarbenen Tunika, die sie in der Taille mit einem Gürtel zusammengerafft hatte.

»Hallo, was für ein Zufall!«, begrüßte er sie lächelnd.

»Darf ich mich zu dir setzen?«, fragte sie.

»Natürlich«, erwiderte Dennis.

»Ich bringe nur schnell etwas rein, bin gleich wieder da«, sagte Gunnel und hastete davon.

Mit einem Angestellten zusammen trug sie einen eingewickelten Gegenstand aus ihrem Auto ins Restaurant. Er schien schwer zu sein. Kurz darauf kam Gunnel zurück und setzte sich zu ihm. Er sagte, dass er eine Fischsuppe bestellt hätte, und sie folgte seinem Beispiel.

Als der Restaurantmitarbeiter mit Dennis' Wein erschien, bat Gunnel um ein Mineralwasser.

»Was habt ihr da eben ins Restaurant getragen?«, fragte Dennis.

»Eine Skulptur. Ein Fischer mit Südwester und Pfeife. Als Dekoration für die Lodge.«

»Machst du solche Skulpturen?«, fragte Dennis.

»Ich bin Bildhauerin, also ja, solche Skulpturen mache ich, unter anderem«, erwiderte Gunnel lächelnd.

»Könntest du auch eine Skulptur von mir anfertigen?«, scherzte Dennis, war aber trotzdem gespannt auf die Antwort.

»Ja, das könnte ich«, erwiderte Gunnel trocken. »Aber vermutlich besitzt du nicht das nötige Kleingeld, um dein Abbild auszulösen, und ich habe einfach keinen Platz mehr für weitere Skulpturen.«

»In deinem riesigen Haus solltest du doch wohl ein Plätzchen für mich finden«, sagte Dennis mit einem Augenzwinkern.

Gunnel lächelte über seinen spaßhaften Flirt. Sie widmeten sich ihrer Fischsuppe und waren sich einig, dass sie köstlich schmeckte. Ein wenig später fuhr Dennis mit Gunnel im Auto über die Brücke zurück. Am anderen Ende stieg er aus und legte das letzte Stück zu seinem Fischkutter zu Fuß zurück.

An Bord der Dolores machte Dennis es sich auf dem Vorderdeck in einem der Korbsessel gemütlich, goss sich ein kleines Glas Glenmorangie Rare Malt Whisky ein und fuhr mit seinem Platting-Projekt fort. In seiner Kindheit hatte Signes

Bruder Gerhard ihm diese Knoten-Knüpftechnik beigebracht. Es hatte ihn fasziniert, wie geschickt Gerhards große, klobige Bootsbauerhände mit den Seilen und Schnüren hantierten. Gerhards Arbeitszimmer im Obergeschoss war mit umflochtenen Gegenständen vollgestopft gewesen, die er sich manchmal hatte ansehen dürfen.

Als er in seine Arbeit vertieft dasaß, erklangen oben auf dem Steg Schritte. Irgendjemand kam näher, war aber noch nicht auf der Höhe des Bootsschuppens des Dänen, der direkt vor dem Ankerplatz der Dolores lag. Die Schritte wurden lauter, und dem Geräusch nach zu urteilen handelte es sich um eine Frau. Dennis blickte zur Reling.

»Kann ich bei dir schlafen?«, fragte Sandra, die vor dem Kutter stand.

Dennis musste lachen. »Wollten sie dich nicht mitfeiern lassen?«

»Meine Nachbarn werden ab jetzt mindestens eine Woche lang rund um die Uhr Party machen, und die laute Musik macht mich wahnsinnig.«

»Bist du etwa alt geworden?«, zog er sie auf.

Sandra schnitt eine Grimasse. »Ich kann nicht arbeiten, wenn ich heute Nacht kein Auge zutue.«

»Ich weiß nur nicht, wo ich dich unterbringen soll«, sagte Dennis und kratzte sich am Kopf. »Aber dann werde ich mein Lager wohl an Deck aufschlagen müssen und darauf hoffen, dass es nicht regnet. Und du schläfst im Steuerhaus.«

»Mir ist alles recht«, sagte Sandra, »solange ich ein bisschen Ruhe und Frieden finde.«

»Möchtest du einen Whisky?«, fragte Dennis.

»Oh ja, bitte!« Sandra ließ sich in den Korbsessel neben Dennis fallen. »Was machst du da? Ist das Makramee oder wie das heißt? Kannst du das?« Sie lachte auf und nahm einen Schluck Whisky, den Dennis ihr eingeschenkt hatte.

»Ja«, erwiderte Dennis. »Soll ich es dir zeigen?«

Er nahm einige Hanfschnüre und befestigte ein Gummiband an der Lehne seines Korbsessels.

»Was wird das?«, fragte Sandra

»Wenn man die Schnüre befestigt, kann man leichter knüpfen«, erklärte Dennis.

Er demonstrierte Sandra, wie man die Seile flechten musste, um das erwünschte Muster zu erzeugen. Als sie es selbst probierte, hatte sie den Dreh schnell raus. Eine Weile saßen sie nebeneinander, knüpften ihre Netze und nippten hin und wieder an ihren Whiskygläsern.

»Hallo!«, erklang plötzlich eine Stimme vom Steg.

Gunnel lugte um die Ecke des Steuerhauses.

»Tut mir leid! Ich komme wohl ungelegen«, entschuldigte sie sich.

»Nein, überhaupt nicht«, versicherte Dennis. Trotzdem war ihm die Situation irgendwie unangenehm.

Gunnel hielt eine Flasche Rosé in der Hand.

»Ich konnte ja vorhin keinen Wein trinken, weil ich noch fahren musste. Deshalb wollte ich dich jetzt auf ein Glas einladen, aber das können wir bei einer anderen Gelegenheit nachholen.« Gunnel redete so schnell, dass sich die Worte beinahe überschlugen.

»Nein«, erwiderte Dennis, »oder ja, das ist vielleicht besser. Ich kann abends mal vorbeikommen. Also, wenn dir das passt?«

»Natürlich, kein Problem.« Gunnel verabschiedete sich und eilte hastig davon.

Dennis schaute Sandra an und versuchte, unberührt zu wirken.

»Sie ist also doch dein Sommerflirt«, zog Sandra ihn auf.

»Nein, nein, ist sie nicht«, erwiderte Dennis. »Ich lasse die Finger von den Frauen, weißt du.«

Dennis räusperte sich, wich Sandras Blick aus und widmete sich wieder seinen Hanfschnüren.

Sandra ließ nicht locker. »Sie war jedenfalls sehr enttäuscht, mich hier zu sehen.«

»Nein, war sie nicht«, widersprach Dennis. »Jetzt konzentrier dich bitte und guck, wie ich es mache.«

Sandra knüpfte nach Dennis' Anweisungen weiter, und langsam, aber sicher entstand ein kleines Makrameenetz.

»Glaubst du, dass Sofies Vater vielleicht doch unser Mörder ist?«

»Nein, Carl Hallgren hat zu viel zu verlieren. Seiner Baufirma gehören auf Smögen zahlreiche Immobilien. Er würde das nicht aufs Spiel setzen, nur weil seine Tochter mit einem Kerl zusammen ist, den er nicht ausstehen kann.«

»Ist es nicht immer so?«, fragte Sandra.

»Was meinst du?«

»Jeder hat zu viel zu verlieren, um dafür einen Menschen zu töten, und deshalb lassen es die meisten von uns bleiben. Aber nicht alle.«

»Ja, so ist es vielleicht.«

»Hältst du es denn für möglich, dass Pelle Hallgren oder Sofies Mutter Anita oder Eva Thörn es getan haben könnten?«, fuhr Sandra fort.

»Eva auf keinen Fall«, erwiderte Dennis prompt.

»Warum nicht? Vielleicht hat Eva ihrem Lebensgefährten irgendetwas angetan, und Sebastian Svensson hat sie dabei beobachtet, sodass sie ihn aus dem Weg schaffen musste? Oder vielleicht hatten Eva und Åke einen Streit, von dem wir nichts wissen. Vielleicht braucht sie Geld? Nach Åkes Tod wäre sie die Alleinerbin, oder etwa nicht?«

»Jetzt mach aber mal halblang«, ereiferte sich Dennis, der inzwischen auf hundertachtzig war. Wenn Sandra weiter mit solchen Hobbydetektiv-Theorien um sich warf, würde er sie wohl oder übel von Bord werfen müssen. Er war nach Smögen gekommen, um Zeit für sich zu haben, seine Freiheit und den Sommer zu genießen, sich seiner Musik zu widmen und einen weiten Bogen um die Frauenwelt zu machen. Und jetzt musste er sich mit einer Polizeianwärterin herumschlagen, die ihm buchstäblich im Nacken saß, und einer Vermieterin, die überall auftauchte, wo er ging und stand. Dann war da auch noch Eva, seine große Jugendliebe. Und zu allem Überfluss steckte er bis zum Hals in einer Mordermittlung, in der ihr Lebensgefährte womöglich zu den Opfern zählte.

Sandra saß schweigend in ihrem Korbsessel, die Hanfschnüre hingen an ihrem Bein herab. Dennis bezog für sie das Bett im Steuerhaus und machte es sich selbst im Liegestuhl an Deck bequem. Der Nachthimmel war hell und klar, und eigentlich hätte er sich keinen schöneren Schlafplatz vorstellen können. Trotzdem fand er keine Ruhe. Die Gedanken, die unablässig in seinem Kopf herumkreisten, und sein Ärger über Sandras absurde Theorien hielten ihn wach.

11

Sandra wachte mit einer verkrampften Schulter auf und konnte kaum den Arm bewegen. Ihr Schulterblatt schmerzte so stark, dass sie nur mit Mühe aus der Koje klettern konnte. Die Matratze war dünn wie ein Handtuch, und sie hatte das Holzbrett darunter die ganze Nacht gespürt. Wie konnte Dennis bloß so schlafen? Sandra steckte den Kopf aus der Kajüte. Das Meer glitzerte in der Sonne. Dennis lag noch im Liegestuhl an Deck und schlief. Wenigstens war er nicht nass geworden. Heute Nacht würde sie bei ihrer Großmutter Unterschlupf suchen, gestern hatte sie sie jedoch nicht mehr so spät stören wollen. Der Whisky machte sich bemerkbar. Sie hatte Kopfschmerzen und fühlte sich elend. Aber die Arbeit rief; sie beschloss, Dennis zu wecken. Das Frühstückmachen konnte er übernehmen, in ihrer Verfassung schaffte sie es nicht einmal, Kaffee zu kochen. Doch als sie sich angezogen hatte, entschied sie, das Frühstück ausfallen zu lassen, und sprang auf den Steg, um zur Bushaltestelle zu gehen.

»Möchten Sie einen Kaffee?«, rief eine Männerstimme. Sandra zuckte zusammen und drehte sich um. Der Mann saß an einem Tisch vor dem Bootsschuppen direkt am Kai.

»Nein danke, ich bin auf dem Weg zur Arbeit und trinke da eine Tasse. Aber vielen Dank für das Angebot!«

»Sie sehen aus, als könnten Sie einen Schuss Koffein vertragen«, bemerkte der Mann.

»Sind Sie der Mann, den die Leute hier ›den Dänen‹ nennen?«, fragte Sandra und ging zu ihm hin.

»Gut möglich, aber mein Name ist Mik Birke.« Der Mann stand auf und gab Sandra die Hand.

»Sandra Haraldsson, von der Polizei Kungshamn.«

»Sie sind doch bestimmt noch in der Ausbildung, oder?«, erkundigte sich Mik.

»Ja«, erwiderte Sandra kurz angebunden.

Mik goss Kaffee in einen Becher, der dafür, dass er aus einem Bootsschuppen stammte, erstaunlich sauber aussah.

»Setzen Sie sich«, bat er.

»Was tun Sie hier?«, fragte Sandra. »Sind Sie Berufsfischer?«

»Ja, das hat sich so ergeben. Aber wie gehen die Ermittlungen voran? Haben Sie Åke Strömberg gefunden?«, erkundigte er sich.

»Nein, noch nicht«, antwortete Sandra. »Kennen Sie Åke?«

»Flüchtig«, erwiderte Mik. »Er hat sich einige Male mein Boot geliehen, weil es größer ist als das, was er sonst nimmt. Er und Johan sind ja hier nebenan im Bootsschuppen immer mit ihren Heimlichkeiten zugange.« Mik lachte.

»Was für Heimlichkeiten?«, hakte Sandra nach.

»Åke ist ganz besessen von einem Schatz, der sich angeblich in diesem Schiffswrack befinden soll. Aber dass er ertrunken ist, das glaub ich nicht. Dafür taucht er zu gut.«

»Woher wissen Sie das? Sind Sie mit ihm zusammen tauchen gewesen?«, fragte Sandra.

»Nein, bin ich nicht«, antwortete Mik und stand auf. Ohne sich zu verabschieden, ging er in seinen Bootsschuppen und widmete sich den Netzen, die dort an der Wand hingen.

Im Kungshamner Polizeirevier begann der Tag gemächlich wie immer. Stig Stoltz musste nicht einmal mehr eine Kanne Kaffee kochen, wenn er zur Arbeit kam. Denn sogar diese kleine Dienststelle verfügte inzwischen über eine vollautomatische Kaffeemaschine, die auf Knopfdruck sowohl normalen Kaffee als auch Milchkaffee zauberte. Anfangs vermisste er diese morgendliche Aufgabe, doch inzwischen hatte er Ersatz gefunden: Er informierte sich im Internet über die Favoriten der anstehenden Pferderennen. Er liebte den Nervenkitzel, und der Gedanke, eines Tages möglicherweise finanziell unabhängig zu sein, gefiel ihm. Bisher war dieser Tag noch nicht gekommen, aber mit seinen zweiundsechzig Jahren blieb ihm noch Zeit. Jetzt hörte er, dass jemand durch die Tür kam. Helene oder Sandra und Dennis? Was lief eigentlich zwischen den beiden? In dieser kurzen Zeit schienen sie schon wie Pech und Schwefel zusammengewachsen zu sein. Da lobte er sich Paul Hammarberg. Paul besaß Integrität, und er interessierte sich ebenfalls für Pferderennen. Dafür schien Dennis gar nichts übrigzuhaben. Er war ein komischer Typ, das stand fest. Stig hörte, wie Sandra und Dennis in den Einsatzraum gingen. Vermutlich wollten sie die morgendliche Besprechung ohne ihn abhalten. Sie schienen keine besondere Lust zu haben, ihn in die Ermittlungen miteinzubeziehen. Wenn das so weiterging, würde er sich bei der Gewerkschaft beschweren.

»Yeeee-haaa«, erklang plötzlich eine Stimme hinter ihm. Dennis versuchte sich offenbar an einer Cowboy-Imitation. Stig, der gerade eingehend das Starterfeld des abendlichen Galopprennens studierte, zuckte zusammen und drehte sich widerwillig um.

»Wir brauchen deine Hilfe«, sagte Dennis. »Komm!«

Stig folgte ihm ohne nennenswerten Enthusiasmus. Er erwartete ohnehin nicht, eine qualifizierte Aufgabe übertragen zu bekommen, die seinen Fähigkeiten gerecht wurde. Immerhin arbeitete er seit über vierzig Jahren als Polizist.

Sandra begrüßte ihn, als er den Einsatzraum betrat. Die Deckenlampe war ausgeschaltet, das einzige Licht kam von den Computerbildschirmen und den beleuchteten Whiteboards, an die Dennis und Sandra Fotos geheftet hatten. Neben den Bildern standen die Namen der betreffenden

Personen und ihre Beziehung zu Sebastian Svensson und Åke Strömberg.

»Setz dich«, sagte Dennis und zeigte zum kleinen Konferenztisch.

Auf einmal spürte Stig, dass seine Kompetenz hier tatsächlich von Belang sein könnte. Er setzte sich schweigend und wartete ab, worum Dennis und Sandra ihn bitten würden.

Dennis stand im Café Skäret und betrachtete die Auswahl an Gebäck. Es war schon fast zehn Uhr, und er hatte es eilig. Die mit Vanilletopping und einer Blaubeere garnierten Muffins sahen fantastisch aus. Bei ihrem Anblick fiel ihm ein, dass er sich bei Gunnel melden musste. Doch anstelle der Muffins entschied er sich für Obstsalat, praktisch portioniert in Smoothiebechern mit Deckel. Erdbeeren, Bananen, Pfirsichspalten, Weintrauben und Passionsfrüchte. Das entsprach vermutlich nicht ganz Stigs Geschmack, doch Dennis dachte an seine schlanke Linie. Und ein paar Pfunde weniger würden Stig auch nicht schaden. Sicherheitshalber bestellte er für ihn aber eine separate Portion Schlagsahne. Dennis' Idee, ein Außenbüro auf Smögen einzurichten, war bei Stig nicht auf Begeisterung gestoßen. Doch als Dennis ihm versicherte, dass ihn das nur an einem Tag betraf, bevor er seinen Urlaub antrat, lenkte er ein und nahm seine Drohung, die Gewerkschaft einzuschalten, zurück. Es war ohnehin Urlaubszeit, und sie hatten es mit einem Mordfall zu tun, möglicherweise sogar zweien. Stig sah ein, dass sie Maßnahmen ergreifen mussten, um ihre Arbeit effizienter zu gestalten und den Täter so schnell wie möglich zu fassen. Dennis hatte Stig gebeten, sich um das, wie er sagte, wichtigste Detail zu kümmern: einen robusten und stabilen Aktenschrank, in dem sie ihre Laptops und alle anderen ermittlungsrelevanten Gegenstände einschließen konnten.

»Wie läuft es?«, erkundigte sich die Bedienung hinter der Theke. Dennis sah auf und blickte in ein sonnengebräuntes, junges Mädchengesicht.

»Womit?«, fragte er.

»Na, mit den Ermittlungen! Haben Sie den Mörder geschnappt?«, fragte sie mit der typischen ungeduldigen Stimme eines Teenagers.

Dennis wurde verlegen und spürte, wie sein Stresslevel stieg. Willkommen in der Wirklichkeit! Seit der Pressekonferenz kannten die Leute hier sein Gesicht, und natürlich wollten sie, dass der Mörder gefasst wurde, damit sie ihr Leben wie gewohnt weiterführen konnten. Momentan lag der Smögen-Kai in einer Art Vakuum. Tagsüber bot sich das übliche Bild, doch abends waren die Restaurants und Kneipen bei Weitem nicht so gut besucht wie sonst. Die Einzigen, die sich unbekümmert auf die Straßen wagten, waren von weit her angereiste Touristen, die von den Vorfällen, die täglich lang und breit in der Lokalpresse ausgeschlachtet wurden, noch nichts erfahren hatten.

»Wir tun unser Bestes«, entgegnete Dennis und bedankte sich für die Tüte, in die sie die Obstsalate gesteckt hatte.

Der Bootsschuppen lag ziemlich genau auf der Höhe von Dennis' Kutter, allerdings noch ein bisschen näher bei den Garnelenständen des Fischereihafens. Zu dem Schuppen gehörte ein kleiner Steg, an dem Johans Boot ankerte. Evas Bruder hatte ihm angeboten, den Schuppen bis zum Ende der Ermittlungen zu nutzen, und Dennis hatte das Angebot dankbar angenommen. Auf der Dolores war nicht genügend Platz, und zudem konnte der Schuppen nur vom Wasser und nicht von der Straße aus eingesehen werden. Da weder Stig noch Helene heute Morgen besonders begeistert auf seinen Beschluss reagiert hatten, ein Außenbüro auf Smögen einzurichten, wollte er, dass ihre erste Besprechung so einvernehmlich wie möglich verlief.

Er ging in den Schuppen und deckte den Tisch. Kaffeebecher und Servietten und für jeden einen Obstsalat. Die Sahne stellte er in die Mitte. An den Wänden hingen alte Fischernetze, Fischerkugeln und andere ältere wie neuere Geräte, die man zum Fischfang benötigte. Johan liebte das Fischen, und Dennis nahm sich vor, mit ihm aufs Wasser hinauszufahren, sobald der Fall abgeschlossen war.

Sandra steckte den Kopf zur Tür herein.

»Bin ich hier richtig?«, fragte sie lächelnd. Nach einer doppelten Dosis Paracetamol und einer Ibuprofen-Tablette fühlte sie sich besser.

»Ja, willkommen«, sagte Dennis und drehte sich zu ihr um.

Sandra trat näher und betrachtete die Fotos und Zettel, die Dennis an die rückwärtige Wand des Bootsschuppens geheftet hatte. Die Hintertür in der Mitte stand offen, und man konnte über das Wasser zu den Fischhallen am Hafen hinüberblicken. Es herrschte noch nicht viel Betrieb, die Touristen waren noch nicht eingefallen.

Plötzlich erklang draußen vor dem Schuppen lautes Gestöhn und Gepolter.

»Wo sollen sie das Ding hinstellen?«, fragte Stig außer Atem. Sein Gesicht war schweißüberströmt. Hinter ihm erschienen zwei junge Männer, die einen massiven Aktenschrank schleppten. Dennis zeigte an eine Wand, an der er ungefähr einen Quadratmeter Fläche in dem ziemlich vollgestopften Schuppen freigeräumt hatte.

Mit Helenes Eintreffen kurz darauf waren sie vollzählig, denn Ragnar Härnvik hatte sich erbeten, von Dienstbesprechungen auf Smögen befreit zu werden. Stig blickte sich im Bootsschuppen um und machte keine Anstalten, sich seinem

Obstsalat zu widmen. Helene und Sandra dagegen hatten die Früchte in ihren Bechern schon erheblich reduziert. Dennis schob Stig das Sahneschälchen zu, und dessen Gesicht leuchtete augenblicklich auf. Er schaufelte so viel Sahne in seinen Becher, dass das Obst darunter völlig verschwand, und arbeitete sich anschließend mit dem Löffel nach unten vor. Das lief besser als erwartet, dachte Dennis.

»Lasst uns mit einer Zusammenfassung unserer bisherigen Ergebnisse beginnen«, sagte er. »Stig, hast du dir schon Åke Strömbergs Kontoauszüge angesehen?«

»Ja«, antwortete Stig, den Mund voller Schlagsahne. »Ich habe seine Telefonrechnungen und Kontoauszüge aus den vergangenen zwei Jahren überprüft.« Er machte eine längere Kunstpause und nutzte die Gelegenheit, um sich noch mehr Sahne zu nehmen.

»Hast du etwas gefunden?« Dennis versuchte, das Tempo anzuziehen.

»Nein, ich konnte keine Unstimmigkeiten feststellen. Er hat regelmäßig sein Gehalt von Smögen-Bau bekommen, Rechnungen bezahlt und Einkäufe in den zu erwartenden Geschäften hier auf Smögen und in Kungshamn gemacht.«

»Gibt es irgendwelche Daueraufträge?«, fragte Sandra.

»Nur an verschiedene Fondskonten, für Vera, Eva und ihn selbst.«

»Wir müssen auch die Banktransaktionen von Smögen-Bau überprüfen«, sagte Dennis. »Kannst du damit weitermachen?«

»Das nimmt ziemlich viel Zeit in Anspruch«, erwiderte Stig. »Ich weiß nicht, wie weit ich damit vor meinem Urlaub komme.«

»Aber du gehst doch erst Freitagnachmittag in Urlaub«, wandte Helene Berg ein, zu deren Aufgaben auch die interne Urlaubsplanung gehörte.

»Ja, aber ich habe auch noch andere Dinge, die ich erledigen muss. Ich habe versprochen, die Mitgliederliste des Polizeivereins zu aktualisieren. Im Revier war so viel zu tun, dass ich im Frühjahr nicht dazu gekommen bin.«

Keiner sagte ein Wort.

»Heute ist Donnerstag, ich muss also noch eine ganze Menge Papierkram erledigen«, brach Helene schließlich das Schweigen, als sie merkte, dass alle Augen auf sie gerichtet waren.

»Ich kann die Unterlagen von Smögen-Bau durchgehen«, erbot sich Sandra.

»Gut!«, stimmte Dennis ungeduldig zu. »Dann weiter zum nächsten Punkt. Ein Mensch wurde ermordet, vielleicht sogar zwei, und inzwischen sind vier Tage vergangen. Wir müssen schneller arbeiten. Mittsommer steht vor der Tür, und alle Eltern möchten ihre Kinder feiern lassen, ohne sich um sie sorgen zu müssen.«

»Man macht sich immer Sorgen«, sagte Helene, die zwei Söhne im Teenageralter hatte.

»Ja, natürlich«, erwiderte Dennis. »Aber wir müssen den Fall lösen, und zwar jetzt. Nächste Woche beginnt die richtige Urlaubssaison, und bis dahin müssen wir den Täter gefasst haben.«

Dennis rekapitulierte noch einmal die bekannten Fakten und erkundigte sich anschließend, ob jemand noch ein anderes Anliegen habe.

»Ja, wenn wir unsere morgendliche Dienstbesprechung ab jetzt auf Smögen statt in Kungshamn abhalten, können wir uns die Fahrtkosten erstatten lassen. Vergesst nicht, Helene das Formular zu geben«, warf Stig mit kämpferischer Gewerkschafterstimme in den Raum, doch niemand ging darauf ein.

Die Früchte in Stigs Becher hatten sich kaum nennenswert

reduziert, aber das Sahneschälchen war leer; zufrieden fuhr er sich mit der Zunge über die Lippen.

»Obstsalat schmeckt besser, als man denkt«, sagte er und stand auf, um zum Polizeirevier zurückzufahren.

Obwohl die morgendliche Besprechung kein Feuerwerk an Impulsen gebracht hatte, war Dennis froh über die Außenstelle auf Smögen, die ihnen die Arbeit erleichtern würde. Er war direkt am Ort des Geschehens und hatte es nicht weit bis nach Hause auf seinen Fischkutter. Im Polizeirevier in Kungshamn überfiel ihn klaustrophobische Panik. Der Eingangsbereich mit dem Empfangstresen besaß die Größe eines Kasperletheaters. Und der schmale Korridor, an dem die kleinen Diensträume lagen, machte die Sache nicht besser. Im Bootsschuppen fühlte er sich viel wohler. Sandra sollte künftig auch von hier aus arbeiten, war aber gerade mit Stig und Helene nach Kungshamn zurückgekehrt, um noch einige Sachen aus ihrem Einsatzraum zu holen. Dass sich im Bootsschuppen Fischereigeräte, Taucherausrüstungen und sogar Dennis' alte Surfboards stapelten, die er hier vor vielen Jahren untergestellt hatte, störte ihn nicht.

Während er auf Sandra wartete, räumte er die fast leeren Obstsalat-Behälter und die Kaffeebecher vom Tisch. Dennis fragte sich, was dieser Sommer wohl noch für ihn bereithielt. Samstag hatte er seine Dienstwaffe sowie den Schlüssel für seinen Spind im Göteborger Polizeipräsidium abgegeben. Am nächsten Tag war er nach Smögen gefahren, um endlich den Sommer zu verleben, nach dem er sich seit vielen Jahren sehnte. Doch schon am Dienstag hatte man ihm die operative Verantwortung für gleich zwei Ermittlungen übertragen: im Mordfall Sebastian Svensson und im Vermisstenfall Åke Strömberg.

Sein Handy meldete sich, und der Klingelton »Good Vibrations« unterbrach seine Grübeleien. Dennis summte mit.

Johan rief von Fuerteventura aus an. Dennis' Freundschaft mit Evas Bruder hatte sich im Laufe der Jahre entwickelt. Am Anfang war er nur Evas kleiner Bruder gewesen, eher ein lästiges Anhängsel, doch als Teenager hatte er sich als richtiges Surfer-Ass entpuppt und noch dazu den Tauchschein gemacht. Am Tag von Åkes Verschwinden waren Johan und seine Freundin zum Kitesurfen nach Fuerteventura geflogen und hatten erst Stunden später nach ihrer Landung erfahren, was geschehen war. Johan hatte bestürzt reagiert und auf der Stelle nach Hause kommen wollen, aber Eva hatte ihn gebeten, seinen Urlaub so gut es ging zu genießen. Auf Smögen hätte er ohnehin nichts tun können, außer zu warten, während die Polizei ihre Arbeit machte. Als Johan erfuhr, dass Dennis die Ermittlung leitete, hatte er ihn angerufen und ihm seinen Bootsschuppen angeboten.

»Hallo, Johan!«, rief Dennis.

»Hallo, Dennis! Wie sieht's aus? Habt ihr euch im Bootsschuppen schon eingerichtet?«

Johan schien irgendwo im Freien zu sein. Dennis hörte das Rauschen von Wind und Wellen im Hintergrund.

»Ja, er ist für unsere Zwecke perfekt. Was macht ihr gerade?«

»Johanna und ich waren den ganzen Morgen kiten, und jetzt wollen wir am Strand frühstücken.«

»Wie sind die Wellen?«, fragte Dennis und konnte nicht verhindern, dass ein wenig Neid in seiner Stimme mitschwang.

»Könnten nicht besser sein, aber für Johanna ist es eine ziemliche Herausforderung. Sie hat ja erst vor Kurzem mit dem Kitesurfen angefangen.«

»Wie geht es dir?«, erkundigte sich Dennis.

»Ich mache mir vor allem Sorgen um Eva«, erwiderte Johan. »Wie verkraftet sie die Sache? Du musst dich um sie kümmern, Dennis, solange ich weg bin.«

In Dennis regte sich das schlechte Gewissen, weil er bei Weitem nicht so viel Zeit für Eva hatte, wie er es sich wünschte.

»Ja, ich gehe heute zu ihr«, antwortete Dennis.

»Gut. Habt ihr schon irgendwelche Spuren? Der Gedanke, dass auf Smögen ein Mörder herumläuft und Leute umbringt, ist einfach gruselig. Total absurd irgendwie.«

»Wir tun, was wir können«, sagte Dennis. »Wolltest du was Bestimmtes?«

»Ja, deshalb rufe ich an«, erwiderte Johan. »Ich wusste nicht, ob es von Bedeutung ist. Aber Åke und ich haben ein gemeinsames Tauchprojekt.«

»Ach ja?«, sagte Dennis. »Geht es um diesen Schatz?«

»Ja.« Johan klang verblüfft. »Hat Åke dir etwa davon erzählt?«

»Erzähl du es mir«, forderte Dennis ihn auf.

»Åke hat zu Hause einige Unterlagen darüber. Ich glaube, sie liegen in der Anrichte im Wohnzimmer. Melde dich, wenn du sie gelesen hast, dann erzähl ich dir mehr.«

Johan legte auf, und Dennis blieb mit dem Handy am Ohr sitzen.

»Meine Güte, warum hast du so geschrien?« Sandra war aus Kungshamn zurück und betrat nun den Fischerschuppen, einen Karton unter den Arm geklemmt.

»Hab ich das?«, erwiderte Dennis überrascht.

»Von was für einem Schatz war eben die Rede?«, fragte Sandra neugierig.

»Ich weiß es auch nicht, aber geh jetzt bitte die Transaktionen auf den Konten von Smögen-Bau durch. Wir sehen uns später.«

»Nein! Ich will mit dir zu Eva fahren«, sagte Sandra entschieden.

»Ausgeschlossen! Eva steht unter Schock. Wir müssen behutsam vorgehen. Okay?«

Sandra wirkte enttäuscht, setzte sich aber an ihren Computer und schien mit der Arbeit zu beginnen.

Dennis verließ das neue Büro und ging zum Fischereihafen. Als er in die größere Straße einbog, kam er an dem Haus vorbei, das seine Mutter einmal einen Sommer lang gemietet hatte. Sie hatten im oberen Stock gewohnt. Seine Schwester war auch dabei gewesen. Damals war er vierzehn und nahm in dem nicht weit von Smögen entfernten Tullboden an einem zweiwöchigen Surfkurs teil. Er hatte die älteren Jungs auf ihren Surfboards bewundert, die schon richtig gut waren, einer von ihnen hatte sogar schon einen Meisterschaftstitel gewonnen. Sie waren seine Vorbilder gewesen. Danach hatte er Sommer für Sommer auf seinem Surfbrett verbracht, bis er auf der Polizeihochschule anfing. Doch seit er als Polizist arbeitete, hatte er höchstens eine Woche im Jahr surfen können, abgesehen von einigen wenigen Reisen unter anderem nach Costa Rica und Portugal. Neidisch dachte er an Johan und dessen neue Freundin auf Fuerteventura. Doch die Pflicht rief, und er hatte Johan versprochen, sich um Eva und Vera zu kümmern, damit würde er anfangen.

Evas Haustür stand offen. Dennis registrierte einen Anflug von Irritation darüber, dass sie nach den Ereignissen der vergangenen Tage nicht ein wenig vorsichtiger war. Das musste er ihr sagen. Er sah, dass das Auto ihrer Eltern nicht nebenan in der Einfahrt parkte. Dennis klopfte an den Türrahmen, doch niemand antwortete. Er steckte den Kopf ins Haus und rief Evas Namen. Alles blieb still. Dennis zog seine Waffe, presste sich an der Wand der Veranda entlang und betrat das Wohnzimmer. Methodisch kontrollierte er Raum für Raum, doch es schien niemand da zu sein.

Im Wohnzimmer herrschte das reinste Chaos. Sämtliche Bücher und Zeitungen lagen auf dem Fußboden verstreut. Alle Schubladen der Anrichte waren aufgerissen und ihr Inhalt im Zimmer verteilt. Dennis ging die Treppe hinauf ins Obergeschoss, und auch dort bot sich ihm ein einziges Durcheinander. Offensichtlich war jemand ins Haus eingebrochen und hatte etwas gesucht. Dennis dachte an die Frau, die in der Nacht nach Åkes Verschwinden in den Schubladen der Anrichte gewühlt hatte. Steckte sie hinter diesem Einbruch? Dennis griff nach seinem Handy und rief Sandra an. Als er auflegte, hörte er ein Geräusch im Erdgeschoss. Er horchte intensiv. Verflucht! Er blickte aus dem Fenster und entdeckte Vera auf der Vordertreppe. Dennis hastete nach unten.

»Eva, es ist am besten, wenn ihr zu deinen Eltern geht«, brachte er atemlos hervor, als er in der Veranda stand.

»Was machst du hier?«, fragte Eva verblüfft.

»Ich begleite euch«, ging Dennis über ihre Frage hinweg und schob Vera und Eva behutsam über den Rasen.

»Puppe spielen«, sagte Vera.

»Sie braucht ihre Puppe«, erklärte Eva. »Sie hat im Auto von nichts anderem geredet.«

»In Ordnung«, erwiderte Dennis. »Ich hole sie, sobald ihr bei deinen Eltern seid.«

Als Eva und Vera im Haus verschwunden waren, ging Dennis zurück. Durch das Wohnzimmerfenster sah er plötzlich eine schwarz gekleidete Gestalt mit einer Kapuzenjacke, die in Richtung Friskens väg lief. Dennis sprintete hinterher, aber als er auf der Straße stand, war von der Person keine Spur mehr zu sehen. »Verdammt!«, fluchte er. Was ging hier eigentlich vor? Er holte Veras Puppe und kehrte zum Haus von Veras Eltern zurück. Veras Mutter kam auf die Veranda hinaus.

»Ich kümmere mich um die beiden, geh du und mach deine Arbeit«, sagte sie sanft.

»In Ordnung, grüß die beiden von mir«, erwiderte Dennis und gab ihr Veras Puppe. »Sag Eva, dass ich mich melde.«

Er fragte sich, wie Eva das alles hier durchstehen sollte. Ein Glück nur, dass ihre Eltern für sie da waren. Als er zu Evas Haus zurückkehrte, schaltete er wieder in den Polizistenmodus und schob seine privaten Sorgen und Gedanken beiseite. Er ging hinein und versuchte, sich einen Weg zur Anrichte zu bahnen, ohne dabei irgendetwas anderes zu berühren als den nackten Holzfußboden. Mit dieser Anrichte musste es irgendeine besondere Bewandtnis haben. Die Einbrecherin, die in der Nacht von Montag auf Dienstag ins Haus eingedrungen war, hatte in den Schubladen gewühlt, und auch diesmal hatte jemand dort etwas gesucht. Gründlicher und rabiater als beim ersten Mal. Die Türen des Unterschranks standen sperrangelweit offen, der Inhalt lag auf dem Boden verstreut. Die Schubladen im oberen Teil waren herausgezogen, und auch hier hatte der Einbrecher die meisten Gegenstände auf den Boden geworfen. Dennis ging in die Hocke und tastete die Innenwände des Unterschranks ab. An der Oberseite spürte er eine Unebenheit. Er fuhr mit der Hand darüber, zog sie aber unwillkürlich zurück, als hinter ihm eine Stimme erklang.

»Aha, was machen wir denn da?«, fragte ein junger Kriminaltechniker, der unbemerkt ins Haus gekommen war. Er trug einen weißen Schutzanzug und lila Gummihandschuhe.

»Himmel, haben Sie mich erschreckt«, entfuhr es Dennis. »Wo ist Gottfrid?« Gottfrid war ein erfahrener Kriminaltechniker, mit dem Dennis schon häufiger zusammengearbeitet hatte.

»Er ist draußen, aber was machen Sie hier drinnen? Ihr Polizeibeamten lernt es wohl nie, nicht durch einen Tatort zu trampeln, bevor wir ihn gesichert haben.«

Dennis war über diese Respektlosigkeit, die er über sich ergehen lassen musste, so schockiert, dass er wortlos das Wohnzimmer verließ. Er spürte instinktiv, dass ein Gespräch mit diesem unverschämten Grünschnabel nur in eine Richtung führen würde, und das war kein Weg, den er diesem Milchbart oder sich selbst wünschte.

Draußen vor dem Haus stieß er auf Gottfrid, der den Rasen vor der Veranda auf Spuren untersuchte. Gottfrid hatte den Hauseingang mit einem Absperrband abgeriegelt und sogar ein Schild aufgehängt, das untersagte, den Tatort ohne Genehmigung zu betreten.

»Hallo, Gottfrid!«, rief Dennis und lächelte blass. Gottfrid begrüßte ihn mit einem herzlichen Handschlag.

»Was hast du denn da für einen Grünschnabel in deinem Team?«, fuhr Dennis fort.

»Das ist der neue Chef der Kriminaltechnischen Abteilung.«

»Also dein neuer Chef«, sagte Dennis. »Und er meint, dass er persönlich anwesend sein muss, wenn jemand mit deiner Erfahrung am Tatort ist?«

»Die Zeiten haben sich geändert, Dennis, das weißt du. Aber ich gehe bald in Rente und muss mir dieses Elend nicht mehr lange mit ansehen«, erwiderte Gottfrid.

»Wie habt ihr eigentlich von dem Einbruch erfahren? Ich habe gerade erst im Revier angerufen und ihn gemeldet.«

»Eine Nachbarin hat heute Morgen um neun etwas beobachtet und die Polizei informiert«, erwiderte Gottfrid und bückte sich, um ein kleines Stück Plastik aufzuheben, das zwischen zwei Steinen steckte.

Dennis spürte, wie die Wut erneut in ihm aufflammte, als er an den jungen Chef und dessen arrogantes Verhalten dachte. Wir werden sehen, was die Zukunft für ihn bereithält, dachte er und versuchte, dieses Aufeinandertreffen zu vergessen. Er entdeckte Sandra, die den Friskens väg hinaufkam, und ihr Anblick stimmte ihn unerwartet fröhlich. Als sie ihn erreichte, nahm er sie behutsam am Arm, drehte sie um und dirigierte sie zurück in Richtung Sillgatan.

»Wir sprechen uns, Gottfrid! Ich rufe dich nachher an«, rief er dem Kriminaltechniker über die Schulter zu.

»Was ist hier los?«, fragte Sandra.

»Bei Eva ist eingebrochen worden, und wir dürfen den Tatort erst betreten, wenn die Techniker mit ihrer Arbeit fertig sind«, informierte Dennis sie sachlich. »Wir sehen uns das Haus später an.«

Er lotste Sandra ins Surfers Inn. Hier hatte er sich Sonntagabend mit Åke getroffen. Sie suchten sich einen Tisch vor dem Restaurant, an dem sie sich ungestört unterhalten konnten.

Dennis ging ins Restaurant und bestellte zweimal Caesar Salad, dazu Cranberrylimonade. Als er zurückkam, hatte sich an dem Tisch hinter ihnen ein älterer Herr mit einem Stapel Papiere und einem Schreibblock niedergelassen. Er sah nicht wie ein Segler aus. Dennis setzte sich und entschuldigte sich, als seine Stuhllehne dabei an die des Mannes stieß.

»Was ist eigentlich los?«, fragte Sandra. »Wir dürfen einen Tatort nicht betreten, und du faselst irgendetwas von einem Schatz, von dem ich mir beim besten Willen nicht vorstellen kann, was er mit unseren Ermittlungen zu tun haben soll.«

»Pst, nicht so laut«, beschwichtigte Dennis, der nicht wollte, dass sie jemand belauschte.

»Wir gehen später zu Eva«, sagte er. »Jetzt lassen wir erst mal die Techniker ihre Arbeit beenden.«

»Und der Schatz«, flüsterte Sandra, »was ist das für ein Schatz?«

»Ich habe keine Ahnung«, antwortete Dennis leise, »ich weiß nur, dass Åke in den letzten Wochen draußen vor Kleven bei Penningskär nach einem Schatz gesucht hat.«

»Hat er etwas gefunden?«, fragte Sandra. Dennis merkte, dass Sandras Neugier wuchs.

»Vielleicht«, erwiderte er. »Åke hat sich schon immer für die Geschichte der Seefahrt interessiert. Er liebt Piratenlegenden und alte Schiffswracks. Ich war selbst einmal mit ihm draußen und bin nach einem Wrack getaucht, das westlich vom Holländareberget liegt. Ich fand es spannend, aber für Åke hat das alles noch größere Bedeutung.«

»Erhofft er sich irgendwelche Reichtümer?«, fragte Sandra.

»Ich habe keine Ahnung«, antwortete Dennis und spießte ein Stück Hühnchen auf seine Gabel. »Das müssen wir herausfinden. Vielleicht steckt Åke aus einem Grund, den wir noch nicht kennen, in finanziellen Schwierigkeiten.«

»Meinst du, er könnte wegen eines alten Schatzes verschleppt und ermordet worden sein?«

»Das klingt weit hergeholt, aber wir müssen diese Möglichkeit mit in Betracht ziehen. Als Erstes sollten wir mehr über Åkes Schatztaucherei herausfinden, und ich glaube, ich weiß auch schon, wo ich suchen muss«, sagte Dennis.

Der Mann hinter Dennis schob seinen Stuhl zurück und erhob sich. Dennis rutschte zur Seite, um ihm Platz zu machen. Als der Mann an ihrem Tisch vorbeiging, legte er einen zusammengefalteten Zettel neben Dennis' Teller. Ohne sie eines Wortes oder Blickes zu würdigen, verließ er den Außenbereich des Restaurants und wandte sich nach rechts zum Kai hinunter. Sandra schnappte sich den Zettel und lachte über Dennis' verdutzte Miene. Dann gab sie ihm den Zettel zurück. Dennis knüllte den Zettel zusammen und steckte ihn in die Hosentasche seiner Jeans.

»Also werden nicht nur die Frauen bei dir schwach?«, grinste Sandra.

»Pst!«, machte Dennis und bedeutete ihr aufzustehen.

Sie gingen zu Evas Haus zurück. Die Techniker waren weg. Wenn sie Pech hatten, kamen sie allerdings bald zurück. Es war kurz vor zwölf, vielleicht machten sie nur Mittagspause.

Der Eingang war nach wie vor abgeriegelt, aber Dennis duckte sich rasch unter dem Absperrband hindurch und machte Sandra ein Zeichen, ihm zu folgen. Sie zogen die Schuhe aus, bevor sie das Haus betraten. Die Techniker hatten keine sichtbaren Veränderungen vorgenommen, doch Dennis wusste, dass sie ein fotografisches Gedächtnis besaßen und außerdem alles genau dokumentiert hatten, er traute sich nicht, etwas anzufassen, und bat auch Sandra, vorsichtig zu sein. Er hockte sich wieder vor die Anrichte und tastete nach der Stelle, an der er vorhin die Unebenheit gespürt hatte. Als er sie fand, drückte er mit dem Finger darauf, und Sandra zuckte erschrocken zusammen: Ein kleines Holzkästchen fiel auf den Boden des Unterschranks.

Smögen, 4. November 1837

Das kleine Mädchen schlief warm eingemummelt auf der Küchenbank. Anna-Katarina hielt das Feuer im Herd mit Heidekraut und einigen Holzscheiten am Brennen. Der Dreifuß stand mit Wasser gefüllt in der Glut. Sie begrüßte Carl-Henrik lächelnd, als er zur Tür hereinkam.

»Ich weiß, wie wir sie nennen«, sagte sie und umarmte ihn.

»Aha, und wie?«, erwiderte er mit einem zärtlichen Lächeln.

»Amelia«, antwortete Anna-Katarina und sah ihm in die Augen.

»Amelia!«, rief Carl-Henrik. »Warum denn das?«

»Warum?«, wiederholte Anna-Katarina. »Weil es schön klingt, und weil es der zweite Vorname meiner Mutter war.«

»Ja, Amelia ist schön. Aber dann nennen wir sie mit zweitem Vornamen Hedvig nach meiner Mutter.« Anna-Katarina lachte, wich seinem Blick jedoch aus und ließ ihn los.

»Hast du etwas mitgebracht?«, fragte sie und sah zu dem Eimer hinüber, den er neben die Tür gestellt hatte.

»Hm, ja ...« Er räusperte sich und zeigte ihr seinen kargen Fang und das Gemüse.

»Wo hast du die denn her?«, fragte Anna-Katarina und hielt den Kohlkopf und die Steckrübe in die Höhe.

»Frau Kreutz hat sie mir gegeben«, antwortete er verlegen.

»Das können wir nicht annehmen«, protestierte Anna-Katarina. »Wir bitten die Leute nicht um Almosen, so etwas tun wir nicht.«

»Nein, nein! Ich weiß«, versicherte Carl-Henrik, »aber sie war der Meinung, dass du jetzt ordentliche Mahlzeiten brauchst, damit du genug Milch für die Kleine hast.«

Anna-Katarina sagte nichts mehr. Sie schnitt ein wenig von dem Gemüse klein und gab es mit den Muscheln, Garnelen und einigen getrockneten Sanddornbeeren, die sie aus der Speisekammer holte, in den Topf. Anschließend fügte sie ein wenig Meerwasser hinzu. Carl-Henrik setzte sich an den Tisch und betrachtete seine Tochter, die nach wie vor seelenruhig schlummerte und im Schlaf leise schmatzende Geräusche von sich gab.

Die Suppe schmeckte gut, und sein Hunger war so groß, dass er das Gefühl hatte, sein Körper wandele die Nahrung in dem Augenblick in Energie um, in dem die warme, salzige Gemüsebrühe in seinem Magen ankam. Seine Frau besaß die Fähigkeit, aus den allereinfachsten Zutaten eine schmackhafte Mahlzeit zu zaubern.

»Das schmeckt wunderbar«, sagte er und sah sie an.

Anna-Katarina löffelte ihre Suppe und war voll und ganz auf ihren Teller konzentriert, doch als sie aufgegessen hatte, schaute sie auf und begegnete seinem Blick. Die warme Suppe hatte ihre Wangen leicht gerötet, und ihre Augen leuchteten blau.

»Ja, das war eine sättigende Mahlzeit. Wenn wir doch nur ein paar Vorräte anlegen könnten, damit wir es durch den Winter schaffen«, sagte sie.

»Sei unbesorgt«, erwiderte Carl-Henrik sanft. »Ein solcher Sturm, wie wir ihn gerade erlebt haben, gibt es in jedem Menschenalter nur einmal. Ich werde von nun an jeden Tag zum Fischen hinausfahren, damit wir die Speisekammer vor dem Winter füllen können.«

Anna-Katarina starrte auf die Tischplatte, damit er ihren besorgten Blick nicht sah. Carl-Henrik wusste, dass sie diese Beteuerungen schon häufiger aus seinem Mund gehört hatte, doch diesmal würde es ihm gelingen. Er würde Nahrung besorgen, auf die eine oder andere Art. Bald würde es wieder Heringe vor der Küste geben. Schließlich konnte der Bestand in dem unendlichen Meer vor ihrer Tür unmöglich zur Neige gegangen sein.

12

Sandra und Dennis standen nach wie vor in Evas Wohnzimmer. Dennis hielt das Holzkästchen in der Hand: Es war leer.

»Verflucht!«, zischte er wütend. Hatten die Kriminaltechniker es etwa gefunden, den Inhalt herausgenommen und es anschließend wieder zurückgelegt? Allerdings erschien es ihm unwahrscheinlich, dass sie das Kästchen innerhalb so kurzer Zeit entdeckt haben sollten. Aber wer hatte den Inhalt dann an sich genommen?

»Glaubst du, dieser Mann aus dem Surfers Inn könnte hier gewesen sein?«, fragte Sandra.

»Um das zu schaffen, hätte er schon schnell wie der Blitz sein müssen«, erwiderte Dennis skeptisch. »Das kann ich mir nicht vorstellen. Aber wir müssen herausfinden, was in dem Kästchen gewesen ist.«

»Diese Frage sollte uns Eva doch eigentlich beantworten können«, meinte Sandra. »Wir gehen rüber und reden mit ihr.« Sie lief in Richtung Veranda und vermied dabei geschickt, auf die Papiere und Bücher zu treten, die auf dem Boden verstreut lagen.

Dennis folgte ihr. Ihm war klar, dass er Sandra kaum daran hindern konnte, bei dem Gespräch mit Eva dabei zu sein. Eigentlich hatte er ohne sie mit Eva reden wollen, weil er annahm, dass sie sich eher öffnete, wenn sie mit ihm allein war. Außerdem wollte er die Situation für sie nicht unangenehmer machen als nötig. Sandra würde sich mit der Zeit ganz sicher zu einer geschickten Polizistin entwickeln, aber ihre scharfe und direkte Art konnte mitunter verletzend sein. Dennis beschleunigte seine Schritte, denn Sandra klopfte bereits an die Haustür von Evas Eltern.

Diesmal öffnete Evas Vater. Dennis hatte seit jeher großen Respekt vor Malkolm Thörn. Er war jahrzehntelang als

Kapitän zur See gefahren und hatte buchstäblich alle sieben Weltmeere besegelt.

»Hallo, Dennis«, begrüßte ihn Malkolm lächelnd. Doch sein Lächeln hatte etwas Wehmütiges an sich, und Dennis fand, dass er seit ihrer letzten Begegnung stark gealtert war. Sein ehemals schwarzes Haar und die buschigen Augenbauen waren schlohweiß geworden, und sein Gesicht schien weniger wettergegerbt, als Dennis es in Erinnerung hatte.

Sandra trat einen Schritt vor. »Sandra Haraldsson, von der Polizei Kungshamn. Wir würden gerne mit Ihrer Tochter Eva sprechen, in ihr Haus ist heute Morgen eingebrochen worden.«

Dennis hielt den Atem an und hoffte, dass Malkolm nicht mit seiner bärbeißigsten Art reagieren würde. Doch Evas Vater trat nur ruhig einen Schritt zur Seite und bat sie, auf dem Sofa im Wohnzimmer Platz zu nehmen.

»Vera schläft«, sagte Eva, als sie ins Wohnzimmer kam und sich im Sessel gegenüber von ihnen niederließ. »Bitte lasst uns leise reden.«

»Natürlich«, erwiderte Dennis mit gesenkter Stimme.

»Wann haben Sie heute Morgen das Haus verlassen«, fragte Sandra ein wenig lauter.

»Gegen neun«, erwiderte Eva. »Wir haben kein Auto, das heißt, die Polizei untersucht es gerade auf Spuren. Vera und ich sind mit meinen Eltern zum Supermarkt gefahren, um ein paar Dinge einzukaufen.« Eva deutete mit dem Kopf auf Malkolm und Marianne, die sich auf das Sofa an der Wand gesetzt hatten.

»Ist Ihnen in der letzten Zeit vielleicht jemand aufgefallen, der Ihr Haus beobachtet hat?«, fragte Sandra.

»Nein«, antwortete Eva. »Wir haben niemanden bemerkt.« Sandra sah zu Evas Eltern hinüber, aber auch sie schüttelten die Köpfe.

Dennis räusperte sich. »Hat Åke deines Wissens nach irgendwelche Feinde?«

»Nein«, erwiderte Eva erneut. »Er hat wie immer ganz normal in der Baufirma gearbeitet.«

»Aber sind er und Pelle Hallgren nicht unterschiedlicher Meinung, was die geplante Modernisierung des Smögen-Kais betrifft?«, hakte Sandra nach.

»Doch, vielleicht«, antwortete Eva. »Aber Åke glaubte nicht, dass Pelle Hallgren oder genauer genommen Carl Hallgren die Bewilligung für einen Bauantrag für Wohnhäuser entlang des Kais erhalten würde.«

»Aber war denn nicht Åke derjenige, der dieses Bauvorhaben initiiert hat?«, fragte Dennis.

»Nein, auf gar keinen Fall! Åke will die alten Gebäude bewahren und Neubauprojekte auf dem Festland vorantreiben, nicht hier auf der Insel. Er liebt Smögen. Die einzigen Aufträge, die er hier annimmt, sind Renovierungsarbeiten an den alten Häusern, und zwar so weit wie möglich auf traditionelle Art«, ereiferte sich Eva.

»Aber Åke hat doch einen Schatz gefunden, oder etwa nicht?«, fragte Sandra und musterte alle Anwesenden im Raum, um zu sehen, wie sie auf diese Eröffnung reagierten.

Eva rutschte in ihrem Sessel hin und her und schielte zu ihrem Vater hinüber.

»Nein, so kann man es nicht ausdrücken«, sagte sie.

»Könnte es der Einbrecher auf irgendwelche Unterlagen abgesehen haben, von denen er sich einen Hinweis auf die Lage des Schatzes versprach?«, fuhr Sandra fort. »Eine alte Seekarte vielleicht, oder einen Brief?«

Im Wohnzimmer breitete sich Schweigen aus. Aus irgendeinem Grund schien Kapitän Malkolm Thörn der Einzige zu sein, der die Stille beenden konnte.

»Åke hat die Sankt Anna gefunden«, sagte er schließlich mit seiner dröhnenden Stimme.

»Pst«, machte Eva und deutete auf das Zimmer, in dem Vera schlief.

»Was ist die Sankt Anna?«, fragte Dennis.

»Ein Segelschiff. Sie ist im November 1837 bei Penningskär vor Kleven auf Grund gelaufen und gesunken. Der Legende nach ist sie mitsamt Kapitän und Mannschaft an Bord untergegangen, als der große Dreitagessturm vorüber war. Sie hatte Salz und Wein geladen, aber es soll auch eine Schiffskasse an Bord gewesen sein, die nie gefunden wurde.«

»Eine Schiffskasse?«, wiederholte Dennis.

»Ja, der Kapitän hatte drei Jahre lang unterschiedliche Güter auf der Sankt Anna transportiert, ohne zwischendurch den Heimathafen Riga anzulaufen und dem Eigentümer des Schiffes den Gewinn zu entrichten. Als das Schiff vor Smögen sank, waren sie gerade auf dem Weg nach Hause.«

»Ist das Schiff an den Klippen zerschellt?«, fragte Sandra.

»Nein, das ist ja gerade das Merkwürdige an dieser Geschichte«, erwiderte Malkolm und beugte sich vor. »Das Schiff ist während des Sturms auf Grund gelaufen, aber dem Kapitän gelang es, den Anker zu werfen und die Sankt Anna zu sichern, sodass sie das Unwetter auf dem Meer überdauern konnten. Als sich der Sturm gelegt hatte, ruderten Lotsen von der Insel zu ihnen herüber und gingen an Bord. Doch während sie an Deck mit dem Kapitän sprachen, explodierte das Schiff plötzlich.«

»Wie konnte das passieren?«, fragte Dennis.

»Die Sankt Anna hatte große Mengen Salz geladen, und die ganze Nacht über lief Wasser ins Schiff. Als das Salz nass wurde und aufweichte, kam es zu einer chemischen Reaktion, die eine gewaltige Explosion auslöste. Das Schiff ist innerhalb von wenigen Minuten gesunken, mit Mann und Maus. Nur einige wenige Besatzungsmitglieder konnten sich retten, der Rest ertrank. Seitdem hat man keine Spur von der Sankt Anna gefunden, weder das eigentliche Wrack noch die sagenumwobene Schiffskasse.«

»Aber Åke hat begonnen, dort draußen zu tauchen«, sagte Sandra.

»Ja, er und Johan betreiben das als Hobby«, erwiderte Eva.

»Haben sie etwas gefunden«, erkundigte sich Sandra.

»Nein, das glaube ich nicht«, antwortete Eva bestimmt.

»Aber Åke ist dort täglich getaucht. Er war wie besessen davon. Auch am Sonntag wollte er noch einmal zum Wrack hinuntertauchen, aber er ist nicht zurückgekommen.«

Eva brach zusammen, den letzten Satz hatte sie nur noch geflüstert. Ihre Mutter ging zu ihr hin und nahm sie in den Arm.

Dennis verspürte Gewissensbisse.

»Ich denke, ihr geht jetzt besser«, sagte Marianne.

Malkolm stand auf und begleitete Dennis und Sandra zur Tür. Im Flur bat er sie, einen Moment mit in sein Büro zu kommen. Der Kapitän a. D. hatte sich ein kleines Arbeitszimmer eingerichtet. Mitten im Raum stand ein alter Schreibtisch aus dunklem Holz, die Wand dahinter nahm ein großes Bücherregal ein. Dennis vermutete, dass es sich bei den Bänden um Bücher über Seefahrt und Schiffswesen handelte. In der Mitte des Regals befand sich ein Vitrinenschrank mit Bleiglasscheiben, in dem Whisky- und Rumflaschen standen. An einer Wand hingen eine Schiffsuhr und ein Barometer aus Messing. Die übrigen Wände zierten diverse Schiffsbilder. Malkolm zog ein Buch aus dem Regal.

»Hier kannst du alles über die Sankt Anna nachlesen«, sagte er und gab es Dennis.

Die Schiffsuhr schlug zwei Glasen. Es war inzwischen ein Uhr. Sandra und Dennis bedankten und verabschiedeten sich.

Dennis fühlte sich auf merkwürdige Weise beschwingt, als Sandra und er zum Bootsschuppen zurückgingen. Er hatte das Gefühl, etwas Entscheidendes erfahren zu haben.

Smögen, 4. November 1837

Plötzlich hämmerte es an der Tür. Zwar besaß Frau Kreutz die Angewohnheit, mit ihren kräftigen Händen ziemlich energisch anzuklopfen, doch dieses Geräusch klang, als wollte jemand die Tür einschlagen. Drei Männer in schwarzen Mänteln betraten die Hütte. Einer von ihnen nahm ohne Umschweife am Tisch Platz. Er trug einen Hut, unter dem lange dunkle Haare hervorschauten.

»Hier sitzt ihr also und schlagt euch die Bäuche mit guten Speisen voll«, sagte er laut.

Amelia wachte auf und begann zu weinen. Carl-Henrik versuchte aufzustehen, doch der Mann legte ihm grob seinen Stock auf die Schulter und drückte ihn wieder auf den Stuhl zurück.

»Ich bitte dich, bleib sitzen«, sagte er, zwirbelte seinen Schnurrbart und strich ihn glatt, bis kein einziges Haar mehr aus der Reihe tanzte.

»Was wollen Sie?«, fragte Anna-Katarina, die aufstand und Amelia auf den Arm nahm.

»Was wir wollen?«, sagte der Mann. »Ja, unser lieber Herr Patron hat uns geschickt. Die Pacht ist fällig. Deshalb sind wir hier. Wie ihr wisst, müsst ihr für euer Stück Land einen silbernen Reichstaler entrichten. Ein Spottpreis, wenn ihr mich fragt, aber unser lieber Herr Patron will es so.«

Einer seiner beiden Begleiter, die an der Tür standen, hob den Fuß und zerquetschte mit der Stiefelspitze einen Käfer, der über die Dielen krabbelte. Als der Panzer des Tieres mit einem Knirschen zerbrach, grinsten die Männer einander an. Der dritte Mann, der anstelle eines Kinnbarts einen Backenbart trug, spuckte auf den Boden, trat an die Tür der Speisekammer und warf ungeniert einen Blick hinein.

»Wir haben die Nachricht erhalten, dass die Pacht am 1. Dezember fällig ist«, sagte Carl-Henrik.

»Das mag sein, aber wir sind heute auf der Durchreise, und deshalb ist die Pacht heute fällig«, erwiderte der Mann am Tisch, und sein Tonfall ließ keinen Zweifel zu, dass er seine Worte ernst meinte.

»Wir können heute nicht zahlen«, sagte Anna-Katarina. »Seid barmherzig. Wir haben gerade ein Kind bekommen.«

»Kinder«, schnaubte der Mann, und seine beiden Begleiter lachten wie aufs Stichwort. »Kinder sind eine Landplage. Warum setzt man Kinder in die Welt, wenn man nicht einmal für sich selbst genug zu beißen hat?«

Der Mann in der Speisekammer begann, die Dosen zu inspizieren, die in den Regalen standen. Er probierte die getrockneten Sanddornbeeren und spuckte sie angewidert wieder aus. Dann schüttelte er eine kleine Dose, in der es leise klirrte.

»Ho, ho«, sagte der Mann am Tisch amüsiert, »was haben wir denn da?«

»Das ist das Geld für den Doktor«, erwiderte Anna-Katarina, und ihre Stimme klang immer verzweifelter. »Das Kind muss geimpft werden.«

Anna-Katarina stürzte zu dem Mann in der Speisekammer und versuchte, ihm die Dose aus der Hand zu reißen, doch er stieß sie so brutal zurück, dass sie gegen die Wand prallte, während sie Amelia fest umklammerte.

Carl-Henrik versuchte erneut aufzustehen, doch der Mann am Tisch hielt ihn mit seinem Stock zurück.

»Um den Doktor müsst ihr euch keine Gedanken machen«, sagte er. »Entweder überlebt das Kind, oder es überlebt nicht.«

Der Mann in der Speisekammer öffnete die Dose und kippte die Münze heraus.

»Betrachtet das als Anzahlung«, sagte der Mann am Tisch, der aufstand und seinem Begleiter die Münze aus der Hand nahm. »Auf Wiedersehen«, verabschiedete er sich und tippte mit dem Stock an seine Hutkrempe. Die drei Männer verschwanden, ohne die Tür hinter sich zu schließen.

13

Sandra setzte sich im Bootsschuppen an ihren Arbeitstisch. Sie spürte, wie ihr Ärger zurückkehrte. Dennis bezog sie nicht richtig in die Ermittlungen ein, und das machte sie wahnsinnig. Einerseits fühlte sie sich von ihm übergangen und hatte den Eindruck, dass er mit ihrer Kapazität gar nicht rechnete, andererseits brannte es ihr unter den Nägeln, den Fall zu lösen. Aber wenn sie nicht in alle Einzelheiten eingeweiht wurde, hatte sie keine Chance. Sie fuhr ihren Laptop hoch und richtete ihren Zugang zum Extranet der Polizei ein.

»Kannst du mir helfen?«, fragte Dennis am anderen Ende des Raums.

»Womit?«, entgegnete sie widerwillig.

»Mein Computer funktioniert nicht. Ich komme nicht ins Internet.«

Sandra verdrehte die Augen und hoffte beinahe, dass er es sah. Dennis war zwar an Technik interessiert, schien sich aber nicht wirklich damit auseinandersetzen zu wollen.

»Kannst du kurz was anderes machen, dann kümmere ich mich darum«, sagte Sandra, als sie an seinem Tisch stand.

»Ja klar«, antwortete Dennis. »Bist du immer noch sauer, weil ich heute Morgen ohne dich zu Eva gegangen bin? Wir sind seit unserer Kindheit befreundet. Ich dachte, sie würde sich mehr öffnen, wenn ich mit ihr allein rede. Die Situation ist für sie alles andere als leicht«, erklärte er. »Vera hat vielleicht ihren Vater verloren und Eva ihren Lebensgefährten. Manchmal muss man behutsam vorgehen.«

»Und darin bist du Experte?«, erwiderte Sandra trotzig. »Ist es nicht im Gegenteil unangebracht, dass du alleine mit ihr sprichst, gerade weil du mit ihr befreundet bist?«, fuhr sie fort. Aber innerlich spürte sie, wie sie weich wurde. Dennis versuchte, sich zu entschuldigen, und sie musste mit ihm zusammenarbeiten und den Blick nach vorne richten. Sie mussten die Ermittlungen voranbringen, und sie erreichten nichts, wenn sie aufeinander sauer waren.

»Ist schon in Ordnung«, sagte Sandra und setzte sich an Dennis' Computer. Dennis tat, worum sie ihn gebeten hatte, und verschwand nach draußen.

Als sie Dennis' Computer mit dem Internet verbunden hatte, stand sie auf, um Dennis wieder hereinzurufen. Sie hatte sich erst einige Schritte vom Tisch entfernt, als ein Signalton aus Dennis' Computer erklang. Er hatte eine E-Mail erhalten. Von Gunnel. Sandra grinste in sich hinein. Was hatte sie gesagt? Gunnel war hinter Dennis her. Auch wenn er zu alt war, um in Sandras Beuteschema zu passen, konnte sie verstehen, dass sich viele Frauen bei seinem Anblick zweimal umdrehten. Halblanges blondes Haar, das im Wind wehte, und ein sonnengebräuntes, fröhliches Gesicht. Man konnte es schlimmer treffen, dachte Sandra. Sie blickte aus der Tür des Bootsschuppens, konnte Dennis aber nirgendwo entdecken. Wohin war er jetzt wieder verschwunden? Sie trat auf den kleinen Weg hinaus. Einige Meter von ihr entfernt stand eine Garagentür offen, aber das Einzige, was sie sehen konnte, war eine schwarze Kühlerhaube. Sie ging näher und entdeckte Dennis, der in der Garage neben dem Maserati stand.

»Was machst du?«, fragte Sandra, als sie ihn erreicht hatte.

»Ich wollte nur mal kurz nach dem Auto sehen«, sagte Dennis verlegen.

»Ernsthaft?«, erwiderte Sandra.

»Ja, ernsthaft«, gab Dennis zu. »Ist der Computer einsatzfähig?«

»Ist er, und du hast auch schon eine E-Mail bekommen.«

»Von wem?«, erkundigte sich Dennis.

»Schau selbst nach.« Sandra lachte und ging zum Bootsschuppen zurück.

Die E-Mail war von Gunnel. Sie entschuldigte sich für ihr unangemeldetes Auftauchen am Tag zuvor und fragte, ob er Lust hätte, heute Abend ein Glas Rosé bei ihr auf der Terrasse zu trinken. Dennis war hin- und hergerissen. Er wollte sie gerne sehen, fühlte sich von ihr angezogen. Gunnel war attraktiv, und man wusste bei ihr nie, was sie als Nächstes tun würde. Aber er hatte sich vorgenommen, bis auf Weiteres einen weiten Bogen um Frauen zu machen. Vor seinem inneren Auge liefen die Ereignisse des vergangenen Frühjahrs ab. Es brodelte in ihm, wenn er daran dachte. Andererseits, ein Glas Rosé konnte doch nicht schaden, und er konnte sich kaum komplett abschotten. Länger als bis neun Uhr würde er heute sowieso nicht arbeiten. Er antwortete, dass er nach der Arbeit vorbeikäme.

Doch jetzt musste er sich fokussieren. Sein Gehirn arbeitete fieberhaft. Mittsommer stand vor der Tür, und er hatte nichts in der Hand, um die beiden Fälle auch nur ansatzweise aufzuklären. Ein Haufen loser Fäden war alles, was er bisher vorweisen konnte. Dennis stützte die Ellenbogen auf den Tisch und vergrub das Gesicht in den Händen. Dabei stieß er gegen einen alten Kompass, der auf dem Tisch lag. Er fiel zu Boden, und plötzlich klickte es bei ihm. Die Gestalt, die er in der Nacht zu Dienstag an Evas Anrichte beobachtet hatte, war ihm irgendwie bekannt vorgekommen. Jetzt begriff er, wer es gewesen sein musste. Adrenalin schoss durch seinen Körper, und er fühlte sich energiegeladen wie seit Langem nicht mehr. Er sprang auf und verließ den Bootsschuppen, ehe Sandra überhaupt reagieren konnte.

Anna schlummerte friedlich in ihrem Kinderwagen. In dem Moment, als sie an die frische Smögener Seeluft hinauskam, war sie eingeschlafen. Der kurze Spaziergang zu Gunnels Atelierschuppen hatte gereicht. Victoria nahm ihren Laptop aus dem Kinderwagenkorb und schob den Wagen in den Schatten hinter den Schuppen. Bald würde es richtig heiß werden, und es war höchste Zeit, dass sie mit ihrer Arbeit begann. Dennis hatte sie gefragt, ob sie etwas über einen versunkenen Schatz in einem der Schiffswracks gehört hätte, die vor Sotenäs untergegangen waren. Aber da die Küste von Bohuslän zu den Küstenstreifen Schwedens gehörte, an denen seit jeher die meisten Schiffe gesunken waren, gab es sicher Hunderte Wracks, die infrage kamen. Sie hatte Dennis vorgeschlagen, mit Signes Bruder Gerhard, dem alten Bootsbauer, oder Hafenkapitän Neo Waltersson zu sprechen. Die beiden wussten fast alles, was es über Smögen zu wissen gab. Doch Dennis hatte gemeint, dazu sei es zu früh, aus ermittlungstechnischen Gründen dürfe er über dieses Detail noch nicht so offen reden.

Im Laufe der Jahre hatte er hin und wieder mit Victoria über seine laufenden Ermittlungen gesprochen, und manchmal hatten Victorias Theorien tatsächlich dabei geholfen, den ein oder anderen Fall aufzuklären. Dieses Mal ging es um einen Schiffbruch, und vermutlich hing er nicht einmal direkt mit dem Fall zusammen, aber der Gedanke war dennoch interessant. Hatte Åke etwas entdeckt, das jemand anderem ein Motiv lieferte, ihn aus dem Weg zu räumen? Oder hatte Åke den Schatz gefunden und ganz einfach beschlossen, sich mit seinem Fund aus dem Staub zu machen, alle Brücken hinter sich abzubrechen? Aber ebenso wie Dennis hielt sie diese Möglichkeit für völlig abwegig. Falls jemand den Schatz entdeckte und barg, würde er ohnehin dem Museum Bohuslän zufallen. Nicht einmal ein Finderlohn würde gezahlt werden.

Doch wenn man das Gold einschmolz, könnte man bei dem gegenwärtigen Goldpreis natürlich eine ordentliche Summe dafür erzielen, gesetzt den Fall, es handelte sich um eine große Menge.

Victoria googelte den tagesaktuellen Goldpreis und rechnete spaßeshalber aus, wie viel Geld sie für verschiedene Goldmengen erhalten würde. Die Höhe der Summe überraschte sie. Anna schlief immer noch im Kinderwagen. Victoria hatte ihn so gestellt, dass sie Annas kleines Gesicht durch das Fenster des Schuppens sehen konnte.

»Guten Morgen«, erklang auf einmal eine Stimme hinter ihr. Gunnel steckte den Kopf zur Tür herein. Victoria war so vertieft in ihre Gold-Rechenbeispiele gewesen, dass sie erschrocken zusammenfuhr.

»Entschuldige! Ich wollte nicht stören«, sagte Gunnel.

Sie trug einen roséfarbenen Hausanzug, und mit ihren blonden Locken und der braun gebrannten Haut sah sie unglaublich frisch und erholt aus.

»Alles gut«, erwiderte Victoria. »Ich surfe nur im Internet.«

»Ich habe gebacken. Hast du Lust, mit mir eine Tasse Kaffee zu trinken?«, fragte Gunnel.

»Gerne«, antwortete Victoria lächelnd und bat darum, Annas Kinderwagen währenddessen auf Gunnels Terrasse stellen zu dürfen, damit sie die Kleine im Blick hatte.

Auf dem Wohnzimmertisch stand eine Gebäck-Etagere mit Plätzchen und ofenfrischen Cremetörtchen. Eine Frau wie Gunnel wäre genau die Richtige für Dennis, dachte Victoria.

»Nimm dir ein Cremetörtchen«, forderte Gunnel sie auf. »Sie sind noch warm.«

»Wie schön du es hier hast«, sagte Victoria. »Und so ordentlich.«

»Ich habe noch nicht so viele Sachen hier, da ist es leicht, Ordnung zu halten. Und Kinder habe ich auch nicht.« Gunnel lachte ein wenig angestrengt.

»Nein«, erwiderte Victoria. »Man liebt seine Kinder, aber manchmal ist es frustrierend, dass man keine Zeit mehr für andere Dinge hat, wie Putzen, oder für sich selbst«, sagte sie und deutete resigniert auf ihre Kleidung.

»So schlimm ist es doch gar nicht«, sagte Gunnel. »Aber an was für einem Projekt arbeitest du? Schreibst du? Entschuldige bitte, wenn ich zu neugierig bin.«

»Kein Problem«, wiegelte Victoria ab. »Ich surfe einfach ein bisschen im Internet. Das konnte ich seit anderthalb Jahren nicht mehr, für mich ist das Luxus. Ich durchstöbere die Seiten der Onlineshops und solche Sachen.« Auch wenn dieser Goldschatz nur eine Legende war, wollte Victoria ihr Versprechen, mit niemandem darüber zu reden, nicht brechen. Anna begann zu weinen, Victoria lief auf die Terrasse und nahm sie aus dem Wagen.

Anna hatte Hunger, und Victoria setzte sich wieder aufs Sofa, um sie zu stillen. Gunnel räumte unterdessen den Tisch ab. Als sie sich wieder zu ihnen gesellte, betrachtete sie Victoria und Anna lächelnd.

»Das sieht wundervoll aus«, sagte sie.

»Ja«, stimmte Victoria zu, »aber heute ist der erste Tag, an dem ich es wirklich genießen kann. Ich bin so müde gewesen, seit sie auf der Welt ist.«

»Das kann ich verstehen«, erwiderte Gunnel.

Victoria glaubte nicht, dass Gunnel es wirklich verstand. Sie hatte sich ja selbst niemals vorstellen können, wie anstrengend das Leben als Mutter sein konnte, insbesondere mit zwei Kleinkindern. Doch sie nickte nur und fragte Gunnel, ob sie irgendwelche Pläne für Mittsommer habe.

»Nein, ich kenne noch nicht so viele Leute auf Smögen.

Wahrscheinlich mache ich es mir einfach nur gemütlich und arbeite ein bisschen an meinen Skulpturen.«

»Feier doch mit uns, bei Björn und mir. Dennis stößt nach der Arbeit so gegen sechs zu uns. Komm doch einfach um dieselbe Zeit.«

»Das klingt aber nett! Also gut, gerne«, erwiderte Gunnel, die sich über die Einladung zu freuen schien. »Soll ich etwas mitbringen?«

»Komm einfach. Ich habe alles eingekauft, was wir brauchen.«

Anna machte an Victorias Schulter ein zufriedenes Bäuerchen, und Victoria fiel auf, dass es schon fast halb zwölf war. Zeit, um wieder nach Hause zu Björn und Theo zu gehen und das Mittagessen vorzubereiten. Sie bat Gunnel, Anna zu halten, während sie ihre Schuhe anzog. Victoria bedankte sich bei Gunnel für den Kaffee und die nette Gesellschaft.

Anna hatte es sich auf Gunnels Arm gemütlich gemacht, Victoria nahm sie ihr vorsichtig ab.

»Dann sehen wir uns morgen«, verabschiedete sie sich.

»Ja«, erwiderte Gunnel. »Passt auf euch auf.«

Die Sonne schien inzwischen kräftiger, und der Wind hatte nachgelassen. Victoria drehte das Gesicht zum Himmel und genoss den Moment. Der Sommer hatte gut begonnen, auch wenn ihre Augen vor Müdigkeit brannten und sie sich zuweilen komplett ausgelaugt fühlte, es gab Hoffnung. Außerdem war sie stolz auf ihren Einsatz. Monica würde Mittsommer mit ihnen feiern und nun auch Gunnel, die einen sympathischen und unkomplizierten Eindruck machte. Dennis würde sich also keine Sekunde langweilen. Diese beiden Frauen würden ihm schon dabei helfen, den alten Beziehungsballast abzuwerfen. Natürlich verstand Victoria Dennis' Verbitterung, aber gleichzeitig musste sie ihn auf andere Gedanken bringen.

Ihr Bruder war ein fähiger, noch relativ junger und charmanter Polizist. Und Dennis hatte selbst erzählt, dass Gunnel bereits ein gewisses Interesse signalisiert hatte, das konnte also etwas werden. Victoria war fröhlich und bester Laune, als sie Anna ins Haus trug, wo Björn und Theo im Wohnzimmer auf dem Fußboden saßen und mit Duplo-Hubschraubern spielten.

Sandra sah nur noch Dennis' Rücken, der durch die Tür verschwand. Jetzt ging er schon wieder, ohne ihr zu sagen, wo er hinwollte. Was war sein Problem? Okay, sie hatte ihre Aufgaben, und mit denen würde sie den ganzen Nachmittag beschäftigt sein, aber das war einfach unhöflich. Der Smoothie, den sie auf dem Weg zur Arbeit gekauft hatte, war immer noch kalt, und sie beschloss, ihn mit nach draußen zu nehmen und sich für eine kurze Pause auf den kleinen Steg hinter dem Bootsschuppen zu begeben. Johans Boot ankerte dort und wartete auf ihn. Sandra kannte Johan nicht persönlich, aber er gehörte zu den Smögen-Jungs, auf die sie in ihrer Jugend ein Auge geworfen hatte. Er war einer dieser coolen Surfer-Typen gewesen: braun gebrannt und durchtrainiert. Das waren sie bestimmt immer noch, wenn auch ein paar Jahre älter. Sandra setzte sich auf die Bank hinter dem Bootsschuppen und genoss die Sonne und den kühlen Heidelbeer-Johannisbeer-Smoothie. Ihr Telefon klingelte. Der Voruntersuchungsleiter Ragnar Härnvik wollte Dennis in einer dringenden Angelegenheit sprechen, doch leider konnte sie ihm nicht sagen, wo Dennis steckte. Nachdem sie das Gespräch beendet hatte, überlegte sie, was sie tun sollte. Sollte sie alle Gassen und Badeklippen auf Smögen abklappern und nach ihrem Chef suchen? Nein, so weit kam es noch. Sandra rief ihn auf dem Handy an, erreichte ihn jedoch nicht. Was sie nicht überraschte.

Sie lehnte den Kopf an die warme rote Wand des Bootsschuppens, doch da klingelte ihr Handy erneut. Diesmal war es Ebba Svärd, mit der sie Dienstag im Kloster von Sjövik gesprochen hatten. Sie habe nachgedacht, sagte sie, und es gebe da etwas, über das sie mit ihnen sprechen wolle, aber nicht am Telefon, und sie fragte, ob sie morgen nach Smögen kommen könne. Ihr sei klar, dass Mittsommer war, doch sie versprach, so früh wie möglich zu kommen. Sandra zögerte. Sie hatte nicht vor, den ganzen Mittsommertag zu arbeiten, aber falls Ebba nachmittags kam, konnte Dennis das übernehmen. Sandra stimmte zu.

Doch jetzt konnte sie sich nicht mehr länger vor der Arbeit drücken. Sie hatte sich bereit erklärt, die Kontoauszüge von Smögen-Bau durchzugehen, die im Schuppen auf ihrem Schreibtisch auf sie warteten. Also setzte sie sich an ihren Tisch und biss in den sauren Apfel.

Dennis ging mit raschen Schritten durch die kleinen Gassen zum Fischereihafen hinunter. Wenn er allzu schnell lief, würde sich ganz Smögen fragen, was er vorhatte. Er schlängelte sich durch die schmalen Häusergassen zum Kai hinunter. Vor der Seglerkneipe Hamnen 4 blieb er stehen und blickte auf die Kautabak-Front hinunter. Hafenkapitän Neo saß mit seinen alten Seemannsfreunden auf der grünen Klönbank und schmauchte seine Pfeife. Außer ihm hatten sich die Zwillinge Harry und Henry, Evas Vater sowie Signes Bruder Gerhard zu einem Pläuschchen versammelt. Dann war die Luft rein. Dennis drehte um und ging zu Neo Walterssons Haus. Die Tür der Souterrainwohnung war angelehnt – vermutlich Mayas Methode, um zu lüften. Im Sommer wurde es in den Kellern unerträglich heiß, und die Fenster ließen sich meistens nicht öffnen. Dennis klopfte an, doch als niemand antwortete, schob er die Tür auf, ging hinein und machte die

Tür hinter sich zu. Im Raum war es stickig. Auf dem Bett lag ein junges Mädchen mit blonden Haaren und schlief.

»Hallo!«, rief Dennis leise.

Das Mädchen drehte sich um, und Dennis blickte in Sofie Hallgrens verweintes Gesicht. Sie sah müde und mitgenommen aus.

»Darf ich reinkommen?«, fragte Dennis.

»Sie sind ja schon drin«, erwiderte Sofie trotzig. Offensichtlich wollte sie nicht gestört werden. Aber Dennis musste Maya finden, er hatte keine Wahl.

»Wo ist Maya?«, fragte er.

»Sie duscht«, antwortete Sofie und richtete sich langsam auf. Dennis setzte sich auf das gegenüberliegende Bett.

»Wie geht es Ihnen?«, erkundigte er sich.

»Spitze«, erwiderte Sofie.

»Ich kann verstehen, dass Ihnen Sebastians Tod nahegeht«, sagte Dennis mitfühlend.

»Ja, und mein Vater dreht deshalb total am Rad«, antwortete Sofie.

»Können Sie nicht mit Ihrer Mutter reden?«

»Doch, aber sie traut sich sowieso nicht, meinem Vater zu widersprechen. Sie tut das, was er will.«

»Und was wollen Ihre Eltern?«

»Dass ich den Rest des Sommers bei meiner Tante in Uddevalla verbringe. Sie sind der Meinung, dass Smögen für mich gerade nicht der richtige Ort ist.«

»Aber Sie wollen nicht nach Uddevalla fahren?«

»Nein, ich halte es bei meiner Tante nicht aus, und außerdem braucht Maya mich hier.«

Maya kam aus dem Bad, doch sie wirkte keinesfalls munter und erfrischt. Sie war mager wie ein Strich, ihr Gesicht kreidebleich und ihre Augen gerötet. Die gefärbten schwarzen Haare hingen in nassen Strähnen auf ihr weißes T-Shirt herab.

»Geht es Ihnen nicht gut?«, fragte Dennis.

»Doch, alles in Ordnung«, erwiderte Maya mit heiserer Stimme.

»Aber Ihr Bauch ist geschwollen, und Sie sehen aus, als hätten Sie seit Tagen nichts gegessen. Sind Sie krank?«

»Idiot«, spottete Sofie. »Merken Sie nicht, dass sie schwanger ist?«

»Halt die Klappe!«, fauchte Maya. »Danke fürs Ausposaunen.«

Dennis dachte fieberhaft nach. Wer war der Vater des Kindes, und was würde der Hafenkapitän sagen, wenn er erfuhr, dass seine jüngste Tochter schwanger war. Soweit Dennis wusste, hatte Maya keinen offiziellen Freund.

Mit einem Mal wurde die Tür aufgestoßen, und zwei Polizisten stürmten herein, ein Mann und eine Frau. Der Mann stürzte auf Maya zu, die ihn verschreckt anstarrte, und packte sie grob am Arm.

»Was zum Teufel geht hier vor?«, fragte Dennis und wandte sich an die Polizeibeamtin. Die beiden gehörten zur Bereitschaftspolizei. Dennis erkannte sie wieder, war ihnen jedoch nur flüchtig nach der Pressekonferenz im Revier begegnet.

»Maya Waltersson, Sie sind dringend tatverdächtig, heute Morgen einen Einbruch im Evert Taubes väg begangen zu haben.« Maya brach in Tränen aus. Sofie, die den schlimmsten Schock überwunden hatte, schrie auf und stürzte sich auf den Polizisten, der Maya festhielt.

Dennis hielt seinen Dienstausweis hoch und bat den Mann, Maya loszulassen.

»Ich ermittle hier auf Smögen in dem Mord an Sebastian Svensson«, sagte er.

»Das ist uns bekannt. Aber wir handeln auf Anweisung von Voruntersuchungsleiter Ragnar Härnvik«, sagte die Polizistin.

»Er hat angeordnet, Maya Waltersson zur Vernehmung zu holen.«

Dennis spürte, wie die Wut in ihm hochkochte. Sobald er wieder im Revier war, würde er Ragnar gewaltig die Meinung sagen.

»Nehmen Sie ein bisschen Rücksicht auf sie. Maya ist schwanger«, bat er.

Die Beamten führten Maya ab. Dennis und Sofie blieben zurück und sahen sich in dem stickigen Keller schweigend an.

Als Eva an diesem Morgen aufgewacht war, hatte sie sich so ausgeruht gefühlt wie seit Langem nicht mehr. Wegen des Einbruchs hatte sie mit Vera bei ihren Eltern geschlafen. Und obwohl die räumliche Nähe ihre Beziehung manchmal belastete, so hatte sie doch ihre Vorteile – wie jetzt. Ihr Vater war früh aufgestanden, hatte Vera gefüttert und sie anschließend ein bisschen Kinderfernsehen gucken lassen, damit Eva ausschlafen konnte. Dann hatte er Kaffee gekocht und selbst gebackenes Brot aus dem Gefrierfach genommen und es über dem Holzofen geröstet. Nachdem sie sich aus dem Bett geschält und ein Glas von dem frisch gepressten Orangensaft ihrer Mutter getrunken und einige Brote mit Käse und Marmelade gegessen hatte, fühlte sie sich gestärkt. Seit Åke verschwunden war, hatte sie so gut wie nichts zu sich genommen. Doch im Haus ihrer Eltern, wo ihr alles vorgesetzt wurde, kehrte ihr Appetit unvermittelt zurück. Bald war Mittsommer. Sie würde mit Vera um den Mittsommerbaum tanzen, den ihr Vater im Garten aufstellte, und anschließend würden sie mit ihren Eltern zusammen essen. Ohne Åke. Vera war noch so klein und hatte keine speziellen Erwartungen an diesen Tag.

Doch heute war ein normaler Werktag, und sie überlegte, ob sie in die Schule fahren sollte, um dort vor den Sommerferien ihre persönlichen Sachen aus ihrem Schrank zu holen.

Sie war bis zum 31. August krankgeschrieben, und während der Ferien, wenn die Schule völlig verwaist war, konnte sie ihre Sachen nicht holen. Eva bat ihre Mutter, eine Weile auf Vera aufzupassen.

»Nimm dir ein bisschen Zeit für dich und erledige die Dinge, die du erledigen musst«, erwiderte sie und lächelte ihre Tochter liebevoll an.

»Kann ich euer Auto nehmen?«, fragte Eva, obwohl sie die Antwort kannte.

Ihr und Åkes gemeinsamer Wagen war von der Polizei zur Spurensicherung beschlagnahmt worden. Momentan saß sie auf Smögen also mehr oder weniger fest.

»Natürlich«, erwiderte ihre Mutter. »Wenn du nach Kungshamn fährst, dann bring bitte Dill mit. Den habe ich gestern vergessen, aber sonst haben wir, glaube ich, alles für morgen.«

Sandra zuckte zusammen, als ihr Handy zum dritten Mal klingelte. Dennis bat sie, ihn bei Maya Waltersson zu Hause abzuholen. Wenn er ihre Hilfe benötigte, war sie also gut genug? Sie überlegte, ob sie eine Dienstaufsichtsbeschwerde wegen mangelnder Kooperationsbereitschaft gegen ihn einreichen sollte, sobald diese Ermittlung abgeschlossen war. Doch jetzt schnappte sie sich ihre Tasche und eilte zum Auto.

Dennis war spürbar aufgebracht, und Sandra konnte gar nicht schnell genug nach Kungshamn fahren. Unterwegs versuchte er, sie über die jüngste Entwicklung ins Bild zu setzen.

»Die Kriminaltechniker müssen Spuren gesichert haben, die Maya mit dem Einbruch bei Eva in Verbindung bringen«, sagte Sandra.

»Ja, aber wie konnte ihnen das so schnell gelingen? Ein DNA-Abgleich dauert drei Wochen. Und Mayas DNA wird wohl kaum bereits in der Datenbank gespeichert sein.«

»Dieser neue Techniker und Maya sind im gleichen Alter. Und Maya ist vermutlich das einzige Mädchen auf Smögen mit langen, schwarz gefärbten Haaren. Vielleicht kennt er Maya«, konstruierte Sandra eine mögliche Erklärung.

»Unter den Touristen sind viele Frauen, auf die Mayas Beschreibung zutrifft. Das klingt ziemlich abwegig«, erwiderte Dennis.

Im Polizeirevier bat Dennis Helene, die ihre täglichen Verwaltungsarbeiten erledigt hatte, den Vernehmungsraum vorzubereiten. Danach betrat er Ragnar Härnviks Büro, der gerade mit seiner Frau zu telefonieren schien.

»Küsschen, ich muss Schluss machen. Ich melde mich später noch mal«, verabschiedete er sich und sah Dennis an.

»Was zum Teufel hast du dir dabei gedacht?« Dennis stützte beide Fäuste auf den Tisch und lehnte sich zu Ragnar hinüber. »Warum lässt du Maya verhaften, ohne vorher mit mir zu sprechen?«

»Ich habe versucht, dich zu erreichen, aber du bist nicht an dein Handy gegangen. Und als ich Sandra anrief, meinte sie, sie hätte keine Ahnung, wo du gerade steckst.« Ragnars Stimme klang bestimmt.

»Welche Beweislage hast du für ihre Verhaftung?«, fragte Dennis.

»Wir haben eine Zeugenaussage, die bestätigt, dass Maya das Haus heute Morgen widerrechtlich betreten hat.«

»Ich will mit ihr sprechen, jetzt. Sandra wird bei der Befragung dabei sein«, sagte Dennis. »Kannst du deine Sommerhelden bitten, Maya in den Vernehmungsraum zu bringen?« Dennis drehte sich um und verließ das Zimmer. Er war immer noch wütend über Ragnars übereiltes Vorgehen, doch im Grunde musste Dennis zugeben, dass Ragnar folgerichtig gehandelt hatte. Sein Handy musste seit der Besprechung heute Morgen immer noch auf lautlos gestellt sein. Verfluchter Mist.

Maya wirkte auf ihrer Seite des Tisches wie ein kleines, verängstigtes Kaninchen. Ein Anwalt war noch nicht da. Dennis und Sandra nahmen gegenüber von Maya Platz. Sandra schaltete das Aufnahmegerät an.

»Maya, können Sie uns erzählen, was vorgefallen ist?«

»Ich habe nichts gemacht«, erwiderte Maya.

»Und warum sitzen Sie dann hier?«, fragte Sandra.

»Ich habe keine Ahnung, die Polizisten sind einfach in meine Wohnung gestürmt und haben mich mitgenommen. Das haben Sie doch selbst gesehen«, antwortete Maya und funkelte Dennis wütend an.

»Eine Zeugin sagt, dass sie Sie heute Morgen vor Evas Haus gesehen hat«, sagte Dennis.

»Ich war da und habe an die Tür geklopft, aber Eva war nicht zu Hause«, erwiderte Maya, »also bin ich wieder gegangen.«

»Was wollten Sie bei Eva?«, fragte Sandra.

Dennis war sich inzwischen sicher, dass Maya die Person war, die er in der Nacht, als er bei Eva auf dem Sofa schlief, an der Anrichte gesehen hatte. Maya schwieg und schien die Frage nicht beantworten zu wollen.

»Sie waren auch in der Nacht von Montag auf Dienstag in Evas Haus«, sagte Dennis. »Ich habe Sie gesehen. Wie erklären Sie das?«

Maya brach in Tränen aus. Ihr Gesicht war hinter ihrer schwarzen Haarmähne verborgen, doch die zuckenden Schultern verrieten, wie aufgewühlt sie war.

Plötzlich wurde es draußen auf dem Flur laut. Jemand stampfte auf den Boden, schlug mit den Fäusten gegen die Wand und fluchte. Die Bereitschaftspolizisten stürzten aus dem Pausenraum, und dem Tumult nach zu urteilen schienen sie den Krachmacher zu überwältigen.

Maya sah auf, und ihre Tränen versiegten für einen Moment.

»Papa!«, rief sie.

Hafenkapitän Neo Waltersson hatte erfahren, dass seine Tochter von der Polizei verhaftet worden war. Sofie war an den Hafen zur Kautabak-Front gelaufen und hatte ihn informiert. Sie hatte es ihm ins Ohr geflüstert, damit niemand am Kai erfuhr, was vorgefallen war. Solche Sachen machten auf Smögen zwar trotzdem auf wundersame Weise die Runde, aber so würde es vielleicht noch eine Weile dauern, bevor die Nachricht sich verbreitete.

Die Bereitschaftspolizisten hatten Neo mittlerweile zur Raison gebracht, und draußen auf dem Flur kehrte wieder Stille ein.

»Wer ist der Vater des Kindes?«, fragte Sandra.

Maya blickte sie trotzig an.

»Was zum Teufel geht Sie das an?«, fragte sie so aggressiv, dass Sandra verstummte.

»Haben Sie den Einbruch für jemand anderen begangen?«, versuchte es Dennis. »Vielleicht war es gar nicht Ihre Idee, ins Haus einzudringen.«

Maya bedachte ihn mit einem Blick, als hätte er gerade etwas völlig Schwachsinniges von sich gegeben.

»Na, das läuft ja super«, bemerkte Sandra ironisch und stand auf. Sie vertrug eine ganze Menge, aber es gab eine Grenze, und die hatte Maya überschritten.

»Wir beenden die Befragung an dieser Stelle«, sagte Dennis, der merkte, dass er mit Sandra als Vernehmungspartner nicht weiterkam. Er wartete, bis Sandra den Raum verlassen und die Tür hinter sich geschlossen hatte.

»Maya, was ist los?« Er musterte Maya, die ihn durch ihre Strähnen hindurch unglücklich ansah.

»Ich weiß es nicht«, antwortete sie und senkte erneut den Blick.

»Aber wenn Sie uns nicht erzählen, was passiert ist, werden

Sie gewaltige Schwierigkeiten bekommen. Ist es das wirklich wert?«, fuhr Dennis fort.

Maya gab keine Antwort.

»Na gut. Wir beenden die Vernehmung, aber Sie dürfen Smögen unter keinen Umständen verlassen. Wir werden wieder mit Ihnen sprechen müssen.«

Hafenkapitän Neo Waltersson hatte ohne seine Tochter nach Hause fahren müssen. Er saß am Esszimmertisch und vergrub den Kopf in den Händen. Seine Frau Greta ging zu ihm hin und nahm ihn in den Arm.

»Was ist nur aus unserem kleinen Mädchen geworden?«, sagte Neo. »Im letzten Sommer war sie noch ein blondes, kleines Mädchen, das durch die Gassen tobte und auf der Straße spielte. Aber seit sie auf diese Kunsthochschule geht, hat sie sich komplett verändert. Schwarze Haare, Ohrringe in der Zunge, und heute habe ich auf dem Polizeirevier erfahren, dass sie schwanger ist.«

Greta, die über die Schwangerschaft ihrer Tochter seit einigen Wochen im Bilde war, wusste nicht, was sie darauf erwidern sollte. Maya hatte sich geweigert, eine Abtreibung machen zu lassen, und diese Entscheidung konnte sie verstehen. Schließlich wuchs in ihrem Körper ein neues Leben heran. Ein neuer kleiner Mensch. Greta hatte sich vor dem Tag gefürchtet, an dem Neo es erfuhr, aber irgendwann hätte sich die Schwangerschaft ohnehin nicht mehr verheimlichen lassen. Nun war es so weit, und ihr Mann schien über diese Neuigkeit eher resigniert als zornig zu sein.

»Wir dürfen sie jetzt nicht im Stich lassen«, sagte Greta. »Wir müssen ihr beistehen.«

»Aber wie?«, entgegnete Neo. »Und wer ist der Vater des Kindes? Ich wüsste nicht, dass sie einen Freund hat.«

Neo spürte, wie die Wut wieder in ihm aufflammte. Wer

war dieser Hallodri, der sein kleines Mädchen geschwängert hatte?

Ein Auto hielt vor dem Haus. Dennis brachte Maya nach Hause. Neo und Greta blickten ihrer Tochter nach, als sie auf dem Weg zur Souterrainwohnung mit gesenktem Kopf an ihrem Fenster vorbeiging.

»Ich spreche mit ihr«, sagte Neo.

»Nein, nein, ich gehe«, erwiderte Greta. »Du kannst später mit ihr reden.«

Seine Frau, die in allen Lebenslagen die Ruhe bewahrte, verschwand in Richtung Kellertreppe. Es tat Neo im Herzen weh, dass sein kleines Mädchen nicht mit ihren Sorgen zu ihm gekommen war und sich ihm anvertraut hatte. Ihr üblicher Nachmittagskaffee fiel heute wohl aus, und Neo beschloss, wieder an den Kai hinunterzugehen. Vielleicht traf er dort Gerhard. Gerhard war der Einzige, mit dem er über die wirklich wichtigen Dinge des Lebens reden konnte.

Maya hockte zusammengekauert in ihrem Sessel und starrte mit leerem Blick vor sich hin. Ihre Mutter setzte sich auf das Bett neben dem Sessel, griff nach der Hand ihrer Tochter und drückte sie zärtlich. Mayas Hand war schlaff und verschwitzt.

»Schätzchen, wir müssen eine Lösung finden.«

»Aber wie, Mama?«, fragte Maya.

»Liebst du ihn?«

»Ja!«

»Glaubst du, dass er für dich und das Kind sorgen kann?«

»Ich weiß es nicht.«

»Warum warst du in Evas Haus?«

»Es ist nicht so, wie ihr glaubt.«

»Wir glauben gar nichts. Aber Schätzchen, bitte sag mir, was los ist.«

Und Maya vertraute sich ihrer Mutter an, die stumm zuhörte. Als Maya geendet hatte, brach Greta ihr Schweigen.

»Denk jetzt nicht mehr daran«, sagte sie. »Ich komme später runter und helfe dir beim Aufräumen, aber zuerst muss ich etwas erledigen. Das Wichtigste ist, dass du auf dich achtgibst und dich gesund ernährst. Ich mache dir nachher etwas zu essen.«

»Mir ist die ganze Zeit schlecht, Mama.«

»Mir ging es genauso, als ich mit dir schwanger war«, erwiderte ihre Mutter lächelnd. »Aber sieh dir an, was daraus Gutes geworden ist!«

Sie umarmte ihre magere Tochter und verschwand anschließend die Kellertreppe hinauf.

Auf Neos Klopfen hin kam Signe an die Tür. Gerhard bewohnte den oberen Stock des Hauses, seine Schwester das Erdgeschoss. In Signes Teil lagen die Küche, das Badezimmer und der Wirtschaftsraum, und sie war immer mit irgendetwas beschäftigt. Sie backte, kochte, putzte und wusch, wie sie es seit ihrer Kindheit tat. Gerhard hatte zeit seines Lebens nie einen Fuß in die Nähe des Herds oder der Waschmaschine gesetzt, aber selbst wenn er auf die Idee gekommen wäre, sich derlei hauswirtschaftlichen Tätigkeiten zu widmen, hätte Signe es ihm kaum erlaubt. Signe und Gerhard waren Geschwister und beide in diesem Haus geboren. Wann genau das Haus erbaut worden war, wusste weder Signe noch Gerhard, doch das Fundament stammte mit ziemlicher Sicherheit aus der Mitte des 19. Jahrhunderts. Keines der Geschwister war jemals von zu Hause ausgezogen, und als ihre Eltern älter wurden, hatte Signe sie bis zu ihrem Tod gepflegt. Und auch danach war es für Signe und Gerhard völlig selbstverständlich gewesen, weiter in ihrem Elternhaus zu wohnen, und so war es geblieben. Gerhard war der kleine Bruder,

der Abenteurer, der zur See gefahren war und die Welt gesehen hatte. In den Sechzigerjahren hatte er den Seemannsberuf an den Nagel gehängt und seinen Lebensunterhalt fortan als Bootsbauer verdient, aber inzwischen war er seit über zehn Jahren in Rente. Seine große Schwester Signe war wie eine zweite Mutter für ihn gewesen. Immer wenn er müde und erschöpft nach Hause kam, köchelte Signes Fischsuppe auf dem Herd, oder in der alten Gusseisenpfanne brutzelte ein in Butter gebratener Dorsch. Gerhard hatte im Haushalt nie einen Finger gerührt, andererseits hatte er Signe sein Leben lang finanziell versorgt. Keiner der beiden hatte geheiratet oder Kinder bekommen. Doch Signe hatte sich in all den Jahren um die Kinder auf Smögen gekümmert, und jedes Mal, wenn Gerhard das Haus betrat, saß irgendein kleines Mädchen oder ein kleiner Junge an ihrem Küchentisch und verdrückte frisch gebackene Zimtschnecken, Schokoladenkuchen oder irgendeine andere Leckerei. Signes Kochkünste waren phänomenal, und Gerhard konnte nichts anderes sagen, als dass er trotz allem ein gutes Leben gehabt hatte.

»Ist dein Bruderherz zu Hause?«, erkundigte sich Neo.

»Du weißt, wo du ihn findest«, antwortete Signe.

In der Küche roch es nach frisch gebackenem Fischerbrot, ein rundes Fladenbrot, das Signe in ihrem Holzofen buk. Sie teilte einen Fladen in der Mitte durch, legte ihn zu einem kleinen Topf mit Butter in einen Korb und steckte ein von Gerhard geschnitztes Buttermesser aus Kirschbaumholz hinein.

»Nimm das mit nach oben«, sagte Signe zu Neo. Sie kannte Neos Frau Greta seit Kindesbeinen und wollte nicht, dass auf der Insel das Gerücht die Runde machte, sie sei nicht gastfreundlich, wenn Gerhard und sie Besuch bekamen.

»Hier sitzt du also«, sagte Neo, als er Gerhards kleines Reich betrat. Obwohl sich die Einrichtung im Laufe der Jahre verändert hatte, stand in Gerhards Schlafzimmer immer noch dasselbe schmale Bett, das sein Vater für ihn zu seinem zehnten Geburtstag gezimmert hatte. Doch gerade saß Gerhard in seinem Arbeitszimmer, das früher Signes Kinderzimmer gewesen war. Vor dem Fenster mit Ausblick auf Kleven sowie auf ein Stück des Hafenbeckens und des Kais standen zwei Sessel. Neo stellte den Korb mit dem Fladenbrot und der Butter auf einen Tisch. Gerhard hielt einige nach Teer duftende Hanfseile in der Hand, deren eines Ende er um einen Fensterhaken geschlungen hatte. Er arbeitete so schnell und geschickt, dass man richtig zusehen konnte, wie das Flechtwerk wuchs. Überall im Zimmer lagen Seilknäule und Schnüre sowie Fischerkugeln und andere maritime Gegenstände von alten Booten, die darauf warteten, umflochten zu werden. Auch einige fertige Arbeiten befanden sich darunter. An den Wänden hingen Fischernetze, die Gerhard reparieren wollte. An Beschäftigung mangelte es ihm jedenfalls nicht.

»Darauf habe ich mich ja nie verstanden«, sagte Neo und machte es sich in dem Sessel gegenüber von seinem alten Freund bequem. »Hast du das nicht ursprünglich vom Vater des Kapitäns gelernt?«

Malkolm Thörns Vater war noch ein Smögenfischer vom alten Schlag gewesen, mit wettergegerbtem Gesicht, Südwester, Ölzeug, Pfeife und Schifferkrause. Inzwischen war er seit vielen Jahren tot, doch sein Erscheinungsbild war für die damalige Zeit so typisch gewesen, dass das Museum Bohuslän Fotografien von ihm im Archiv aufbewahrte. Im Smögener Seebad hing sogar ein Bild von ihm an der Wand, eine Tatsache, mit der sich sein Sohn, der Kapitän, bei jeder sich bietenden Gelegenheit brüstete.

»Ja, so war es wohl. Du hast dich ja mehr für die Damenwelt als für Makramee interessiert«, sagte Gerhard und grinste so breit, dass einige seiner Zahnlücken zum Vorschein kamen.

»Na ja«, erwiderte Neo. »Wenn ich mich recht entsinne,

warst du den Damen auch nicht gerade abgeneigt.« Gerhard und er hatten in der Zeit, ehe Neo seine Frau kennenlernte, einige wilde Sommer verlebt. Und soweit Neo sich erinnerte, hatte Gerhard damit nie richtig aufgehört. In jungen Jahren war er ein äußerst attraktiver Kerl gewesen, mit Marinejacke und Mütze. Sicher hatte es da so einige Frauen gegeben, im Heimathafen Smögen wie auch in anderen Häfen.

»Sch!«, machte Gerhard und deutete zur Treppe. Er wollte nicht, dass Signe etwas davon mitbekam.

»Hast du was gehört?«, fragte Neo und wurde ernst.

»Man hört so viel«, erwiderte Gerhard. »Auf Klatsch und Tratsch sollte man nichts geben.«

»Das stimmt, doch jetzt geht es um Maya. Ich muss wissen, mit wem sie sich trifft.«

»Darüber ist mir nichts zu Ohren gekommen«, antwortete Gerhard.

Maya war seit ihrer Kindheit in ihrem Haus ein und aus gegangen und hatte bei Signe in der Küche gesessen. Sie gehörte zu den Kindern, die ihm im Laufe der Jahre ans Herz gewachsen waren. Aber in der letzten Zeit hatte er sie kaum gesehen.

»Diese vermaledeite Schule hat ihr Leben zerstört«, fluchte Neo. Wie ein Habicht hatte er über sie gewacht, seit sie groß genug gewesen war, um allein aus dem Haus zu gehen. Doch als sie plötzlich beschloss, auf diese Kunsthochschule zu gehen, war sie ihm entglitten. Und wohin hatte das geführt? In eine Katastrophe, milde ausgedrückt.

»Ich werde mit Signe sprechen«, versprach Gerhard. »Was sie nicht weiß, weiß niemand. Und jetzt greif zu.«

Gerhard holte ein Glas englische Aprikosenmarmelade aus seinem Versteck. So etwas zählte in Signes Augen zu den Dingen, für die man kein Geld ausgab.

Hafenkapitän Neo bestrich ein Stück Fischerbrot mit einer dicken Schicht Butter, krönte sie mit einem großen Klecks

Aprikosenmarmelade und biss so herzhaft hinein, dass ein bisschen Marmelade in seinen Bart tropfte. Sofort wirkte er deutlich ruhiger.

André Berglund stützte die Hände auf die Arbeitsplatte und beugte sich über die Kücheninsel. Er spürte, wie das Blut in seinen Adern pulsierte. Ihre Botschaft war unmissverständlich gewesen. Aber wie sollte er eine Lösung für diese Situation finden? Die Lage, in die er sich gebracht hatte, würde vermutlich alles zerstören, was er sich im Leben aufgebaut hatte. Sie war mit dem Bus gekommen. Gerade lief sie zur Haltestelle, um unauffällig wieder nach Hause zu fahren. Auf der Straße raste ein Auto mit überhöhter Geschwindigkeit an ihr vorbei. In dem Auto saß seine Frau, die ihre Rückkehr eigentlich erst für morgen an Mittsommer angekündigt hatte. Planänderung. Sollte er sich darüber freuen? Im Moment war ihm die Fähigkeit, Freude zu empfinden, abhandengekommen. Die Angst lähmte ihn. Wie dumm konnte man eigentlich sein? Er würde das Haus verlieren, seinen Dienst quittieren müssen, und ihre sogenannten gemeinsamen Freunde würden natürlich ihre Partei ergreifen und den Kontakt zu ihm abbrechen. Was blieb ihm dann noch? Die Musik war das Einzige, was ihm einfiel. Die Musik konnte ihm niemand nehmen. Ein Energieschub ging durch seinen Körper. Er setzte sich auf das weiße Sofa und schlug eine Modezeitschrift auf, in der seine Frau in einem ihrer zahlreichen Interviews über ihren beruflichen Erfolg als Schmuckdesignerin sprach. Als sie zur Tür hereinkam, war sein Gesicht immer noch kreidebleich, aber er lächelte sie an.

Eva war schon lange nicht mehr allein unterwegs gewesen und fühlte sich ein wenig unsicher, als sie aus dem Auto stieg und den Schulhof in Richtung Lehrerzimmer überquerte.

Der reguläre Unterricht war schon vorbei, doch die Freizeitbetreuung konnten die Schüler noch einige Wochen während der Sommerferien nutzen. Auf dem Rasen fand gerade ein hart umkämpftes Fußballmatch zwischen insgesamt fünf Spielern statt. Eva schaute ihnen eine Weile zu und stellte fest, dass sie ihre Schüler vermisste. Vielleicht würde sie es doch schaffen, die Klasse Ende August zu Beginn des neuen Schuljahres zu übernehmen. Keines der Kinder schien sie zu bemerken, und sie ging weiter.

»Was machst du denn hier?«, erklang eine erstaunte Stimme, als Eva ihren Schrank im Lehrerzimmer öffnete. Sie drehte sich um und erblickte Angelika, die jüngste Lehrerin der Schule. Während des Frühjahrs hatten sie sich ein wenig angefreundet.

»Ich wollte nur ein paar Sachen für meine Unterrichtsvorbereitungen fürs neue Schuljahr holen.«

»Du kommst also wieder?« Angelika lächelte sie an.

»Ja, das hoffe ich sehr«, erwiderte Eva so fröhlich, wie sie konnte.

»Aber wie geht es dir eigentlich? Diese ganze Situation muss ja furchtbar für dich sein.«

Eva kämpfte gegen die Tränen an, die ihr in die Augen stiegen. Angelika meinte es nur gut, doch gerade verkraftete sie ihre unumwundene Art nicht.

»Sag Bescheid, wenn ich irgendwas tun kann. Ich bin den ganzen Sommer über auf Smögen. Wenn du Lust hast, können wir ja mal mit den Kindern baden gehen.« Angelika hatte ebenfalls eine zweijährige Tochter.

»Gerne«, erwiderte Eva, aber ihr Lächeln wurde eine Spur steifer. Die Energie, die sie noch am Morgen verspürt hatte, war wie weggeblasen.

Wie in Trance ging sie mit ihren schweren Stofftaschen über den Schulhof zurück zum Auto.

Plötzlich weckte sie die Stimme eines kleinen dunkelhaarigen Jungen aus ihrer Umnebelung. Sie kannte ihn. Er hieß Alex.

»Hallo!«, rief Alex fröhlich, und eine breite Zahnlücke in seinem Oberkiefer zeugte davon, dass ihm kürzlich zwei Milchzähne ausgefallen waren.

»Hallo, Alex!«, begrüßte Eva ihn.

Alex hatte gerade die Vorschulklasse beendet. Sein Stiefvater stammte von Smögen; seine Mutter, die aus Stockholm kam, war vor fast vier Jahren buchstäblich von einem Tag auf den anderen zu ihm gezogen.

»Weißt du, dass Åke ein anderes Kind hat?«, sagte Alex und blinzelte. Die Sonne schien ihm direkt ins Gesicht.

»Was meinst du mit ›anderes Kind‹?«, fragte Eva, die es gewöhnt war, dass die Kinder Dinge, die sie gehört oder erlebt hatten, durcheinanderbrachten. Dabei kamen die merkwürdigsten Geschichten heraus, ohne dass sie sich irgendetwas dabei dachten.

»Na, ein Kind, das nicht deins ist«, antwortete Alex.

Eva wusste nicht, was sie darauf erwidern sollte. Alex sagte auch nichts mehr, sondern lief *Manboy, manboy* vor sich hin trällernd auf das Spielfeld zurück. Eva blieb reglos stehen, die Stofftaschen neben sich auf dem Boden. Kälte breitete sich in ihr aus.

Dennis war in den Bootsschuppen zurückgekehrt und spürte, wie sein Frust über den schleppenden Verlauf der Ermittlung wuchs. Er hatte das Gefühl, dass sie sich wie ein Aal in seinen Händen wand und er der Lösung keinen Schritt näher kam. Das Gespräch mit Maya hatte viel Zeit gekostet, ohne dass er erfahren hätte, warum sie in der Nacht auf Dienstag in Evas Haus eingebrochen war – und heute Morgen möglicherweise ein zweites Mal. Wo sollte er ansetzen? Musste er herausfinden, wer der Vater ihres Kindes war? Konnte er etwas mit der Sache zu tun haben? Hatte er es auf den versunkenen Schatz abgesehen und aus dem Grund zuerst Åke und dann Sebastian getötet? War es Zufall, dass jemand Sebastian an demselben Tag ermordet hatte, an dem Åke verschwand? Oder existierte außer der Tatsache, dass sie in derselben Firma arbeiteten, keine Verbindung zwischen ihnen? Es konnte nicht mehr lange dauern, bis sein Telefon klingelte und Camilla Stålberg ihm Inkompetenz vorwarf, weil er keine Ergebnisse lieferte. Dennis wurde in seinen Grübeleien unterbrochen, als Sandra den Bootsschuppen betrat. Ihr Gesicht war hochrot. Was hatte er sich jetzt wieder zuschulden kommen lassen?

»Es macht wirklich Spaß, zwei Stunden lang auf den Bus zu warten!«, fauchte sie wütend.

»Wovon redest du?«, erwiderte Dennis verblüfft.

»Du hast Maya mit meinem Auto nach Hause gebracht und bist nicht zurückgekommen. Ich habe auf dich gewartet!«

»Warum hast du kein Zitaboot genommen? Die fahren doch zurzeit zweimal stündlich«, entgegnete er.

Die Zitaboote waren die alten, offenen Holzboote, die im Sommer als Wassertaxi zwischen Smögen und Kungshamn verkehrten.

»Weißt du, wie lange man zu Fuß vom Polizeirevier bis zum Hafen braucht? Vierzig Minuten!«, fuhr Sandra wütend fort.

Dennis hatte gar nicht daran gedacht, dass er Sandras Auto genommen hatte. Sein Kopf war so vollgestopft mit anderen Dingen, dass für derlei Information offenbar kein Platz mehr war.

»Entschuldige, daran habe ich nicht gedacht. Das war keine Absicht. Ich war in dem Moment so unheimlich frustriert, dass wir mit den Ermittlungen keinen Schritt vorwärtskommen. Was hältst du davon, wenn wir nach Sandön fahren und uns unterwegs in der Bäckerei am Marktplatz einen Latte macchiato und ein paar Sandwiches holen? Vielleicht sehen wir nach einem Bad im Meer etwas klarer?«

Sandra spürte ein weiteres Mal, wie ihre Wut auf Dennis dahinschmolz. Er war zerstreut, milde ausgedrückt, doch er meinte es nicht böse. Aber wenn er ihre Hilfe wollte, musste er sich ab jetzt zusammenreißen, denn sie war mit ihrer Geduld bald wirklich am Ende.

Die Nachmittagssonne stand hoch am Himmel. Es war ungewöhnlich, dass das Wetter zu Mittsommer so heiß war. Und dass es nicht regnete, grenzte nahezu an ein Wunder.

Sandön war eine flache Felseninsel, deren roter Granitstein vom Gletschereis geformt worden war. Obwohl man sie von Smögen leicht erreichte, fanden Touristen selten den Weg dorthin. Ein gekiester Geh- und Radweg führte zu einigen der schönsten Badestellen der Welt. Dennis übernahm die Führung. Obwohl sich Sandra auf Smögen und Hasselösund gut auskannte und auch schon draußen auf Sandön gewesen war, besaß Dennis die besseren Ortskenntnisse. Zielstrebig lotste er Sandra zu einer seiner Lieblingsklippen. Das Meer glitzerte, und hinter den Sonnenreflexen am Horizont schimmerte ein tiefblaues Band, wie es sich eigentlich nur an Mittsommer zeigte, wenn die Sonne am höchsten stand. Dennis war bereits in seine roten Badeshorts geschlüpft, und auch Sandra trug ihren Bikini unter der Kleidung, sie zogen sich rasch aus und tauchten von der Klippe ins Meer. Das Wasser war so klar, dass man auf dem Grund das Seegras sehen konnte. Das Schwimmen weckte Dennis' Lebensgeister. Nichts klärte seine Gedanken so effektiv wie ein erfrischendes Bad im Meer. Es versetzte ihm einen Adrenalinstoß, den keine Droge der Welt auch nur annähernd erzeugen konnte. Nachdem sie eine Weile geschwommen waren, kletterten sie wieder auf die Klippe und setzten sich ein Stück voneinander entfernt auf ihre Handtücher.

Sie ließen sich von der Sonne wärmen, tranken Kaffee und aßen Vanilleschnecken.

»Mir ist beim Schwimmen ein Gedanke gekommen«, sagte Sandra.

»Und welcher?«, murmelte Dennis, den nach dem Baden eine wohlig-entspannte Müdigkeit ergriffen hatte. Erst der Energiekick und dann das Dösen in der Sonne. Er liebte dieses Gefühl.

»Maya muss ihren Freund auf der Kunsthochschule kennengelernt haben. Wenn er von Smögen käme, würden alle über die Beziehung Bescheid wissen. Aber außer Maya geht vermutlich niemand von hier auf diese Kunsthochschule.«

»Das wissen wir nicht mit Sicherheit«, entgegnete Dennis.

»Nein, natürlich wissen wir das nicht mit Sicherheit«, erwiderte Sandra ungeduldig. »Aber es ist eine Möglichkeit, der wir nachgehen sollten. Außerdem bewacht Hafenkapitän Neo seine Tochter wie ein Schießhund, wenn sie zu Hause ist. Deshalb wollte sie bestimmt auch weg von zu Hause – um ein bisschen mehr Freiraum zu haben.«

»Willst du der Sache nachgehen?«, fragte Dennis. »Du könntest sofort dorthin fahren.«

»Nein, jetzt hat das keinen Zweck. Ich glaube kaum, dass am Tag vor Mittsommer jemand dort ist.«

Manchmal war Dennis wirklich ein bisschen lahm in der Birne. Er war nur zehn Jahre älter als sie, und doch hatte sie hin und wieder den Eindruck, dass er von seiner Denkweise her eher der Generation ihrer Eltern angehörte, und die waren über fünfzig. Genauso wie die Tatsache, dass er die Beach Boys hörte und Oldies aus den Sechzigerjahren. Das war nicht ganz normal. Er hatte nicht die leiseste Ahnung von moderner Popmusik wie *Rihanna*, *Avicii* oder *Medina*. Sie würde ihm das ein oder andere beibringen müssen. Aber vielleicht war es die Schuld seiner Mutter. Die *Beach Boys* waren ihre Jugendidole gewesen, Dennis hatte seinen Vornamen sogar dem zweitältesten der Wilson-Brüder zu verdanken, wie er ihr während des Abendessens im Haus seiner Schwester stolz erzählt hatte.

Der Klingelton von Dennis' Handy riss sie aus ihren Gedanken. Er klang fröhlich und entspannt, während er telefonierte.

»Wir müssen los«, sagte er, als er aufgelegt hatte. »Du kannst mitkommen.«

Sie zogen sich rasch an und kehrten zum Bootsschuppen zurück. Diesmal wollte Dennis unbedingt seinen Wagen nehmen.

Als sie in Richtung E6 fuhren, fragte Sandra: »Wo wollen wir hin?«

»Miriam Morten und ihre Lebensgefährtin haben uns zu sich nach Hause eingeladen. Sie wohnen in Stångem außerhalb von Uddevalla.«

»Was haben die beiden mit unserer Ermittlung zu tun?«, erkundigte sich Sandra. Sie freute sich darüber, dass Dennis sie mitnahm, und wollte erfahren, was diesen plötzlichen Aktionismus ausgelöst hatte.

»Miriam leitet die Rechtsmedizin in Uddevalla. Sie hat früher in Göteborg gearbeitet. Da haben wir uns kennengelernt.«

»Ist sie deine berüchtigte Ex?«, fragte Sandra.

»Nein!« Dennis lachte. »Aber wir sind eine Zeit lang miteinander ausgegangen, bevor Miriam entschied, dass sie das weibliche Geschlecht bevorzugt. Du bist ziemlich neugierig.«

»Das ist mein Job«, erwiderte Sandra. Doch sie verstand immer noch nicht, weshalb sie zu Miriam Morten nach Hause fuhren.

»Sie hat Sebastian Svensson obduziert und uns gebeten, den Obduktionsbericht persönlich abzuholen. Sie arbeitet hin und wieder auch von zu Hause.«

»Als Obduzentin?«, fragte Sandra skeptisch.

»Nein, nein! Zu Hause schreibt sie die Berichte und erledigt andere Formalitäten. Das Rechtsmedizinische Institut wird während des Sommers umgebaut, und sie geht dem Chaos ein bisschen aus dem Weg.«

»Ach so«, erwiderte Sandra und lehnte sich im Sitz zurück. Inzwischen war es kurz vor sechs. Sie hatte heute Morgen um acht angefangen und spürte einen kleinen Durchhänger. Aber wenn sie sich jetzt ein wenig ausruhte, konnte sie auch noch eine Spätschicht dranhängen, wenn es darauf hinauslaufen sollte.

Anthony Parker ging seine Unterlagen durch. Sein Pensionszimmer war spartanisch, aber dennoch hübsch eingerichtet. Das Bett stand in einer Ecke des Raums und der kleine Schreibtisch direkt am Fenster. Der Inhalt seiner Reisetaschen lag auf dem Schreibtisch und dem Fußboden verteilt. Überall stapelten sich Papierstöße, Briefe, Dokumente und alte Fotografien. Vor dem Fenster zeichnete sich in weiter Ferne der Horizont ab. In noch weiterer Ferne, jenseits des Ozeans, lag sein Heimatland.

Er war in den USA aufgewachsen, und auch sein Vater war dort geboren. Aber die Eltern seiner Mutter stammten ursprünglich aus Schweden. Sie waren in die USA ausgewandert, als seine Mutter fünf Jahre alt gewesen war. Anfang der Zwanzigerjahre hatte seine Großmutter Josefine das ärmliche Leben sattgehabt, das sie mit ihrer Familie auf Smögen führte. Ihr Mann war Zimmermann und hatte nur schwer Arbeit finden können. Er kam aus Grebbestad und verfügte weder auf Smögen noch in den umliegenden Gemeinden über die richtigen Kontakte. Eines Tages verkündete Josefine ihrem Mann, dass es Zeit sei aufzubrechen. Im Hafen ankerte ein Schiff mit Kurs auf Southampton, das bereits Amerikafahrer aus Dalsland und Bohuslän an Bord genommen hatte. Billets erhielt man an einem kleinen Stand, der extra zu diesem Zweck unten auf dem Marktplatz errichtet worden war. In ihren Briefen an ihre Schwester in Schweden hatte seine Großmutter von der langen Schiffspassage und ihrem Leben in Minnesota berichtet. Anthony liebte es, in den Antwortbriefen seiner Großtante zu lesen, die er schon als Kind verschlungen hatte. Diese Briefe und die Resultate seiner Ahnenforschung hatten schließlich den entscheidenden Ausschlag für die Reise nach Schweden gegeben. Er wurde bald sechzig, und er wusste, dass er das Heimatland seiner Mutter jetzt sehen musste. Bevor es zu spät war. Sicher, er kannte die alten Fotografien, die seine Großmutter aufgehoben hatte, von dem Haus seiner Großeltern und von Verwandten, doch diese alten Schwarz-Weiß-Aufnahmen vermittelten lediglich einen vagen Eindruck von der Landschaft und den Menschen. Seine Großmutter hatte ihre Heimat zeit ihres Lebens vermisst. Seinem Großvater mochte es ebenso ergangen sein, aber er hatte nie ein Wort darüber verloren. Kurz nach ihrer Ankunft in Lindström, Minnesota, fand er eine gut bezahlte Arbeit. Zimmermänner und andere Handwerker, die bei der Errichtung weiterer Häuser für die Neuankömmlinge halfen, waren damals heiß begehrt.

Anthony Parker hatte mithilfe verschiedener Online-Datenbanken von New York aus einiges in Erfahrung gebracht. Stück für Stück hatten sich die Puzzleteile zu einem Bild zusammengefügt. Mit Unterstützung des Göteborger Landesarchivs hatte er die Vorfahren seiner Mutter bis zum Beginn des 19. Jahrhunderts zurückverfolgt. Damals hatte sich der erste Strand auf Smögen angesiedelt. Jetzt fehlten ihm nur noch einige Teile, um das Puzzle zu vervollständigen. Und um diese fehlenden Teile aufzustöbern, würde er noch einmal nach Kungshamn fahren. Dort gab es eine Person, die ihm dabei helfen konnte, sie zu finden.

»Hui, wie gut du aussiehst«, sagte Miriam herzlich und umarmte Dennis wie eine Mutter ihren verloren geglaubten Sohn. »Die Damenwelt auf Smögen muss sich in Acht nehmen, so viel ist sicher«, säuselte sie.

»Ach, hör auf!«, erwiderte Dennis.

Sandra verdrehte die Augen. Was für ein theatralisches Getue. Aber Dennis klang zumindest nicht geschmeichelt. Dafür bekam er von ihr einen kleinen Pluspunkt.

»Und wen haben wir hier?«, flötete Miriam weiter.

»Sandra Haraldsson, Polizei Kungshamn«, erwiderte Sandra trocken.

Miriam ließ sich von Sandras mürrischer Art nicht beirren. Sie zog sie ins Haus und führte sie in einen offenen Wohn- und Essbereich.

An der Küchenzeile stand eine hochgewachsene, schlanke Frau. Das Haus lag am Wasser, und die verglaste Panoramafront bot eine märchenhafte Aussicht. Die Küche sowie das ganze Haus waren topmodern. Gegenüber der Küchenzeile befand sich eine ebenso lange Kochinsel, beide waren mit Granit-Arbeitsplatten ausgestattet. Die Kochinsel diente zugleich als Bartresen und Raumteiler. Sandra hatte so etwas Steriles noch nie gesehen. Sie überlegte, ob bei diesem Einrichtungskonzept wohl Miriams Arbeitsplatz als Inspiration gedient hatte, mit dem einzigen Unterschied, dass der Edelstahl gegen Naturstein ausgetauscht worden war. Diese Assoziation musste sie allerdings schleunigst verscheuchen, sonst wäre sie kaum in der Lage, etwas von den Gerichten zu essen, die Miriams Freundin Andrea gerade zubereitete. Da der Esstisch bereits für vier Personen gedeckt war, nahm sie an, dass Dennis und sie zum Essen bleiben würden.

»Wir gehen rüber zu mir«, sagte Miriam, als wäre das Haus in getrennte Zonen unterteilt. Ihre und Andreas.

Der Raum, in den Miriam sie führte, erinnerte eher an den Empfangsbereich einer Schönheitsklinik als an ein Arbeitszimmer. Zwei Besucherstühle mit weißen Lederbezügen und Chromgestell standen vor einem weißen Hochglanz-Schreibtisch. Auf der gegenüberliegenden Seite stand ein Drehstuhl mit rotem Lederbezug. Der Computer auf dem Schreibtisch war wieder weiß.

»Im Institut fehlt mir die Ruhe für den Schreibkram. Zu Hause brauche ich für einen Obduktionsbericht nicht mal eine Stunde«, sagte Miriam. »In der Rechtsmedizin kann ich einen ganzen Tag lang daran sitzen, weil ich ständig unterbrochen werde. Daher arbeite ich ab und zu von zu Hause aus.«

Sie bedeutete ihnen, auf den weißen Besucherstühlen Platz zu nehmen.

»Wie praktisch«, sagte Sandra mit einem Anflug von Ironie in der Stimme, »aber müssen Sie die Leichen nicht sehen, wenn Sie Ihre Berichte schreiben?«

Miriam lachte verlegen auf, als wäre es ihr trotz allem ein wenig unangenehm, so offen über ihre Arbeit zu sprechen.

»Ja, das sollte man vielleicht, aber ich filme meine Obduktionen und fotografiere die Auffälligkeiten, und von hier habe ich Zugriff auf sämtliches Material.«

Sie klickte auf eine Taste ihres weißen Computers, und auf einem weißen Monitor an der Wand erschien ein Foto. Der Bildschirm verschmolz so perfekt mit der Einrichtung, dass weder Dennis noch Sandra ihn bisher bemerkt hatten. Erschrocken schnappten sie nach Luft, denn das Bild, das Miriam ihnen zeigte, war eine Aufnahme von Sebastians Leiche auf dem Obduktionstisch.

»Was war die Todesursache?«, fragte Dennis und gab sich Mühe, unberührt zu klingen, obwohl dies der Aspekt seines Berufs war, der ihm am meisten zusetzte.

»Ich habe Spuren von Ketamin in seinem Mund gefunden«, antwortete Miriam und ließ ihren Blick zwischen Dennis und Sandra hin- und herwandern.

»Meinst du das Ketamin, das in der Drogenszene auch unter dem Namen Special K bekannt ist?«, fragte Dennis. »Glaubst du, er hat es freiwillig genommen?« Seit einigen Jahren begegnete ihm dieses Narkosemittel bei Razzien immer häufiger, in Pulverform oder als Tabletten.

»Ich weiß es nicht«, erwiderte Miriam. »Aber ich glaube, eher nein.«

»Wie kommt man da dran?«, fragte Sandra.

»Ketamin wird beispielsweise in Zoos als Narkosemittel für größere Tiere verwendet, wenn sie transportiert oder operiert werden müssen«, erklärte Miriam, »aber es ist auch in der Drogenszene im Umlauf.«

»War das Ketamin die Todesursache?«, fragte Dennis.

»Nein, er ist ertrunken. Wahrscheinlich hat ihm jemand das Narkosemittel verabreicht und ihn anschließend ins Wasser gestoßen. Er hatte keine Chance«, sagte Miriam ernst.

»Haben Sie bei der Obduktion sonst noch irgendeine andere Auffälligkeit bemerkt?«, erkundigte sich Sandra.

Miriam dachte einen Moment nach.

»Nein, gerade fällt mir nichts ein, aber ich melde mich, falls ich noch etwas entdecke.«

»Danke für die anschauliche Präsentation«, sagte Sandra, die hoffte, dass die Show vorbei war.

»Nichts zu danken«, erwiderte Miriam. »Ich denke, Andrea wird mit dem Essen jetzt so weit sein. Wir sollten sie nicht warten lassen. Sie kann es nicht leiden, wenn das Essen kalt wird.«

Andrea stand an der Kochinsel. »Seid ihr jetzt fertig?«, fragte sie und bat sie, sich an den Tisch zu setzen.

»Ja, Süße, versprochen. Was gibt es Gutes?«, gurrte Miriam. »Andrea ist eine fantastische Köchin, aber natürlich ist sie auch noch auf anderen Gebieten fantastisch«, fügte sie hinzu und zwinkerte Dennis zu.

Andrea schnaubte und füllte Muscheln in die weißen Suppenteller. Unter das würzige Aroma von Wein, Knoblauch und Petersilie mischte sich noch ein ganz leichter Meeresduft. Himmlisch! dachte Dennis. In den vergangenen Tagen hatte frisch zubereitetes Essen auf seinem Speisezettel durch Abwesenheit geglänzt.

»Andrea ist auf Smögen aufgewachsen«, erzählte Miriam, als sie sich den Muscheln und der köstlichen Bouillon widmeten.

»Na ja, ich war immer in den Sommerferien dort«, korrigierte Andrea. »Meine Großeltern wohnten auf Smögen. Inzwischen lebt nur noch mein Großvater dort.«

»Wer ist dein Großvater?«, erkundigte sich Dennis. Diese Frage drängte sich förmlich auf, da auf Smögen buchstäblich jeder jeden kannte und viele sogar auf die eine oder andere Art miteinander verwandt waren.

»Er heißt Bertil«, antwortete Andrea.

Dennis hatte das Gefühl, dass sie nicht so recht über dieses Thema sprechen wollte, aber vielleicht bildete er sich das auch nur ein.

»Ist dein Großvater etwa der älteste Bruder von Gerhard und Signe?«, fragte er zögernd.

»Ja, ist er, aber sie haben seit vielen Jahren keinen Kontakt zueinander«, sagte Andrea, ohne aufzublicken.

Dennis wusste, dass Gerhard und Signe noch einen Bruder hatten. Er hatte ihn im Laufe der Jahre ab und zu auf Smögen gesehen, ihn jedoch nie richtig kennengelernt. Der Tod der

Eltern hatte zu einem Zerwürfnis zwischen den beiden jüngeren Geschwistern und dem ältesten Bruder geführt, doch Dennis war dem Kern des Ganzen nie weiter auf den Grund gegangen. Gerhard und Signe waren wie Großeltern für ihn gewesen, jedenfalls während der Sommermonate. Dieses Verhältnis zu den beiden lag ihm sehr am Herzen, und er hatte gespürt, dass Fragen über Bertil bei ihnen auf keine allzu große Gegenliebe stießen.

Als in allen Suppentellern nur noch die Muschelschalen übrig waren, räumte Andrea den Tisch ab.

»Andrea, das war einfach köstlich«, sagte Miriam stolz.

Sandra stand auf, um Andrea beim Abräumen zu helfen.

»Nein, nein«, hielt Miriam sie zurück, »bleiben Sie sitzen. Jetzt möchte ich alles über eure Ermittlungen hören.«

Dennis fasste den gegenwärtigen Stand zusammen, und Sandra sprang ein, wenn er irgendwelche Fakten vergaß.

»Also tappt ihr derzeit noch ziemlich im Dunkeln«, stellte Miriam fest, als sie ihre Zusammenfassung beendet hatten.

Andrea stellte eine Etagere mit Meeresfrüchten auf den Tisch. Die obere Platte war mit frischem Hummer, Garnelen, Hummerscheren sowie einer Schale mit gegrillten Jakobsmuscheln bestückt. Auf der unteren Platte hatte Andrea rohe Austern zusammen mit Zitronenspalten auf einem Algenbett angerichtet. Als Beilage gab es eine Vinaigrette von roten Zwiebeln und eine selbst gemachte Aioli, die in Dennis' Augen göttlich schmeckte. Nicht zu knoblauchlastig und nur ein Hauch Mayonnaise. Sie griffen zu. Dennis und Miriam kamen auf alte Ermittlungen zu sprechen, an denen sie gemeinsam beteiligt gewesen waren. In rascher Folge handelten sie mehrere Fälle ab, einer schlimmer als der andere.

»Nur Männer sind zu so etwas fähig«, bemerkte Andrea, als sie ihnen zum Abschluss eine mit Früchten dekorierte weiße Schokoladenmousse in hohen Gläsern servierte.

»Wozu?«, fragte Dennis, dem bewusst wurde, dass er der einzige Mann am Tisch war.

»Einen Mord zu begehen«, antwortete Andrea und sah ihm unverwandt in die Augen. Dennis wich ihrem Blick aus und starrte auf sein Dessert.

»Morde werden überwiegend von Männern begangen«, sagte Sandra, »aber nicht nur. Wir dürfen uns nicht von vornherein aufgrund dieser Wahrscheinlichkeitshypothese darauf versteifen, sondern müssen in alle denkbaren Richtungen ermitteln.«

»Wir werden ja sehen«, erwiderte Andrea und kniff säuerlich den Mund zusammen.

»Vor allem Giftmorde werden häufig von Frauen begangen«, warf Miriam ein, verstummte jedoch, als sie Andreas Miene sah.

Offenbar wollte sie wegen dieser Frage keinen Streit vom Zaun brechen.

Dennis erhob sich, sobald er seine exotischen Früchte verspeist hatte. Von der Schokoladenmousse hatte er nur einen Löffel gegessen. Sie schmeckte lecker, aber er war pappsatt.

Eva saß mit angezogenen Beinen im Sessel und gab vor, sich einen Kinderfilm anzusehen. Sie spürte, dass sie Dennis anrufen sollte, doch ihr Instinkt sagte ihr, dass er sie von ihrem Vorhaben abhalten würde, und das kam nicht infrage. Seit sie diesen Satz aus Alex' Mund gehört hatte, konnte sie an nichts anderes mehr denken. Hatte Åke tatsächlich ein Kind mit einer anderen Frau? Wie hatte er das vor ihr verheimlichen können? Sie musste daran denken, dass ihre Beziehung vor gut vier Jahren einmal einige Monate auf Eis gelegen hatte. Åke hatte an der Stockholmer Universität einen Kurs in Unterwasserarchäologie belegt, für den er sich beworben hatte, als es bei ihnen ein wenig kriselte. Er wünschte sich Kinder, doch sie war zu diesem Schritt noch nicht bereit gewesen. Åke hatte das als Zeichen gewertet, dass sie ihn nicht liebte. Er war eifersüchtig geworden und hatte ihr eine Affäre mit einem ihrer Kollegen unterstellt, mit Joen, dem Musiklehrer. Joen war groß und schlank, ein talentierter Musiker und charmant, und Eva wusste, dass einige ihrer Kolleginnen ein wenig für ihn schwärmten. Eva selbst aber fühlte sich kein bisschen zu ihm hingezogen. Doch Åke hatte ihr nicht geglaubt.

In der ersten Zeit, nachdem Åke nach Stockholm gefahren war, hielten sie nur sporadisch Kontakt. Sie waren seit der Schulzeit zusammen gewesen, und eine kleine Beziehungspause war da nicht ungewöhnlich. Eva hatte Åke in dieser Phase die kalte Schulter gezeigt. Sie war verletzt gewesen, weil er sie verlassen hatte, und sie hatte Zeit zum Nachdenken gebraucht, Zeit, einfach nur mal sie selbst zu sein, ohne Åke. Anfangs hatte Åke angerufen und am Telefon geweint. Ihr war klar gewesen, dass er sie dazu bringen wollte, ihn zu bitten, wieder nach Hause zu kommen, doch das hatte sie nicht getan.

Sein Interesse für Unterwasserarchäologie, auch wenn er es nur als Hobby betrachtete, war groß, und sie wusste, dass er an dem, was er in diesem Kurs lernte, für den Rest seines Lebens Freude haben würde. Aber was war in Stockholm eigentlich passiert? Bisher hatte sie geglaubt, Åke habe dort nur studiert und sich nach ihr gesehnt. War das nur ein Teil der Wahrheit? War dort etwas vorgefallen, das Åke ihr nicht erzählt hatte? Sie musste es herausfinden. Jetzt!

Vera saß bei ihrer Großmutter auf dem Schoß und schaute den Film, aber Eva sah, dass sie gleich einschlafen würde. Sie ging in die Küche und machte ihr ein Fläschchen. Vera nahm es ihr aus der Hand und nuckelte daran, ohne den Blick vom Fernseher abzuwenden. Eva flüsterte ihrer Mutter zu, dass sie kurz an die frische Luft müsse, aber gleich wieder zurück sei.

Ihre Mutter signalisierte mit einer Handbewegung in Richtung Tür ihr Einverständnis. Eva konnte ohne Gewissensbisse gehen.

Die Sonne stand immer noch hoch am Himmel, als Eva die Brücke nach Hasselön überquerte. Alex' Familie wohnte in der Spantgatan an der östlichen Spitze von Hasselön. Der Weg war weiter, als sie gedacht hatte, doch der Spaziergang tat ihr gut. Sie fühlte sich gewappnet, bis sie vor dem Haus stand und an die Tür klopfte. In dem Moment wurden ihr die Knie weich. Alex' Stiefvater Jimmy erschien an der Tür. Seine Familie gehörte zu den alteingesessenen Smögener Familien. Als Eva ihm in die Augen sah, meinte sie, ein Flackern in seinem Blick zu sehen. Gleichzeitig hatte sie das Gefühl, erwartet worden zu sein.

»Willst du mit Katja sprechen?«, fragte er.

»Ja, wenn es in Ordnung ist«, erwiderte Eva und wünschte, sie müsste hier nicht stehen. Sie fühlte sich betrogen und hintergangen, aber sie musste die Wahrheit herausfinden.

»Sie stillt gerade, aber du kannst zu ihr reingehen.«

Eva folgte ihm durch den Flur mit der dunklen Holzverkleidung. Das Haus sah noch genauso aus, wie sie es aus den Siebzigerjahren von Jimmys Kindergeburtstagen in Erinnerung hatte. Jimmy und sie waren in dieselbe Klasse gegangen. Inzwischen wohnte er mit seiner Familie offenbar in seinem alten Elternhaus.

»Entschuldige, dass ich störe«, sagte Eva.

Katja saß mit hochgelegten Beinen in einem Sessel. Sie nahm ihre Beine vom Hocker und gab Eva mit einer Geste zu verstehen, dort Platz zu nehmen. Das kleine Mädchen, das mit geschlossenen Augen eifrig an ihrer Brust saugte, konnte höchstens ein paar Monate alt sein. Sie machte den Eindruck, als könne sie nichts in der Welt aus der Ruhe bringen. Alex schlief vermutlich schon, denn im Rest des Hauses war es ruhig.

Eva spürte, wie die Tränen hinter ihren Augen brannten. Der Anblick des Babys war in ihrer momentanen Verfassung einfach zu viel.

»Wir hätten nicht darüber reden sollen, als Alex uns hören konnte«, sagte Katja.

»Worüber?«, fragte Eva. Sie wollte alles von Anfang an erfahren.

»Über Åke«, erklärte Katja. »Und Annika.«

»Welche Annika?«

Katja holte tief Luft.

»Ich komme aus Stockholm«, sagte sie. »Als ich Jimmy kennenlernte, wohnte ich bei einem verheirateten Paar zur Untermiete auf Södermalm. Die Frau war Brasilianerin, und die beiden lebten den größten Teil des Jahres in Brasilien. Ich weiß nicht, wie Annika mit ihnen in Kontakt gekommen ist, aber jedenfalls mietete sie wie ich ein Zimmer in der Wohnung. Alex und ich schliefen gemeinsam in meinem Zimmer.« Katja machte eine Geste mit der Hand, um zu zeigen, wie klein das Zimmer gewesen war. Sie blickte zu Jimmy hinüber, der auf einem der Sofas saß und zuhörte.

»Okay«, sagte Eva. »Erzähl bitte weiter!«

»Eines Tages tauchte Åke bei uns auf. Da hatte ich noch keine Ahnung, dass ich Jimmy kennenlernen würde, der ja auch von Smögen stammt. Eine Zeit lang kam Åke sehr häufig zu uns. Er erzählte viel von Smögen und wie schön es dort sei. Annika war total verknallt in ihn, und irgendwann begriff ich, dass sie schwanger war.«

Eva spürte, wie etwas in ihr zerbrach. Sie dachte an Vera, die jetzt möglicherweise auf einmal einen Bruder oder eine Schwester irgendwo in Stockholm hatte.

Sie sah Katja an und gab ihr mit dem Blick zu verstehen, dass sie alles hören wollte. Die ganze Geschichte.

»Wie es mit den beiden weiterging, weiß ich nicht. Eines

Abends habe ich Jimmy kennengelernt. Er hatte beruflich etwas in Stockholm zu erledigen, und ich habe mich sofort verliebt. Dann ging alles so schnell. Ich habe mein Zimmer gekündigt und bin ein paar Wochen später nach Smögen gezogen.«

»Hast du Annika seitdem getroffen?«, fragte Eva.

»Nein. In der Zeit, in der wir zusammenwohnten, haben wir uns gut verstanden, aber darüber hinaus kannten wir uns eigentlich kaum. Ich weiß nicht einmal, wie sie mit Nachnamen hieß.« Katja legte das Baby an ihre Schulter und stand auf.

Eva begriff, dass es Zeit war zu gehen, auch wenn sie mehr erfahren wollte. Ein zweites Mal entschuldigte sie sich, die kleine Familie gestört zu haben. Im Flur bot Jimmy ihr an, sie nach Hause zu fahren. Eigentlich wäre Eva lieber zu Fuß gegangen, willigte jedoch ein, da sie sich nicht sicher war, ob sie den Weg in ihrer momentanen Verfassung bewältigen würde.

Jimmy kutschierte sie in dem silberfarbenen Lieferwagen seiner Elektriker-Firma. Im Laderaum lagen Kabel und lauter andere Gerätschaften, die er bei seiner Arbeit benötigte. Während der Fahrt sprach keiner von ihnen ein Wort.

»Pass auf dich auf« war das Einzige, was Jimmy sagte, als Eva vor dem Haus ihrer Eltern aus dem Wagen stieg.

Auf dem Rückweg nach Smögen schwiegen Dennis und Sandra bis zur Uddevallabron. Auf der Mitte der Brücke fuhr Dennis langsamer, damit sie beide für einen Moment die Aussicht über das Wasser genießen konnten.

Das Abendessen bei Miriam und Andrea war ein so seltsames Erlebnis für Sandra gewesen, dass sie es mit keinem Wort kommentierte. Normalerweise verschlug es ihr nicht schnell die Sprache, doch diesmal fehlten ihr tatsächlich die Worte. Ihr Handy klingelte. »Ja, gut, danke«, sagte sie und legte auf.

»Das war Helene. Eine Nachbarin von Neo Waltersson

hat im Revier angerufen. Sie sagt, sie habe Informationen, die für unsere Ermittlung relevant sein könnten. Sollen wir zu ihr fahren?«

»Auf jeden Fall«, erwiderte Dennis und gab Gas. Momentan mussten sie nach jedem kleinen Strohhalm greifen, der sich ihnen bot und der die Ermittlungen möglicherweise voranbrachte.

Ihm fiel wieder ein, dass er später noch mit Gunnel verabredet war, aber bis dahin hatte er noch genug Zeit. Beim Gedanken an sie spürte er ein Kribbeln im Magen. Verdammt, vielleicht sollte er das Ganze doch noch abblasen.

Das Haus war weiß mit dunkelblauen Giebeln und lag direkt neben dem von Neo Waltersson. Eine ältere Dame in einem knielangen grauen Rock und einer weißen Bluse öffnete ihnen die Tür. Sie trug dicke Nylonstrümpfe, und ihre Füße steckten in braunen Hauspantoffeln. Wie in den meisten Häusern auf Smögen hingen in den Fenstern Spitzengardinen, und auch auf sämtlichen Tischen, Beistelltischen und Kommoden lagen gehäkelte Deckchen.

»Helga«, stellte sie sich vor und bat sie, am Wohnzimmertisch Platz zu nehmen. »Für einen Kaffee ist es vielleicht schon ein bisschen spät, kann ich Ihnen stattdessen einen Tee anbieten?«

Dennis begann zu befürchten, dass sie mit diesem Besuch ihre Zeit verschwendeten. Die alte Dame wollte womöglich nur ein bisschen Gesellschaft. Es kam häufiger vor, dass sich Leute bei der Polizei meldeten, um ein wenig Aufmerksamkeit zu bekommen.

Er lehnte höflich ab und sagte, dass sie gerade Kaffee getrunken hätten. Zu Dennis' Verwunderung reagierte Helga jedoch keinesfalls so gekränkt auf die abschlägige Antwort, wie er erwartete hatte.

»Ja, diese Maya«, begann sie.

»Was ist mit Maya?«, hakte Sandra rasch nach. Helga rutschte ein wenig in ihrem Sessel hin und her und blickte erst zum Fenster und dann zur Tür, als wollte sie sich vergewissern, dass niemand sie belauschte.

»Ja, ihre zwei Schwestern sind anständige Mädchen, und auch über Neo Waltersson und seine liebe Frau Greta kann ich nichts Schlechtes sagen. Sie waren schon immer reizende Nachbarn und anständige Leute. Seit mein Mann gestorben ist, räumt Neo im Winter immer den Schnee für mich, über ihn kann ich wirklich nichts Schlechtes sagen.«

»Und Maya?«, fragte Sandra, die allmählich ungeduldig wurde. »Was ist mit ihr?«

»Sie trifft sich mit Männern«, flüsterte Helga, die vor Verlegenheit gar nicht wusste, wo sie hingucken sollte.

Sandra fragte sich, ob Helga schon alt zur Welt gekommen und niemals jung gewesen war. Jedenfalls musste auch sie irgendwann einmal mit Männern ausgegangen sein, denn sonst hätte sie wohl kaum jemand zum Traualtar geführt.

»Ich habe meinen Mann nach dem Sonntagsgottesdienst in der Kirche kennengelernt«, erzählte Helga, als hätte sie Sandras Gedanken gelesen. »Beim fünfzigjährigen Jubiläum der Smögener Kirche.«

»Das ist eine Weile her«, kommentierte Dennis.

»Ja, das war im Herbst 1955. Im Jahr darauf haben wir geheiratet. Mein Mann ist vor sieben Jahren gestorben.« Helgas Stimme klang fest, doch die Rührung, mit der sie von ihrem Mann sprach, war nicht zu überhören.

»Welche Männer haben Sie denn bei Maya gesehen?«, fragte Dennis und schaute aus dem Wohnzimmerfenster, von dem aus man direkt auf den Eingang der Kellerwohnung der Walterssons blickte.

»Es waren mehrere«, erwiderte Helga.

»Haben Sie jemanden erkannt?«, hakte Sandra nach, die

innerlich vor Ungeduld zappelte, weil sich diese Unterhaltung so zäh gestaltete und Dennis nichts unternahm, um das Ganze ein wenig zu beschleunigen.

»Einen Mann kannte ich nicht. Wahrscheinlich kommt er nicht von hier.«

»Wie alt war er ungefähr?«, fragte Dennis.

»Mitte dreißig, würde ich schätzen«, erwiderte Helga.

»Und wen haben Sie außerdem bei Maya gesehen?«, erkundigte sich Sandra.

»Åke«, sagte Helga und sah aus, als sei sie der Meinung, eine riesige Bombe platzen gelassen zu haben, und befürchte, deshalb getadelt zu werden.

»Sind Sie sicher?«, fragte Dennis.

»Ganz sicher«, erwiderte Helga. »Evas Großmutter und ich sind seit Kindesbeinen befreundet, diese Familie kenne ich wie keine zweite. Die kleine Vera habe ich gestern erst getroffen. Wie groß sie geworden ist. Einfach schrecklich, dass sie ihren Vater verloren hat.«

»Wir wissen noch nicht, was Åke zugestoßen ist«, sagte Dennis bestimmt. »An welchen Tagen und um welche Uhrzeit haben Sie Åke bei Maya gesehen?«

»Letzte Woche habe ich ihn sowohl Freitagabend als auch Samstagnachmittag gesehen«, sagte Helga und warf Dennis einen entrüsteten Blick zu.

»Wie lange ist er jeweils geblieben?«, fragte Sandra.

»Höchstens eine halbe Stunde«, erwiderte Helga, und ihre ganze Körperhaltung drückte angesichts der Vorstellung, was die beiden während dieser halben Stunden wohl getrieben haben könnten, höchste Missbilligung aus.

»Haben Sie Åke noch häufiger bei Maya gesehen?«

»Das erste Mal habe ich ihn im Februar gesehen, als Maya während der Winterferien zu Hause war. Seitdem kam er regelmäßig vorbei, wenn Maya ihre Eltern besuchte.«

»Warum haben Sie Eva nichts davon gesagt?«, fragte Dennis.

»Ich wollte mit ihr sprechen. Aber in der ersten Zeit glaubte ich, dass es sich um irgendeine geschäftliche Angelegenheit zwischen Åke und Hafenkapitän Neo handelte. Dass er Maya besuchte, ist mir erst später klar geworden. Man will sich ja schließlich nicht in anderer Leute Angelegenheiten mischen«, schloss sie.

Wer's glaubt, wird selig, dachte Sandra bei sich. Helga hatte vermutlich nichts Besseres zu tun, als den lieben langen Tag zu beobachten, was in der Nachbarschaft vor sich ging. Dennis und Sandra bedankten sich für die Information und ließen Helga wieder allein. Langsam gingen sie die Gasse in Richtung Marktplatz hinunter.

»Denkst du, dass Åke und Maya ein Verhältnis haben?«, fragte Sandra.

»Es fällt mir schwer, das zu glauben«, antwortete Dennis. »Ich hätte nie gedacht, dass er Eva so etwas antun würde, aber man kann sich irren.«

»Ich hätte nie vermutet, dass Maya Åkes Typ ist, vor allem nicht, seit ich Eva getroffen habe. Maya ist fast noch ein Kind«, sagte Sandra kopfschüttelnd.

»Mhm«, machte Dennis und sah Sandra von der Seite an. Manchmal führte sie sich seiner Meinung nach auch noch ziemlich kindisch auf. Doch das würde er ihr niemals sagen.

Am Marktplatz trennten sich ihre Wege. Sandra wollte zu ihrer Großmutter, die ihr Unterschlupf gewährte, solange die Terrasse ihrer Nachbarwohnung von der Partycrowd in Beschlag genommen wurde.

Dennis ging kurz auf die Dolores, um frische Kleidung zu holen, und machte sich anschließend auf den Weg zu den Duschen des Gästehafens. Mittlerweile war es kurz vor neun.

Das eiskalte Wasser aus der Münzdusche betäubte seine Haut, doch es belebte ihn zugleich. Das üppige Essen bei Miriam und Andrea hatte ihn müde und schläfrig gemacht, und am liebsten wäre er einfach mit einem Buch in seine Koje geschlüpft. Dennis' Berechnung zufolge dauerte die Intervallzeit des Wasserstrahls ungefähr sechzig Sekunden. Drei Intervalle kosteten zwanzig Kronen. Das sollte genügen. Die ersten sechzig Sekunden zum Nassmachen. Und Intervall zwei und drei zum gründlichen Ausspülen nach dem Einseifen. Als er eingeseift und mit den Händen voller Shampoo in der Dusche stand, klingelte sein Telefon. Doch das musste warten. Nach etlichen enervierenden Klingeltönen verstummte es, vermutlich war die Mailbox angesprungen. Einige Sekunden später klingelte es wieder. Dennis trocknete sich die Hände an seinem Handtuch ab, stieg aus der Kabine und fummelte sein Handy hervor, wobei nicht nur die ganze Duschumkleide, sondern auch seine Sachen nass wurden. Es war Eva. Sie brauche jemandem zum Reden, sagte sie. Dennis wusste nicht, wie er darauf reagieren sollte. Sein schlechtes Gewissen meldete sich. Sollte er Gunnel enttäuschen oder Eva? Dennis versprach, sie zurückzurufen, sobald er geduscht hatte. Kurz darauf ging er zum Boot zurück und ließ seine Haare in der Abendsonne trocknen. Nach dieser Prozedur fühlte er sich zwar etwas erfrischt, aber nicht wirklich sauber.

Die Dolores empfing ihn mit einem sonnenwarmen Deck. Dennis goss sich einen kleinen Whisky ein und machte es sich in einem der Korbsessel gemütlich. Schöner konnte das Leben nicht sein. Wäre da nicht der massive Druck gewesen, die Ermittlungen erfolgreich abzuschließen, hätte er Momente wie diese einfach nur genießen können. Aber er stand unter Anspannung, und außerdem bereitete ihm sein Magen Probleme. Er fühlte sich hart und geschwollen an. Dennis fragte sich, ob die Beschwerden abklingen oder ob es in einer Katastrophe enden würde. Meeresfrüchte konnten diese Symptome bei ihm hervorrufen. Vor allem, wenn er zu viel davon aß, und das hatte er bei Miriam und Andrea getan. In seinem Kulturbeutel befand sich eine kleine Reiseapotheke, zu der auch Samarin-Brausepulver gehörte. Er löste einen Portionsbeutel in einem Glas Wasser auf und trank es mit raschen Zügen aus. Kurz darauf spürte Dennis, wie sich sein Magen ein wenig entkrampfte, und er entspannte sich. Doch dann fiel ihm Evas Anruf ein. Er musste sie zurückrufen und ihr Bescheid geben. Er würde eine Stunde zu Gunnel gehen und anschließend zu ihr. Eine Stunde konnte sie sicher warten.

Dennis' Magen schwoll immer weiter an. Meeresfrüchte, Samarin und Whisky schienen in seinem Körper eine toxische Reaktion ausgelöst zu haben. Er bekam so starke Krämpfe, dass er am liebsten geschrien hätte. Was sollte er tun?

Sein Mageninhalt wollte nach draußen, auf die ein oder andere Art, und Dennis war sich nicht sicher, welchen Weg er wählen würde. Er griff nach dem Eimer, den er sonst zum Deckschrubben verwendete.

Gunnel hatte heute einen ihrer bisher schönsten Tage auf Smögen verlebt. Sie hatte sympathische Menschen getroffen und ihr Honorar für die Skulptur erhalten, die inzwischen in der Sea Lodge stand. Sie war früh aufgestanden und hatte das Haus von oben bis unten geputzt. Putzen gehörte mittlerweile zu ihren Lieblingsbeschäftigungen. Sie hatte sich an das Alleinsein gewöhnt, und Putzen war ihre Art, den Wohlfühlfaktor des Ganz-für-sich-Seins zu steigern. Wenn das Haus blitzblank war, genoss sie es, es sich mit einer Tasse Tee auf dem Sofa gemütlich zu machen. Am Vormittag hatte sie gebacken und den Kühlschrank mit allerlei Leckereien gefüllt, falls sie Besuch bekäme. Victorias und Annas Stippvisite war nett gewesen, und am Nachmittag hatte eine Nachbarin vorbeigeschaut und sie mit dem neuesten Klatsch und Tratsch vom Kai versorgt, der den Tag noch ein bisschen interessanter machte. Eigentlich lebte Gunnel sehr zurückgezogen, doch als Neu-Smögenerin gefiel es ihr, ein wenig über die Insel und ihre Bewohner zu erfahren.

Inzwischen war es kurz vor neun, und sie fragte sich, ob Dennis wohl wie verabredet auftauchen würde. Ihr Vertrauen zu Männern ging gegen null, aber die Freundschaft mit Dennis pflegte sie aus einem anderen Grund. Wenn er heute nicht kam, dann eben an einem anderen Tag.

Mitten in ihre kontrollierten und rationalen Gedanken brach die Trauer über sie herein und überwältigte sie. Sie konnte sich nicht wehren. Sie sackte auf dem Sofa zusammen und brach in Tränen aus. Ihr Körper bot nicht genügend Platz für das Ausmaß ihres Schmerzes. Sie weinte, bis sie mit einem Kissen im Arm erschöpft einschlief.

Dennis wählte Gerhards und Signes Nummer. Er krümmte sich auf dem Fußboden des Steuerhauses und konnte sich nicht von der Stelle rühren.

»Kannst du bitte kommen?« war das Einzige, was er hervorbrachte, als Signe sich meldete.

»Was ist passiert?«, fragte sie, doch als sie lediglich ein Stöhnen zur Antwort bekam, legte sie auf. Gerhard, der ihr gegenüber am Küchentisch saß und Kaffee mit mehreren Stückchen Würfelzucker von einer Untertasse schlürfte, stand sofort auf. Signe gab ihm eine kleine Flasche aus dem Kühlschrank, und er stürzte aus der Küche.

Dennis konnte sich an die folgende Viertelstunde nur vage erinnern. Doch irgendwann war Gerhard als alter Seebär gewandt an Bord geklettert, hatte ihn gestützt und ihm ein süßes, sirupähnliches Getränk eingeflößt, das nach Lakritze und Pflaumen schmeckte.

»Gleich geht es dir besser«, hatte er versichert und ihn wie ein kleines Kind im Arm gehalten.

So hatten sie eine ganze Weile auf dem Boden gehockt. Und irgendwann, von jetzt auf gleich, war es vorbei. Dennis' schweißüberströmtes Gesicht hatte wieder seine normale Farbe angenommen, und seine gerötete Iris wurde allmählich wieder weiß.

»Na, siehst du«, brummte Gerhard zufrieden.

»Was hast du mir gegeben?«, fragte Dennis, der immer noch ein bisschen mitgenommen war.

»Eingekochte Trockenpflaumen mit Anis, Signes Rezept. Schon unsere Mutter hat darauf geschworen. Es hilft bei den meisten Magenbeschwerden.«

Dennis warf einen Blick auf die Uhr. Gerhard fiel auf, dass er gehetzt wirkte.

»Ich hätte um neun Uhr bei einem Termin sein müssen.«

»Termin?«, erwiderte Gerhard grinsend. »Um diese Uhrzeit?« So leicht ließ er sich nicht ins Bockshorn jagen, das wusste Dennis.

»Ich bin mit Gunnel verabredet. Du weißt, die Frau, die mir den Kutter vermietet hat«, gestand er.

Gerhard lachte. »Ich wusste doch, dass da was anderes dahintersteckt. Aber nimm dich in Acht, solche Frauen können gefährlich sein«, warnte er und drohte Dennis scherzhaft mit dem Zeigefinger.

»Gefährlich?« Dennis blickte ihn verständnislos an.

»Du verstehst schon, was ich meine«, sagte Gerhard lachend und kletterte wieder auf den Steg.

Sein Auftrag war ausgeführt, und jetzt wollte er nach Hause in seinen Sessel und den Ausblick auf Hållö genießen.

Sandra lief die vertraute Sillgatan hinunter. Sie blickte zu den schmucken Kupferdächern hinauf, die mehrere Häuser der

Kopfsteinpflastergasse zierten. Dort hatten früher die reichen Heringsbarone residiert. Gegen Ende des 19. Jahrhunderts hatten diese Gebäude das Stadtbild von Smögen erheblich verändert, und bis heute waren die Häuser mit den hübschen Türmchen eine Besonderheit zwischen all den alten Fischerkaten.

Lysekil war Sandras Zuhause, aber auch Smögen lag ihr sehr am Herzen. Das musste sie zugeben. Ein zweites Zuhause vielleicht, denn dies war der Ort, den sie mit ihrer Großmutter Elfrida verknüpfte. Ihre Großmutter hatte nichts dagegen, dass Sandra bei ihr wohnte, solange die Jugendlichen ihre Partys in Sandras Nachbarwohnung feierten.

Sandra bog in den Evert Taubes väg ein und betrat das Haus ihrer Großmutter, die mit einer Klöppelarbeit auf dem Schoß vor dem Fernseher saß. Im Winter strickte sie, und im Frühling, wenn es wärmer wurde, setzte sie sich an ihren Webstuhl, häkelte oder klöppelte. Da in ihrem Haus bereits jede freie Fläche mit einem Spitzendeckchen versehen war, häkelte sie inzwischen überwiegend für Wohltätigkeitsbasare und den Weihnachtsmarkt der Kirche. Klöppelarbeiten fertigte sie hingegen nur an, wenn jemand eine Spitze für einen Brautschleier oder ein Taufkleid bei ihr in Auftrag gab.

»Was wird das?«, fragte Sandra. Diese Frage hatte sie ihrer Großmutter von klein auf gestellt, sobald diese mit irgendeiner Handarbeit beschäftigt war. Die Spitze, an der sie gerade arbeitete, war schon ziemlich lang.

»Nichts Besonderes«, erwiderte ihre Großmutter.

»Du fängst doch keine Klöppelarbeit an, ohne zu wissen, was es werden soll?«, fragte Sandra.

»Nein, aber diesmal ist es anders«, antwortete ihre Großmutter leise. Sandra merkte, dass Elfrida ihr nicht erzählen wollte, für wen sie diese Arbeit erledigte, und das ärgerte sie. Glaubte ihre Großmutter etwa, sie könne kein Geheimnis bewahren?

»Hast du vielleicht etwas zu trinken?«, fragte Sandra. »Ich möchte keine Umstände machen, aber ich bin am Verdursten.«

Sandras Großmutter legte die Spitze beiseite und ging in die Küche. Dort nahm sie eingefrorenen Schwarze Johannisbeersaft aus dem Kühlfach, kratzte ein großes Stück ab und tat es in ein Glas. Anschließend füllte sie das Glas mit Wasser auf und rührte um. Das Eis schmolz und machte das Getränk wunderbar kühl.

»Ah, herrlich!«, seufzte Sandra. Der Johannisbeersaft ihrer Großmutter schmeckte köstlich. Das kalte Getränk erfrischte sofort. Ihre Verärgerung war verraucht und vergessen, und ihre Großmutter kehrte mit einem liebevollen Lächeln zu ihrer Klöppelarbeit und zu einer der dänischen Serien zurück, die sie immer schaute.

Sandra ging ins Gästezimmer und setzte sich an den Schreibtisch. Sie nahm ihr Tablet und den dicken Stoß Kontoauszüge aus der Tasche, den sie mitgenommen hatte, um ihn zu Hause durchzusehen. Die Transaktionen umfassten einen Zeitraum von fünf Jahren. Sandra stellte das Saftglas auf den Schreibtisch und begann zu lesen.

Sofie hockte in ihrem Zimmer auf dem Bett, das Tablet auf dem Schoß. Sie klickte die Nachricht an, die sie einen Tag, bevor man Sebastians Leiche fand, von ihm bekommen hatte. Er schrieb, dass er sie liebe und bald in der Lage sei, sie beide zu versorgen, und dass sie ihr Studium auch ohne die Unterstützung ihrer Eltern fortsetzen könne. Außerdem habe er in Göteborg eine Wohnung für sie beide gefunden. Sofie begriff nicht, wie ihr Vater ein so falsches Bild von Sebastian bekommen konnte. Er war der aufmerksamste Mensch gewesen, den sie je getroffen hatte. Die High-Society-Schnösel, mit denen ihre Eltern sie verkuppeln wollten, hatten sie kein bisschen interessiert. Söhne der Freunde ihrer Eltern, arrogante

Snobs, die sich nur für sich selbst interessierten. Wollten ihre Eltern etwa nicht, dass sie glücklich wurde? Ihre Mutter hatte wenigstens versucht, Sebastian kennenzulernen, aber ihr Vater hatte sofort auf stur geschaltet und Sebastian den Zutritt zum Haus verboten.

Einmal war er trotzdem mit zu ihr gekommen, weil sie irgendetwas hatte holen müssen. Und als ihr Vater unangekündigt nach Hause kam, hatte es einen Riesenzoff gegeben. Sebastian hatte ihrem Vater ins Gesicht gesagt, was er von ihm hielt, und seine Wortwahl war eindeutig gewesen. Sie schrien einander an, und ihr Vater hatte Sebastian dabei so heftig gestoßen, dass dieser stolperte und sich den Kopf an Großmutters alter Flurkommode aufschlug. Danach war es zu keiner weiteren Begegnung zwischen den beiden gekommen.

Sofie verspürte den Drang zu weinen, doch sie hatte keine Tränen mehr. Seit der Nachricht von Sebastians Tod hatte sie Tag und Nacht geweint, aber inzwischen schien ihr Körper keine Kraft mehr zu haben. Doch irgendetwas musste sie tun, sonst wurde sie noch verrückt. Sie wählte die Nummer der Polizei und wartete darauf, dass jemand abnahm. Nach der Vernehmung hatte die Göteborger Polizei ihren Vater aufgrund mangelnder Beweise wieder gehen lassen. Doch Sofie wusste, diesmal hatte er die Grenze bei Weitem überschritten, und sie war gezwungen, das einzig Richtige zu tun.

Elfrida hatte den weißen Flickenteppich mit rosa Streifen aufgerollt, ihn mit braunem Packpapier umwickelt und an die Enden rote Schleifen gebunden. Das Ergebnis sah aus wie ein riesiges Knallbonbon. Die Klöppelspitze war ebenfalls fertig, und sie wollte beide Arbeiten vor Mittsommer abliefern. Sie schlüpfte in ihren hellgrauen Sommermantel und in ein Paar graue Schuhe und verließ das Haus, ohne Sandra zu wecken, die im Gästezimmer am Schreibtisch eingeschlafen war.

Als Gerhard von Bord geklettert und zwischen den Bootsschuppen verschwunden war, zog Dennis ein frisches marineblaues Hemd an, schlüpfte in seine Jeans und putzte sich die Zähne. Diese dumme Magenverstimmung hatte ihn noch mehr Zeit gekostet als befürchtet. Als er an Gunnels Tür klopfte, war es bereits kurz vor zehn. Er kam eine Stunde zu spät. Niemand öffnete. Vielleicht war sie zu den Klippen gegangen, um zu baden. Es war ein wunderbarer Abend. Dennis klopfte ein zweites Mal. Lauter diesmal. Im Haus erklangen Schritte. Sie näherten sich. Einen Moment später öffnete Gunnel die Tür. Sie sah aus, als wäre sie gerade aufgestanden. Ihre blonden Locken waren stark zerzaust.

»Entschuldige, dass ich so spät komme«, sagte Dennis.

»Das macht nichts«, erwiderte Gunnel und gähnte. »Ich habe ferngesehen und bin auf dem Sofa eingenickt.«

»Sollen wir unser Glas Wein auf eine andere Gelegenheit verschieben?«, fragte Dennis. Er wusste selbst nicht, was ihm lieber war. Aber es erschien ihm nicht ganz passend, jemanden, der bereits geschlafen hatte, wach zu halten, um Wein zu trinken.

»Ja, das ist vielleicht besser. Deine Schwester hat mich übrigens eingeladen, Mittsommer bei ihr zu feiern. Wir sehen uns also da.«

»Ja, ich weiß, Victoria hat es erzählt«, sagte Dennis und war froh und erleichtert zugleich. »Ich komme direkt nach der Arbeit.«

»Dann ist Mittsommer vermutlich schon vorbei«, sagte Gunnel mit einem vorwurfsvollen Lächeln.

»Tut mir leid«, erwiderte Dennis. »Meine Arbeit lässt sich schlecht planen.«

»Natürlich. Das war ein Witz. Wir sehen uns bei deiner Schwester«, sagte Gunnel und schloss die Tür.

Dennis blieb noch einige Sekunden stehen, ehe er sich umdrehte und in Richtung von Evas Elternhaus ging.

»Warum hast du es ihr nicht erzählt?« Jimmy war zurückgekommen, nachdem er Eva zu ihren Eltern gefahren hatte, und stand nun im Wohnzimmer. Die kleine Tochter schlief auf seinem Arm.

»Ich weiß es nicht«, erwiderte Katja.

»Aber in dieser Situation ist es doch wohl das einzig Richtige?«, fuhr Jimmy fort.

»Ja, aber ich wollte nicht, dass Evas Beziehung zu Åke auf diese Weise endet. Du sagtest, dass sie seit ihrer Schulzeit zusammen sind. Ein Seitensprung während einer Beziehungspause. Was bedeutet das schon?«

»Er hat ein Kind mit dieser Frau. Das war nicht nur ein kleiner Fehltritt, um es mal so zu formulieren.«

»Nein, die beiden schienen bis über beide Ohren ineinander verliebt zu sein, zumindest soweit ich es mitbekommen habe. Aber so ist es ja häufig in der Anfangsphase. Das Ganze kommt mir schon unendlich lange her vor, und irgendwie erscheint es mir übertrieben, diese ganze Geschichte jetzt so aufzublasen.«

»Wo lebt Annika heute? Hast du wirklich nichts mehr von ihr gehört?«

»Nein, letzten Sommer habe ich sie mal auf Facebook gesucht. Ich dachte, ich könnte vielleicht etwas erfahren, ein paar Bilder sehen oder so. Aber ich habe sie nicht gefunden.«

»Glaubst du, sie könnte ins Ausland gezogen sein?«, fragte Jimmy, der das Thema nicht fallen lassen konnte.

»Gut möglich. Sie war durch ganz Südamerika gereist, und ich hatte den Eindruck, dass es sie reizte, dorthin zurückzugehen. Aber, wie gesagt, seitdem kann viel passiert sein.«

»Ruf Eva doch morgen an und sprich noch einmal mit ihr. Dann würde ich mich besser fühlen.«

»Morgen ist Mittsommer, nicht gerade der passende Tag, um eine Nachricht wie diese zu überbringen. Bis Montag lasse ich mir die Sache durch den Kopf gehen, und dann sehen wir weiter.«

Jimmy schien sich mit der Antwort zufriedenzugeben und ging nach oben, um die Kleine ins Bett zu bringen. Katja blieb auf dem Sofa sitzen und starrte vor sich hin. Sie suchte nach einer Lösung, wie sie sich aus dieser Sache herauswinden konnte. Wenn sie Eva mehr über Annika erzählte, bestand das Risiko, dass sie dabei auch mehr Dinge über sich selbst preisgab, als sie sollte. Über die Folgen wagte sie nicht einmal nachzudenken. Sie hatte ihr Leben endlich in den Griff bekommen, hatte eine Familie und ein schönes Haus, und das wollte sie um nichts in der Welt riskieren. Jetzt galt es, die Karten richtig zu spielen.

Als Elfrida von ihren Erledigungen nach Hause kam, ging sie ins Gästezimmer, wo Sandra immer noch am Schreibtisch schlief, den Kopf auf einem dicken Stapel Kontoauszüge. Sie weckte ihre Enkelin, um ihr Gute Nacht zu sagen.

»Du hast über eine Stunde geschlafen«, sagte sie.

»Was! Ist das wahr?«, fragte Sandra und griff nach dem Saftglas.

»Ich gehe jetzt ins Bett. In der Küche stehen Frikadellen mit Kartoffelpüree, falls du hungrig bist.«

»Danke, Oma! Wir sehen uns morgen früh.«

»Bleib nicht zu lange wach«, scherzte ihre Großmutter.

Sandra musste grinsen. »Versprochen.«

Sie legte sich auf das schmale Bett und knipste die Nachttischlampe an. Alles, was mit Bürokratie, Zahlen und Schriftkram zu tun hatte, ermüdete sie. Doch das unfreiwillige Nickerchen hatte ihr gutgetan. Mit neuer Energie widmete sie sich den Kontoauszügen. Was, wenn sie hier den Beweis entdeckte, der sie auf die Spur des Mörders brachte? Ihre antrainierte Fähigkeit, positiv zu denken, verlieh ihr einen zusätzlichen Motivationsschub.

Kapitän Malkolm Thörn saß in seinem Arbeitszimmer und blätterte in einem Logbuch. Er war in die Jahre gekommen. Seine einst so aufrechte Körperhaltung war der eines alten Mannes gewichen, und die Schmerzen in seinen Knien, Füßen und Hüftgelenken ließen ihn nachts manchmal nicht schlafen. Über vierzig Jahre lang war er mit großem Geschick und ohne nennenswerte Zwischenfälle über die sieben Weltmeere gesegelt. Doch in diesem Moment fühlte er sich schwach. Die Trauer seiner geliebten Tochter schmerzte ihn so sehr, dass er zumindest tagsüber seine Gebrechen nicht spürte. Bei dem Gedanken, dass sich jemand über den Weltenlauf hinweggesetzt und seiner Tochter den Mann genommen hatte, stieg blanker Zorn in ihm auf. Åke war seit fast zwanzig Jahren wie ein Sohn für ihn gewesen. Natürlich hatten sie auch Differenzen gehabt, aber in welcher Beziehung gab es die nicht? Vera, sein erstes Enkelkind, würde nun ohne ihren Vater und mit einer trauernden Mutter aufwachsen müssen. Doch mehr als alles andere quälte Malkolm der Gedanke, dass Åke womöglich durch seine Schuld etwas zugestoßen war. Dieser Gedanke war zu furchtbar, zu qualvoll, um daran zu glauben. Aber schließlich war er es gewesen, der Åke das Buch über die Schiffbrüche der vergangenen Jahrhunderte an der Küste von Sotenäs gezeigt hatte. Er hatte ihn auf die Legende um den Zweimaster Sankt Anna hingewiesen, der auf makabre Weise mit der gesamten Mannschaft an Bord vor Kleven gesunken war. Dass er zudem einen Schatz mit sich in die Tiefe genommen haben sollte, der niemals gefunden worden war, machte diese sagenumwobene Begebenheit noch spannender und hatte ihn selbst all die Jahre fasziniert. Doch Åke war von dem Gedanken, den Schatz zu finden, regelrecht besessen gewesen. Nicht, weil er sich dadurch irgendeinen Reichtum versprach, seinen Fund hätte er dem Museum Bohuslän übergeben. Aber die Spannung und der Nervenkitzel, auf einen fast zweihundert Jahre alten Schatz zu stoßen, hatten seine Lebensgeister geweckt. Seine Arbeit in der Baufirma würde sich niemals damit messen können. Sie war für Åke nur ein Broterwerb, ein Mittel, um sich und seine Familie zu ernähren. Das hatte Malkolm begriffen. Doch möglicherweise verfolgte irgendjemand andere Ziele. Jemand, der auf das Geld aus war, das man für reines Gold bekam. Es wäre ein Leichtes, die Münzen einzuschmelzen und das Gold zu den derzeit hohen Kursen in Göteborg zu verkaufen. Ein Goldschatz könnte gut und gerne einige Millionen Kronen wert sein. Menschen hatten seit jeher schon für bedeutend geringere Summen getötet.

Im selben Moment, als seine Schiffsuhr vier Glasen schlug, klopfte es an der Haustür. Malkolm hörte, wie Eva durch den Flur ging, um aufzumachen. Rasch erhob er sich, doch seine Knie und Füße waren so steif, dass er keinen Schritt tun konnte. Er musste einen Augenblick warten, ehe seine Glieder sich lockerten, und überlegte fieberhaft, wie um alles in der Welt er Eva und den Rest seiner Familien schützen sollte, falls ein ungebetener Gast mit bösen Absichten draußen auf der Schwelle stand. Doch als Dennis' Stimme im Flur erklang, atmete er auf. Er griff nach den Armlehnen seines Schreibtischstuhls, ließ sich wieder auf das Kissen sinken und blätterte weiter in dem Logbuch.

Dennis fühlte sich wieder wie mit sechzehn, als er vor der Tür von Evas Elternhaus stand und anklopfte. Früher hatten sie sich innerhalb der Clique immer spontan gegenseitig von zu Hause abgeholt, wenn sie irgendetwas unternehmen wollten. Das Telefon war damals das Hoheitsgebiet ihrer Eltern gewesen, und sie wohnten ohnehin alle nur einen Katzensprung voneinander entfernt. Später hatte Dennis immer nach Johan, Evas jüngerem Bruder, gefragt, doch eigentlich war es Eva gewesen, die er hatte sehen wollen. Dennis hatte sich immer vorgestellt, dass er und Eva ein Paar werden würden, sobald sie beide alt genug wären. Doch die Jahre waren vergangen, und in dem Sommer, in dem Dennis neunzehn und Eva siebzehn wurde, erschien Åke, der so alt wie Dennis war, mit seinem Surfboard unter dem Arm auf der Bildfläche. Er und ein Freund hatten sich in der Kellerwohnung von Hafenkapitän Neo einquartiert, sie mit ihren Surfboards und Taucherausrüstungen vollgestellt und blieben den ganzen Sommer. Åke verfügte über einen unerschöpflichen Vorrat an lustigen Geschichten und liebte es, Legenden über Piraten, Schiffswracks und versunkene Schätze zu erzählen. Vermutlich gab es kein einziges Wrack vor der Küste von Sotenäs, zu dem Åke nicht hinuntergetaucht war. Eines Tages spazierten Åke und Eva Hand in Hand über den Kai, und Dennis war am Boden zerstört. Natürlich freute er sich für Eva, und schließlich konnte er auch nicht von sich behaupten, von der schnellen Truppe gewesen zu sein. Eva hatte hin und wieder Interesse an einer Beziehung signalisiert, die über Freundschaft hinausging, doch die Sommer waren vergangen, ohne dass er ihr gestand, was er wirklich für sie empfand.

»Hallo, Dennis!«, erklang nun Evas Stimme an der Tür. Er schüttelte seine Erinnerungen ab und lächelte.

»Ist es schon zu spät, oder möchtest du, dass ich kurz bleibe?«, fragte er.

»Nein, komm rein! Ich koche gerade Tee. Smögen-Mischung, du weißt schon«, erwiderte Eva und gab sich Mühe, fröhlich zu klingen.

Smögen-Mischung hatten sie früher an dunklen Augustabenden getrunken. Sie enthielt unter anderem getrocknete Brombeeren und Heidekraut und hatte ein blumig-fruchtiges Aroma.

»Signe hat immer einen Brombeer- und Heidekrauttee gemacht«, erinnerte sich Dennis.

»Das Rezept ist von ihr«, erwiderte Eva. »Sie hatte meiner Mutter irgendwann einmal eine Dose mitgegeben, und der Tee war so lecker, dass ich sie nach dem Mischungsverhältnis gefragt habe. Seitdem pflücke ich jeden Sommer Brombeeren und Heidekraut und trockne sie. Außerdem braucht man auch noch einige Himbeerblätter. Vor allem, wenn man hochschwanger ist und will, dass das Kind rauskommt.«

»Du kennst dich gut aus«, sagte Dennis lächelnd. In Evas Gegenwart fühlte er sich entspannt. Das war schon immer so gewesen. Wenn sie sich nach längerer Zeit wiedersahen, war er in den ersten Tagen zunächst ein wenig nervös, doch dann kam es ihm wieder vor, als seien sie nie getrennt gewesen.

»Wie geht es dir?«, fragte Dennis und berührte Eva, die seinem Blick auswich, am Arm.

Eva starrte zu Boden und schüttelte heftig den Kopf.

»Dennis, ich habe erfahren, dass Åke ein Kind mit einer anderen Frau hat.«

»Wie bitte?! Was sagst du da?« Dennis war schockiert. In seinen Augen war Åkes und Evas Beziehung immer die stabilste gewesen, die er sich vorstellen konnte. Häufig zu seinem großen Verdruss, wie er sich eingestand.

»Woher weißt du das?«, fragte er.

Eva erzählte ihm von ihrer Begegnung mit Alex auf dem Schulhof und ihrem anschließenden Gespräch mit dessen Eltern.

»Annika?«, entfuhr es Dennis. »Wer zum Teufel ist das?«

»Ich habe keine Ahnung. Katja wusste nicht einmal, wie sie mit Nachnamen heißt.«

Vera schlief seit einigen Stunden, und ihre Mutter war auch schon ins Bett gegangen, doch ihr Vater saß noch in seinem Arbeitszimmer. Eva hoffte, dass er ihr Gespräch nicht hörte. Sie schämte sich, dass sie nicht schon früher misstrauisch geworden war. Wer auf Smögen wusste davon? Warum hatte ihr niemand etwas gesagt?

»Ich weiß, dass Åke dich immer geliebt hat«, sagte Dennis. »Eure Beziehungspause vor einigen Jahren muss bei ihm einen Kurzschluss ausgelöst haben.«

Eva fuhr sich mit den Händen übers Haar.

»Ich weiß nicht, was ich tun soll«, sagte sie. »Soll ich versuchen, diese Annika und Åkes Kind zu finden, oder die ganze Geschichte vergessen?«

»Wir werden sehen«, erwiderte Dennis. »Momentan brauchst du gar nichts zu tun. Die Suche nach Åke läuft noch, und hoffentlich wissen wir bald, was geschehen ist.«

»Aber wann?«, fragte Eva ungeduldig. »Inzwischen ist fast eine Woche vergangen.«

Dennis fühlte sich in seiner Berufsehre gekränkt, aber obwohl er Evas Reaktion als indirekten Vorwurf empfand, blieb er ruhig.

»Die meisten Vermisstenfälle lassen sich nicht innerhalb einer Woche lösen, vor allem nicht, wenn wir so wenige Indizien haben. Außerdem suchen wir gleichzeitig nach einem Täter, der einen jungen Mann ermordet hat.«

»Oder einer Täterin«, gab Eva zu bedenken.

»Ja, das versteht sich von selbst«, erwiderte Dennis.

Eva umarmte ihn zum Abschied lange. Während sie sich in den Armen hielten, kam Evas Vater aus seinem Arbeitszimmer und räusperte sich übertrieben laut.

»Kannst du kurz zu mir reinkommen, bevor du gehst, Dennis?«, fragte er mit seiner dröhnenden Stimme.

Eva und Dennis lösten sich voneinander, und Dennis folgte Malkolm gehorsam ins Arbeitszimmer.

»Ich wollte dir das hier geben«, sagte Malkolm und reichte ihm das Buch über die Schiffbrüche vor der Küste von Sotenäs.

»Danke«, erwiderte Dennis. »Aber willst du es nicht behalten? Das ist eine sehr schöne Ausgabe.«

»Ich kann mir ein neues besorgen«, erwiderte Malkolm. »Geh du nach Hause und informier dich ein bisschen über die Geschichte von Sotenäs. In dem Buch gibt es auch ein Kapitel über die Sankt Anna. Gerade das hat Åke immer besonders interessiert. Ich habe ihm das Buch vor einigen Jahren gezeigt, und seitdem sucht er nach dem Schiffswrack. Das war auch der Grund, warum er in jenem Herbst in Stockholm diesen Unterwasserarchäologie-Kurs besucht hat.« Malkolms Stimme klang gepresst, als gebe er sich die Schuld, dass die Dinge so gekommen waren, und versuche nun, etwas davon wiedergutzumachen, sofern es möglich war.

Dennis wünschte ihm eine gute Nacht und machte sich auf den Heimweg. Mittlerweile war es nach elf. Sein Magen rief sich in Erinnerung. Zu seinem bereits vorhandenen Magencocktail hatten sich noch einige Stresshormone gesellt. Doch jetzt deutete er die Signale eher als Hungergefühl. Auf dem Boot hatte er lediglich ein paar Kekse, und danach stand ihm nicht unbedingt der Sinn. In der Hoffnung, dort noch etwas Essbares aufzutreiben, ging er zum Kai hinunter.

Sandra lag auf ihrem Bett und arbeitete einige Listen durch. Nachdem ihre Großmutter sie aus ihrem unfreiwilligen Nickerchen am Schreibtisch geweckt hatte, hatte sie sich ausgeruht gefühlt und sämtliche Kontotransaktionen der vergangenen fünf Jahre von Smögen-Bau durchgesehen, doch keinerlei Auffälligkeiten feststellen können. Die Dienstleistungen, die die Firma monatlich in Rechnung gestellt hatte, waren bezahlt worden. Der Kundenstamm reichte von Privatpersonen, bei denen sie wahrscheinlich kleinere An- und Umbaumaßnahmen durchgeführt hatten, bis hin zu Unternehmen, bei denen die Rechnungssummen deutlich höher ausfielen. Vermutlich war es da um die Errichtung ganzer Gebäudekomplexe gegangen. Bei den weiteren Posten handelte es sich um Überweisungen ans Finanzamt, Gehaltzahlungen an Pelle, Åke, Sebastian und eine Mitarbeiterin namens Linda. Linda kümmerte sich um die Buchhaltung der Firma und hatte auch die Listen ausgedruckt, die Sandra gerade durchsah. Das Arbeitsamt hatte ebenfalls monatlich Geld überwiesen. Entweder bekam Smögen-Bau einen Zuschuss für Sebastians Lohn, oder das Arbeitsamt übernahm Alberts Praktikantengehalt. Albert war der junge Mann, der am Montag vor Dennis davongelaufen war, und auch derjenige, den Ragnar und sie am selben Tag mit dem Auto verfolgt hatten. Bisher hatten sie es versäumt, ihn zu vernehmen. Darauf musste sie Dennis morgen früh hinweisen. Aber als Nächstes würde sie noch den Stoß Listen mit Åkes privaten Banktransaktionen durcharbeiten. Die hatte sich Stig zwar schon angesehen, doch da sie ohnehin gerade dabei war, konnte sie die genauso gut ebenfalls durchgehen. Stig Stoltz musste ja nicht erfahren, dass sie die Listen ein zweites Mal überprüfte. Das würde ihn nur unnötig in Rage versetzen und ihn dazu bringen, sich über Ressourcenverschwendung und mangelndes Vertrauen in seine Fähigkeiten zu beschweren. Außerdem bekäme er einen Tobsuchtsanfall, weil sie Unterlagen aus dem Aktenschrank mit nach Hause nahm. Doch sie hatte nicht vor, das irgendjemandem auf die Nase zu binden. Als sie die letzte Seite durchging, stutzte sie plötzlich. Das war ungewöhnlich. Sie checkte die Posten einige Male, doch es schien zu stimmen: Åke hatte an vier verschiedenen Zeitpunkten jeweils fünfhunderttausend Kronen auf ein Konto überwiesen.

Sandra griff nach ihrem Handy und rief die Servicehotline der Bank an.

Miriam Morten genoss es, dass Andrea in der Küche sang und vor sich hin summte. Ihre große Liebe hatte offensichtlich gute Laune, und Miriam wurde ganz warm ums Herz.

»Kommst du?«, rief Andrea zu ihr ins Arbeitszimmer hinüber.

»Sofort«, rief Miriam zurück und schaltete ihren Computer aus. Sie hatte gerade Sebastian Svenssons Obduktionsbericht beendet und war froh, dass sie mit ihrer Arbeit fertig geworden war, bevor Andrea sie gerufen hatte.

»Sollen wir uns als Nachtschmaus noch ein paar exquisite Häppchen zusammenstellen?«, schlug Andrea vor.

»Ja, gerne!« Miriam lachte und berührte ihre Partnerin zärtlich am Arm. Andrea reichte ihr eine italienische Edelsalami, und Miriam begann gehorsam, sie in dünne Scheiben zu schneiden.

»Was sollen wir an Mittsommer machen?«, fragte Andrea.

»Lass uns doch Morgan und Louise einladen«, schlug Miriam spontan vor.

»Glaubst du nicht, dass sie schon Pläne haben?«, erwiderte Andrea.

»Ich weiß es nicht, aber sie haben keine Kinder, sie werden also kaum zu irgendeiner öffentlichen Veranstaltung mit Tanz um den Mittsommerbaum gehen.«

Morgan und Louise waren ein Paar, das sie in Stången kennengelernt hatten. Zwei wunderbare Menschen und immer für einen Spaß zu haben. An einem Abend mit ihnen waren hysterische Lachanfälle und verrückte Einfälle an der Tagesordnung.

»Ruf sie an«, sagte Andrea ungeduldig.

»Jetzt? Meinst du nicht, dass sie schon schlafen?«, erwiderte Miriam.

»Louise ganz bestimmt nicht«, antwortete Andrea überzeugt. »Ruf an!«

Miriam trocknete sich die Hände ab und ging zum Telefonieren ins Wohnzimmer. Als sie sich auf das weiße Sofa setzte, entdeckte sie einen kleinen Fleck. Er war hell, kaum zu sehen, aber Miriam hoffte, dass er sich entfernen ließ. Andrea war penibel bis zum Gehtnichtmehr, und wenn der Fleck nicht wieder herausging, würde sie auf ein neues Sofa bestehen. Als Miriam Louises Nummer wählte, versuchte sie, den Fleck zu verdrängen, doch er wollte nicht verschwinden. Er erinnerte sie an ein Detail, das ihr bei der Obduktion von Sebastian Svensson aufgefallen war und das für die Ermittlungen relevant sein könnte. Sie spielte mit dem Gedanken, noch einmal ins Arbeitszimmer zu gehen und Dennis anzurufen, doch als sie zu Andrea hinübersah, die gerade mit einem wunderbaren Lächeln auf den Lippen die Tapasplatte anrichtete, schob sie ihn beiseite. Es war schon nach elf, und wenn sie jetzt in ihr Arbeitszimmer ging, würde sie bei ihrer Rückkehr ins Wohnzimmer von einer wütenden Andrea empfangen werden. Dennis musste bis morgen warten, und vielleicht war dieses Detail auch gar nicht so wichtig. Stattdessen wählte sie Louises Nummer zu Ende und wartete auf den Freiton.

Es war kühler geworden. Dennis spürte den kalten Wind auf seinen nackten Armen, aber die Wärme von Evas Umarmung saß noch in seinem Körper und umhüllte ihn wie eine weiche, dicke Decke. Er ging die Treppen bei der Pizzeria hinunter und lief weiter am Kai entlang. Es war bereits nach elf, und alle Geschäfte und Restaurants, an denen er vorbeikam, hatten geschlossen. Die Planken des Stegs schimmerten silbrig grau. Regen, Salzwasserspritzer und Wind, mehr brauchte es nicht, um diese schöne Patina zu erzeugen. Er hatte mitbekommen, wie Victoria versuchte, Björn davon zu überzeugen, die Holzdielen ihrer Terrasse in Sjövik unbehandelt zu lassen, um möglicherweise die gleiche Optik zu erzeugen. Doch

Björn war von diesem verwitterten Grauton nicht ebenso begeistert wie Victoria. Aber er stammte auch aus Lerum mit seiner weitläufigen Seenlandschaft und war in seiner Kindheit nicht barfuß über die Planken des Smögen-Kais gelaufen. Dennis lächelte. Er fragte sich, ob es Victoria jemals gelingen würde, aus Björn einen eingefleischten Inselbewohner zu machen. Er liebte Garnelen und Krebse, doch das Baden in kaltem, salzigem Meerwasser zwischen lauter Quallen kam seinem Schwager zufolge auch nicht ansatzweise in die Nähe einer abendlichen Schwimmrunde im Mjörn. Und Makrelen in allen Ehren, aber einen Fünf-Kilo-Hecht oder am besten einen Zander – egal in welcher Größenordnung – aus dem Wasser zu ziehen war seiner Meinung nach nicht zu übertreffen. Allerdings war er auch sein Leben lang mit seinen Eltern zum Angeln auf den Mjörn gefahren, und das hatte ihn natürlich geprägt. Dennis' schlechtes Gewissen meldete sich. Er sollte mehr Zeit mit seinem Schwager verbringen, und morgen Abend an Mittsommer, wenn sich der längste Tag des Jahres langsam seinem Ende entgegenneigte, würde er mindestens ein Glas guten Whisky mit Björn trinken und über alte Anglergeschichten plaudern.

Kurz darauf hatte er die Dolores erreicht, ohne unterwegs irgendwo etwas Essbares auftreiben zu können. Im Steuerhaus suchte er verzweifelt nach irgendwelchen Vorräten. Seit die Meeresfrüchte nicht an ihrem Platz hatten bleiben wollen, hatte er abgesehen von dem Tee bei Eva nichts mehr in den Magen bekommen, und jetzt war ihm flau vor Hunger. In einer Kekspackung entdeckte er einige halb geschmolzene Doppelkekse mit Schokoladenfüllung. Er steckte einen in den Mund, ohne wie gewöhnlich vorher die obere Hälfte abzunehmen und die Creme herauszukratzen. Nach dem zweiten Keks beruhigte sich sein Magen ein wenig, und er setzte sich hin. Ein Absacker als Nachtisch, das musste als Abendessen genügen. Zur Auswahl standen Whisky oder Baileys. Angesichts der Berg- und Talfahrt seines Magens entschied er sich für Baileys. Den hatte er in erster Linie gekauft, um ihn seiner Schwester oder eventuell seiner Mutter anzubieten, falls sie ihn auf dem Kutter besuchten. Keine der beiden hatte es bisher geschafft. Und seine Mutter trat am Sonntag eine längere Mexiko-Reise an. Aber morgen würde er sie sehen. Sie wollte Mittsommer bei Victoria feiern, während ihr Lebensgefährte in ihrer Wohnung in Göteborg blieb und die Koffer packte. Ihr Flug ging am Sonntagmorgen in aller Herrgottsfrühe, und da fehlte ihm offenbar vorher die Zeit für einen Smögen-Besuch. Dennis konnte sich nicht recht entscheiden, was er von dem Partner seiner Mutter halten sollte. Die beiden hatten sich vor fünf Jahren kennengelernt, und seitdem hatte sich das Leben seiner Mutter von Grund auf verändert. John nahm sie alle Nase lange auf irgendwelche Reisen mit, und er wollte nicht etwa wie normale Menschen zwei Wochen lang Urlaub machen und dann wieder ins traute Heim nach Schweden zurückkehren. Nein, er wollte ferne Länder sehen und Land und Leute von Grund auf kennenlernen. In Brasilien hatten sie einen ganzen Winter auf der Insel Ilha Grande südlich von Rio gelebt, und ihre zwei Costa-Rica-Aufenthalte hatten jeweils mehrere Monate gedauert. Dennis hatte sie in beiden Ländern besucht, und er plante auch einen Trip nach Mexiko, wenn sie – wie er annahm – bis zum Frühling dortblieben. Doch diesmal hatte die Reise auch einen anderen Grund. Johns Tochter war seit ein paar Jahren mit einem Mexikaner verheiratet, und inzwischen hatten die beiden eine dreijährige Tochter, die John erst einige Male gesehen hatte. Die beiden betrieben ein Restaurant in Playa del Carmen, und die Eröffnung eines zweiten Restaurants stand kurz bevor. Aus diesem Grund hatten John und seine Mutter versprochen, sie zu unterstützen und sich um Laila zu kümmern.

Dennis kroch in seinen Schlafsack, setzte sich auf und stopfte sich ein paar Kissen in den Rücken. Er stellte das Baileysglas auf den Tisch neben seiner Koje und schlug das Buch auf, das Malkolm ihm gegeben hatte. Die Geschichten waren unglaublich spannend. Im Fahrwasser direkt vor seinen geliebten Klippen waren seit jeher Schiffe untergegangen und ausgeplündert worden. Darüber schwarz auf weiß zu lesen war etwas anderes, als Gerhards Erzählungen zu lauschen. Er hatte Gerhards Geschichten immer als Seemannsgarn abgetan, doch einiges in diesem Buch schien tatsächlich auf Tatsachen zu beruhen. Vielleicht übertraf auch hier die Wirklichkeit die Sage. Das zweite Kapitel handelte von der Sankt Anna. Die Geschichte war ganz und gar unglaublich, und wenn er sie ohne den Verweis auf bestätigte Quellen nacherzählte, würde sie ihm niemand abnehmen. Dennis las, bis ihm die Augen zufielen.

14

Als ihr Handywecker klingelte, schlug Victoria die Augen auf und fragte sich, ob sie überhaupt geschlafen hatte. Anna war erkältet, und Victoria hatte sie die ganze Nacht auf dem Arm umhergetragen. Jedes Mal, wenn Anna an ihrer Schulter einschlief, hatte Victoria versucht, sie hinzulegen, und jedes Mal war Anna aufgewacht und hatte wieder angefangen zu weinen. Erst nach vier Uhr morgens war sie eingeschlafen. Zwei Stunden Schlaf, damit kam man nicht weit, doch Victoria musste aufstehen. Heute war Mittsommer, und das wichtigste Fest des Sommers sollte für Theo und Anna ein Erlebnis werden. Das hatte sie entschieden, also blieb ihr nichts anderes übrig, als die Zähne zusammenzubeißen und mit den Vorbereitungen zu beginnen. Aus dem zweiten Schlafzimmer im Obergeschoss drang Björns Schnarchen zu ihr herüber. Klang ganz danach, als hätten er und Theo eine ruhige Nacht gehabt, also war Björn wohl ausgeschlafen.

Victoria betrachtete sich im Spiegel, der im Schlafzimmer stand. Um Gottes willen! Sie sah wirklich aus wie ein Wrack.

Sie griff nach ihrem Handy. Eine Nachricht. Ihre Mutter informierte sie, dass sie es vor ihrer Abreise nach Mexiko doch nicht mehr nach Smögen schaffen würde. *Na wunderbar.* Ihre Mutter, die Chaos-Queen. Doch Victoria riss sich zusammen. Um nichts in der Welt würde sie sich diesen Mittsommertag ruinieren lassen. Sie ließ Anna im Bett weiterschlafen und ging nach unten, um mit den Vorbereitungen zu beginnen. Auf dem Küchentisch standen eine Vase mit Margeriten und eine Vase mit Kornblumen, aus denen sie zwei kleine Kränze für Anna und Theo flechten wollte. Dann musste das Haus geputzt werden, gründlich. Theos Spielsachen lagen überall herum, im Wohnzimmer, im Flur und in der Küche. Victoria hatte keine Ahnung, wo sie anfangen sollte. Allein die Essensvorbereitungen würden Stunden dauern. Sie wollte eine Heringstorte mit einem Boden aus Roggenbrot machen, sie musste zig Eier kochen, Lachs beizen, eine Soße aus Sahne und Mayonnaise anrühren, eine riesige Menge Schnittlauch schneiden und alles so weit vorbereiten, dass sie das Essen nur noch auf den Tisch zu stellen brauchte, wenn sie von der Mittsommerfeier im Badhusparken zurückkämen. Aber am sinnvollsten war es wohl, zuerst den Abwasch zu erledigen, damit die Spüle frei war. Sonst konnte sie nicht mit den Essensvorbereitungen beginnen.

Gerade als das Spülbecken vollgelaufen war und sie ein paar Gläser hineingelegt hatte, begann Anna im Obergeschoss zu weinen. Victoria lief die Treppe hinauf. Auf der letzten Stufe merkte sie, wie ihr vor lauter Müdigkeit schwarz vor Augen wurde.

Sie legte sich neben Anna aufs Bett, die hungrig an ihrer Brust zu saugen begann. Wenn heute nicht Mittsommer wäre, hätte sie mit Anna den ganzen Tag hier liegen können. Diese Vorstellung erschien ihr wie ein Traum.

Doch Anna wollte nicht mehr schlafen. Victorias Puls schlug immer schneller. Ihre Kondition war völlig im Keller. Sie musste die Kleine mit nach unten nehmen.

Mit Anna in der Babytrage vor dem Bauch begann Victoria mit dem Abwasch, Glas für Glas, Teller für Teller. Anna schien zufrieden zu sein. Sie schaukelte gemütlich, während ihre Mutter mit der Spülbürste im Becken hantierte. Victoria dachte an die Zeit, als Theo in Annas Alter gewesen war. Er hatte nie im Kinderwagen liegen, sondern immer nur in der Trage sitzen wollen. Bis er zehn Monate alt war, hatte er bei allen Spaziergängen, die sie mit anderen Müttern aus Sjövik gemacht hatte, vor ihrem Bauch gesessen. Seit Annas Geburt traf sie sich nicht mehr so häufig mit ihnen. Für soziale

Kontakte blieb irgendwie keine Kraft mehr übrig. Aber heute war Mittsommer, und Victoria war fest entschlossen, diesen Tag bravourös zu meistern. Das Haus würde geputzt sein, das Büfett sich vor Essen biegen, und sie würde sich die Haare waschen und sie zur Abwechslung einmal in eine anständige Frisur bringen. Und die Blumenkränze für die Kinder würde sie auch noch flechten.

Wo blieb eigentlich Björn? Heute war keine Zeit, um auszuschlafen. Das sollte er eigentlich wissen. Victoria ging wieder die Treppe hinauf. Unter Björns Schnarchen erzitterte das ganze Obergeschoss. Wie konnte Theo bei diesem Heidenlärm nur so fest und friedlich neben seinem Vater schlafen? Victoria zerrte an Björns rechtem Fuß, doch er zog ihn zurück unter die Bettdecke. Sie wiederholte das Spiel. Björn öffnete ein Auge und sah sie verwirrt an.

»Wir müssen aufstehen«, flüsterte Victoria. »Wir haben noch tausend Dinge zu erledigen.«

»Ja, natürlich«, erwiderte Björn.

Victoria kehrte wieder zu ihrem Abwasch zurück. Sie war so müde, dass sie das Gefühl hatte, jeden Moment ins Koma zu fallen.

Plötzlich sah sie, dass sich der Schaum im Spülbecken rot färbte. Verdammt. Sie musste sich an einem kaputten Glas geschnitten haben. Sie zog ihre Hand aus dem Wasser. Ihr Daumen blutete stark. Merkwürdig, sie hatte gar nicht gemerkt, dass eins der Gläser zerbrochen war. Victoria wurde schwarz vor Augen, und sie musste sich mit Anna vor dem Bauch auf einen Küchenstuhl setzen.

»Björn!«, rief sie, bekam jedoch keine Antwort. »Björn!«, rief sie noch einmal. Victoria stand auf und ging ins Wohnzimmer. Das Blut von ihrem Daumen tropfte auf den Boden. Björn hatte es zwar die Treppe hinunter ins Erdgeschoss geschafft, anschließend jedoch die erste Tuchfühlung mit ihrer

Wohnzimmercouch dazu genutzt, sich der Länge nach darauf auszustrecken und wieder einzuschlafen. Jetzt lag sein Kopf auf der Armlehne, und er schlummerte seelenruhig, während Theo auf dem Boden hockte und mit langen Streichhölzern spielte, die er vor sich ausgekippt hatte. Victorias Schwindelanfall schlug in einen hysterischen Wutausbruch um.

»Nein!«, schrie sie. »Nein, nein, nein!« Ihr Gesicht hatte sie dabei Theo zugewandt, doch eigentlich richtete sich ihr Zorn gegen ihren Ehemann. Der arme Theo riss die Augen auf und starrte seine Mutter verwundert an. Was ist denn los? schien sein Blick zu sagen. In seiner kleinen Welt war alles perfekt. Er hatte gut geschlafen, war ausgeruht aufgewacht und dann mit Papa nach unten ins Wohnzimmer gegangen, um zu spielen.

»Was ist passiert?«, fragte Björn verschlafen, seine Augen waren vor Müdigkeit rot unterlaufen.

»Ich geh nach oben! Tschüss!«, fauchte Victoria und drehte sich mit Anna, die in ihrer Trage aufgewacht war, hastig um.

»Aber heute ist doch Mittsommer«, protestierte Björn. »Sollten wir nicht aufräumen und Essen vorbereiten und so?«

»Ja, ganz genau!«, schrie Victoria von der Treppe.

Oben im Schlafzimmer lag eine Packung Feuchttücher. Sie riss ein paar heraus und wischte das Blut von ihrer Hand und ihrem Unterarm. Das letzte Tuch wickelte sie um ihren Daumen. Sie nahm Anna aus der Trage und legte sie neben sich aufs Bett. Anna begriff sofort, was von ihr verlangt wurde. Sie schlief an der Brust ihrer Mutter ein, während diese ihrerseits ins Reich der Träume abdriftete.

Sandra wurde vom Duft frisch gemahlenen Kaffees geweckt. Ihre Großmutter kaufte immer ganze Kaffeebohnen in einer Rösterei in Kungshamn und mahlte jeden Morgen genau die Menge, die sie für den Tag benötigte. Sandra sprang aus dem Bett und schlüpfte in ihren Bademantel. Der Kaffee schmeckte himmlisch, und sie wollte sich nicht die Chance entgehen lassen, eine Tasse zu bekommen. Heute war Mittsommer. Ein Tag, den ein romantischer Glanz umgab. Der Tag, an dem unverheiratete Frauen ihrem zukünftigen Ehemann begegnen oder zumindest von ihm träumen sollten. Ihre Jugendliebe Henry hatte in den letzten Monaten deutlich Interesse signalisiert, aber sie war nicht darauf eingegangen. Das Leben musste mehr zu bieten haben als eine stumpfe Abfolge von Schule, Ausbildung, Jobsuche und Heirat mit Henrik. Nein, so durfte es nicht kommen. Henrik war der netteste Kerl der Welt, aber so hatte sie sich ihr Leben nicht vorgestellt. Sie wollte einen interessanten Mann kennenlernen, der von woanders herkam. Nicht aus Lysekil. Etliche ihrer Klassenkameraden hatten direkt nach dem Schulabschluss mit ihrer Jugendliebe eine Familie gegründet und Kinder bekommen. Für manche mochte das der richtige Lebensweg sein, doch nicht für sie. Aber heute war Mittsommer, und Sandra machte der Anblick all der glücklichen Pärchen, von denen man an diesem Tag umringt war, zusehends zu schaffen. Daher sehnte sie sich danach, sich in Arbeit zu vergraben, und sie vermutete, dass es Dennis ebenso ging. Wenn sie ihren Kaffee getrunken hatte, würde sie zu ihm gehen und die Planung des heutigen Tages mit ihm besprechen. Ihre Großmutter saß mit einer Tasse Kaffee auf ihrer kleinen Terrasse in der Sonne. Sandra goss sich ebenfalls eine Tasse ein und setzte sich zu ihr.

Elfrida war bereits vollständig angezogen. Sie trug einen Rock mit Bluse, Nylonstrümpfe und Schuhe. Auch die Lockenwickler, mit denen sie stets schlief, hatte sie schon herausgenommen und ihr Haar in eine adrette Frisur gebürstet. Sandras Haare hingen in zerzausten Strähnen rings um ihr Gesicht, und obwohl sie noch keinen Blick in den Spiegel geworfen hatte, spürte sie die Tränensäcke unter ihren Augen.

»Dein Kaffee schmeckt herrlich, Oma«, schwärmte sie.

»Mhm«, erwiderte diese. »Nimm dir ein Hefeteilchen, wenn du willst. Sie schmecken besonders gut, wenn man sie in den Kaffee tunkt.«

Sandra griff nach einem der wunderbaren Butterknoten, die ihre Großmutter immer backte. Normalerweise aß sie zum Frühstück höchstens eine Scheibe Sauerteigbrot mit Käse, aber das hier war einfach zu verführerisch. Ihre Großmutter wusste die guten Dinge des Lebens zu genießen. Als Jugendliche hatte Sandra immer gedacht, dass Elfrida ein langweiliges und eintöniges Leben auf Smögen führte, doch inzwischen verstand sie, dass ihre Großmutter jeden Tag voll ausschöpfte und sich ihr Leben nach ihren Bedürfnissen und Interessen eingerichtet hatte.

»Hast du den Teppich und die Spitze abgeliefert?«, fragte Sandra lächelnd, um zu zeigen, dass ihre Enttäuschung über die Geheimniskrämerei ihrer Großmutter, wer die Arbeiten in Auftrag gegeben hatte, verflogen war.

»Ja«, erwiderte ihre Großmutter und lächelte zufrieden. »Wie lange arbeitest du heute?«, fuhr sie nach einer kurzen Pause fort.

»Ich denke, so bis fünf«, antwortete Sandra. »Aber ich kann es nicht ganz genau sagen. Du weißt, dass sich meine Arbeit nicht so leicht planen lässt wie ein normaler Bürojob.«

»Ja, ich weiß«, erwiderte ihre Großmutter. »Aber wenn du nach Hause kommst, wollte ich uns etwas Leckeres zu essen machen. Ist dir das recht?«

»Ja, sicher, das wäre toll«, stimmte Sandra zu. »Soll ich noch irgendwas mitbringen?«

»Nein, ich habe alles. Komm du einfach nur.« Sandra umarmte ihre Großmutter und sprang anschließend unter die Dusche. Sie wurde munterer, und kurz darauf waren auch ihre widerspenstigen Haare gebändigt und hochgesteckt. Schnell schlüpfte sie in eine kakifarbene Bluse, kakifarbene Shorts und ihre bequemen weißen Converse. Der Einsatz von kaltem Wasser hatte die Schwellungen unter ihren Augen ein wenig zurückgehen lassen, und ihr fiel auf, dass sie durch die Sonne der vergangenen Tage eine leichte Bräune bekommen hatte, die ihr gut stand. Sandra begab sich in die Sommerwärme hinaus und machte sich auf den Weg zum Bootsschuppen.

Pelle Hallgren stand in seinem Büro bei Smögen-Bau und wandte seinem Bruder den Rücken zu. Er wagte es nicht, ihn anzusehen, während er ihn konfrontierte.

»War das nötig?«, fragte er vorwurfsvoll.

»Was?«, erwiderte Carl irritiert.

»Du hättest ihn doch nicht umbringen müssen«, sagte Pelle und blickte über die Schulter.

»Umbringen?«, fragte Carl, und seine Stimme klang aufrichtig verletzt.

»Sebastian Svensson«, verdeutlichte Pelle. »So schlimm war seine Beziehung mit Sofie nun auch wieder nicht. Jedenfalls war er nicht der schlimmste Freund, den sie mit nach Hause gebracht hat.«

»Pass auf, was du sagst«, zischte Carl, der jetzt richtig wütend war. »Ich habe Sebastian nicht umgebracht. Warum sollte ich wegen einer solchen Lappalie unsere Pläne aufs Spiel setzen? Sofie hätte früher oder später sowieso das Interesse an ihm verloren. Die Polizei hat mich direkt nach der Vernehmung wieder gehen lassen, und sie haben sich sogar bei mir entschuldigt.«

»Sebastian wollte Sofie bitten, ihn zu heiraten. Er war schon dabei, eine Wohnung für sie in Göteborg zu organisieren«, fuhr Pelle fort, um Carl zu provozieren.

Und mit Erfolg: Seinem Bruder klappte buchstäblich die Kinnlade herunter. Offensichtlich hatte er keine Ahnung gehabt, wie ernst die Beziehung zwischen seiner Tochter und Sebastian gewesen war. Oder war er ein so guter Schauspieler?

Solange Pelle seinen Bruder kannte – und das war immerhin sein ganzes Leben, weil er zwei Jahre jünger war –, hatte dieser nicht die geringsten Skrupel besessen. Das hatte sich auch in ihrer Jugend nicht geändert. Sobald Pelle ein Mädchen kennenlernte, hatte sein Bruder alles darangesetzt, sie zu erobern. Und meistens war ihm das auch geglückt. Pelle konnte nicht verstehen, was die Frauen in Carl sahen. Sicher, er war attraktiv, mit klassischen, ebenmäßigen Gesichtszügen. Aber sein Charakter war einfach schon immer widerwärtig gewesen.

Anita, die Frau, die er schließlich heiratete und mit der er Sofie bekam, war Pelles große Jugendliebe gewesen. Er hatte seinem Bruder nie von ihr erzählt. Aber irgendwann, in einem Frühjahr, kriegte dieser trotzdem heraus, was Pelle für Anita empfand. Woraufhin er sie den ganzen Sommer über umgarnte, und zur Weihnachtszeit schlenderten Carl und Anita Hand in Hand durch die Geschäfte in Kungshamn. Einer von Pelles Freunden hatte sie dort gesehen und es ihm erzählt. In der Zeit danach war er in einen Zustand verfallen, den man heutzutage als Depression bezeichnen würde, doch als sich die Beziehung der beiden zusehends festigte und intensivierte, begriff er, dass er nun mit ziemlicher Sicherheit ein neues Mädchen kennenlernen konnte, das ganz allein ihm gehörte. Ein Mädchen, das Carl ihm nicht ausspannen würde. Denn ganz offensichtlich hatte sich sein Bruder in Anita verliebt. Außerdem begannen Carl und Anita beide ein Universitätsstudium in Göteborg und kamen in den folgenden Jahren nicht besonders häufig nach Smögen.

Im nächsten Frühjahr lernte er Katarina kennen, und langsam, aber stetig war ihre Liebe gewachsen und hatte sich zu einer unerschütterlichen Beziehung entwickelt, die nicht einmal sein Bruder ins Wanken bringen konnte. Hinzu kam, dass Katarina mit ihren dunklen Haaren und ihrer kompakten Figur auch nicht in das Beuteschema seines Bruders passte, der blonde und zierliche Frauen bevorzugte.

Jetzt standen sie einander gegenüber, starrten sich an und fochten mit den Augen einen stillschweigenden Kampf aus. Ihr Vater hatte ihnen die Firma zu gleichen Teilen vererbt, wodurch ihnen keine andere Wahl geblieben war, als wieder miteinander in Kontakt zu treten. Und dieser sogenannte Kontakt hatte Pelle in den vergangenen Jahren ausgelaugt. Dass sein Bruder nun mit offenem Mund dastand, offenkundig schockiert, weil seine Tochter Heiratsabsichten gehegt hatte und weil sein eigener Bruder ihn des Mordes an seinem Schwiegersohn in spe bezichtigte, bewies, dass dessen ansonsten steinharte Fassade einen Riss bekommen hatte. Obwohl Pelle sich oft gewünscht hatte, in dem verbalen Schlagabtausch, der zwischen ihnen stattfand, die Oberhand zu gewinnen, war er zu erschöpft, um diesen Sieg zu genießen. Er wollte nur noch, dass sein Bruder ihm so schnell wie möglich aus den Augen ging. Und dieser Wunsch erfüllte sich, denn Carl drehte sich wortlos um und verließ das Büro. Pelle blickte ihm nach und überlegte, ob er zum Hörer greifen und die Polizei anrufen sollte. Das Ganze war so offensichtlich, dass sie den Wald vor lauter Bäumen nicht sahen.

Dennis hatte Stig und Helene gestern Abend noch eine E-Mail geschrieben, dass sie an Mittsommer nicht zu ihrer morgendlichen Besprechung im Bootsschuppen kommen müssten. Worüber sie vermutlich nicht besonders traurig waren. Auf diese Weise sparten sie sich die Fahrt über die Brücke, und wahrscheinlich wollten sie an diesem Tag so früh wie möglich von der Arbeit nach Hause zu ihren Familien, um zu feiern.

In Stig Stoltz' Fall wusste Dennis nicht einmal, ob er Familie hatte. Er kam Dennis nicht gerade wie ein Mann vor, mit dem jemand zusammenleben wollte, aber andererseits schien das ja mit ihm selbst auch niemand zu wollen, dachte er und beschloss, sich nicht weiter mit Stigs Privatleben zu befassen.

Als Sandra um acht Uhr den Bootsschuppen betrat, stand Dennis über die große Werkbank in der Mitte des Raums gebeugt und betrachtete die Fotos der Personen, die in ihrer Ermittlung bisher in Erscheinung getreten waren. Er hatte die Bilder in schnurgeraden Reihen untereinander angeordnet. Sandra stellte sich neben ihn. Sie studierte die Fotos, unter denen jeweils der Name der betreffenden Person vermerkt war.

»Kannst du alle Personen bis auf drei ausschließen?«, fragte Dennis.

»Welche soll ich denn ausschließen?«, erwiderte sie.

»Die, bei denen du kein Motiv siehst oder denen du eine solche Tat nicht zutraust.«

Sandra betrachtete die Personen noch einmal genau. Die möglichen Kandidaten waren: Carl Hallgren, seine Frau Anita, sein Bruder Pelle, André Berglund, Albert, der als Praktikant bei Smögen-Bau arbeitete und der vor Dennis und ihr geflüchtet war, sowie Linda, die Buchhalterin von Smögen-Bau, Neo Waltersson und zu guter Letzt Sebastians Eltern und sein Bruder Markus. Fotos von Eva und ihren Eltern hatte Dennis nicht auf den Tisch gelegt.

»Ehrlich gesagt halte ich keine dieser Personen für unseren Täter«, sagte Sandra nach einer Weile.

»Okay, und wer ist deiner Meinung nach der Täter?«

»Vielleicht eine Frau, die Annika heißt«, antwortete Sandra zögernd.

Dennis horchte auf. Woher wusste Sandra, dass Eva eine Frau erwähnt hatte, die Annika hieß und möglicherweise ein Kind mit Åke hatte?

»Warum glaubst du, dass diese Annika unsere Täterin ist?«, fragte er.

»Ich weiß es nicht«, erwiderte Sandra und bereute ein wenig, dass ihr der Name spontan rausgerutscht war. »Ich bin gestern Abend sämtliche Aus- und Einzahlungen auf dem Geschäftskonto von Smögen-Bau durchgegangen. Zuerst konnte ich keine Unregelmäßigkeiten entdecken. Doch dann habe ich mir Åke Strömbergs Privatkonto vorgenommen – die Liste, die Stig prüfen sollte –, und da sind mir vier hohe Überweisungen an eine Privatperson aufgefallen. Als ich mir daraufhin noch einmal die Geldtransfers von Smögen-Bau angesehen habe, ist mir aufgefallen, dass die gleichen Beträge von Smögen-Bau auf Åkes Privatkonto geflossen sind.«

»Von welchen Summen reden wir?«, fragte Dennis.

»Insgesamt zwei Millionen Kronen«, sagte Sandra und blickte Dennis dabei in die Augen, um seine Reaktion zu sehen. Dennis hörte hoch konzentriert zu. Das gefiel ihr.

»Aber woher weißt du, wem das Konto gehört? Hast du mit der Bank gesprochen?«

»Ja, ich habe die Servicehotline angerufen, die ist rund um die Uhr besetzt. Die Kontoeigentümerin ist eine Annika Andersson. Mehr konnte ich nicht in Erfahrung bringen. Für weitere Informationen ist ein polizeilicher Beschluss erforderlich. Ich werde sofort mit Ragnar Härnvik darüber sprechen.«

Eine Annika Andersson befand sich nicht unter den Fotos auf dem Tisch. Wie hatten sie sie nur übersehen können, und wo hielt sie sich derzeit auf? Katja hatte Eva nicht gerade viel über diese Annika erzählen können. Angeblich kannte sie nicht einmal ihren Nachnamen. Sagte sie die Wahrheit, oder gab sie vor, es nicht zu wissen, weil sie selbst etwas zu verbergen hatte?

»Aber weshalb sollte Åke zwei Millionen Kronen an jemanden überweisen und dann von der betreffenden Person ermordet werden?«, gab Dennis zu bedenken.

»Vielleicht wollte Åke zur Polizei gehen und sie anzeigen«, sagte Sandra.

»Möglich, Annika könnte Åke erpresst und damit gedroht haben, Eva von dem Kind zu erzählen, wenn er nicht zahlt«, führte Dennis den Gedankengang weiter.

»Die Geldbeträge wurden letztes Jahr überwiesen.«

Sowohl Dennis als auch Sandra spürten instinktiv, dass sie bei der Ermittlung gerade einen großen Schritt vorangekommen waren. Jetzt hatten sie zumindest eine Verdächtige. Eine Person mit einem denkbaren Motiv. Es gab viele Präzedenzfälle, in denen Menschen für bedeutend geringere Summen verschleppt und manchmal ermordet worden waren.

»Ich rufe Katja an«, sagte Dennis. Doch in dem Moment, in dem er ihre Nummer wählen wollte, klingelte sein Handy.

»Wer war das?«, fragte Sandra, als Dennis das Gespräch beendet hatte.

»Camilla Stålberg«, erwiderte er. »Carl Hallgren muss ein weiteres Mal zur Vernehmung erscheinen. Sowohl sein Bruder als auch seine Tochter haben ihn wegen Körperverletzung angezeigt.«

»Und wen soll er verletzt haben?«, fragte Sandra.

»Sebastian«, antwortete Dennis und betrachtete noch einmal die Fotos auf dem Tisch. »Aber wir machen trotzdem weiter. Diese Indizien gegen Carl Hallgren erscheinen mir nach wie vor nicht plausibel. Was steht ansonsten heute an?«, fügte er hinzu und sah Sandra an, als erwartete er, dass sie ihm einen fertigen Ablaufplan präsentierte.

»Um elf Uhr kommt Ebba Svärd, die Diakonin, mit der wir Dienstag in Sjövik gesprochen haben. Offenbar hat sie sich aus den schützenden Armen der Nonnen befreien können und will uns erzählen, warum sie sich mit Åke Strömberg getroffen hat. Ich habe mich mit ihr an der Smögener Kirche verabredet, aber ich kann alleine mit ihr sprechen.«

»Gut, ich fahre nach Hasselösund und rede mit Carl Hallgren, bevor er zur Vernehmung geholt wird. Camilla zufolge hat Pelle Hallgren starke Beweise ins Feld geführt, die dafürsprechen, dass sein Bruder Sebastian Svensson ermordet hat. Offensichtlich wollten er und Sofie zusammenziehen, in eine Wohnung in Göteborg, die Sebastian organisiert hatte. Und laut Pelle war Carl deshalb außer sich. Camilla hat ein bisschen in Sebastians Vergangenheit geforscht, und er besitzt ein Vorstrafenregister: Autodiebstähle, eine Anzeige wegen Körperverletzung und ein paar andere kleinere Delikte. Carl Hallgren hält ihn für kriminell – oder hielt, sollte ich vielleicht besser sagen. Aber das deckt sich ganz und gar nicht mit dem Bild, das Sebastians Eltern von ihm gezeichnet haben. Mal sehen, was ich herausbekomme. Ich fahre sofort zu ihm.«

»Sollen wir uns zum Mittagessen treffen?«, schlug Sandra vor. »Ich setze mich bis zu meinem Gespräch mit Ebba an den Computer und trage die Ergebnisse zusammen, die wir bisher haben. Scheint so, als sollten wir die Faktenlage strukturieren, damit wir vorwärtskommen.«

»Das klingt gut. Sollen wir zwölf Uhr sagen? Im Skäret?« Dennis war schon halb zur Tür hinaus, deshalb war Sandra nicht sicher, ob er ihr Ja gehört hatte. Aber vielleicht war er auch der Meinung, dass sich eine Antwort erübrigte.

Ebba Svärd wachte früh auf. Vor ihrem Fenster, am Fuß der mit blauen und gelben Blüten gesprenkelten Wiese, breitete sich der Mjörn aus. Um diese Jahreszeit zeigte sich Sjövik von seiner schönsten Seite. Nur um Mittsommer herum leuchtete das Grün der Bäume so hell und zart.

Sie musste sich beeilen. Ebba stand auf, schlüpfte in eine

dunkelgrüne Bluse und eine schwarze Hose und ging die Treppe hinunter zu den Schwestern. Diese saßen bereits auf ihren Plätzen vor dem Altar und sprachen ihre Morgengebete. Ebba bekreuzigte sich und setzte sich auf ihren Stuhl. Obwohl der Augenblick und die Atmosphäre im Raum sie mit Demut erfüllten, konnte sie die Gedanken nicht verdrängen, die ihr durch den Kopf schwirrten. Wofür beteten die Nonnen? Woran dachten sie? Schwester Esther, Schwester Karin und Schwester Maria? Sie würde es nie erfahren, aber vielleicht unterschieden sich ihre Gedanken gar nicht so sehr von ihren eigenen. Plötzlich fiel ihr heutiges Vorhaben ihr wieder ein. Sie würde ihre Tasche packen und anschließend mit dem Bus nach Göteborg und von da aus weiter nach Smögen fahren. Schwester Esther hatte versprochen, die Diakonin der Smögener Kirche anzurufen und sie zu bitten, für sie ein Zimmer herzurichten. Die Nonnen wollten nicht, dass sie an Mittsommer mutterseelenallein auf Smögen herumlief, und hatten darauf bestanden, ihr eine Unterkunft zu besorgen, obwohl der Anlass kein dienstlicher war. Als die Köchin die Frühstücksglocke läutete, erhob sich Ebba als Erste und setzte sich an den gedeckten Tisch, auf dem frisch gebackenes Brot, selbst gemachte Butter und selbst gemachter Frischkäse standen. Dazu gab es Schwester Karins Stachelbeermarmelade und Schwester Marias Schwarzen Johannisbeersaft. Ein besseres Frühstück konnte Ebba sich gar nicht vorstellen. Doch jetzt musste sie sich beeilen. Um elf Uhr war sie mit dieser Polizistin verabredet, die sie vor einigen Tagen hier im Kloster besucht hatte. Sie würden sich in der Smögener Kirche treffen, das verlieh ihr Sicherheit. Dort war sie schon einmal gewesen.

Victoria wurde von Annas Weinen geweckt. Sie brauchte eine frische Windel. Victoria tastete nach ihrem Handy, das sie aufs Bett geworfen hatte, bevor sie mit Anna wie ein Stein daraufgefallen war. Du liebe Güte! Elf Uhr! Sie hatte vier Stunden geschlafen. Wie sollte sie jetzt noch irgendetwas von ihren Vorbereitungen schaffen? Um zwölf begann im Badhusparken der Tanz um den Mittsommerbaum. Tränen stiegen ihr in die Augen und verschleierten ihr die Sicht, als sie die Treppe hinunterging. Doch die chronische Müdigkeit, die sie in der letzten Zeit so oft verspürt hatte, war sonderbarerweise verschwunden, sie fühlte sich ausgeruht. Blieb nur das Problem mit den Gästen, die bald eintreffen würden.

»Guten Morgen, Liebling«, sagte Björn lächelnd. Er reichte ihr ein Glas frisch gepressten Grapefruitsaft und nahm ihr Anna ab.

Björn sah so gut aus, dass es Victoria bei seinem Anblick die Sprache verschlug. Die Smögener Sonne hatte seiner Haut eine satte Bräune verliehen. Er trug ein weißes Hemd, eine schicke Jeans, hatte seine Haare mit ein bisschen Gel in Form gebracht und außerdem den Bart gestutzt.

»Wie soll ich heute neben dir bloß bestehen?« Sie lächelte verschlafen.

»Schau«, sagte er und wies mit einer ausholenden Bewegung seines freien Arms auf ein blitzblankes Haus. Die wild verstreuten Spielsachen waren verschwunden, nur eine Autorennbahn hatte Björn stehen gelassen, mit der Theo nun friedlich spielte.

»Oh!«, rief Victoria und küsste Björn auf den Mund. »Du hast dich ja richtig reingekniet.« Das Haus sah fantastisch aus. Weiß und rein. Auf einmal erkannte man das Einrichtungskonzept, einen Mix aus Landhausstil und maritimen Elementen.

»Theo und ich haben sogar die Fenster geputzt«, fuhr Björn fort.

Die Wohnzimmerfenster gegenüber von Esstisch und Sofa waren so sauber, dass die Scheiben gar nicht mehr zu existieren schienen. Die Aussicht auf das blaue Meer und die bunten Bootsschuppen war bezaubernd.

Björn sauste mit Anna auf dem Arm zum Kühlschrank.

»Sieh her!«, rief er. Im Kühlschrank standen eine Heringstorte, zwei eingelegte Heringe und eine Schale mit gekochten Eiern. Auf dem Herd wartete ein großer Topf mit geschälten Frühkartoffeln.

»Du bist unglaublich«, sagte Victoria. »Wie um alles in der Welt hast du das geschafft?« Björn lachte und deutete auf sein Tablet, das auf dem Küchentisch lag und auf dem er eine Rezepte-Seite mit traditionellen Mittsommer-Gerichten aufgerufen hatte.

»Geh duschen, ich ziehe die Kinder an.«

Björn reichte ihr ein Handtuch und schob sie liebevoll in Richtung Badezimmer.

Dennis fuhr mit seinem Auto zu Carl Hallgren. Eigentlich wollte er den Maserati nicht dienstlich nutzen, weil er zu viel Aufmerksamkeit erregte, doch bei Carl hatte er das Gefühl, dass es ihm möglicherweise nützen konnte. Er war nicht nur ein langweiliger Staatsdiener, der den Leuten Gesetze und Verordnungen vorbetete, er hatte auch ein Leben. Oder jedenfalls sollte es so aussehen, als hätte er eins. Denn genau das hatte er eben nicht: Cleuda war die Frau gewesen, die er hatte heiraten und mit der er eine Familie gründen wollte. Wenn er in ihre großen braunen Augen blickte, hatte er sie sich häufig im Brautkleid mit einer Hochsteckfrisur vorgestellt. Er hatte sich sogar schon ausgemalt, wie ihre gemeinsamen Kinder aussehen würden. Doch dann war alles zu Bruch gegangen. Manchmal hatte er das Gefühl, gar nicht richtig verstanden zu haben, was schiefgelaufen war, aber es war schiefgelaufen, und zwar gründlich. Das Einzige, was er mit Sicherheit wusste, war, dass die Schuld einzig und allein bei Camilla Stålberg lag.

Als Dennis in der Auffahrt parkte, stand jemand am Fenster hinter der Gardine und schaute hinaus.

Eine magere Frau öffnete ihm die Tür. Dennis erkannte Anita Hallgren von seinem und Sandras letztem Besuch wieder, doch sie schien noch dünner geworden zu sein. Er fragte sich, wie es ihr ging. Es war offensichtlich, dass in der Familie, trotz der perfekten Fassade, die sie nach außen zeigten, einiges im Argen lag.

»Dennis Wilhelmson«, sagte Dennis. »Ich würde gerne Ihren Mann sprechen.«

Anita ignorierte seine ausgestreckte Hand, bat ihn aber herein. Ihre Miene zeigte deutlich, dass seine Anwesenheit nicht erwünscht war.

»Er sitzt draußen auf der Terrasse«, sagte sie und deutete auf eine Lounge-Sitzgruppe im Garten, die mit ihren weißen Polstern deutlich einladender wirkte als die Bewohner dieses Hauses.

Dennis trat auf die Terrasse hinaus und nahm in einem der Sessel Platz. Carl Hallgren blickte nicht von seiner Zeitung auf, und Dennis fragte sich, ob er mit offenen Augen schlief. Doch dann räusperte er sich vernehmlich, ließ die Zeitung sinken und sah ihn an.

»Sie schon wieder«, sagte er gepresst.

»Ja«, erwiderte Dennis und merkte, dass ihm Sandras Unterstützung fehlte. Ihn überkam das alte Gefühl, ein Fremder auf der Insel zu sein. Er würde nie ein echter Einheimischer werden. Er würde immer der Sommertourist bleiben, der in die Reviere der alteingesessenen Smögener eindrang. Sandra punktete nicht nur mit ihrer direkten Art, sie beherrschte zudem den Dialekt, der sie mit dieser Region verankerte. Ihr Großvater war noch ein Smögenfischer vom alten Schlag gewesen, und obwohl er inzwischen verstorben war, kannte ihn jeder auf der Insel.

»Was wollen Sie diesmal?«, fragte Carl. Er wirkte gelassen. Dennis fragte sich, ob er kapituliert hatte oder ob das nur die Ruhe vor dem Sturm war. Bei ihrem letzten Besuch hatte eine ganz andere Atmosphäre im Haus geherrscht. War das Sandras Verdienst gewesen? Er konnte es noch nicht sagen.

»Ihr Bruder hat Anzeige wegen Körperverletzung an Sebastian Svensson gegen Sie erstattet, außerdem werden Sie verdächtigt, Sebastian Svensson ermordet zu haben. Wo waren Sie am Sonntagabend?«, begann Dennis so energisch, wie er konnte.

»Ist Ihnen bewusst, wie lächerlich das Vorgehen der Polizei in dieser Angelegenheit allmählich wird?«, lachte Carl bitter. »Wann kommt Paul Hammarberg eigentlich aus dem Urlaub zurück, damit endlich wieder Ruhe und Ordnung auf Smögen einkehrt?«

»Ich glaube, auch Paul würde Körperverletzung und Mord nicht als lächerlich einstufen, sondern als schwere Straftatbestände. Soweit ich weiß, haben er und ich genau dieselbe Ausbildung absolviert.«

»Ausbildung ist nicht gleichbedeutend mit Kompetenz«, entgegnete Carl sarkastisch.

Dennis überging den Kommentar. »Wir haben zwei Anzeigen gegen Sie vorliegen, denen zufolge Sie Sebastian am 12. Mai nachmittags in diesem Haus verletzt haben.«

»Lassen Sie den Blödsinn!«, erwiderte Carl. »Hören Sie auf, solange Sie noch können. Diese Anschuldigungen sind doch völlig aus der Luft gegriffen.«

»Aber Ihre Tochter, von der eine der Anzeigen stammt, hat ausgesagt, dass sie gesehen hat, wie Sie Sebastian so heftig stießen, dass er mit dem Hinterkopf gegen diese Kommode dort drüben geschlagen ist.« Dennis deutete auf die weiße Flurkommode.

»Das war keine Absicht«, sagte Carl mit Nachdruck. »Sebastian hat mich provoziert, und ich habe ihn aus Versehen einen Schubs versetzt. Dass er sich dabei seinen einfältigen Schädel so stark stoßen musste, dass dabei eine blutende Wunde entstand, war typisch für ihn. Ich habe ihn am nächsten Tag angerufen, um mich zu erkundigen, wie es ihm geht. Aber er meinte nur, dass mich das einen Scheißdreck anginge, und hat aufgelegt.«

Dennis hörte, dass ein Auto in die Auffahrt fuhr. Kurz darauf bewegten sich die weißen Gardinen, die halb vor die Terrassentür gezogen waren. Sofie kam zu ihnen nach draußen und setzte sich zu ihrem Vater auf die Couch. Sie schob sich ihre schwarze Sonnenbrille in die blonden Haare. Die Sonne kam gerade erst wieder hinter einer kleinen Wolke hervor.

Sofie sah Dennis mit zusammengekniffenen Augen an. »Ich möchte die Anzeige gegen meinen Vater zurückziehen«, sagte sie, legte Carl die Hand auf die Schulter und lächelte ihn an.

»Eine Anzeige ist kein lustiger Scherz«, erwiderte Dennis ernst. »Ihre Aussage bleibt mehrere Jahre in der Datenbank der Polizei gespeichert und kann sich auf die Zukunft Ihres Vaters nachhaltig auswirken.« Dennis hörte, wie formell er klang.

»Ich weiß«, gab Sofie offen zu. »Aber ich war so wütend und schockiert, als ich von Sebastians Tod erfahren habe.« Sie sah auf ihre Hände hinab, um zu unterstreichen, wie sehr sie um Sebastian trauerte.

»Die Anzeige Ihres Bruders bleibt weiterhin bestehen«, sagte Dennis an Carl Hallgren gewandt.

»Ich habe Pelle den Unfall geschildert«, beeilte sich Sofie zu sagen. »Er hat keine Ahnung, was wirklich passiert ist, Sebastian hatte nur einen Kratzer.«

»Jetzt ist es genug!«, erklang plötzlich die Stimme von Anita Hallgren, die lautlos auf die Terrasse getreten war. »Sie müssen nicht in unsere Familie hineinplatzen und ganz normale Streitigkeiten lösen, die es in jeder Familie gibt. Wir alle betrauern Sebastians tragischen Tod. Lassen Sie uns das bitte in Ruhe und Frieden tun.«

Dennis fiel auf, dass Anita ein anderes Kleid angezogen hatte. Der blaue Farbton betonte ihre blonden Haare und ihre sonnengebräunte Haut. Sie sah ganz anders aus als die Person, die ihn vor einigen Minuten ins Haus gebeten hatte. Er spürte, wie die Blicke der Familie ihn nahezu physisch dazu aufforderten, von hier zu verschwinden. Hastig brach er auf. Durch das runde Glasfenster der Haustür sah er in der Auffahrt das Auto, mit dem Sofie gekommen war. Neben seinem Maserati mit offenem Verdeck stand ein funkelnagelneuer weißer Porsche.

»Ich melde mich wieder bei Ihnen«, sagte Dennis, ehe er die Tür hinter sich schloss.

Der Vormittag verflog schnell. Sandra nahm einen Bagel mit Lachs und Meerrettich-Creme, den Dennis dagelassen hatte, als er nach Hasselösund gefahren war, und einen Becher Kaffee mit nach draußen und setzte sich auf den Steg. Die Sonne wärmte herrlich. Eigentlich hätte sie diese Woche Urlaub nehmen sollen, dachte sie und lächelte. Die Vorstellung, direkt nach dem Aufstehen zur Makrillviken zu gehen, ins Wasser zu springen und anschließend in einem Café gemütlich zu frühstücken, war herrlich. Doch zugleich hätte sie die Erfahrung, die sie in den vergangenen Tagen gesammelt hatte, um nichts in der Welt missen wollen. Auf Smögen hatte es bestimmt seit hundert Jahren keine Mordermittlung gegeben, und sie war daran beteiligt! Das hätte sie sich nicht entgehen lassen wollen, und außerdem konnte sie das schöne Wetter zwischendurch ja durchaus genießen.

Sandra betrachtete Johans Boot, das am Steg geduldig vor

Anker lag, während sich sein Besitzer auf Fuerteventura amüsierte. Der Schlüssel hing in dem selbst getischlerten Schränkchen an der Wand im Schuppen. Was wohl Dennis und vor allem Johan sagen würden, wenn sie sich das Boot für eine kleine Spritztour auslieh? Sie könnte eine Runde um Hållö drehen und gleich wieder zurück sein. Es wäre außerdem eine gute Gelegenheit, um in den umliegenden Buchten nach Spuren von Åke Strömberg Ausschau zu halten, was die Bootstour zu einer dienstlichen Angelegenheit machte. Als Sandra mit ihren Überlegungen so weit gekommen war, konnte sie es sich nicht verkneifen, an das Schränkchen zu gehen und den Schlüssel, der an einem Korkball hing, in die Hand zu nehmen. Sie würde darüber nachdenken, fürs Erste beschloss sie jedoch, wieder an ihren Computer zurückzukehren, die Kontoauszüge noch einmal genau durchzugehen und sich Åkes Facebook-Seite anzusehen, für die Eva ihnen das Passwort gegeben hatte. Dennis war nicht auf Facebook aktiv und hatte nicht daran gedacht, dort nach Informationen zu suchen, die ihnen über irgendetwas Aufschluss geben könnten. Åke hatte hundertzweiundzwanzig Freunde, normaler Durchschnitt. Sandra scrollte durch Åkes Freundesliste. Die meisten Leute, deren Namen ihr etwas sagten, stammten von Smögen oder aus Kungshamn. Eva, ihr Bruder Johan und dessen Freundin. Sowie überraschenderweise Evas Vater, der alte Seebär Malkolm Thörn. Wie hatte er den Weg ins moderne Zeitalter gefunden? dachte sie amüsiert. Ansonsten stach ihr keiner der Personen besonders ins Auge, bis auf eine Frau, die auf Smögen wohnte, der sie jedoch noch nie begegnet war. Allerdings hatte Dennis ihren Namen erwähnt. Sie hieß Katja. Sandra klickte ihr Profil an und erfuhr, dass sie die Lebensgefährtin von Jimmy war. Jimmy kannte sie, aber sie hatte ihn seit vielen Jahren nicht gesehen. Sandra fiel auf, dass etliche Erinnerungen aus ihrer Jugend allmählich verblassten.

Noch vor acht Jahren waren diese Menschen und diese Küstenregion das Wichtigste in ihrem Leben gewesen. Aber die Polizeihochschule, die Zeit in Stockholm und Rickard hatten so großen Raum in ihrem Kopf eingenommen, dass vieles von dem, was davor lag, ausradiert worden war. Rickard. An ihn hatte sie in der vergangenen Woche so gut wie gar nicht gedacht. Kurz vor ihrem letzten Prüfungstag an der Polizeihochschule hatte er ihr mitgeteilt, dass er eine Stelle in Umeå angenommen habe und für sie künftig kein Platz mehr in seinem Leben sei. Seitdem fühlte sie sich als halber Mensch. Während ihres Studiums hatte er sich Stück für Stück in ihr Herz geschlichen und dann eiskalt alles weggeworfen, was sie miteinander verband. Obwohl die Trennung inzwischen fast ein halbes Jahr zurücklag, hatte sie es noch nicht überwunden. Doch seit sie Dennis am Dienstag kennengelernt hatte und spürte, dass er etwas Ähnliches verarbeitete wie sie, begannen ihre Wunden langsam zu heilen. Außerdem nahmen die Ermittlungen ihre ganze Zeit und Energie in Anspruch, sodass sie gar nicht dazu kam, weiter über die gescheiterte Beziehung nachzugrübeln. Dennis hatte ihr nichts über sein Privatleben erzählt, doch Sandra ahnte, dass der hartgesottene Göteborger Polizist, über den sie so viel im Polizeimagazin gelesen hatte, eine persönliche Enttäuschung verarbeitete. Irgendwie würde sie schon noch herausfinden, was passiert war, doch bisher hatte Dennis sich in dem Punkt verschlossen wie eine Auster gezeigt. Diese Taktik wandte sie bei ihren eigenen Gefühlen ebenfalls an, allerdings wusste sie nicht, ob sie auf Dauer gesund oder hilfreich war. Im Polizeimagazin hatte sie mehrere Interviews mit Dennis gelesen, in denen er über seine diversen Einsätze sprach, an denen er im Laufe der Jahre bei der Göteborger Polizei teilgenommen hatte. Der Gedanke, mit Dennis zu arbeiten, hatte ihr Angst gemacht. Normalerweise schüchterte sie die Erfahrung, die andere Polizisten ihr voraushatten, nicht ein, doch Dennis' Erfolgsbilanz war beeindruckend, und durch sein unerschrockenes und mutiges Handeln in Gefahrensituationen hatte er sich einen Namen gemacht. Gleichzeitig war Sandra aber auch neugierig auf die Zusammenarbeit mit ihm gewesen. Und in dem Moment, als sie zum ersten Mal seinem Blick begegnet war und die Verletzlichkeit hinter der Fassade gesehen hatte, war etwas in ihr weich geworden. Als sie begriff, dass er etwas Ähnliches mit sich herumtrug wie sie, etwas Ungeklärtes, das ihn verletzt hatte, gewann ihr Mutterinstinkt oder was auch immer die Oberhand. Sie war wie üblich mit ihrer direkten Art auf ihn zugegangen, und Dennis hatte es gefallen, vielleicht hatte er sogar eine gewisse Sicherheit daraus gezogen. Er musste nicht die Rolle des taffen Großstadtbullen spielen, sondern konnte stattdessen den Part des freundlichen Polizisten mimen, der zuhörte, während sie das Reden übernahm.

Himmel! Unvermittelt schreckte sie aus ihren Gedanken hoch. Bis auf die unbekannte Frau unter Åkes Facebook-Kontakten war von den Informationen, die sie gerade durchgearbeitet hatte, nichts haften geblieben. Sie würde Dennis bitten, diese Sache weiterzuverfolgen. Inzwischen war es zehn vor elf und höchste Zeit, um sich auf den Weg zur Smögener Kirche zu machen, wo sie sich mit Ebba Svärd treffen wollte. Sandra sperrte den Bootsschuppen mit dem Vorhängeschloss zu und ging mit raschen Schritten davon.

Dennis erkannte sich nicht wieder. An Selbstbewusstsein hatte es ihm eigentlich nie gefehlt, jedenfalls nicht bei seiner Arbeit als Polizist. Doch jetzt war er wie ein Hund, der von Herrchen und Frauchen und sogar vom jüngsten Rudelmitglied ausgeschimpft wurde, mit eingezogenem Schwanz aus der Hallgren'schen Villa davongeschlichen.

Dennis beschloss, kurz bei Signe vorbeizuschauen. Immerhin war heute Mittsommer, und Sandras Gespräch mit Ebba Svärd dauerte sicher bis kurz vor zwölf, sodass sie anschließend direkt ins Skäret kommen würde. Er hatte keine Ahnung, was seine Kollegen im Kungshamner Polizeirevier gerade taten, doch er nahm an, dass sie mit ihren Aufgaben vorerst beschäftigt waren und sich darauf einstellten, bald nach Hause zu gehen und die Sicherheit von Sotenäs den Polizisten aus Uddevalla und Göteborg zu überlassen, die extra für das Mittsommerwochenende abbestellt worden waren. Sie würden in erster Linie den Kai und Smögens Campingplatz im Auge behalten. Sandra hatte ihm Blogbeiträge und Kommentare in einem Internetforum gezeigt, in denen trinkfreudige Jugendliche dazu aufgestachelt wurden, sich zum Vorglühen auf dem Campingplatz zu treffen, um anschließend an den Kai oder in die Bars und Kneipen von Kungshamn weiterzuziehen. Wenn das schöne Wetter anhielt, stand ihnen das unruhigste Mittsommerwochenende seit Langem bevor. In den vergangenen Jahren waren die Leute aufgrund des Regens in ihren Wohnwagen oder Ferienhäusern geblieben und irgendwann nach dem Genuss hochprozentiger Spirituosen friedlich eingeschlummert und hatten ihren Rausch ausgeschlafen. Doch dieses Jahr lockte das anhaltende Kaiserwetter Mittsommer-Touristen aus ganz Schweden an, die in Scharen auf der Insel einfielen. Dennis stellte seinen Maserati in die Garage neben den Bootsschuppen und beschloss, zu Fuß zu Signe und Gerhard zu gehen. Auf dem Kai herrschte eine drückende Hitze, die Sonne strahlte unerbittlich, und die Luft war heiß und stickig. Schon nach dem kurzen Spaziergang klebte ihm sein Hemd schweißnass am Körper. Signe und Gerhard waren beide in der Küche. Gerhard saß am Tisch und trank einen Kaffee, in den er hin und wieder einen Keks tauchte. Wie gut er es hier zusammen mit Signe hatte, dachte Dennis. *Kein Ehegezänk, aber trotzdem Vollpension.*

»Dennis! Wie schön, dass du an Mittsommer vorbeikommst. Hast du heute frei?«, erkundigte sich Signe mit ihrer sanften, freundlichen Stimme.

»Nein, ich wollte nur kurz vorbeischauen«, antwortete er und zog einen Strauß Kornblumen hinter dem Rücken hervor, den er auf dem Markt gekauft hatte.

»Oh, danke«, sagte Signe und lächelte wie ein junges Mädchen.

»Nicht schlecht«, lobte Gerhard. »Du weißt genau, wie man die Damen um den Finger wickelt.«

»Hast du es etwa vergessen?«, lachte Dennis. Seine Laune besserte sich schlagartig. Die Wärme in diesem Haus war mit den Händen zu greifen, und auch wenn vielleicht die Energie einer jungen Familie fehlte, so hatten die beiden Geschwister eine Atmosphäre von Geborgenheit geschaffen, von der er gerne ein Teil war.

»Setz dich doch mal kurz, Dennis, erzähl uns was Spannendes. Das brauchen wir«, sagte Gerhard und zwinkerte ihm zu.

Dennis zögerte, eigentlich durfte er mit ihnen nicht über die laufenden Ermittlungen reden, aber andererseits hatte ihn seine Begegnung mit der Familie Hallgren so aufgewühlt, dass er darüber sprechen musste.

»Ich komme gerade von Carl Hallgren«, sagte er und schaute Signe und Gerhard an, um zu sehen, wie sie auf diese Eröffnung reagierten.

»Pfui Teufel«, entfuhr es Signe, die den Blick abwandte. »Dieser Mensch hat keinen Funken Freundlichkeit im Leib. Die Frau und die Tochter können einem leidtun.«

»Ist es wirklich so schlimm?«, fragte Dennis.

»Dieser Mann hat nicht viel Gutes in seinem Leben getan. Das hat sich schon in seiner Kindheit abgezeichnet«, antwortete Gerhard und schilderte einige Lausbubenstreiche, die, laut Gerhard, auf Carls Konto gingen.

Obwohl man Gerhard und Signes Worte nicht unbedingt als politisch korrekt bezeichnen konnte, bestätigten sie, was Dennis hatte hören wollen: dass Carl Hallgren ein ziemlich arroganter und unsympathischer Typ war.

Die Rutsche, die wie eine überdimensionale Tube »Kalles Kaviar« aussah, stand immer noch am Eingang des Schulhofs. Sandra kannte sie seit ihrer Kindheit, war sie aber nie selbst hinuntergerutscht. Als sie jetzt daran vorbeihastete, war es schon fünf nach elf. Mit raschen Schritten lief sie zur Smögener Kirche und hoffe, dass Ebba Svärd ihre Verspätung nicht zum Anlass nahm, ihre Meinung zu ändern und ihre Informationen über Åke für sich zu behalten.

Kurz darauf erreichte sie das Gemeindehaus, konnte aber niemandem draußen vor dem Gebäude entdecken. Vielleicht war Ebba hineingegangen, um ihre Reisetasche abzustellen. Sie wollte ja hier übernachten. Sandra überlegte, ob es besser wäre, sich mit Ebba außerhalb des Kirchengeländes zu unterhalten, damit sie unbefangener war, oder ob ihr die Nähe des Gotteshauses Sicherheit gab. Sie würde Ebba die Entscheidung überlassen. Vorausgesetzt, sie fand sie. Vielleicht hatte ihr Bus Verspätung. An Mittsommer waren die Busse oft vollgestopft mit Jugendlichen, die auf Smögen feiern wollten. Sandra war froh, dass sie heute Nachmittag Feierabend machen konnte. Und selbst da konnten die Jugendlichen schon etliche Promille zu viel im Blut haben, aber es würde schlimmer werden, und das überließ sie mit Freuden den herbeorderten Kollegen.

Im Gemeindehaus stieß Sandra auf einen jungen Mann, der dort zu arbeiten schien.

»Entschuldigung! Ich suche eine Ebba Svärd. Haben Sie sie gesehen?«

Der Mann hielt in seiner Tätigkeit inne und musterte

Sandras Kleidung. Vielleicht versprach er sich davon einen Hinweis, wer sie war.

»Nein, hier war niemand«, sagte er schließlich.

»Sie soll heute in einem der Gästezimmer der Kirche übernachten«, sagte Sandra.

»Ja, wir erwarten heute einen Gast. Aber sie ist noch nicht da«, erwiderte der Mann und schien keine weiteren Auskünfte erteilen zu wollen.

»Ihr Bus hätte längst da sein müssen«, meinte Sandra. Sie begann, sich Sorgen zu machen.

»Sie kommt bestimmt bald«, sagte der junge Mann. »Pünktlichkeit ist nicht das Wichtigste im Leben.«

Nein, in dem Punkt stimmte Sandra ihm zu, aber wenn man mit jemandem einen Termin vereinbart hatte, fand sie doch, dass Pünktlichkeit eine wichtige Rolle spielte.

Ein wenig irritiert verließ sie das Gemeindehaus. Während sie mit schnellen Schritten zur Bushaltestelle lief, wählte sie Ebbas Handynummer. Vielleicht kannte sie sich auf Smögen nicht so gut aus und war hinunter zum Fischereihafen statt hoch zur Kirche gegangen. Sandra hoffte, sie unterwegs zu treffen. Der Freiton erklang, aber niemand nahm ab. Nach einer Weile sprang die Mailbox an, und eine zaghafte Stimme teilte mit, dass sie zurzeit nicht erreichbar sei, der Anrufer aber gerne eine Nachricht hinterlassen könne. Sandra sprach so unbeschwert, wie sie konnte, ihre Telefonnummer aufs Band und bat Ebba, sie so schnell wie möglich zurückzurufen. Wenn sich diese Angelegenheit noch länger hinzog, würde sie sich nicht mit Dennis zum Mittagessen treffen können. Sie beschloss, ihn anzurufen und vorzuwarnen.

Anthony Parker starrte einen Moment an die Decke, ehe er begriff, wo er sich befand. Er war mit einem Stapel Fotos auf dem Bauch eingeschlafen. Das Bett stand unter einer Dachschräge, und wenn er nicht aufpasste, würde er sich beim Aufstehen den Kopf anstoßen. Jetzt fiel es ihm wieder ein. Er war in seinem Pensionszimmer auf Smögen. Ein Zimmer, das sich in den vergangenen Tagen in eine regelrechte Ahnenforschungszentrale verwandelt hatte. Die Bücher-, Papier- und Fotostapel waren seit seiner Ankunft gewachsen. Er hatte sich mehrere interessante Bücher über die Geschichte von Sotenäs und Smögen gekauft, zahlreiche Unterlagen in der Bibliothek in Kungshamn kopiert und Abzüge von alten Fotografien beim Landesarchiv in Göteborg bestellt. Die Bibliothek und die Kirche in Kungshamn hatten ihm einige Materialien zur Verfügung gestellt. Er sah jetzt vieles klarer. Er hatte zu Hause in New York zwar einiges in Erfahrung gebracht, aber dort fehlte ihm das richtige Gefühl. Hier kam es ihm vor, als habe sich ein kleiner Teil von ihm bereits in einen alteingesessenen Schärenbewohner verwandelt. Die rosafarbenen Granitklippen, die Felseninseln, die Stege, die Bootsschuppen, die Lotsentreppen, der Himmel, das glitzernde Meer und sogar die Feuerquallen waren zu einem Teil von ihm geworden. Als hätte er schon immer hier gelebt. Diese Empfindung überwältigte ihn. Er hatte sich noch nie zuvor so geliebt gefühlt, obwohl er eigentlich noch gar keine persönlichen Kontakte geknüpft hatte. Jetzt war er dazu bereit. Nachdem er alles genau durchgegangen war, vertraute er dem Material, das er zusammengetragen hatte, und bald würde er wagen, es denjenigen zu zeigen, die es betraf. Er fragte sich, ob sie es mit einem Achselzucken abtun oder ob sie das, was er ihnen zu geben hatte, berühren würde. Er selbst war schließlich bis ins Mark berührt. Sogar die Sprache hatte er sich angeeignet. Sicher, sein Schwedisch war nicht perfekt, aber wenn er in den Dokumenten und Büchern las, konnte er mithilfe eines Wörterbuchs das meiste erschließen. Seine Großmutter hatte nur Schwedisch mit ihm gesprochen. Als kleiner Junge war ihm das peinlich gewesen, doch inzwischen war er ihr von Herzen dankbar. Dank seiner Sprachkenntnisse hatte er sich in die Erzählungen vertiefen können, auf die er im Verlauf seiner Reise gestoßen war.

Heute war Mittsommer, und draußen vor dem Fenster herrschte ein Wetter, wie er es auf Postkarten und Bildern im Internet gesehen hatte. Sonnig, mit blauem Meer und Himmel. Jetzt musste er sich nur noch unter die Mittsommerfeierlichkeiten mischen, und sein Erlebnis wäre perfekt. Anthony überlegte, wo er wohl die traditionellen schwedischen Gerichte essen konnte, die auf einem Mittsommertisch nicht fehlen durften. Heute würde er seinen ganzen Mut zusammennehmen und sowohl Hering als auch Graved Lachs probieren.

Er zog seine schwarze Hose an, ein weißes Hemd, darüber eine Weste und zu guter Letzt befestigte er eine schwarze Fliege am Kragen. Er hatte auf Bildern gesehen, dass die Leute sich an Mittsommer so kleideten, und er wollte sich den lokalen Gepflogenheiten anpassen. Jetzt würde er sich nur noch in der Bäckerei am Marktplatz ein paar frische Brötchen und ein wenig Käse kaufen, und dann war er bereit für den Tag.

Anthony Parker lächelte voll freudiger Erwartung und ging die Treppe hinunter.

An der Bushaltestelle standen ein Mädchen und ein Junge und küssten sich eng umschlungen. Sie schienen sich gar nicht voneinander losreißen zu können.

»Entschuldigt«, sagte Sandra, und ihr war klar, dass die Jugendlichen wenig begeistert reagieren würden, in diesem Moment von ihr gestört zu werden.

Zuerst hatte Sandra den Eindruck, sie hätten sie gar nicht gehört, doch nach einer Weile drehte der Junge sich zu ihr um und legte dem Mädchen lässig den Arm um die Schulter.

»Ist einer von euch gerade mit dem Bus gekommen?«, fragte Sandra.

»Ja, ich«, erwiderte das Mädchen. Sie hatte ein ausgesprochen hübsches Gesicht mit frischen Sommersprossen auf der Nase.

»Hast du gesehen, ob eine zierliche junge Frau mit kurzen blonden Haaren im Bus saß?«

»Nein, da waren nur ein paar Jugendliche, die zum Campingplatz wollten, und ein älteres Paar etwas weiter vorne«, antwortete sie und warf ihrem Freund einen verlegenen Blick zu.

»Gut, ich danke dir«, sagte Sandra und ging weiter. Sie wählte noch einmal Ebbas Nummer, doch ohne Erfolg.

Anschließend rief sie Dennis an. Er schien sich zu freuen, ihre Stimme zu hören. Sie beschlossen, sich wie verabredet im Skäret zu treffen. Sandra wollte nur noch einmal zum Gemeindehaus gehen und dort ihre Telefonnummer hinterlassen. Sie überlegte, ob sie Ebba Svärd als vermisst melden sollte, entschied dann aber zu warten, bis sie mit Dennis gesprochen hatte. Doch irgendetwas stimmte nicht, das stand fest, und Sandra machte sich Sorgen. Was war passiert? Sie befürchtete das Schlimmste. Aber welche Informationen konnte Ebba haben, die so brisant waren, dass sie jemand davon abhalten wollte, mit der Polizei zu sprechen?

Victoria, Björn und die Kinder waren im Badhusparken. In der Mitte der Wiese stand ein mit grünen Blättern und bunten Blumen geschmückter Mittsommerbaum. In einer Ecke des Parks war eine Bühne errichtet worden, von der Akkordeonmusik und Nyckelharpa-Klänge herüberdrangen. Überall saßen Familien mit Kindern im Gras. Mütter und Väter, aber auch Großmütter und Großväter hatten sich auf Picknickdecken niedergelassen und ließen sich frisch gebackene

Hefeteilchen schmecken. Und natürlich Kaffee. Björn blickte sich um. Anna schlief in ihrem Kinderwagen, und nichts sprach dagegen, sich unter die Leute zu mischen und den Augenblick zu genießen. Plötzlich entdeckte er einen Mann, der ihm durch seine Kleidung auffiel. Er hatte etwas längeres Haar und trug eine schwarze Anzughose und ein Hemd mit Weste und Fliege, dazu einen breitkrempigen Hut. Björn hatte das Gefühl, dass der Mann ein Tourist sein musste. Vielleicht gehörte er den Amish an. Jetzt nahm der Mann den Hut ab. Björn grinste. Der Mann war älter als Dennis, doch er hatte eine solch kuriose Ähnlichkeit mit ihm, dass die beiden Brüder oder sogar Vater und Sohn hätten sein können. Sie hatten genau die gleiche Frisur, und obwohl sich in dem blonden Haar des Mannes die ersten grauen Strähnen zeigten, war die Ähnlichkeit unverkennbar. Auch Körperbau und Haltung waren identisch. Björn griff nach seiner Kamera, die an seiner Schulter baumelte, und knipste ein paar Bilder von den Kindern, dann drehte er sich zu dem Mann und fotografierte ihn im Profil. Einen Moment später blickte der Mann in seine Richtung, sodass Björn eine Frontalaufnahme von ihm machen konnte. Verlegen ließ er die Kamera sinken und gab vor, etwas in Annas Windeltasche am Kinderwagen zu suchen. Nach einer Weile richtete er sich wieder auf und drehte sich um.

»Frohes Mittsommerfest!«, erklang plötzlich eine Stimme mit starkem amerikanischem Akzent hinter ihm.

Hopsa, dachte Björn, da war er wohl doch zu weit gegangen.

»Entschuldigung, ich mache nur ein paar Bilder von meiner Familie«, sagte er und lächelte verlegen.

»Kein Problem«, erwiderte der Mann. »Ich wollte Sie fragen, wo ich Hering bekomme. Den isst man doch zu Mittsommer?«

Björns Lächeln wurde breiter, und er entspannte sich, da der Mann seine Fotografiererei lediglich als Vorwand nahm, um ihn anzusprechen. Offenbar war er allein hier. Das Schwedisch des Mannes klang so lustig, dass Björn am liebsten laut gelacht hätte, doch er beherrschte sich, um Respekt zu zeigen.

»Entweder können Sie Hering unten am Fischereihafen kaufen oder ...«

Björn hielt mitten im Satz inne und blickte zu Victoria und Theo hinüber, die um den Maibaum tanzten. Der Mann sah ihn neugierig an und wartete auf die Fortsetzung des Satzes.

»Ja, oder Sie kommen zu uns nach Hause und probieren ein echtes schwedisches Mittsommerbüfett.«

Björn wusste nicht, ob Victoria das recht sein würde, aber andererseits liebte sie es, das Haus voller Gäste zu haben.

»Danke, sehr gerne«, antwortete der Mann und nahm erfreut den Zettel mit ihrer Adresse entgegen, den Björn ihm reichte.

Sandra trat an die gut gefüllte Theke im Skäret, in der sich Hummer-, Garnelen- und Krabbensandwiches aneinanderreihten. Aber es gab auch italienische Antipasti und verschiedene Käsesorten. Sie entschied sich wie immer für einen Garnelensalat. Dennis saß bereits draußen an einem Tisch und betrachtete das immer dichter werdende Menschengewimmel auf dem Kai.

»Hallo, wie sieht's aus?«, fragte er, als Sandra sich setzte. Er wirkte zufrieden und gelassen. Vor ihm stand nur eine Tasse Kaffee mit Cantuccini.

»Ist das dein Mittagessen?«, fragte Sandra und wies auf ihr Tablett mit dem Salat und einem riesigen Muffin.

»Ich komme gerade von Signe und Gerhard, sie haben mich gemästet, ich bin ziemlich satt«, sagte er lächelnd.

»Aha, wolltest du nicht nach Hasselösund?«, fragte Sandra erstaunt.

»Doch, da war ich davor«, erwiderte Dennis, und als sein Lächeln verschwand, sah er deutlich älter aus.

»Und, wie ist es gelaufen?«, fragte Sandra ungeduldig.

»Eigenartig«, begann Dennis. »Sofie Hallgren hat die Anzeige gegen ihren Vater wegen Körperverletzung an Sebastian zurückgezogen. Damit ist diese Spur ziemlich tot. Sofie war mit einem Mal zuckersüß zu ihrem Vater, sie hat sogar seine Hand gehalten.«

»Weshalb hat sie ihre Anzeige zurückgezogen?«, fragte Sandra bestürzt. Sie erinnerte sich, wie wütend Sofie auf ihren Vater gewesen war und wie sie ihm sogar die Schuld an Sebastians Tod gegeben hatte.

»Ich weiß es nicht«, erwiderte Dennis. »Aber Sofie kam nach Hause, während ich mit Carl redete, und als ich ging, stand ein nigelnagelneuer weißer Porsche vor der Haustür. Sah ganz so aus, als hätte sie ihn gerade erst bekommen.«

»Das ist ja der Hammer!«, entfuhr es Sandra. »Willst du damit sagen, er hat sie bestochen?«

»Seine Frau trug ein neues Kleid von einem bekannten Modedesigner, das wird auch nicht gerade billig gewesen sein.«

»Woher weißt du das?«, fragte Sandra ein wenig beeindruckt, dass ihm die Marke des Kleides aufgefallen war.

»Ach ...«, machte Dennis. »Was hat denn übrigens dein Gespräch mit Ebba Svärd ergeben?«

»Ja, also ...«, sagte Sandra und hielt mitten im Kauen inne.

»Was?«, hakte Dennis nach und runzelte die Stirn.

»Sie ist nicht aufgetaucht. Ich habe im Gemeindehaus, wo sie übernachten wollte, nach ihr gefragt und anschließend ganz Smögen nach ihr abgesucht. An der Bushaltestelle habe ich ein Teenager-Pärchen getroffen und die beiden gefragt, ob sie eine Frau gesehen hätten, auf die Ebbas Beschreibung zutrifft, aber das Mädchen meinte, es seien nur ein paar Jugendliche und ein älteres Paar im Bus gewesen. Und nach Auskunft des Busfahrers, den ich über die Buszentrale in Göteborg erreicht habe, sind nur das ältere Paar und ein junges Mädchen auf Smögen ausgestiegen. Die Aussage des Mädchens scheint also zu stimmen.«

»Hast du Ebba angerufen?«, fragte Dennis.

»Ja, und im Kloster habe ich es auch probiert, habe aber niemanden erreicht.«

»Wir schreiben sie zur Fahndung aus«, beschloss Dennis. »Sie könnte in großer Gefahr sein. Wir müssen davon ausgehen, dass sie etwas weiß, von dem jemand verhindern will, dass wir es erfahren.« Er rief Helene Berg an, die noch im Polizeirevier war, und bat sie, die Fahndung nach Ebba herauszugeben.

Eine junge Frau am Tisch hinter ihnen schrieb rasch etwas auf einen Zettel, trank ihren Kaffee aus und griff nach ihrem Telefon, während sie unbemerkt im Getümmel auf dem Kai verschwand.

Victoria ging umher und summte Mittsommerlieder, »Tante Ingeborg« und »Die kleinen Frösche«. So ausgeglichen hatte Björn sie schon lange nicht mehr erlebt. Er hatte versucht, seinen Mut zusammenzunehmen und ihr von dem Mann zu erzählen, den er zu ihrer Mittsommerfeier eingeladen hatte, doch er hatte sich nicht getraut. Er war so glücklich, seine Frau fröhlich und guter Dinge zu sehen, und wollte nicht riskieren, die gute Stimmung zu zerstören. Aber mit jeder Minute rückte der Moment näher, an dem der zusätzliche Gast bei ihnen eintreffen würde.

Als es an der Tür klopfte, lief Victoria in Richtung Veranda, Björn stürzte hinter ihr her und hielt sie fest, um es ihr zu erklären. Doch Victoria lachte nur, befreite sich lachend aus seinem Griff und ging zur Tür.

»Monica!«, rief sie freudestrahlend. »Wie schön, dich zu sehen. Komm rein! Jetzt ist wirklich Mittsommer!«

Björns Herz war in Erwartung eines neuerlichen Wutanfalls vor Sorge fast aus der Brust gesprungen, doch für den Moment schien alles in bester Ordnung zu sein, und er spürte, wie seine Laune stieg. Monica war Victorias Arbeitskollegin und besaß ebenfalls ein Haus auf Smögen, das ihre Eltern vor Urzeiten erworben hatten. Monica hatte eine kurvenreiche, fast üppige Figur und Energie für zehn. Sie lachte oft und so laut, dass ihr ganzer Körper dabei vibrierte.

»Ich habe eine Västerbotten-Käse-Quiche, Erdbeeren und natürlich ein Fläschchen Aquavit mitgebracht«, verkündete sie. »Wann gibt es Essen?«

Monica liebte es zu kochen und sagte niemals Nein zu Dingen, die das leibliche Wohl betrafen.

»Wohl bekomm's!«, sagte Björn und hielt ihr ein Silbertablett mit Rosésekt in hohen Gläsern vor die Nase.

»Oh!«, rief Monica. »Danke! Was für einen fantastischen Mann du hast, Victoria.«

»Ja, ich weiß«, erwiderte Victoria, ging zu Björn und küsste ihn.

Ihr Zorn von heute Morgen war verraucht. Ein paar Stunden Schlaf und sein enormer Einsatz hatten Wunder gewirkt. Björn sah wieder die Frau vor sich, in die er sich verliebt hatte. Er nutzte die Gunst der Stunde:

»Eine Sache wäre da noch«, murmelte er.

»Raus mit der Sprache, Junge!«, ermutigte ihn Monica, und ihr Lachen perlte wie der Sekt im Glas.

»Ich habe vorhin im Park einen Amerikaner kennengelernt«, sagte Björn und schaute die beiden Frauen an.

»Einen Amerikaner?«, wiederholte Monica interessiert.

»Ich habe ihn zu uns eingeladen, damit er ein echtes schwedisches Mittsommerbüfett kennenlernt. Er möchte so gerne Hering probieren.«

»Aber das ist doch wunderbar!«, erwiderte Monica, die

seit einigen Jahren Single war. Sie hatte nichts gegen einen zusätzlichen Mann im Haus.

Victoria sah Björn an, und ihr Blick sagte ihm, dass er eine gute Tat vollbracht hatte. Theo war in seinem Buggy auf der Terrasse eingeschlafen, und auch Anna, die schon die ganze Zeit im Park geschlafen hatte, schlummerte tief und fest.

»Ich bereite das Büfett vor«, sagte Victoria. »Dennis und Gunnel kommen später, meine Mutter hat eine SMS geschickt, dass sie es doch nicht schafft.« Victoria versuchte, unbeschwert zu klingen, doch Björn hörte die Enttäuschung in ihrer Stimme. In dem Moment klopfte es zum zweiten Mal.

»Ich gehe schon!«, erbot sich Monica fröhlich und eilte zur Tür. Victoria verschwand in der Küche, um das Essen vorzubereiten, und Björn folgte Monica, um den neuen Gast willkommen zu heißen.

Sandras Handy vibrierte summend auf dem Bistrotisch. »Kattis« stand auf dem Display. Sie hatten schon eine Ewigkeit nicht mehr miteinander gesprochen. Einen Moment erwog Sandra, es einfach klingeln zu lassen, doch Dennis signalisierte ihr, dass sie das Gespräch annehmen konnte, und entschuldigte sich, um auf die Toilette zu gehen.

»Hallo, Kattis!«, meldete sich Sandra.

»Hallo, Süße! Ich hoffe, du hast heute Abend frei, denn wir haben vor, es richtig krachen zu lassen!«, rief Kattis laut und aufgekratzt am anderen Ende der Leitung. Wenn man mit Kattis loszog, wusste man nie, was einen erwartete, aber eines stand fest: Langweilig wurde es nicht.

»Ich weiß nicht genau, ich muss vielleicht arbeiten«, antwortete Sandra in einem vorsichtigen Versuch, sich aus der Sache herauszulavieren.

»An deinem Geburtstag! Vergiss es!«, rief Kattis. »Ich habe mit deiner Großmutter gesprochen, und wenn ihr gegessen habt, holen die Mädels und ich dich bei ihr ab. Sei so gegen sieben fertig.«

»Okay«, erwiderte Sandra, die begriff, dass dieser Plan nicht verhandelbar war. Aber gleichzeitig freute sie sich, dass ihre alte Clique vorbeikam. Zurzeit hatten sie nicht oft Gelegenheit, sich zu sehen. Früher hatten sie sich in Lysekil jeden Tag bei irgendwem zu Hause verabredet, und sobald sie den Führerschein besaßen, hatten sie die umliegenden Ortschaften in Bohuslän erkundet und das Pflaster dort unsicher gemacht. Sandra lachte bei der Erinnerung an diese Abende. Aber das war lange her, inzwischen ging es meistens gesitteter zu, wenn sie sich trafen: ein Glas Wein und ein bisschen Klatsch und Tratsch, mehr nicht.

Dennis kam zurück und erkundigte sich, worüber sie schmunzelte.

»Ich habe heute Geburtstag«, sagte sie lächelnd.

»Herzlichen Glückwunsch!«, erwiderte Dennis. »Hätte ich das gewusst, hätten wir im Revier mit den anderen gefeiert. Macht ihr das nicht?«

»Keine Ahnung«, sagte Sandra. »Das ist mein erster Geburtstag in Kungshamn. Aber wenn nicht einmal der Chef weiß, wann seine Mitarbeiter Geburtstag haben, erschwert das die Sache natürlich.« Sie zwinkerte Dennis zu, der gespielt zerknirscht dreinblickte.

Sie verließen das Skäret und beschlossen, zur Wache in Kungshamn zu fahren, um die Bereitschaftspolizisten einzuweisen, die am Abend und während der Nacht die Stellung halten sollten.

Eva saß mit Vera auf dem Fußboden im Kinderzimmer und puzzelte. Heute Morgen waren sie mit der Hilfe ihres Vaters wieder in ihr eigenes Haus gezogen. Dennis hatte angerufen und mitgeteilt, dass für Eva und Vera keine konkrete Gefahrenlage bestand und die kriminaltechnische Untersuchung des Hauses nach dem Einbruch abgeschlossen war.

»Baden gehen?«, fragte Vera und sah ihre Mutter mit großen Augen an.

Eva musste ihr recht geben. Es war wirklich an der Zeit für ein Mittsommer-Bad. Seit Åkes Verschwinden hatte sie sich kein einziges Mal die Haare gewaschen. Zum ersten Mal verspürte sie Lust, sich zurechtzumachen. Vielleicht lag es an den alten Traditionen, die in ihr verwurzelt waren. Sie erinnerte sich an zahlreiche Mittsommerfeste, an denen sie sich schön angezogen hatte. Åke liebte es, sie in hellen Sommerkleidern zu sehen. Zwanzig Mittsommer hatten sie gemeinsam verbracht. Bei dem Gedanken ergriff sie eine lähmende Trauer. Wie sollte sie das alles durchstehen? Die ganzen Erinnerungen, egal, wo sie sich befand. Das ganze Haus war von Åke erfüllt. Ganz Smögen war von Åke erfüllt. Es gab keinen Pflasterstein, über den er nicht gelaufen war, keine Klippe, auf der er nicht gesessen hatte. Sie musste mit jemandem reden. Ihre Mutter hatte gesagt, dass sie so viel darüber reden könnte, wie sie wollte, doch irgendwie hatten sie eine Mauer zwischen sich errichtet, die es schwer machte, es anzusprechen. Und meistens war auch Vera dabei. Sie hatte zwar gefragt: »Papa is?«, was bedeutete: »Wo ist Papa?«, aber kurz darauf hatte sie ihre Frage vergessen und weitergespielt.

Eva spürte, dass sie stark sein musste, Vera zuliebe. Vera brauchte sie. Sie brauchte eine Mutter, die mit der Situation fertigwurde und ihr Geborgenheit gab. Doch diese Aufgabe erschien ihr übermächtig. Wie sollte sie jemals zwei Plätze ausfüllen? Ihren eigenen und Åkes.

Als sie ins Badezimmer gingen, hielt sie Vera an der Hand.

Smögen, 5. November 1837

»Was in Herrgotts Namen erzählt Frau Kreutz da?«, rief die neue Aushilfe Stina, die mit frisch gestärkter Schürze hinter dem Tresen des Kaufmannsladens stand.

»Es ist, wie ich gesagt habe. Carl-Henrik stürzte herein und bat mich, nach seiner armen Frau zu sehen.«

»Haben die Männer des Patrons sie geschlagen, während sie die Kleine im Arm hielt?«, fragte Stina fassungslos. »Der Patron ist doch so ein rechtschaffener Herr.«

»Das kann man von seinen Gefolgsleuten nicht behaupten«, erwiderte Frau Kreutz säuerlich und ordnete ihre frisch gebackenen Zuckerkringel auf einem Tablett auf dem Verkaufstresen an.

»Gott bewahre«, sagte Stina. »Und ich bin ganz allein im Laden. Nachdem der Sturm sich gelegt hat, ist Herr Bengtsson nach Gravarne gefahren, um neue Waren zu besorgen.«

Elof Bengtsson, der Besitzer des Kaufmannsladens, war ein fleißiger Mann. Seit dem plötzlichen Tod seiner Frau am Ende des Sommers lebte er allein. Stina hatte sich als Aushilfe beworben und sollte von nun an mit Ausnahme von sonntags, wenn der Laden geschlossen war, täglich dort arbeiten.

Auf einmal flog die Tür auf, und ein kalter Windstoß fegte herein. Zwei Männer in langen Mänteln betraten den Laden und trampelten mit lehmigen schwarzen Stiefeln über den frisch gescheuerten Holzboden. Stina blickte entsetzt auf die feuchten Erdklumpen, die sie hinterließen, während sie herumliefen und die Regale inspizierten, in denen nahezu gähnende Leere herrschte. Sie rümpfte die Nase.

Frau Kreutz drehte sich nicht um, sondern ordnete weiter ihre Zuckerkringel auf dem Tablett an.

»Sieh an, Frau Kreutz bessert also die Haushaltskasse auf, indem sie ihre leckeren Zuckerkringel hier im Laden ver-

kauft?«, fragte der Mann mit dem Backenbart, griff sich zwei Kringel und stopfte sie in den Mund.

»Womit kann ich dienen?«, fragte Stina, die Hände auf dem Tresen zu Fäusten geballt.

Der Mann grinste und bürstete ein paar Krümel von seinem Mantelrevers.

»Ja, da gibt es in der Tat etwas«, antwortete er und trat hinter den Tresen. Stina wich zurück, aber der Mann drängte sie immer weiter nach hinten, bis in das kleine Kontor des Kaufmannsladens hinein, das zur Hofseite hinauslag. Der Mann schlug die Tür hinter ihnen zu. Frau Kreutz stürzte ihnen nach, doch der zweite Mann, der bisher schweigend hinter ihr gestanden hatte, fing sie ein und schlang seine Arme um ihre Taille. Sie wehrte sich und versuchte, sich zu befreien, aber sein Griff war zu fest. Aus dem Kontor drangen Stinas Schreie, und Frau Kreutz stiegen Tränen in die Augen. Nach einer Weile kam der Mann mit dem Backenbart zurück. Er grinste über das ganze Gesicht.

»Frau Kreutz kann unbesorgt sein«, sagte er. »Sie hat nichts zu befürchten, um es mal so auszudrücken. Aber Zuckerkringel, die versteht sie zu backen«, schloss er und schob einige Gebäckstücke in einen Lederbeutel, der an seinem Gürtel hing.

Die Männer verließen den Laden. Als die Tür hinter ihnen zugefallen war, erklang nur noch Stinas Weinen aus dem Kontor. Frau Kreutz stürzte zu ihr hin und sank neben ihr auf den Boden. Sie nahm sie in die Arme und hielt sie fest, bis ihr Schluchzen verstummte.

15

Als Sandra und Dennis das Polizeirevier betraten, herrschte dort hektische Betriebsamkeit. Sie gingen an einigen durchtrainierten uniformierten Beamten und Beamtinnen vorbei, die auf dem Flur in Grüppchen beieinanderstanden. Stigs laute Stimme drang in regelmäßigen Abständen durch den Geräuschpegel, wenn er die Polizisten nacheinander in sein Dienstzimmer rief, um ihnen ihre Ausweise und die übrigen Dinge auszuhändigen, die sie während ihres Einsatzes benötigten. Dennis spürte, wie er ruhiger wurde. Jetzt brauchte er sich keine Gedanken mehr um die üblichen Alkoholexzesse zu machen, die an Mittsommer im Laufe des Abends und der Nacht zu erwarten waren. An diesem Tag war das anhaltend schöne, warme Wetter ihr größter Feind, doch er hoffte, dass die Kehrseite des Mittsommerfestes ihre Ermittlungen nicht beeinträchtigen und die Inselbewohner nicht über Gebühr stören würde.

Sandra und Dennis zogen sich in ihren Einsatzraum zurück, den sie seit einigen Tagen nicht mehr benutzt hatten. Ihr vorübergehendes Büro im Bootsschuppen war für sie beide die praktischere Lösung, doch jetzt wollten sie sich mit Stig abstimmen und ihn über den neuesten Stand informieren. Als sie die Tür hinter sich geschlossen hatten, ging sie zu ihrem Erstaunen im nächsten Moment wieder auf, und Ragnar Härnvik kam herein, der die Tür seinerseits rasch wieder zumachte.

»Was bitte ist das hier?«, blaffte er aufgebracht und warf ein Blatt Papier auf den Tisch.

Sandra griff danach. Es war ein Onlineartikel von der Webseite der Bohusläns Tidning. Die Schlagzeile lautete: »Nonne während Mordermittlung spurlos verschwunden.«

»Ist euch eine Nonne abhandengekommen?«, fragte Ragnar. »Warum weiß ich nichts davon?«

Sandra und Dennis hatten die geplatzte Verabredung mit Ebba Svärd fast vergessen.

»Nein«, erwiderte Sandra und merkte, dass sie augenblicklich in den Verteidigungsmodus schaltete. »Aber wir wollten noch einmal mit der Diakonin Ebba Svärd sprechen, die wir Dienstag in Sjövik befragt haben. Im Kloster hat sie uns nicht gesagt, weshalb sie sich mit Åke Strömberg auf Smögen getroffen hat. Aber sie hat ihre Meinung geändert und wollte uns mitteilen, was sie ihm gegeben hat.«

»Und warum ist sie nicht aufgetaucht?«, fragte Ragnar ungeduldig. »Außerdem hatten wir vereinbart, dass ich sämtliche Pressekontakte regele.«

»Wir wissen es nicht«, erwiderte Dennis. »Wir haben Helene Berg gebeten, eine Fahndung nach Ebba herauszugeben, doch bisher ohne Ergebnis. Jedenfalls soweit uns bekannt ist.«

»So etwas darf nicht an die Öffentlichkeit dringen«, fuhr Ragnar fort, dessen Gesicht inzwischen hochrot angelaufen war. »Solche Informationen schaden uns und erwecken den Anschein, als arbeiteten wir schlampig. Nach der Besprechung werden wir diese Diakonin auftreiben, damit wir dementieren können, bevor die nächste Zeitung gedruckt wird. Kennen diese Schreiberlinge nicht einmal den Unterschied zwischen einer Diakonin und einer Nonne?«

Ragnar Härnvik war in Göteborg viele Jahre für die Presse- und Öffentlichkeitsarbeit zuständig gewesen und wusste, wie die Medien funktionierten. Dennis konnte verstehen, dass er ihnen den Wind aus den Segeln nehmen wollte, fragte sich jedoch, wie die Zeitung von dieser Sache überhaupt erfahren hatte. Konnten Außenstehende immer noch den Polizeifunk abhören? Andererseits könnte der Artikel nützlich sein und ihnen dabei helfen, Ebba schneller zu finden, und darauf kam es schließlich an. Wenn nicht schon das Schlimmstmögliche eingetreten war.

Anthony Parker sah sich mit großen Augen um. Björn bot ihm mit strahlendem Gesicht ein Glas Rosésekt an. Das Haus, in dem Björn und Victoria wohnten, war eines dieser urigen, alten Fischerhäuschen und erinnerte ihn an das Haus, in dem sein Großvater und seine Großmutter gelebt hatten: Es war ebenfalls weiß gestrichen, und man betrat es über eine kleine verglaste Veranda mit Sprossenfenstern. An die Veranda grenzte ein geräumiges Wohnzimmer, das ursprünglich einmal aus zwei Räumen bestanden hatte. Der Durchbruch war so groß, dass von der alten Wand nur noch ein paar Zentimeter zu sehen waren. Drei der Wände hatten Fenster. Wenn man den Kopf um hundertachtzig Grad drehte, konnte man den Ausblick nach Osten, Süden und Westen genießen. Vor den Fenstern bot sich Anthony die Kulisse, die seit seiner Kindheit sein Smögen-Bild bestimmte: Wohin er auch schaute, blickte er auf gestrichene Holzhäuschen mit farbigen oder weißen Giebeln und Fensterrahmen, Sprossenfenster, Bootsschuppen mit Haken an den Türen, die teilweise aussahen, als wären sie ineinander verschachtelt oder übereinandergebaut. Die meisten Fischerhütten waren weiß, aber das Farbschauspiel der Bootsschuppen reichte von unbehandelten, verwitterten grauen Holzfassaden bis hin zu Rot, Gelb, Blau und Grün. Die Farben leuchteten in unterschiedlicher Intensität und setzten sich zu einer Farbpalette zusammen, die sich auf seiner Netzhaut eingravierte und dort für den Rest seines Lebens bleiben würde.

Theo stellte sich neben ihn und griff nach seiner freien Hand.

»Spielen«, sagte er und sah ihn mit großen blauen Augen an.

»He wants you to play with him«, soufflierte Monica mit einem schwedisch-britischen Akzent.

Anthony nickte und ging mit Theo zu dessen Spielzeugkiste, die in einer Ecke des Wohnzimmers stand. Sie hockten sich gemeinsam auf den Boden, und Theo zeigte ihm seine Rennbahn.

»Wow«, sagte Anthony und bereute, dass er sich für die schwarze Anzughose entschieden hatte, deren Bund schon vor dem Essen in der Taille kniff. Er stellte sein Glas außer Reichweite von Theo auf eine hohe Kommode. Aus dem Augenwinkel sah er, wie Björn und Victoria zahlreiche Platten aus der Küche ins Wohnzimmer trugen, und er wusste, dass er satt werden würde.

»Are you hungry?«, zwitscherte Monica und lachte.

Anthony musterte sie und fragte sich, ob sie eine typische Schwedin war. In seiner Vorstellung waren schwedische Frauen zurückhaltender und überwiegend blond.

»Ich spreche ein bisschen Schwedisch«, erwiderte er. Er wollte so gerne die Wörter üben, die ihm seine Großeltern in seiner Kindheit beigebracht hatten. Keiner der beiden hatte jemals richtig Englisch gelernt, und er selbst war mit der schwedischen Sprache nie so recht warm geworden, doch jetzt wollte er sie lernen.

»Natürlich«, erwiderte Monica. »Sie sind ja von hier. Aber Sie können froh sein, dass keiner von uns einen ausgeprägten Smögen-Dialekt spricht. Da würden Sie kaum ein Wort verstehen.«

»Mhm«, murmelte Anthony.

Björn räusperte sich und hob sein Sektglas. »Schön, dass ihr hier seid und wir dieses Mittsommerfest gemeinsam feiern, auf einen schönen Abend! Das Büfett ist eröffnet, füllt eure Teller mit Hering und allen anderen Köstlichkeiten!« Björn prostete Monica zu, die noch einen kleinen Rest Sekt in ihrem Glas hatte. Victoria lächelte voll Stolz über Björns kleine Willkommensansprache. Ihr sonst so zurückhaltender Mann blühte bei besonderen Anlässen richtig auf.

Theo stürmte ans Büfett und streckte sich nach einem Weintraubenzweig.

»Rauben!«, jubelte er fröhlich und zog mit seiner Beute in der Faust ab.

Victoria setzte sich auf das Sofa und stillte Anna. Man konnte die Uhr danach stellen: Immer wenn das Essen fertig und der Tisch gedeckt war, bekam auch Anna Hunger.

Björn nahm zwei Teller und reichte einen davon Anthony, weil er annahm, er würde sich sonst nicht trauen, den Anfang zu machen. Anthony legte sich zögernd ein Stück Matjeshering, ein Stück Heringstorte, ein Ei mit Kalix-Kaviar und ein wenig gebeizten Lachs mit Sahne-Mayonnaise auf den Teller. Er setzte sich auf den Platz gegenüber von Björn, der seinen Teller mit sämtlichen traditionellen schwedischen Mittsommergerichten beladen hatte.

»Zum Hering muss man einen Schnaps trinken, oder mehrere«, erklärte der Gastgeber lachend und füllte Anthonys Glas bis zum Rand.

Inzwischen saßen alle am Tisch, sogar Victoria, denn Anna war tatsächlich wieder eingeschlafen und schlummerte nun friedlich auf dem Sofa. Theo saß zufrieden in seinem Kinderstuhl mit einem Berg Weintrauben, einem Keks und ein paar Scheiben Lachs vor sich.

»Wenn jeder den Hering probiert hat, singen wir und trinken einen Schnaps«, verkündete Björn.

Anthony teilte seinen Hering in der Mitte durch und steckte ein Stück in den Mund. Sein Gaumen und sein Magen revoltierten, und er verzog das Gesicht zu einer Grimasse. Anthony konnte sich nicht erinnern, in seinem Leben je etwas Widerwärtigeres gegessen zu haben. Am liebsten hätte er sich übergeben, doch stattdessen spülte er den Hering mit dem Schnaps herunter. Als das Gespann seine Kehle hinuntergerutscht und in seinem Magen angekommen war, nahm er seine Umgebung wieder wahr. Alle amüsierten sich königlich. Monica und Victoria liefen vor Lachen die Tränen über die Wangen, Björn lächelte ihn nachdenklich an.

»Wie geht es dir, mein Freund?«, fragte er, und dann konnte auch er sich das Lachen nicht mehr verkneifen.

»Pfui Teufel!«, sagte Anthony. »Das war widerlich.«

Marianne Thörn saß auf dem Balkon, den Åke vor einigen Jahren für sie gebaut hatte. Aus den Räumen im Erdgeschoss konnte man das Wasser nicht sehen, aber vom Schlafzimmerfenster und vom Balkon hatte man einen wunderbaren Blick auf Kleven im Süden und das dahinterliegende Meer. Für Marianne gab es keinen schöneren Ort als den Balkon, und wann immer sie die Zeit fand, setzte sie sich dorthin. Hier konnte sie nachdenken. Aber in der vergangenen Woche hatte sie nicht die Ruhe gefunden, um sich hier oben zurückzuziehen. Ihr Sohn war am Sonntag nach Fuerteventura geflogen. Am Montagmorgen war der Schwiegersohn in spe ihrer Halbschwester tot im Hafenbecken aufgefunden worden, und nun war auch noch ihr eigener geliebter Schwiegersohn nach einem Tauchausflug vor Penningskär spurlos verschwunden. Ihre Tochter Eva war ein Nervenwrack, und Marianne fragte sich, ob sie je wieder sie selbst werden würde. Sie blickte zum Haus ihrer Tochter hinüber und sah, dass Eva und Vera in Veras Kinderzimmer auf dem Boden zusammen spielten. Malcolm hatte natürlich alles getan, um die ganze Familie zu unterstützen, doch seine Hilfe beschränkte sich eher auf praktische Belange, und sie hatte selbst gemerkt, wie schwer es war, mit Eva über ihren Kummer zu reden. Die Wunden waren für sie beide zu frisch. Und Marianne fühlte sich schuldig. Sie hatte den Kontakt zwischen Åke, Pelle Hallgren und dessen Bruder bei Smögen-Bau hergestellt. Sie wusste, dass die Brüder zerstritten waren und dort nicht alles zum Besten stand, aber Åke hatte eine Arbeit gebraucht und sein Talent, Aufträge im Baugewerbe an Land zu ziehen, schnell unter Beweis gestellt. Inzwischen hatte er sich so weit in der Firma etabliert, dass er sogar eine Gewinnbeteiligung erhielt. Woher hätte sie wissen sollen, dass das Ganze im Unglück enden würde? Gleichzeitig fragte sie sich, ob der Mann ihrer Halbschwester wirklich dazu fähig war, den Freund seiner Tochter zu töten. Und trug er die Schuld an Åkes Verschwinden? Das klang absurd, obwohl sie zugeben musste, dass sich Carl – milde ausgedrückt – manchmal sehr sonderbar verhielt. Diese Wracktaucherei und die Suche nach dem versunkenen Schatz, den Åke auf dem Meeresboden vermutete, hatten seine ganze Freizeit beansprucht. Vielleicht war er jemandem damit in die Quere gekommen. Jemandem, der entweder wollte, dass das Wrack ungestört in den Tiefen des Meeres ruhte, oder der selbst auf das Gold aus war, von dem Åke gesprochen hatte. Aber Carl Hallgren schwamm doch sowieso schon in Geld. Warum sollte er sich für einen alten Schatz interessieren? Das erschien ihr unwahrscheinlich.

Marianne holte den Brautschleier mit der Spitze hervor, die Elfrida ihr vorbeigebracht hatte. Eva hätte so schön damit ausgesehen. Irgendwann würde sie ihrer Tochter von Åkes Plänen erzählen, doch bisher hatte sie noch nicht den Mut aufgebracht.

Aber jetzt musste sie wieder hinuntergehen, bald würde ihre Nichte mit ihrem Mann und ihren zwei kleinen Kindern kommen. Dann konnte Vera mit ihrem Großcousin und ihrer Großcousine spielen und mit ihnen um den Mittsommerbaum tanzen, den Malkolm auf dem Rasen aufgestellt hatte.

Amanda Horn saß an ihrem Computer und tippte so schnell, dass ihre Fingerspitzen schmerzten. Am Montagmorgen hatte sie ihre Sommervertretungsstelle bei der Bohusläns Tidning angetreten mit Sotenäs als Hauptregion. Sie war in Kungshamn aufgewachsen und kannte die kleinen Küstenorte wie ihre Westentasche. Jedenfalls wenn es um Bars, Kneipen, die besten Badeklippen und die Frage, wen man wo treffen konnte, ging. Wenn sie in der ersten Woche richtig gute Artikel ablieferte, konnte sie sich den Respekt ihrer Kollegen verdienen. Ihr Ziel war es, nach der befristeten Anstellung mindestens ein Jahr bei der Bohusläns Tidning zu bleiben, Erfahrung zu sammeln und sich anschließend bei Stockholmer Zeitungen zu bewerben. In Stockholm spielte sich alles ab. Im Vergleich dazu war Sotenäs ein winziges Nest. Aber direkt am ersten Tag über eine Mordermittlung und einen Vermisstenfall berichten zu dürfen war ein Traumstart, den sie sich in ihren wildesten Fantasien nicht hätte ausmalen können. Gut, eigentlich sollte Jonasson die Sache weiterverfolgen, aber er war so mit Zigarillorauchen und anderen wichtigen Dingen beschäftigt, dass er ihr sowohl das Schreiben als auch sämtliche Recherchen überlassen hatte. Und sie beschwerte sich nicht.

In ihrem ersten Artikel hatte sie über das Auffinden von Sebastian Svenssons Leiche im Smögener Hafenbecken berichtet. Und damit noch nicht genug. Am selben Tag war ein Smögener Familienvater nach einem Tauchausflug als vermisst gemeldet worden. Natürlich konnte es sich um einen Unfall handeln, aber ihre Nachforschungen hatten ergeben, dass Åke Strömberg einem versunkenen Schatz auf der Spur war, der seit fast zweihundert Jahren unten auf dem Meeresboden lag. Sich an die Fersen dieses neuen Mordermittlers und seiner Assistentin zu heften hatte sich wirklich ausgezahlt. Kaffeepausen schienen zu ihren Lieblingsbeschäftigungen zu gehören, und Amanda hatte keinerlei Schwierigkeiten gehabt, sich ihnen unentdeckt zu nähern. Ihre feuerroten Haare hatte sie unter einer Baseballkappe versteckt, damit die beiden sie nicht auf den ersten Blick wiedererkannten, falls sie ihnen bei der Pressekonferenz aufgefallen war.

Der Mord an Sebastian Svensson hatte am Montag und Dienstag sowohl die Schlagzeilen der Druckausgabe als auch der Onlineausgabe der Zeitung bestimmt. Am Mittwoch hatte sie herausgefunden, dass Smögen-Bau in ein Immobilienprojekt am Smögen-Kai verwickelt war, wodurch sich das Gesicht der Insel für immer verändern würde. Ein unglaublicher Scoop. Ihr Onlineartikel hatte über hundert aufgebrachte Leserkommentare erhalten. Und gestern hatte Jonasson seinen Mittsommer-Urlaub angetreten, sodass sie jetzt allein für den Onlineauftritt der Zeitung und die Berichterstattung verantwortlich war, die sie über die Ermittlungen in der kommenden Montagsausgabe brachten. Ihr war es nur recht, dass Freitag und Samstag, am Mittsommerabend und am Mittsommertag, keine Zeitung erschien. Und Sonntag war ohnehin ein zeitungsfreier Tag. Sie würde sich voll und ganz auf die Onlineausgabe konzentrieren und laufend über alle Neuigkeiten berichten, die sich in der Mordermittlung und in dem Vermisstenfall ergaben. Wahrscheinlich würde für andere Dinge auch nicht mehr viel Zeit bleiben. Aber natürlich hatte sie vor, eine Runde über den Campingplatz zu drehen und anschließend an den Kai hinunterzugehen. Immerhin war trotz allem Mittsommer und traditionsgemäß das ereignisreichste Wochenende des ganzen Jahres. Die Leute erwarteten einen Bericht, wie die Festivitäten abliefen. Sie kontrollierte das Bild und den Namen in der Verfasserzeile, ehe sie ihren Artikel online stellte. Als sie in ihre Jeansjacke schlüpfte und auf der roten Vespa davonfuhr, fragte sie sich, wie viele Menschen ihren Artikel wohl lesen würden.

Smögen, 6. November 1837

Der Fang war dürftig, aber zusammen mit dem Gemüse von Frau Kreutz hatten die Mahlzeiten Anna-Katarina genug Kraft gegeben, um Amelia stillen zu können, und bisher wirkte die Kleine zufrieden.

Jeden Tag ruderte Carl-Henrik mit seinem Kahn zum Fischen aufs Meer hinaus. Er zog den feinmaschigen Kescher hinter dem Boot her, in dem sich Meeresschnecken und Muscheln verfingen, die ihm als Köder dienten. Nach dem Sturm standen die Chancen außerdem gut, in den Buchten um Kleven auf Strandgut zu stoßen. Zwar gehörte angespültes Treibgut per Gesetz dem König, aber die Strandsitzer und die Kaufmannsfamilien hatten die Felsenschluchten und Strände von Kleven zwischen sich aufgeteilt, und einer davon gehörte ihm.

Heute Nacht hatte er von Reichtümern in Form von verwertbarem Holz geträumt, das vom Wrack angeschwemmt worden war und auf ihn wartete. Er würde schlichte Möbel daraus zimmern und sie veräußern. Von dem Erlös würde er Butter und Stoff kaufen, aus dem Anna-Katarina Kleidung für Amelia nähen konnte. Vielleicht würde es sogar für ein Kinderbettchen reichen. Aber zuallererst musste er ihre Hütte ausbessern. Der Wind pfiff durch die Ritzen in den Wänden, und es war unmöglich, richtig zu heizen.

Die Klippen am Ufer waren in der Sonne getrocknet. Carl-Henrik kletterte seinen gewohnten Weg zum Strand hinunter. In der Bucht vor dem kleinen Steinstrand trieben Schiffsplanken und anderes Holz. Zu seiner Freude entdeckte er eine kleine Schranktür aus Edelholz. Vermutlich stammte sie von einem Schiff und hatte eine Kapitänskajüte geziert. Carl-Henrik sammelte das Treibgut ein und schichtete es zu ordentlichen Stapeln, bis die Wasseroberfläche in der Bucht wieder sauber und glatt dalag. Obwohl er wusste, dass es ein nahezu hoffnungsloses Unterfangen sein würde, die Stiefel wieder trocken zu bekommen, watete er weiter hinaus. Er wollte sich vergewissern, dass an der Stelle, wo die Klippen steil ins Meer abfielen, nichts zwischen den Felsspalten oder Steinen hängen geblieben war. Als er sich ein Stück vom Ufer entfernt hatte, entdeckte er in einer Spalte einen Gegenstand. Es sah aus wie ein Ledergürtel.

16

Björn war in seinem Element. Seiner zurückhaltenden Art zum Trotz liebte er es, das Haus voller Gäste zu haben. Heringssud und Schnapstropfen verfingen sich in seinem akkurat gestutzten Oberlippenbart, und er lachte immer lauter über Anthonys lustige Fragen und seinen amerikanischen Akzent. Schließlich konnte er sich die Frage nicht mehr verkneifen, die ihnen allen auf der Zunge lag, seit sie ihn das erste Mal gesehen hatten: »Sag mal, Anthony, gehörst du eigentlich den Amish an?«

Anthony schaute Björn verblüfft an und brach dann in schallendes Gelächter aus. Er lachte so sehr, dass ihm die Tränen über die Wangen liefen.

»Nein«, sagte er, als er wieder ein wenig Luft bekam. »Ich trage diese Sachen, weil ich wie ein Schwede aussehen wollte.«

»Aber was hat dich auf die Idee gebracht, dass wir uns so anziehen?«, fragte Monica.

»Ich habe Fotos gesehen, auf denen ihr diese Kleidung tragt«, erwiderte Anthony.

»Ja, aber das ist fünfzig Jahre her«, erklärte Victoria amüsiert. So viel Spaß wie in den letzten zwei Stunden hatte sie schon lange nicht mehr gehabt.

»Die Schwester meiner Großmutter hat uns die Bilder vor langer Zeit aus Schweden geschickt, daran habe ich mich orientiert«, erwiderte Anthony verlegen.

»Das haben wir uns fast gedacht«, sagte Monica lächelnd.

»Ist es in Ordnung, wenn ich nach Hause gehe und mich umziehe? Es dauert nur fünf Minuten.«

Allen war klar, dass Anthony sich danach sehnte, seine Anzughose gegen etwas Bequemeres einzutauschen.

»Geh ruhig«, antwortete Victoria. »Ich hole in der Zwischenzeit die Erdbeeren.«

»Und, was sagst du?«, fragte Victoria, als Monica und sie die übrig gebliebenen Speisen in der Küche in Tupperdosen füllten.

»Wozu?«, erwiderte Monica und tat so, als hätte sie keine Ahnung, was Victoria meinte.

»Zu Anthony natürlich«, sagte Victoria und sah forschend in Monicas dunkle Augen.

»Ich weiß es nicht«, antwortete Monica und schürzte die Lippen. »Er ist ja ganz süß, aber zu alt für mich, und diese Klamotten ... Das geht einfach nicht.«

»Wart's ab, was er trägt, wenn er wiederkommt. Vielleicht erscheint er in einer Altherrenhose mit Bügelfalten und Hosenträgern und sieht umwerfend darin aus«, scherzte Victoria. »Wie alt schätzt du ihn?«

»Auf Mitte fünfzig oder sechzig«, antwortete Monica. »Das ist ein bisschen alt. Wie du weißt, bin ich erst vierundvierzig.«

»Aber in ein paar Tagen wirst du fünfundvierzig«, zog Victoria sie auf.

Monica tat beleidigt: »Erinnere mich nicht daran! Ich versuche, das zu verdrängen. Außerdem habe ich ein Auge auf Dennis geworfen.« Sie zwinkerte Victoria zu.

»Mein Bruder?«, sagte Victoria und tat verblüfft. »Aber er ist erst neununddreißig, der wäre doch bloß eine Trophäe für dich.«

»Ist doch perfekt«, antwortete Monica. »Jung und knackig.«

»Er hat immer noch an dem zu knabbern, was im Frühjahr passiert ist«, gab Victoria zu bedenken. »Außerdem kommt Gunnel heute Abend zu uns, und ich habe den Eindruck, dass sich zwischen den beiden etwas anbahnt.«

»Gunnel, ist das diese Blondine, die gerade hergezogen ist?«, fragte Monica und kniff die Lippen zusammen.

»Ja, sie hat Dennis den Fischkutter vermietet«, erwiderte Victoria amüsiert.

»Sie ist süß, aber was will er mit einer wie ihr, wenn er am Boden ist? Er braucht eine reife Frau, die sich um ihn kümmern kann. Ich würde ihn zum Beispiel nie auf einem Boot wohnen lassen«, sagte Monica und verdrehte die Augen.

»Warten wir ab, wie sich die Dinge entwickeln«, erwiderte Victoria. »Der Mittsommerabend ist noch jung.«

Sie warf einen Blick auf die Küchenuhr. Anthony würde gleich zurück sein. Sie holte die Erdbeeren und bat Monica, sie zu putzen, während sie die Sahne schlug.

Sandra ging an ihr Handy, das in ihrer Handtasche klingelte. Sie stand noch in ihrem Einsatzraum im Polizeirevier, während Dennis draußen auf dem Flur die Übergabe mit den Bereitschaftspolizisten abstimmte. Am anderen Ende der Leitung war Ebba Svärd.

»Gott sei Dank!«, entfuhr es Sandra.

»Hallo, Sandra, ich wollte mich kurz melden«, sagte Ebba.

»Was ist passiert?«, fragte Sandra. »Ich habe mir Sorgen gemacht. Sie waren wie vom Erdboden verschluckt.«

»Es tut mir leid, ich habe mich verspätet und den Bus verpasst. Ich hatte Ihre Telefonnummer nicht, also habe ich bei der Polizei angerufen, aber sie konnten keine Sandra in Sotenäs finden.«

Typisch, dass die Zentrale nicht auf dem neuesten Stand war. Dabei hatte sie mitgeteilt, dass sie den ganzen Sommer über in Sotenäs sein würde.

»Wie sind Sie dann an meine Nummer gekommen?«, fragte Sandra.

»Ich habe im Polizeirevier in Kungshamn angerufen und

mit einer Helene Berg gesprochen, die mir Ihre Handynummer gegeben hat. Sie hat die Fahndung nach mir einstellen lassen.«

»Wo sind Sie jetzt?«, erkundigte sich Sandra.

»Im Kloster in Sjövik. Heute fahren keine Busse mehr nach Smögen, ich werde wohl erst Montag kommen können. Aber jetzt muss ich los ...«

»Einen Moment ...« Sandra versuchte, Ebba am Auflegen zu hindern. »Können Sie mir nicht erzählen, weshalb Sie Åke vor ein paar Wochen besucht haben?«, fragte sie mit samtweicher Stimme und hoffte inständig, dass Ebba ihre Frage beantworten würde.

In der Leitung blieb es still, aber Sandra hörte Ebba atmen.

»Åke war nur der Überbringer«, sagte sie schließlich.

»Überbringer?«, wiederholte Sandra. »Von was?«

»Ich wollte einige Sachen zurückgeben, die ich in meinem WG-Zimmer aufbewahrte. Ich hatte Angst, die Nonnen könnten sie finden und Fragen stellen.«

»Wem wollten Sie die Sachen zurückgeben?«, hakte Sandra ungeduldig nach.

»Carl«, antwortete Ebba, und ihre Stimme klang so hohl, als hätte sie aufgehört zu atmen.

»Hatten Sie ein Verhältnis mit Carl?«, fragte Sandra perplex. Sie sah Carl Hallgrens Frau vor sich und fragte sich, wie sie wohl auf diese Neuigkeit reagieren würde, wenn sie davon erfuhr.

»Ich habe Carl während meiner Diakonenausbildung kennengelernt, als ich das obligatorische Praktikum in der Kirche von Kungshamn absolviert habe. Seelsorgegespräche sind Teil der Ausbildung. Ich habe mit einigen Gemeindemitgliedern gesprochen. Carl ist gläubig und war einer von ihnen.«

»Und Sie haben sich ineinander verliebt«, konstatierte Sandra. Sie konnte beinahe sehen, wie Ebba errötete.

»Das war nicht geplant«, erwiderte Ebba. »Carl erzählte mir, dass er sich sehr einsam fühlte, und mir ging es genauso. Wir haben viel darüber gesprochen.«

»Aber Carl Hallgren ist verheiratet«, sagte Sandra. »War das nicht sehr riskant, ein Verhältnis mit einem verheirateten Mann zu beginnen, noch dazu während Ihrer Ausbildung?«

»Ja«, erwiderte Ebba. »Ich weiß, dass es nicht optimal war, und ich hatte deshalb starke Gewissensbisse. Aber ich habe mit Carl darüber geredet und die Beziehung beendet. Allerdings ruft er mich immer noch an und will, dass wir uns treffen. Aber seit ich bei den Schwestern im Kloster wohne, habe ich die Kraft, zu widerstehen. Sie haben mir sehr geholfen.«

Sandra versuchte, ihren Worten ein wenig die Härte zu nehmen, denn Ebba machte sich wegen dieser Sache offensichtlich schon genug Vorwürfe. Sie bat Ebba, sich bei ihr zu melden, falls ihr noch etwas einfiel, das für die Ermittlungen relevant sein könnte.

Nach dem Gespräch arbeitete Sandras Gehirn auf Hochtouren. Hatte Ebbas und Carls Affäre etwas mit Sebastian Svenssons Tod zu tun? Hatte Sebastian von der Beziehung der beiden gewusst, Carl gedroht, es seiner Frau zu erzählen, und Schweigegeld von ihm erpresst? Ohne seine Frau war Carl ein Niemand. Anitas Geld und Immobilienbesitz auf Smögen hatten den Grundstein für die florierenden Geschäfte von Smögen-Bau gelegt. Sandra öffnete die Tür und sah in den Flur hinaus.

Dennis sprach mit einer jungen Polizeibeamtin, die gerade eingetroffen war. Sandra warf ihm einen Blick zu und bedeutete ihm, zu ihr in den Einsatzraum zu kommen, sobald er mit seinen Instruktionen fertig war.

Signe ging so rasch sie konnte die letzten Schritte bis zur Vordertreppe. In der letzten Zeit steckte sie Anstrengungen nicht mehr so leicht weg. Das Alter forderte seinen Tribut. Als sie schließlich auf der Veranda stand, schlug ihr Herz so heftig und unregelmäßig, dass sie einen Moment lang befürchtete, gleich in Ohnmacht zu fallen. Als die Schmerzen kamen, griff sie sich an die Brust und tastete mit der anderen Hand in der Tasche ihres Sommermantels nach ihren Tabletten. Nachdem sie eine Tablette geschluckt hatte, spürte sie, wie sie ruhiger wurde. Sie wusste, dass es gleich besser sein würde, sehr viel besser.

Sie ließ sich auf einen Küchenstuhl fallen. Als ihr Herz wieder gleichmäßiger schlug, stand sie langsam auf und ging zur Arbeitsplatte hinüber. Sie nahm die Blechdose aus dem Hängeschrank. Seit ihrer Kindheit stand sie schon dort, und solange Signe denken konnte, hatten darin Briefe und Fotos von Familienmitgliedern und Freunden gelegen. Hin und wieder holte sie die Dose hervor und las in den Briefen. Die ältesten stammten aus den frühen Zwanzigerjahren. Josefine, die Schwester ihrer Mutter, hatte Smögen nach einigen harten, entbehrungsreichen Jahren zusammen mit ihrem Mann verlassen. Ihre Tante war eine Abenteurerin gewesen oder – wie Signes Mutter es formulierte – eine rastlose Seele. Ihr Mann Erik hatte auf Smögen bei Weitem nicht genug Geld verdienen können, um ihr das Leben zu bieten, das sie sich wünschte, und eines Tages waren die beiden nach Amerika ausgewandert. Ihre Mutter hatte den Briefkontakt zu Josefine ihr Leben lang aufrechterhalten. Die Briefe kamen in großen Abständen, aber ein Weihnachtsgruß oder ein Sommerbrief hatte sie jedes Jahr erreicht. Tante Josefine und ihr Mann Erik bekamen drei Kinder. Aron, Mikael und Nora. Signe setzte sich wieder an den Küchentisch und betrachtete die alten Fotos. Auf einem Bild, das sie sich schon unzählige Male angesehen hatte, war die ganze Familie versammelt. Erik und die Jungen trugen schwarze Hosen und Westen mit weißen Hemden und breitkrempige schwarze Hüte, Josefine und Nora weiße Kleider mit hohen Spitzenkragen, Stickerei und bauschigen Röcken. Sie hatten weiße Hüte mit breiten Krempen auf und hielten Sonnenschirme in der Hand. Nora war die Jüngste, Josefine war bei ihrer Geburt schon zweiundvierzig gewesen, aber den Briefen nach zu urteilen war Nora ein Wunschkind gewesen. »Mein kleiner Engel«, nannte Josefine sie in ihren Briefen mit der schönen Handschrift. Signe hörte ein Geräusch auf der Treppe. Gerhard kam aus dem oberen Stockwerk herunter und stand kurz darauf im Türrahmen. Sein Haar war zerzaust, und sein Hemd hing halb aus der Hose. Er blieb seinen Gewohnheiten treu, Mittsommer hin oder her. Sein Mittagsschlaf war ihm heilig. Außerdem ging er schon lange nicht mehr zum Mittsommertanz in den Park. Inzwischen sah er ein, dass es für ihn bei solchen Veranstaltungen nicht mehr viel zu holen gab. Früher war das anders gewesen, doch diese Erlebnisse gehörten einer entschwundenen Zeit an, die nicht mehr wiederkehren würde.

»Liest du wieder in den alten Briefen?«, fragte er seine Schwester, die verlegen Fotos und Briefe zusammenschob.

Von Kindesbeinen an war ihr diese Blechdose wie eine Schatztruhe erschienen. Kein Außenstehender hatte die Briefe zu Gesicht bekommen, und kein Wort, das in ihnen stand, hatte dieses Haus jemals verlassen. Ihre Mutter hatte den Inhalt der Briefe nie mit ihnen geteilt, aber nach dem Tod ihrer Eltern hatte Signe die Blechdose gewissermaßen adoptiert und die Verantwortung für sie übernommen. Und bisher hatte auch sie zu niemandem ein Wort über den Inhalt verloren. Die Geheimnisse waren Geheimnisse geblieben. Nur sie, Gerhard und Bertil wussten, was in den Briefen stand, und nur sie hatten die Fotos gesehen.

»Jetzt ist es so weit«, sagte Signe ernst.

»Was ist so weit, wovon redest du?«, fragte Gerhard verständnislos. Er war immer noch nicht ganz wach.

»Jetzt kommt es ans Tageslicht«, erwiderte Signe, und Gerhard sah ihr an, dass sie fest davon überzeugt war.

»Nein, Signe. Mach dir keine Sorgen. Bei diesem Thema siehst du Gespenster. Bisher hat niemand davon erfahren, und so wird es bleiben, bis in alle Ewigkeit. Du und ich werden das Wissen mit ins Grab nehmen, so, wie du es wolltest. Wenn es nach mir ginge, wäre es nicht so wichtig. Mir macht es nichts mehr aus, seit Vater und Mutter nicht mehr unter uns sind.«

»Aber Bertil würde alles tun, um uns das Leben schwer zu machen, das weißt du«, sagte Signe irritiert. Sie war wütend und traurig, dass Gerhard die Sache so leichtnahm. Schließlich hatte er sie in diese Situation gebracht, und sie hatte sich geopfert, um die Dinge ins Lot zu bringen. Ein wenig Dankbarkeit könnte er schon zeigen.

»Ja, ja, aber ich sage doch, dass alles in Ordnung ist. Weshalb auch immer du dir nun wieder Sorgen machst, wir werden die Klippen auch diesmal umschiffen.«

»Setz dich«, sagte Signe mit bestimmtem Tonfall. »Ich werde es dir erzählen, und wenn ich fertig bin, werden wir sehen, was du dazu zu sagen hast.«

Dennis beendete seine Unterredung mit der jungen Polizeibeamtin und ging zu Sandra in den Einsatzraum, um zu hören, was sie ihm mitteilen wollte, ehe er zu Victoria und Björn fuhr.

In kurzen Sätzen fasste Sandra ihr Telefongespräch mit Ebba Svärd zusammen.

»Du meine Güte«, sagte Dennis und schlug sich die Hand vor den Mund. »Carl Hallgren und Ebba hatten also eine Affäre? Nichts gegen Diakoninnen, aber ich hätte nie gedacht, dass Carl bei einer solchen Frau schwach wird.«

»Tja, Männer«, erwiderte Sandra und zwinkerte ihm verschmitzt zu.

»Hör auf!«, protestierte Dennis. »Ihr Frauen seid auch keine Unschuldslämmer.«

»Wie gehen wir jetzt weiter vor?«, fragte Sandra. »Sollen wir noch einmal mit Carl Hallgren sprechen? Diese Information könnte für unsere Ermittlungen relevant sein.«

»Könnte Sebastian Carl Hallgren erpresst haben? Woher hatte er das Geld, um für Sofie und sich eine Wohnung in Göteborg zu finanzieren?«

»Das war auch mein Gedanke«, sagte Sandra. »Wir müssen der Sache morgen weiter nachgehen. Aber jetzt wartet meine Großmutter mit einem Geburtstagsessen auf mich.«

»Noch einmal herzlichen Glückwunsch«, sagte Dennis und warf einen Blick auf die Uhr an der Wand. »Dann werde ich mich jetzt wohl auf den Weg zu meiner Schwester machen. Alle Bereitschaftspolizisten sind eingetroffen und instruiert.«

»Ja, dieser Abend wird kein Spaziergang«, erwiderte Sandra. »Bei dem schönen Wetter werden die Feierlichkeiten ausarten wie seit Jahren nicht mehr. Ich bin froh, dass ich das nicht miterleben muss.«

Smögen, 6. November 1837

Das kalte Wasser reichte ihm jetzt bis über die Knie. Er hatte kein Gefühl mehr in den Füßen. Carl-Henrik beeilte sich, bückte sich nach dem Ledergürtel und zog, bis er sich aus der Felsspalte löste.

Der Gürtel war mehrere Daumen breit und durch das Wasser, mit dem sich das Leder vollgesogen hatte, ziemlich schwer. Carl-Henrik watete an den Strand zurück und sah ein, dass er zuerst nur den Gürtel nach Hause tragen konnte. Obwohl er ihm zu groß war, wand er sich den Gürtel um die Hüfte und kletterte die Klippen hinauf. Oben angelangt, blickte er sich auf der Landspitze von Kleven um und ging anschließend mit schnellen Schritten zu seiner Hütte.

Anna-Katarina lag mit Amelia auf der Küchenbank und schlief. Sie hatte aus den kleinen Fischen, die er ihr gebracht hatte, eine Suppe gekocht und in dem Topf neben der Feuerstelle eine Portion für ihn aufgehoben. Carl-Henrik zog seine nassen Stiefel und Kleider aus, hängte sie neben den Herd und hüllte sich in die Wolldecke, die Anna-Katarina gehäkelt hatte. Die Wolle hatte sie eigenhändig gesponnen, sie stammte von einem der Inselschafe, das Anna-Katarina kurzerhand beim Heidekrautsammeln geschoren hatte. Er band sich einen Strick um die Hüfte, damit die Decke nicht von seinem unterkühlten Körper rutschte. Nachdem er den Ledergürtel in die Speisekammer gelegt hatte, füllte er die Fischsuppe in eine Schale. Rasch löffelte er die warme Brühe. Seine Gedanken überschlugen sich. Sollte er den Gürtel in den Kaufmannsladen bringen, damit die Küstenaufseher des Königs ihn bei ihrer nächsten Durchreise mitnehmen konnten? So musste es sein. Der Gürtel gehörte nicht ihm, sondern war per Gesetz Eigentum des Königs. Treibgut in Form von kaputtem Schwemmholz war etwas anderes. Sobald seine Kleider ei-

nigermaßen getrocknet waren, würde er zum Laden gehen. Aber zuerst musste er ein wenig schlafen. Sein Körper war nach dem langen Tag draußen auf dem Wasser und der anschließenden Bergung des Treibholzes unten in der Bucht wie gerädert. Doch bevor er sich hinlegte, wollte er sich den Gürtel noch einmal genauer ansehen. Vielleicht entdeckte er einen Hinweis auf dessen Besitzer. Carl-Henrik ging zur Speisekammer und holte den Gürtel hervor.

17

In Monicas Bauch flatterten Schmetterlinge, und ihre Wangen überzog eine leichte Röte. Dennis würde bald kommen, gut, in Begleitung, aber es war schließlich nur seine Vermieterin, die ihm dieses Boot zur Verfügung stellte. Victorias Vermutung, zwischen den beiden könnte etwas laufen, war einfach lächerlich. Sie kannte Dennis seit vielen Jahren und hatte ihre Beziehung immer als besonders empfunden. Ein gewisses Knistern hatte schon immer zwischen ihnen in der Luft gelegen. Jetzt, da er ungebunden und frei wie ein Vogel war, gab es eigentlich keinen Hinderungsgrund mehr. Wenn Dennis Kinder haben wollte, mussten sie sich beeilen. Das hatte sie ihm heute eigentlich sagen wollen. Doch dann war Anthony wieder zur Tür hereingeschneit. Und nachdem er sich umgezogen hatte, stand plötzlich ein ganz anderer Mann vor ihr. Er trug eine elegante blaue Schirmmütze, Jeans und ein blau-weiß gestreiftes Hemd von Ralph Lauren. Sein halblanges Haar, das an den Schläfen bereits ergraute, wirkte ganz und gar nicht ungepflegt. Jetzt erinnerte er nicht mehr an einen Amish-Farmer, sondern an einen Schauspieler, dessen Name ihr nicht einfallen wollte.

Monica hatte es buchstäblich die Sprache verschlagen. Ihr normalerweise kaum zu bremsender Redefluss war nahezu versiegt. Während der Erdbeerorgie, bei der alle von den einheimischen Beeren mit Sahne naschten, bis sie sich nicht mehr rühren konnten, hatte sie kaum ein Wort gesagt. Anthony gab mit seinem unverkennbaren amerikanischen Akzent lustige Anekdoten über seine Erlebnisse in Schweden zum Besten und brachte damit alle zum Lachen. Monica lachte mit, aber eher verlegen als herzlich. Als Anthony sich verabschiedete, hatte sie das Gefühl, als risse ihr jemand ein Stück aus ihrem

Körper. Sie hatte ihn gebeten, noch ein wenig zu bleiben, doch er wollte die Familie nicht stören. Jetzt saß sie auf dem Sofa mit einem frischen Glas Rosésekt, und obwohl ihre Wangen nicht mehr ganz so rot leuchteten, entging niemandem, dass Monica selig war, und nicht nur wegen des Schaumweins.

»Komm«, forderte Victoria sie auf. »Du kannst mir in der Küche helfen. Ich muss das Büfett wieder hinstellen, damit Gunnel und Dennis auch etwas essen können, wenn sie kommen. Es ist schon nach fünf, sie sollten bald hier sein.«

»Natürlich«, erwiderte Monica und folgte ihr brav.

»Was ist los mit dir?«, fragte Victoria, während sie Tupperdosen und Platten aus dem Kühlschrank holte. Monica nahm sie ihr ohne großen Enthusiasmus aus der Hand.

»Ich bin einfach ein bisschen müde, bei der Arbeit war es in der letzten Zeit ziemlich stressig. Aber im Urlaub werde ich mich erholen.«

»Müde? Machst du Witze? Die Monica, die ich kenne, ist niemals müde. Raus mit der Sprache. Magst du Anthony?«

»Ich weiß es nicht.«

Victoria sah, dass Monicas dunkle Augen funkelten. Sie lachte. Allem Anschein nach hatte ein neuer Kandidat in Monicas Herzen einen Gefühlssturm entfacht. Vielleicht würde Dennis in dieser Mittsommernacht doch noch einmal davonkommen.

Sandra warf einen Blick auf die Wanduhr in der Küche und eilte in Richtung Personalausgang. Es war schon fünf Uhr. Dennis war zu seiner Schwester gefahren, um mit ihrer Familie Mittsommer zu feiern, aber er hatte niedergeschlagen gewirkt. Kurz bevor er sich auf den Weg machte, hatte Gunnel angerufen und gesagt, dass sie leider nicht kommen könnte. Sandra hätte nicht gedacht, dass ihm das so wichtig war. Aber nun gut. Vor dem Polizeirevier trat eine junge Frau auf sie zu.

»Amanda Horn von der Bohusläns Tidning! Haben Sie Zeit, um ein paar Fragen zu den Ermittlungen zu beantworten?«, fragte sie in einem Tonfall, der eher nach einem Befehl als einer Bitte klang.

»Nein, eigentlich nicht«, erwiderte Sandra zögernd. »Ich habe Dienstschluss und bin auf dem Weg nach Hause.«

»Es dauert nur einen Moment. Oder gibt es einen Kollegen, mit dem ich sprechen kann?«

Das Polizeirevier war verwaist. Die Bereitschaftspolizisten waren zu ihren Einsatzorten aufgebrochen, und Ragnar, Helene und Stig inzwischen nach Hause gefahren. Außer Sandra war niemand mehr vor Ort, aber das konnte sie dieser jungen Reporterin, die offensichtlich einen Scoop witterte, schlecht auf die Nase binden.

Vor der Wache standen ein Tisch und zwei Bänke, an denen sie an sonnigen Tagen manchmal ihre Mittagspause verbrachten. Sandra nickte in Richtung der Bänke, und Amanda steuerte mit gezücktem Notizblock und Stift darauf zu. Sie setzten sich, und Sandra spürte, wie sich jede Faser ihres Körpers sträubte. Sie wollte nicht mit der Presse sprechen. Nicht heute, nicht an Mittsommer, nicht an ihrem Geburtstag. Nie!

»Können Sie etwas über die Mordermittlung sagen? Haben sich seit gestern neue Hinweise ergeben?«, fragte Amanda.

Sandra umklammerte krampfhaft ihre Handtasche, die an ihrer Schulter hing. Nicht, weil sie Angst hatte, die Reporterin könnte sie stehlen, sondern um sich an etwas festzuhalten.

»Wir ermitteln immer noch in alle Richtungen«, sagte sie.

»Es gibt also nach wie vor keinen Verdächtigen?«, hakte die Journalistin nach.

»Wir haben einige mögliche Täter, die wir derzeit überprüfen«, erwiderte Sandra. Sie konnte nicht zugeben, wie dürftig ihre Faktenlage tatsächlich war. Ihre Berufsehre verbot ihr, Schwäche zu zeigen.

»Sie gehen also von einem Mann als Täter aus?«, fragte die Reporterin.

Auf den Kopf gefallen war die junge Frau, die Sandra auf höchstens fünfundzwanzig schätzte, jedenfalls nicht. Sandra fühlte sich unter Druck gesetzt.

»Es ist noch zu früh, um jemanden auszuschließen. Der Täter kann ein Mann oder eine Frau sein«, sagte sie.

»Aber Sie gehen davon aus, dass die Person, die Sebastian Svensson ermordet hat, auch hinter dem Verschwinden von Åke Strömberg stecken könnte?«, fragte die Reporterin.

Sandra kam zwischen den Fragen nicht einmal zum Luftholen.

»Es gibt Indizien, auf die ich nicht näher eingehen kann, die darauf hinweisen, dass zwischen den beiden Fällen möglicherweise eine Verbindung besteht«, erwiderte Sandra und merkte, dass sie bei diesem Gespräch eindeutig in die Defensive geriet.

»Können Sie das Gerücht bestätigen, demzufolge es sich bei dem Haupttatverdächtigen um einen Arbeitskollegen handeln soll?«, fragte die junge Frau, und ihre Stimme klang mit einem Mal milder.

»Nein, ein solches Gerücht ist uns nicht bekannt und kann daher auch nicht von mir bestätigt werden«, sagte Sandra.

»Aber Sie schließen nicht aus, dass der Täter ein Kollege oder sogar ein Vorgesetzter des Ermordeten sein könnte?«

»Wie ich bereits sagte, ermitteln wir in alle Richtungen«, wiederholte Sandra und wurde allmählich richtig ungehalten. Was wollte die Journalistin mit ihren Fragen erreichen? Sandra spürte, wie ihr vollständig die Kontrolle über die Situation entglitt. Sie sah den Zeitungsartikel vor sich. Verflucht. Ragnar und Dennis würden alles andere als erfreut sein, ganz zu schweigen von ihrer obersten Chefin Camilla Stålberg, die sie vielleicht auf der Stelle feuern würde.

»Ja, mein Name ist Amanda Horn, wie ich eingangs sagte. Und Sie heißen?«

»Sandra Haraldsson«, erwiderte Sandra und gab ihr kraftlos die Hand. Sie wollte nur noch weg.

»Frohes Mittsommerfest!«, wünschte ihr Amanda Horn freundlich. Ihr scharfer Ton war wie weggeblasen.

»Gleichfalls«, erwiderte Sandra und blieb auf der Bank sitzen, als hätte man ihr sämtliche Energie entzogen.

Neben Garnelen, Krebsen und anderen Meeresfrüchten liebten sowohl Sandra als auch ihre Großmutter grüne Erbsensuppe. Eine cremige Suppe aus grünen Erbsen mit einer schmackhaften Brühe, Sahne und einem Schuss Sherry.

Sherry war das einzige alkoholische Getränk, das ihre Großmutter im Haus hatte, und sie verwendete ihn ausschließlich zum Kochen, jedenfalls behauptete sie das. Die Erbsen stammten aus ihrem eigenen kleinen Garten in windgeschützter Südlage vor dem Haus. Da sie die Erbsen auf der Veranda vorgezogen hatte, waren sie zu Mittsommer so weit gediehen, dass sie einige Schoten zur Dekoration pflücken konnte. Für die eigentliche Suppe nahm sie eingefrorene Erbsen vom Vorjahr.

Auf der Veranda erklangen Schritte. Elfrida hörte, wie Sandra ihre Tasche auf die Bank neben der Eingangstür warf. Das tat sie seit ihrer Kindheit. Besonders laut war das Geräusch gewesen, wenn sie erschöpft war oder sich in der Schule mit einer Freundin gestritten hatte. Elfrida hoffte, dass sie sich irrte und Sandra nicht so ausgelaugt war, wie es klang. Doch als ihre Enkelin in der Küchentür erschien, bestätigte sich ihre Befürchtung.

»Leg dich aufs Bett und ruh dich ein wenig aus«, sagte ihre Großmutter sanft.

Sandra lächelte sie dankbar an und verschwand in ihrem Zimmer.

Die Suppe ließ sich gut aufwärmen, und jetzt hatte sie Zeit genug, den Tisch so festlich zu decken, wie sie es geplant hatte; es machte also nichts, dass sie ein bisschen später aßen.

Dennis hatte kurz in der Makrillviken gebadet und anschließend im Gästehafen geduscht, ehe er, in ein neues Hemd gekleidet, bei seiner Schwester anklopfte. Trotz Gunnels Absage in letzter Minute war er guter Laune. Monica würde da sein, und sie achtete immer darauf, dass es ihm an nichts fehlte. Und obwohl er an einer ernsthaften Beziehung nicht interessiert war, brauchte er jetzt ein wenig Aufmerksamkeit. Die vergangenen Monate waren ihm an die Substanz gegangen, und sein Selbstvertrauen hatte einen gewaltigen Knacks bekommen, den er nicht so einfach wieder kitten konnte. Smögen tat ihm gut, das spürte er, aber gleichzeitig fühlte er sich etwas einsam. Außer Victoria gab es hier niemanden, der die ganze Geschichte kannte, aber sie hatte schon genug mit den Kindern zu tun. Er wollte sie nicht noch zusätzlich belasten.

Björn öffnete ihm die Tür. Sein Gesicht leuchtete auf, als er Dennis sah.

»Herzlich willkommen, schön, dich zu sehen!«, begrüßte er ihn fröhlich. Björn war ein warmherziger Mensch, und seine übliche zurückhaltende Art hatte er mithilfe einiger Schnäpse überwunden, das schloss Dennis jedenfalls aus dem Atem seines Schwagers.

»Hallo, tut mir leid, wenn ihr gewartet habt, aber ich wollte vorher noch schnell duschen«, entschuldigte er sich, als er das Wohnzimmer betrat.

»Dafür sind wir dankbar«, erwiderte Victoria und umarmte ihn.

Monica saß mit überschlagenen Beinen auf dem Sofa und nickte ihm zu. Für gewöhnlich stürzte sie sich auf ihn, warf sich ihm an den Hals, schnurrte wie ein Kätzchen und versicherte ihm, dass er ihr Lieblingspolizist sei, doch heute blieb sie mit ihrem Glas, wo sie war, und schien sich nicht vom Fleck rühren zu wollen.

»Essen steht in der Küche«, sagte Victoria. »Und ich denke, Björn wird dich mit den passenden Getränken versorgen.«

Dennis war nicht besonders hungrig, bediente sich aber bei Lachs und Matjeshering und nahm ein Stück von der Heringstorte.

Im Verlauf des Abends wurden die Gespräche immer ausgelassener, und Dennis amüsierte sich köstlich. Er hatte seine Schwester schon lange nicht mehr so fröhlich und entspannt gesehen. Aber alle hatten mit den Kindern gespielt, und Theo war schließlich auf den Polsterauflagen der Terrassenmöbel eingeschlafen, die sie ins Haus geholt hatten, als der erste Regenschauer der ganzen Woche sie überraschte. Jetzt schlief er tief und fest, und nichts schien ihn vor dem nächsten Morgen wecken zu können.

»Monica, bist du mit deinen Gedanken etwa immer noch bei Anthony?«, fragte Björn.

»Nein, ganz und gar nicht«, erwiderte Monica gespielt verärgert, doch bei der Erwähnung von Anthonys Namen breitete sich ein strahlendes Lächeln auf ihrem Gesicht aus.

»Wer ist Anthony?«, erkundigte sich Dennis.

»Hast du noch nicht von ihm gehört?«, erwiderte Monica. »Anthony Parker ist ein Amerikaner, dessen Familie ursprünglich von Smögen stammt. Er ist hergekommen, um ein bisschen Ahnenforschung zu betreiben. Er hofft, einige seiner Verwandten treffen zu können.«

»Aber warum war er hier?«, fragte Dennis, der mittlerweile begriff, dass dieser Anthony bei seiner Schwester gegessen haben musste.

»Ich habe ihn eingeladen«, erklärte Björn. »Er wollte so gerne die traditionellen schwedischen Mittsommergerichte probieren, und mir fiel kein Restaurant ein, wo er die bekommen hätte.«

»Aber ihr wisst doch, dass auf Smögen ein Mörder herumläuft. Ihr müsst vorsichtiger sein! Wir haben nicht die geringste Ahnung, wer dieser Anthony ist.«

»Anthony ist kein Mörder«, sagte Monica pikiert.

»Monica, manchmal bist du wirklich naiv«, erwiderte Dennis, bereute seine Äußerung jedoch sofort, als er ihren verletzten Gesichtsausdruck sah.

»Wo wohnt er?«, fragte er in sanfterem Ton.

»Über dem Kiosk«, antwortete Victoria, »bei Gösta.«

»Sucht ihr nach einem Mann?«, erkundigte sich Björn, dem klar war, dass Dennis nicht viel über die laufenden Ermittlungen sagen durfte, aber er hatte die Onlineartikel der Bohusläns Tidning gelesen, und dort hieß es, dass die Polizei nach einem Mann fahndete.

»Wir wissen es nicht«, erwiderte Dennis. »Vielleicht haben wir es auch mit einer Frau als Täterin zu tun. Um das zu sagen, ist es noch zu früh.«

»Zu früh?«, wiederholte Monica spitz. »Ihr ermittelt seit fast einer Woche, ohne den Mörder zu fassen. Wie viele Menschen soll er denn noch umbringen, bevor ihr ihn hinter Schloss und Riegel sperrt?«

»Wir tun, was wir können«, entgegnete Dennis und gab sich Mühe, nicht verärgert zu klingen.

»Habt ihr Lust auf ein Spiel?«, schlug Victoria rasch vor. »Monica hat eines mitgebracht, ›Retro‹, das macht bestimmt Spaß.«

Alle waren dankbar, das Gespräch über die Ermittlungen fallen lassen zu können, und bauten das Spiel auf.

Smögen, 6. November 1837

Der Gürtel hatte drei aufgenähte Taschen, die mit Knöpfen verschlossen waren. Carl-Henrik betrachtete sie eine Weile. Die Taschen einer anderen Person zu öffnen erschien ihm wie ein Eingriff in deren Privatsphäre. Andererseits könnte ihr Inhalt ihm möglicherweise dabei helfen, den Besitzer des Gürtels ausfindig zu machen. Er öffnete die erste Tasche und griff hinein. Abgesehen von einem Messingknopf, der vermutlich zu einem Kapitänsmantel gehörte, war sie leer. Carl-Henrik dachte an den Kapitän mit dem roten Bart, der mitsamt seinem explodierenden Schiff auf den Grund des Meeres gesunken war. In der nächsten Tasche steckte ein kleines Notizbuch. Es war fast komplett trocken geblieben. Carl-Henrik schlug es auf. Es enthielt Aufstellungen über die Ladung, die das Schiff in verschiedenen Häfen aufgenommen oder gelöscht hatte. Tag für Tag stand dort verzeichnet, welche Waren abgeladen und verkauft worden waren und welche Güter man erworben und an Bord genommen hatte. Der erste Eintrag war vom 10. September 1835 aus dem Hafen von Riga, der letzte stammte aus der Hafenstadt Skagen Anfang November 1837, nur einige Tage, ehe der Sturm losbrach. Carl-Henrik blätterte weiter nach hinten im Buch. Auf den letzten Seiten schien eine Art Abrechnung zu sein. Jemand hatte Zahlen notiert. Einige davon waren mit einem vorangestellten Minuszeichen versehen, andere mit einem Plus. Am Ende der Seite stand eine ansehnliche Gesamtsumme, die vermutlich irgendeinen Verdienst bezifferte. Carl-Henrik legte das Notizbuch auf den Tisch. Aus der dritten Tasche zog er einen Lederbeutel, der mit einem Lederband fest verschnürt war.

»Carl-Henrik«, erklang Anna-Katarinas schlaftrunkene Stimme von der Küchenbank.

Rasch schloss er die Hand um den Lederbeutel und steckte

ihn unter sein Hemd, ehe er sich umdrehte. Auch wenn seine Absichten ehrbar waren, hatte er das Gefühl, bei etwas Verbotenem ertappt worden zu sein.

»Was hast du da?«, fragte Anna-Katarina, als er an den Tisch trat.

»Einen Gürtel, den ich am Strand gefunden habe«, sagte er.

»Wir müssen ihn abgeben«, sagte Anna-Katarina mit bestimmter Stimme.

»Ja, ja, selbstverständlich!«, pflichtete Carl-Henrik ihr bei. »Ich habe nur nachgesehen, ob ich einen Hinweis auf den Besitzer entdecken kann.«

»Das spielt keine Rolle«, erwiderte Anna-Katarina besorgt, »denn jetzt gehört der Gürtel dem König. Du musst ihn sofort aus dem Haus schaffen.«

Plötzlich wurde die Tür aufgestoßen, und der Mann mit dem Backenbart, der ihnen tags zuvor einen Besuch abgestattet hatte, betrat die Hütte. Anna-Katarina ging zum Herd, holte einen Stiefelsporn und überreichte ihn dem Mann.

»Sie müssen ihn verloren haben. Wir wussten nicht, wo wir den Sporn hinbringen sollten«, sagte sie entschuldigend und knickste.

Der Mann riss ihr den Stiefelsporn aus der Hand und wollte gerade auf dem Absatz kehrtmachen und hinausgehen, als er den Gürtel auf dem Tisch entdeckte. Er trat an den Tisch und strich mit der Hand darüber.

»Hat sich Carl-Henrik etwa des Diebstahls am Eigentum des Königs schuldig gemacht?«, gluckste er. »Das hätte ich nicht von ihm gedacht.«

»Nein, nein, keinesfalls«, versicherte Carl-Henrik und neigte den Kopf, um dem Mann Respekt zu zollen. »Ich habe den Gürtel gerade gefunden und wollte ihn in die Abgabe-Kiste im Kaufmannsladen legen.«

»Soso«, erwiderte der Mann nachdenklich. »Aber ich sage dir, was wir machen. Ich nehme den Gürtel jetzt an mich, und damit ist die Sache aus der Welt. Ich stehe in enger Verbindung zu unserem lieben König und werde dafür sorgen, dass er ihn umgehend erhält.« Der Mann griff nach dem Gürtel und hinterließ nur ein paar nasse Flecken auf dem Fußboden, wo das Meerwasser vom Gürtel hinuntergetropft war.

18

Jonathan stand in dem engen Umkleideraum und bügelte sein weißes Hemd. Er grinste bei dem Gedanken, was seine Mutter sagen würde, wenn sie ihn so sähe. Zu Hause bügelte er nie, doch heute musste das Ergebnis perfekt sein. Es war sein erster Arbeitstag, und der beste Sommer seines Lebens lag vor ihm.

Den Job im Restaurant hatte ihm sein Kumpel Jalle besorgt, er hatte schon letztes Jahr hier gearbeitet. Jonathan sollte sich um die Gäste auf der Dachterrasse kümmern. Das Restaurant war für seine Meerestier-Spezialitäten bekannt und lag in einem umgebauten zweistöckigen Bootshaus am Kai.

Die Holzfassade war gelb gestrichen worden, und im Erdgeschoss befanden sich die Bar und eine Lounge sowie Tische, an denen die Gäste essen und trinken konnten. Jalle arbeitete in der Bar, und die Mädchen hatten ihn im letzten Sommer nur so belagert. Jonathan war ein wenig neidisch auf seinen Kumpel, weil er die Arbeitsabläufe schon kannte und das Team und die Gäste ihn mochten, doch gleichzeitig war er ganz froh, sich – jedenfalls am ersten Tag – oben auf der Terrasse verstecken zu können, wo in Kürze eine größere Tischgesellschaft erwartet wurde. Er grüßte einige Kollegen, die in der Bar zusammenstanden, und ging dann auf die Dachterrasse hoch, um alles vorzubereiten. Jalle hatte ihm gestern Abend gezeigt, wie die Tische aussehen sollten, wenn die Gäste eintrafen.

Er deckte die beiden Tische für acht Personen mit einem weißen Tischtuch, hellblauen Stoffservietten, Hummerbesteck und Champagnergläsern ein. Anschließend stellte er auf jeden Tisch einen Servierständer, auf denen in Kürze zwei gigantische Meeresfrüchte-Platten thronen würden, bei deren Anblick den Mädels hoffentlich der Mund offen stehen blieb. Eine von ihnen hatte Geburtstag, und er vermutete, dass es hoch hergehen würde. Aber so etwas war er gewöhnt, das würde er schon zu handhaben wissen, auch wenn er selbst nüchtern bleiben musste. Als er alles arrangiert hatte, ging er nach unten in die Bar, um auf seine Gäste zu warten.

»Hat alles geklappt?«, fragte Jalle, dem sein blonder Pony in die Augen fiel. Eine Woche Sonne, Strand und Meer hatten gereicht, um sein Haar fast weiß werden zu lassen. Seine dunkelblauen Augen funkelten hinter den Strähnen.

»Ja, klar!«, erwiderte Jonathan und versuchte, selbstsicher zu klingen. »Ich habe die Tische eingedeckt, und alles sieht picobello aus.«

»Perfekt! Wenn du gut arbeitest, kannst du bestimmt noch mehr Schichten übernehmen. Der Besitzer wird dich mögen. Du bist gründlich und siehst gut aus. Hier, für dich!« Jalle schob ihm einen Shot vor die Nase.

»Ist das erlaubt?«, fragte Jonathan zögernd, kippte das rosafarbene klebrige Getränk jedoch im selben Atemzug hinunter, damit ihn niemand dabei erwischte.

»Alles, was dir hilft, dich um das Wohl der Gäste zu kümmern, ist erlaubt«, erwiderte Jalle und zwinkerte ihm zu. »Guck, da kommen sie schon!«

»Wer?«, fragte Jonathan.

»Deine Mädels-Clique«, verdeutlichte Jalle. »Genieß den Abend, ich an deiner Stelle würde das tun.« Er lachte und wandte seine Aufmerksamkeit einer Bedienung zu, die die Getränkebestellung eines Paares aufgeben wollte, das gerade an einem Tisch Platz genommen hatte.

Gerhard wischte sich nachlässig den Mund ab. »Das Essen war hervorragend, Signe«, sagte er, allerdings ohne den üblichen Enthusiasmus.

»Danke«, erwiderte Signe und stand auf, um den Tisch abzuräumen. Ihre Stimme war weich, und Gerhard wusste, dass sie bereute, vorhin so hart mit ihm ins Gericht gegangen zu sein. Signe ertrug es nicht, wenn dicke Luft zwischen ihnen herrschte. Und das kam so gut wie nie vor. In den beinahe siebzig Jahren, die sie mittlerweile unter einem Dach lebten, hatte es kaum Unstimmigkeiten zwischen ihnen gegeben. Gerhard sah ein, dass Signe diesmal recht hatte, und vermutlich war das der Grund, weshalb seine Laune sich nicht richtig aufhellen wollte. Er stand auf und ging mit schweren Schritten die Treppe hinauf. Sein Bett war ungemacht, aber er legte sich dennoch der Länge nach auf die zerwühlte Decke und schob lediglich das Kissen im Nacken zurecht. Sobald Signe die alte gelbe Blechdose von Pellerins Margarinefabrik hervorholte, wurde es beschwerlich. Sie nahm sich die Dinge, die in den Briefen standen, zu Herzen und ließ es anschließend an ihm aus. Daran war er gewöhnt, doch nun war eine Person aus der Vergangenheit auf Smögen aufgetaucht. Signe hatte es mit eigenen Augen gesehen. Dieser Umstand beunruhigte sie, und ausnahmsweise war es ihr gelungen, ihn mit ihrer Besorgnis anzustecken. Aber gleichzeitig sehnte er sich tief in seinem Inneren danach, dass alles ans Licht kam. Er wollte nicht sterben, ohne die Chance gehabt zu haben, die Verletzungen, die er Menschen in seinem Umfeld zugefügt hatte, wiedergutzumachen. Er konnte verstehen, warum Signe beunruhigter war als er, er wusste, wie schnell Gerede die Runde machte. Doch das würde sich nach einigen Wochen legen, und ein anderes Thema würde die Gerüchteküche zum Brodeln bringen. Mit diesem Gedanken schlief er ein.

Jemand klopfte ans Küchenfenster. Sandra blickte auf und lächelte, als sie ihre Jugendfreundin Kattis entdeckte. Ihre Großmutter lachte.

»Jetzt sind sie da, Sandra. Willst du dich nicht fertig machen?«

»Doch, doch«, erwiderte Sandra, winkte Kattis zu und verschwand im Badezimmer.

Ihre Großmutter ging auf die Veranda und öffnete Kattis die Tür. Wie immer, wenn es einen Anlass zum Feiern gab, war die Freundin strahlender Laune.

Sandra putzte sich die Zähne. Da sie schon eine leichte Sommerbräune hatte, war Make-up eigentlich nicht nötig, aber ein bisschen Mascara und Lippenstift konnten trotzdem nicht schaden.

Als sie aus dem Badezimmer kam, stieß Kattis einen Pfiff aus.

»Hallo, gut siehst du aus! Und jetzt ziehen wir los«, sagte sie und hakte sich bei Sandra ein.

Plötzlich ging alles ganz schnell. Ehe Sandra sich versah, hatte sie auch schon die Kontrolle über die Situation verloren. Als sie um die Hausecke bogen, tauchte hinter ihnen der Rest ihrer Clique auf. Sie hielten sie fest und verbanden ihr die Augen. Sandra hörte Gekicher und Gemurmel. Die Stimmen erkannte sie wieder, aber was hatten sie vor? Sie wollte ihren Geburtstag feiern, nicht ihren Junggesellinnenabschied. Sie wurde dreißig, so eine große Sache war das doch nicht? Ihr war klar, dass Kattis das alles ausgeheckt hatte. Ihre Freundinnen führten sie durch die schmalen Gassen von Smögen zum Kai hinunter. Sandra konnte nichts sehen, aber als sie die Planken des Stegs unter ihren Füßen spürte, wusste sie, wo sie waren. Es ging in Richtung Skäret, doch als sie auf Höhe des Restaurants sein mussten, machten ihre Freundinnen keinerlei Anstalten, das schmucke, weiße Holzhaus anzusteuern, sondern führten Sandra noch ein Stück weiter. Kurz darauf wurde sie ermahnt, vorsichtig zu sein, und erst drei Stufen und anschließend eine längere Treppe hochzugehen. Als sie oben angekommen waren, spürte sie den Wind vom Meer. Hier oben wehte er stärker, war aber warm und weich. Sie merkte, wie jemand die Augenbinde an ihrem Hinterkopf löste, und einen Moment später war sie verschwunden.

Vor ihr stand ein gedeckter Tisch, in dessen Mitte zwei üppige Meeresfrüchteplatten thronten. Die Dekoration war wunderschön, neben den hellblauen Leinenservietten lagen kleine rosafarbene Rosen.

»Voilà!«, rief Kattis und führte sie zum Stuhl am Kopfende des Tisches.

Ein gut aussehender Kellner zog den Stuhl für sie zurück, griff galant nach ihrer Hand und gab ihr einen Handkuss. Ihre Freundinnen kreischten verzückt auf. Der junge Mann schob ihr den Stuhl zurecht, nahm die eisgekühlte Flasche Champagner aus dem Sektkühler und füllte ihr Glas bis zum Rand, sodass es überlief und der Champagner auf die Tischdecke tropfte.

Ihre Freundinnen umarmten sie der Reihe nach und küssten sie auf die Wange.

»Herzlichen Glückwunsch, Sandra!«, rief Linda lachend. »Damit hast du nicht gerechnet, oder?«

»Passt bloß auf«, lachte Sandra, »oder ich erstatte Anzeige gegen euch wegen Entführung einer Staatsbeamtin.«

»Bist du jetzt Polizistin?«, fragte Hanna, die Sandra seit dem letzten Sommer nicht mehr gesehen hatte.

»Nein, ich bin immer noch Polizeianwärterin«, antwortete Sandra. »Aber ich will Ende des Sommers fertig sein.«

»Kriegst du dann eine Stelle in Kungshamn?«, erkundigte sich Kattis, die selbst in Kungshamn wohnte und nichts dagegen gehabt hätte, wenn sich Sandra ebenfalls dort niederließ.

»Wir werden sehen«, erwiderte Sandra ausweichend.

»Wenn du nach Kungshamn kommst, kannst du bei mir einziehen«, schlug Kattis vor. »Seit Tobbe weg ist, habe ich viel Platz.«

Tobbe und Kattis waren seit dem Gymnasium ein Paar gewesen, doch im Frühjahr war er Knall auf Fall auf die Idee gekommen, eine Weltreise zu machen – ohne sie. Kattis hatte felsenfest geglaubt, dass sie eine Familie gründen würden, doch da hatte sie sich gründlich geirrt. Sie fühlte sich nach Strich und Faden hintergangen.

»Er bleibt auch nicht drei Monate weg wie alle anderen, sondern ein Jahr.«

Die Verbitterung in Kattis' Stimme war nicht zu überhören.

»Okay, Kattis, jetzt vergessen wir diesen Idioten von Tobbe und alle anderen Taugenichtse der männlichen Spezies«, sagte Linda, die seit dem Winter ebenfalls wieder Single war.

Als sich alle gesetzt hatten, schenkte der Kellner ihnen Champagner ein, ohne dabei auch nur einen einzigen Tropfen zwischen den proportional zur steigenden Lautstärke immer wilder gestikulierenden Armen und fliegenden Haarmähnen zu verschütten.

»Ähäm«, räusperte sich Kattis übertrieben und stand auf. »Herzlichen Glückwunsch zu deinem Dreißigsten, Sandra!«, begann sie. »Wie du weißt, haben wir anderen dieses Jahr zu unseren runden Geburtstagen eingeladen, aber weil du dich dieser Tradition nicht anschließen wolltest, dachten wir, wir überraschen dich mit einem kleinen Meeresfrüchte-Dinner am Mittsommerabend.«

Kattis tat so, als sei sie beleidigt und zog einen Schmollmund, doch dann lächelte sie wieder strahlend.

»Wir hoffen, dass du einen wunderschönen Abend hast und nicht völlig nüchtern nach Hause gehst. In der letzten Zeit bist du so kreuzbrav geworden, dass wir uns allmählich Sorgen um dich machen. Diesen Missstand werden wir heute aus der Welt schaffen. Auf dich, Sandra, wir lieben dich, so wie du bist!«

Kattis bedeutete den anderen aufzustehen, und gemeinsam brachten sie einen Toast auf das Geburtstagskind aus.

Sandra spürte, wie ihr die Tränen kamen, tat jedoch ihr Bestes, um sie zurückzuhalten. Ihre Müdigkeit machte es nicht leichter, die Emotionen im Zaum zu halten. Aber sie war wirklich gerührt angesichts all dessen, was ihre Freundinnen auf die Beine gestellt hatten.

Das Gesellschaftsspiel war weggeräumt, doch die ausgelassene Stimmung, die während der Partie geherrscht hatte, hielt an. Dennis zögerte, als Björn ihm einen zweiten Whisky einschenken wollte.

»Das ist ein Glenmorangie Rare Malt«, erklärte sein Schwager. »Ein seltener Tropfen, und ein besonders guter!«

»Aber nur einen kleinen«, sagte Dennis und wunderte sich über sich selbst, weil er nicht einfach Nein sagte, obwohl er beschlossen hatte, sich zurückzuhalten.

»Sogar Victoria mag ihn«, versicherte Björn. »Er schmeckt wirklich fantastisch.«

Dennis' Telefon summte in der Hosentasche. Er versuchte, es herauszuziehen und gleichzeitig sein Whiskyglas festzuhalten. Monica nahm es ihm ab.

»Männer und Multitasking, ein Ding der Unmöglichkeit«, kicherte sie.

»Ja, ja«, erwiderte Dennis, ehe er sich meldete.

Die anderen führten ihre Unterhaltung in unverminderter Lautstärke fort, und Dennis ging ins Badezimmer, um den Anrufer zu verstehen. Es war Evas Mutter Marianne. Eva war gegen acht Uhr zu einem Spaziergang aufgebrochen und nicht zurückgekommen. Sie wollte nur eine Stunde wegbleiben, doch jetzt war es kurz vor elf, und sie ging nicht an ihr Handy. Marianne klang aufrichtig beunruhigt. Sie kenne ihre Tochter gut genug, um zu wissen, dass sie sich nicht verspäten würde, ohne Bescheid zu sagen, versicherte sie. Irgendetwas musste geschehen sein.

Dennis versuchte, Marianne zu beruhigen, und meinte, dass Eva höchstwahrscheinlich bald zurückkäme, er ihre Besorgnis unter den gegebenen Umständen jedoch nachvollziehen könne. Nachdem er das Gespräch beendet hatte, überkam ihn ein mulmiges Gefühl. Der Gedanke, dass Eva etwas zugestoßen sein könnte, war unerträglich.

Er bedankte sich bei Victoria und Monica für einen wunderbaren Abend und bat Björn, sein Fahrrad ausleihen zu dürfen. Als er davonradelte, sah er, dass Monica zumindest ein bisschen enttäuscht wirkte.

Smögen, 6. November 1837

Carl-Henrik starrte an die dunkle Zimmerdecke. Das Bett war hart, und sein geplagter Rücken schmerzte zuweilen unerträglich, doch im Augenblick spürte er nichts. Adrenalin schoss durch seinen Körper und betäubte die Krämpfe. Der Lederbeutel steckte immer noch unter seinem Hemd und wurde von dem Seil, das er sich früher am Abend um die Hüfte gebunden hatte, an seinem Platz gehalten. Er tastete mit der Hand von außen über sein Hemd und umschloss den Beutel. Bisher hatte er keine Ahnung, was er enthielt, und er wagte nicht, ihn zu öffnen, aus Angst, Anna-Katarina könnte es mitbekommen. Scham und Neugier rangen in ihm, sodass er Mühe hatte, ruhig zu atmen. Mit festem Griff um den Lederbeutel stieg er aus dem Bett und zog seine Hose an, die neben dem Herd inzwischen einigermaßen getrocknet war. Die Stiefel waren immer noch nass. Fröstelnd schlich er leise hinaus und kauerte sich an der windgeschützten Wand der Kate zwischen zwei Holzkisten, in denen sie Heidekraut und Brennholz aufbewahrten. Der Boden war kalt und feucht, aber er setzte sich trotzdem, damit ihn niemand entdeckte. Abgesehen vom Klappern der Kähne, die auf dem Wasser schaukelten und leicht aneinanderstießen, umgab ihn tiefe Stille. Mit steifen Fingern knotete er das Lederband auf, mit dem der Beutel sorgfältig verschnürt war. Als er es entfernt hatte, gab der Beutel ein klirrendes Geräusch von sich. Carl-Henrik griff hinein und fühlte etwas Metallartiges. Er zog den Gegenstand hervor: Trotz der Dunkelheit funkelte die Goldmünze in seiner Hand. Er schnappte nach Luft. So etwas hatte er sein Lebtag nicht gesehen. Carl-Henrik umklammerte die Münze fester und konnte nicht verhindern, dass ihm Tränen über das Gesicht liefen.

»Ist dort jemand?«, rief plötzlich eine Stimme.

Carl-Henrik schob die Hand mit der Münze behutsam in den Beutel und verschnürte ihn notdürftig mit dem Lederband, ehe er ihn wieder unter sein Hemd steckte. Er konnte ein Räuspern nicht unterdrücken.

»Carl-Henrik, richtig?«, erklang Herrn Kreutz' Stimme erneut.

»Ja«, antwortete der Angesprochene.

»Hier!«, sagte Herr Kreutz und reichte Carl-Henrik eine Flasche. »Es ist hart, wenn Kinder kommen und das Essen nicht reicht, um sie satt zu bekommen«, seufzte er und zwängte sich neben ihn.

Carl-Henrik hatte noch nie hochprozentigen Alkohol getrunken, doch jetzt setzte er die Flasche an die Lippen und nahm einen Schluck.

»Pfui Teufel!«, rief er und verzog das Gesicht, als er den Geschmack auf der Zunge spürte.

Herr Kreutz lachte so sehr, dass sein üppiger Bauch bebte.

»Genever aus Amsterdam«, sagte er, »das hilft gegen alles.«

19

»Dein Handy klingelt!«, sagte eine Stimme.

Sandra blinzelte in das Dämmerlicht. Wo war sie? Ihr Gehirn fühlte sich an wie in Watte gepackt. Sie konnte nicht denken. Das war jedenfalls nicht das Gästezimmer ihrer Großmutter. Und auch nicht ihre Mietwohnung im Klevenvägen. Die Konturen eines attraktiven Männergesichts rückten in ihr Blickfeld.

»Jonathan«, krächzte sie und setzte sich auf. Was zum Teufel war passiert?

»Es hat schon ein paarmal geklingelt. Irgendjemand will dich sprechen.«

Sandra meldete sich und versuchte, so professionell wie möglich zu klingen.

»Hallo, Dennis!«, erwiderte sie, als sie hörte, wer am anderen Ende war. Wie schön, dass ausgerechnet du anrufst, dachte sie, verbiss sich aber einen Kommentar.

»Wo bist du?«, erkundigte sich Dennis.

»Wieso?«, fragte sie. »Ist etwas passiert?«

»Eva ist verschwunden«, sagte er, und Sandra hörte die Besorgnis in seiner Stimme. Dass er besondere Gefühle für Eva hegte, hatte sie von Anfang an gemerkt, kein Wunder, dass er beunruhigt war. Aber musste er sie aus dem Schlaf klingeln?

»Ich weiß nicht genau, wo ich bin«, sagte sie und sah sich mit einem etwas wacheren Blick im Zimmer um.

»Missionsliden«, erklang Jonathans Stimme im Hintergrund.

»Meine Güte, Sandra!«, rief Dennis, als hätte er das Recht, sich in ihr Privatleben einzumischen. »Kannst du herkommen? Ich stehe vor dem Haus deiner Großmutter. Leih dir ein Fahrrad und komm.«

»Okay«, erwiderte Sandra.

»Willst du jetzt gehen?«, fragte Jonathan. »Ich hatte gehofft, dir nachher Frühstück servieren zu dürfen.«

Sandra sah sich um. Im Zimmer gab es ein Bett, in dem sie gelegen hatte, und vor dem Fenster stand ein Zweier-Sofa, auf dem ein Kopfkissen und eine Decke lagen. Also schien Jonathan dort geschlafen zu haben, wie auch immer er auf der kleinen Couch Platz gefunden hatte.

Sie trug ihre Kleidung vom Vortag und verließ das Zimmer so, wie sie es einige Stunden zuvor betreten hatte.

Die Mischung aus Champagner und Cocktails schien ihr einen Filmriss beschert zu haben. Sie konnte sich nur noch daran erinnern, dass Kattis Caipirinhas für sie bestellt hatte, danach war alles schwarz. Aber wie war sie bei Jonathan gelandet? Das musste sie später in Erfahrung bringen. Jetzt brauchte Dennis ihre Hilfe, und vor allem fragte sie sich, was Eva zugestoßen war. Sie hastete in ihren hochhackigen Sandaletten die Treppe hinunter, die für den gestrigen Abend optimal gewesen, heute jedoch absolut unpraktisch waren.

»Du siehst furchtbar aus«, bemerkte sie, als sie in ihren Sandaletten auf Dennis zustakste, der mit einem Fahrrad vor dem Haus ihrer Großmutter wartete.

»Und was hast du getrieben?«, erwiderte Dennis in keinem besonders munteren Tonfall.

»Sch!«, machte Sandra und deutete auf Elfridas Schlafzimmerfenster. Sie wollte nicht, dass ihre Großmutter aufwachte und auf die Idee kam nachzusehen, wer vor ihrem Haus stand. »Meine Freundinnen haben mich mit einer Geburtstagsfeier überrascht. Ich weiß nicht, aber Champagner und Caipirinha müssen mir geradewegs zu Kopf gestiegen sein.«

»Du bist dreißig geworden, nicht dreizehn. Haben sie dir das nicht gesagt?«, erwiderte Dennis in einem etwas milderen Tonfall.

»Also Eva ist verschwunden. Was sollen wir unternehmen? Hättest du nicht die Kollegen von der Bereitschaft um Hilfe bitten können?«, fragte Sandra.

»Ich habe sie angerufen, aber Svante, der Einsatzleiter, hatte schon zwei Streifen zu einer Schlägerei zwischen zwei Jugendgangs am Campingplatz geschickt. Irgendjemand ist mit einem Motorrad über mehrere Zelte gefahren, woraufhin die Jugendlichen aufeinander losgegangen sind. Und die dritte Streife steht am Minigolfplatz. Sie haben alle Hände voll zu tun, die Lage am Kai und am Badeplatz unter Kontrolle zu halten. Bei dem schönen Wetter sind alle mit ihren Flaschen auf die Klippen gezogen. Sie können keinen Mann entbehren.«

»Okay«, erwiderte Sandra. »Was tun wir jetzt?«

»Ich komme direkt von Evas Mutter, und sie ist außer sich vor Sorge. Sie sagte, dass Eva zu ihrer Tante wollte, um sich Allergietabletten bei ihr zu holen.«

»Meinst du etwa ihre Tante Anita Hallgren?«, fragte Sandra.

»Ganz genau«, bestätigte Dennis.

»Aber worauf warten wir dann noch? Wir müssen sofort dahin!«, rief Sandra aufgebracht und setzte sich auf Dennis' Gepäckträger. »Fahr los!«

Als Dennis mit Sandra hinter sich in die Pedale trat, musste er daran denken, wie er Eva einmal mit dem Fahrrad von einer Party in Kungshamn nach Hause gebracht hatte. An dem Abend hatte er sich fest vorgenommen, sie zum Abschied zu küssen, aber als sie vor ihrem Elternhaus standen, wollte sie ihm ein Geheimnis erzählen. Neugierig und voller Erwartung hatte er gewartet, was sie ihm anvertrauen würde. Ich bin in Åke verliebt, platzte sie einen Moment später atemlos heraus. Sie hatte verzaubert ausgesehen. Das glückliche Strahlen in ihren Augen hatte ihn wie ein Messerstich ins Herz getroffen.

In dem Moment hatte er begriffen, dass er sie niemals bekommen würde.

»Ich springe hier ab«, sagte Sandra und riss ihn aus seinen sentimentalen Gedanken.

Das Haus der Familie Hallgren lag auf einem steilen Hügel, und Dennis entschied, ebenfalls abzusteigen und das Fahrrad das letzte Stück zu schieben.

»Wie spät ist es eigentlich?«, fragte er.

»Das solltest du doch wissen, wenn du Leute mitten in der Nacht aus dem Bett holst«, erwiderte Sandra. Aber sie warf einen Blick auf ihr Handy und stellte fest, dass es inzwischen zwei Uhr war. Auf dem Weg nach Hasselösund hatten sie immer wieder Gegröle und Musik gehört. Die Mittsommer-Festivitäten waren noch nicht beendet, auch wenn die weniger trinkfesten Teilnehmer bereits in ihren Betten lagen – oder wo immer sie ihren Rausch ausschliefen.

Sandra drückte auf die Klingel neben der massiven weißen Doppeltür. Sie lauschten angestrengt auf Geräusche aus dem Haus.

Eva spürte, wie ihr Herz gegen die Bodendielen pochte. Der Teppich unter ihrem Körper leistete keine Abhilfe. Der Untergrund fühlte sich steinhart an. Sie versuchte, sich zu bewegen, aber es gelang ihr nicht, sie konnte ihre gestreckte Fötusstellung nicht lösen. Sie musste geschlafen haben. In das Zimmer fiel kein Licht, und ihre Augen starrten in Dunkelheit. Ihr Mund war mit dickem Klebeband verschlossen, und sie bekam nur schwer Luft, gleichzeitig stieg ihr der typische Geruch in die Nase, der allen alten Fischerhäuschen anhaftete. Vermischt mit einem Hauch frischer Malerfarbe.

Ihre Hände und Füße waren so fest an irgendeine Art von Pfosten gefesselt, dass sie sich kaum bewegen konnte. Was war passiert? In ihrem schwebenden Dämmerzustand zogen

Bilder vor ihrem inneren Auge vorbei: Åke, der Vera eine Gutenachtgeschichte vorlas. Åke, der mit ihr einen Bootsausflug unternahm. Tränen stiegen ihr in die Augen, und rasch versuchte sie, auf andere Gedanken zu kommen. Jetzt in Tränen auszubrechen würde ihre Überlebenschancen erheblich mindern. Sie erinnerte sich daran, einen Spaziergang gemacht und an eine Tür geklopft zu haben. Jemand hatte sie hereingelassen und ihr eine Tasse Tee angeboten. Sie hatten geredet. Es war nett gewesen. Dann war alles schwarz geworden. An mehr erinnerte sie sich nicht.

Im Haus blieb es still. Sandra und Dennis warteten noch einen Moment und gingen dann an der Fassade entlang auf die Rückseite der Villa. Auf einer breiten Gartenliege mit Baldachin, dessen weiße Stoffbahnen leicht im Wind wehten, lag Anita Hallgren. Ein Mann hielt sie im Arm, doch es war nicht Carl Hallgren, sondern jemand deutlich Jüngeres.

»Was haben wir denn hier?«, flüsterte Sandra.

»Sch«, machte Dennis leise.

Die Terrassentür war offen. Sie schlichen ins Haus. Auf dem Wohnzimmertisch stand ein leerer Champagnerkühler, in dem nur noch ein bisschen Wasser den Boden bedeckte. Daneben, in den Bücherregalen und auf den Fensterbänken, standen halb ausgetrunkene Gläser und zahlreiche leere Flaschen. Abgesehen von Champagner waren anscheinend auch Wein, Bier, Liköre und verschiedene Cocktails geflossen. In einem Zimmer schnarchte jemand. Sandra und Dennis gingen den Flur entlang und öffneten die Tür. Carl Hallgren lag mit einer jungen nackten Frau neben sich auf einem großen weißen Bett. Ihr wohlgeformter Körper war teilweise mit einem Laken bedeckt. Dennis bedeutete Sandra, dass sie das Haus auf demselben Weg, den sie gekommen waren, wieder verlassen würden.

Er konnte durch das Netz vor seinem Mund zwar atmen, doch seine Schreie drangen nicht nach draußen. In der ersten Nacht hatte er Geräusche auf dem Boot gehört. Er hatte versucht, sich bemerkbar zu machen, zu schreien und zu stampfen, aber vergebens. Im Kutter roch es nach altem Fisch und brackigem Meerwasser. Er mochte diesen Geruch, aber seine Arme und Beine waren gefesselt, und er konnte sich kaum bewegen. Er war erschöpft und nicht mehr imstande, Tag und Nacht auseinanderzuhalten. Inzwischen fiel fast unablässig Licht durch die Ritzen der Bootswand. Jedes Mal, wenn jemand kam, versuchte er, mit den Füßen zu stampfen und mit den Händen gegen die Decke zu schlagen, doch das Geräusch, das er verursachte, war nicht lauter als das Trippeln einer Maus, die über den Boden huschte. Der Bootseigner hörte ihn nicht. Das Netz vor seinem Mund schleimte immer mehr zu, und er bekam immer schlechter Luft. Die Krankenschwester, wie er die Frau nannte, würde bestimmt bald kommen, das Netz auswechseln und eine neue Infusion legen. Etwas zu essen gab sie ihm nicht. Er musste an die vielen Fernsehberichte denken, die er gesehen hatte, über Menschen, die überall auf der Welt gefangen gehalten wurden. Menschen, die lange Zeit in Ungewissheit verbracht hatten, ob sie je wieder lebend aus ihrer Gefangenschaft zurückkehren würden. Seine eigenen Chancen schätzte er als gering ein. Die Krankenschwester hatte gesagt, dass sie ihn verschwinden lassen würde, sobald sich die Gelegenheit bot. Noch war diese Gelegenheit nicht gekommen. Er sehnte sich nach seinen Lieben, und bei dem Gedanken, dass er sie wahrscheinlich niemals wiedersehen würde, stiegen ihm die Tränen in die Augen. In Momenten wie diesen spürte er, dass er kurz davor war, den Verstand zu verlieren. Er wollte ihren Geruch noch ein letztes Mal einatmen, sie ein letztes Mal umarmen. Die Krankenschwester hatte ihn ausgelacht, als er sie angefleht hatte, ihm diesen

Wunsch zu erfüllen. Wer sehnt sich nicht nach einer letzten Umarmung? hatte sie gesagt.

Außer Atem bremste Dennis auf dem Marktplatz. Jemanden auf dem Gepäckträger mitzunehmen war anstrengender, als er es in Erinnerung hatte. Eine erschöpfte Mädchen-Clique ging an ihnen vorbei, ihr Mittsommerfest schien sich dem Ende zuzuneigen. Ansonsten lag der Marktplatz verlassen da. Inzwischen war es kurz vor drei Uhr morgens, die Bereitschaftspolizisten hatten das Schlimmste hoffentlich bald überstanden. Die meisten Feierwütigen waren vermutlich erst am Nachmittag wieder in der Verfassung, einen neuen Krawall vom Zaun zu brechen.

»Was war denn das eben?«, fragte Sandra, die vom Gepäckträger sprang.

»Vielleicht eine Swinger-Party«, erwiderte Dennis.

»Aber die Frau in Hallgrens Bett sah nicht gerade aus wie eine verheiratete Ehefrau«, wandte Sandra ein und presste die Lippen aufeinander.

»Wie sehen verheiratete Ehefrauen denn aus?«, fragte Dennis.

»Jedenfalls haben sie keine Botox-Lippen und Silikonbrüste«, erwiderte Sandra. »Und sie war zu jung.«

»Bist du dir sicher? Vielleicht waren die echt«, gab Dennis zu bedenken.

»Ach, hör auf!« Sandra schüttelte den Kopf.

»Vielleicht waren die beiden auch wirklich verheiratet. Diese Visitenkarte lag jedenfalls auf der Fensterbank«, sagte Dennis mit einem Grinsen und hielt sie Sandra hin. Sie nahm sie ihm aus der Hand und las den Aufdruck: »Married couples«, gefolgt von einer Internetadresse.

»Glaubst du, man kann dort ein Paar anfordern, damit beide Ehepartner auf ihre Kosten kommen und ein bisschen

Spaß haben? Eine kleine Scharade, bei der alle so tun, als sei es ein gewöhnlicher Pärchenabend.«

»Keine Ahnung«, erwiderte Dennis, »aber so etwas ist mir schon begegnet. Es gibt Online-Escortservices, die solche Dienstleistungen anbieten. Aber es ist schwer, ihnen etwas nachzuweisen, eben weil das Ganze wie ein normaler Pärchenabend wirkt.«

»Widerlich«, schnaubte Sandra. »Die junge Frau in Hallgrens Bett kann nicht viel älter als achtzehn gewesen sein, und der Typ vielleicht ein paar Jahre älter.«

»Ich schlussfolgere jedenfalls, dass das Ehepaar Hallgren nichts mit Evas Verschwinden zu tun haben kann«, erwiderte Dennis. »Es muss so gegen neun, zehn Uhr gestern Abend gewesen sein, und da dürfte keiner der beiden den nötigen Klarblick besessen haben.«

»Nein«, erwiderte Sandra. »Und wenn, dann hat Sugardaddy jemanden beauftragt.«

Dennis' Telefon klingelte. Seine Schwester.

»Hallo, Victoria!«, meldete er sich.

»Hallo, Dennis, habt ihr Eva gefunden?«, fragte seine Schwester besorgt.

»Nein, noch nicht«, erwiderte er. »Aber wir müssen weiterarbeiten.«

»Ja, natürlich«, sagte Victoria, »aber die Kleine ist aufgewacht, weil sie Hunger hatte, und da ist mir etwas eingefallen.«

»Aha, und was?«, fragte Dennis ungeduldig.

»Als ich in Gunnels Gartenatelier war, kam ein Postbote vorbei und fragte, ob ich wüsste, wo eine Annika wohne. Ich habe mir die Anschrift durchgelesen. Als Empfängerin war eine Annika Andersson angegeben, aber mit einer c/o-Adresse bei Gunnel. Sie scheint eine Untermieterin zu haben. Vielleicht hat sie ihre Kellerwohnung über einen längeren Zeitraum vermietet.«

»Das wäre mir neu«, antwortete Dennis. »Aber danke für den Tipp.« Sie beendeten das Gespräch, und Dennis dachte, dass er sich mehr Zeit für seine Schwester nehmen musste, sobald diese Sache ausgestanden war. Offensichtlich brauchte sie mehr Aufmerksamkeit von ihm.

»Wen hat sie da gerade erwähnt – Annika Andersson?«, hakte Sandra nach.

»Ja, vermutlich ist es nicht wichtig, aber Victoria meinte, dass Gunnel eine Untermieterin haben könnte, die Annika heißt.«

Die Tür ging auf, und ein Streifen Licht fiel in den Raum.

»Zeit für eine kleine Spritztour«, sagte eine Stimme.

Die Person klang gut gelaunt und schien sich auf den Ausflug zu freuen. Eva bewegte sich als Antwort. In ihrer gegenwärtigen Lage waren ihre Kommunikationsmöglichkeiten eingeschränkt bis nicht vorhanden.

Sie hörte, wie die Person zuerst in der Küche herumwirtschaftete und anschließend die Treppe ins Obergeschoss hinaufging. Eva fragte sich, ob jetzt ihre letzte Stunde gekommen war. Sie dachte an die kleine Vera, die innerhalb von nicht einmal einer Woche ihren Vater und ihre Mutter verlieren würde. Bei den Großeltern wäre sie zwar bestens aufgehoben, aber die eigenen Eltern waren immer noch etwas anderes. Eva erinnerte sich daran, welch eine große Stütze ihre Eltern ihr im Leben gewesen waren, nicht zuletzt während ihrer Beziehungsprobleme mit Åke. Sie dachte an die Behauptung des kleinen Alex auf dem Schulhof, dass Åke ein Kind mit einer anderen Frau habe. Mit einer Frau, die Annika hieß. Gerade war sie bereit, ihm alles zu verzeihen, wenn er nur zurückkäme. Dann würden sie ihr Leben ganz normal fortsetzen, und Åke könnte diese Firma gründen, von der er immer sprach, gegen die sie sich aus Angst vor dem finanziellen

Risiko aber gesträubt hatte. Åke fühlte sich in der Baufirma nicht mehr wohl. Carl mischte sich immer massiver in die Geschäfte ein, und hohe Summen verschwanden auf unerklärliche Weise vom Geschäftskonto. Wenn Åke nur zurückkam, würde sie ihm sein Taucher- und Schatzsucherhobby gönnen, ohne jedes Mal wütend zu werden, wenn er losfuhr. Aber all diese Vorsätze spielten keine Rolle mehr. Åke war vermutlich ertrunken, und auch sie würde das Tageslicht wahrscheinlich niemals wiedersehen. Ihr Herz krampfte sich bei dem Gedanken zusammen, Vera niemals wieder im Arm zu halten. Sie allein im Leben zurückzulassen. Ihr geliebtes kleines Mädchen.

»Annika Andersson«, wiederholte Sandra und spürte, wie Adrenalin durch ihre Adern schoss.

»Weißt du etwas über sie?«, fragte Dennis. Das Fahrrad hatte er gegen die Umzäunung einer Blumenrabatte gelehnt.

»Nein«, erwiderte Sandra, »aber inzwischen ist dieser Name viel zu häufig in unserer Ermittlung aufgetaucht. Ich frage mich, warum Victoria dir ausgerechnet das erzählt hat.«

»Was meinst du?«, fragte Dennis mit gerunzelter Stirn. Er wollte Victoria so wenig wie möglich in diese Sache mit hineinziehen.

»Annika Andersson ist die Person, an die Åke Strömberg eine Menge Geld überwiesen hat. Mit dieser Annika stimmt irgendetwas nicht. Wenn sie Gunnels Untermieterin ist, dann müssen wir das überprüfen.«

»Meinst du jetzt gleich?«, entgegnete Dennis zögernd. Sandras zielstrebige Art war meistens gut, aber er wollte ungern wegen einer Nichtigkeit mitten in der Nacht bei seiner Vermieterin anklopfen. Sobald dieser Fall gelöst war und Paul Hammarbergs Frau ihren Fuß auskuriert hatte und bei der Kinderbetreuung auf die Hilfe ihres Mannes verzichten konnte, wollte er seinen Urlaub hier auf Smögen fortsetzen und gerne weiter auf dem Boot wohnen.

»Dennis, wenn diese Annika Eva irgendwo gefangen hält, dann müssen wir das herausfinden. Oder etwa nicht? Komm jetzt. Wir gehen hin. Wenn wir uns irren, dann entschuldigen wir uns. Ich kann anklopfen, wenn du willst.«

Zuweilen beneidete Dennis Sandra um ihre forsche Art. Er selbst hatte etliche Male mit seinen Kollegen mitten in der Nacht Wohnungen gestürmt, aber einer solchen Aktion war meistens monatelange polizeiliche Vorarbeit vorausgegangen, damit sie genügend Beweise hatten, um die betreffenden Personen, bei denen es sich in der Regel um kriminelle Schwerverbrecher handelte, wegen konkreter Straftaten vor Gericht zu stellen. Doch jetzt waren sie auf der kleinen Sommerinsel Smögen, wo jeder jeden kannte. Wo alle tagaus, tagein ihr Leben lebten, wie sie es seit jeher taten. Hier konnte man nicht einfach mit der Tür ins Haus fallen, nur weil man eine Namensgleichheit entdeckt hatte. Und dann auch noch Annika Andersson – gab es nicht unzählige Frauen in Schweden, die so hießen?

Sandra schritt schon in Richtung von Göstas Kiosk, der auf dem Weg zu Gunnels Haus lag. Dennis griff nach Björns Fahrrad und folgte ihr. Damit würde er Sandra nicht so leicht davonkommen lassen, das schwor er sich, aber gleichzeitig hatte er keinen Gegenvorschlag. Wäre ihm eine Alternative eingefallen, hätten sie anders agieren können, doch jetzt sah er keine andere Möglichkeit.

Dennis stellte sich in den Schatten des Schuppens, den Victoria als Schreibrefugium nutzte. Von dort konnte er durch einen Rosenstrauch geschützt um die Ecke spähen und hatte die Vordertür im Blick, ohne gesehen zu werden. In der Kellerwohnung brannte kein Licht, und die Gardinen waren zugezogen. Wenn diese Annika dort tatsächlich wohnte, lag sie wahrscheinlich im Bett und schlief. Oder sie feierte Mittsommer bei Freunden und übernachtete dort. In Gunnels Fenstern waren die Gardinen nicht vorgezogen. Sandra stieg die Vordertreppe hinauf und klopfte an.

Nach einer Weile sah Dennis Gunnels blonde Locken in der Tür. Sein Herz machte einen Satz. Er hoffte inständig, dass Sandra mit Fingerspitzengefühl vorging. Sie redeten so leise, dass er ihre Unterhaltung nicht verstehen konnte, doch kurz darauf verschwand Gunnel und schien mit einem Schlüssel zurückzukommen. Dann schloss sie die Tür.

»Annika Andersson wohnt im Souterrain«, flüsterte Sandra aufgeregt, als sie Dennis erreichte. »Gunnel glaubt nicht, dass sie zu Hause ist, aber sie hat mir den Schlüssel gegeben. Wir können reingehen und nachsehen, wenn wir wollen.«

»Wir müssen den offiziellen Weg gehen«, erwiderte Dennis. »Wenn wir uns Zutritt zu einer Wohnung verschaffen, benötigen wir einen Beschluss von Ragnar Härnvik, auch wenn es sich um einen Untermieter handelt.«

»Komm jetzt«, sagte Sandra, die offenbar nicht vorhatte, sich an die Gesetzesvorgaben zu halten. »Ich bin sicher, dass du schon schlimmere Dinge gemacht hast«, fügte sie über die Schulter gewandt hinzu und ging auf die Rückseite des Hauses.

Dennis schossen zig Erinnerungsbilder durch den Kopf. Sandra hatte recht, doch bei diesen Gelegenheiten war die Sachlage eine ganz andere gewesen.

Sandra steckte den Schlüssel ins Schloss der Kellertür und drehte ihn behutsam um. Die Sonne war inzwischen aufgegangen, und durch die Spalten zwischen den Gardinen und die Ritzen der Fensterrahmen fiel Licht in den Raum. Wände und Decke waren mit weißen Holzpaneelen verkleidet, an den Seiten standen zwei gemachte Betten mit weißen Tagesdecken. Alles war perfekt aufgeräumt. Wenn sich jemand in diesem Zimmer aufgehalten hatte, dann allenfalls zum Putzen.

»Meinst du, hier wohnt jemand?«, fragte Sandra.

»Nein, ich glaube kaum«, erwiderte Dennis. »Wenn, dann ist dieser Jemand verschwunden und hat sein Verschwinden sorgfältig geplant.«

Er setzte sich auf eines der Betten und spürte, wie unsagbar müde er war. Natürlich wollte er Eva finden, aber er fragte sich, wie lange er noch durchhielt. Er streckte sich aus.

»Du kannst dich doch nicht aufs Bett legen«, protestierte Sandra. »Wir müssen nachdenken.«

Dennis' Handy klingelte in seiner Hosentasche.

»Hallo, Miriam«, meldete er sich, »was verschafft mir die Ehre, dass du mich in den frühen Morgenstunden des Mittsommertags anrufst?« Die Stimme der Rechtsmedizinerin klang schleppend. Sie war betrunken, und Dennis fragte sich, weshalb sie ihn in diesem Zustand anrief.

»Es gibt da eine Sache, die ich dir sagen wollte«, lallte Miriam.

»Aha«, erwiderte Dennis. »Und das wäre?«

»Etwas, das ich bei der Obduktion von Sebastian Svensson entdeckt und nicht erwähnt habe.«

»Willst du es dann nicht erzählen?«, fragte Dennis, einerseits amüsiert, dass Miriam versuchte, ihm etwas mitzuteilen, andererseits ungehalten, weil sie ausgerechnet jetzt anrief.

Miriam riss sich zusammen, berichtete ihm, was ihr eingefallen war, und legte anschließend einfach auf.

»Verfluchter Mist!«, brüllte Dennis und zog Sandra an der Hand. »Komm!«, rief er und rannte zur Tür hinaus.

Sandra lief ihm nach, aber ihre hohen Sandaletten scheuerten so stark an den Zehen, dass sie schließlich stehen blieb und sie von den Füßen zerrte. Sie sah nicht, wo sie landeten, aber dann mussten sie eben auf einer Wiese liegen, bis diese

Sache ausgestanden war. Sandra war in diesem Sommer noch nicht oft barfuß gelaufen, und jeder kleine Stein, der in ihre Fußsohle drang, machte sich schmerzhaft bemerkbar. Aber sie rannte weiter und hielt mit Dennis Schritt. Er sprintete die Straße hinunter in Richtung Fischereihafen, lief dann die kleine Anhöhe zum Bredaberg hinauf und anschließend wieder hinunter in Richtung seines Kutters. Am Steg blieb er abrupt stehen und stemmte die Hände in die Seiten. Sandra hielt neben ihm an und musste sich nach vorne beugen, um Luft zu bekommen. Die Sonne stand jetzt höher am Himmel, und es wurde wärmer.

»Sie hat den Kutter genommen!«, rief Dennis.

»Ich hätte nicht gedacht, dass der überhaupt fährt«, erwiderte Sandra, als sie einigermaßen wieder zu Atem gekommen war.

»Wir brauchen ein Boot«, sagte Dennis.

Sandra dachte fieberhaft nach.

»Wir können Johans Boot nehmen!«, rief sie schließlich.

Sie liefen zu den Bootsschuppen, und Dennis öffnete das Hängeschloss des Schuppens, der ihnen in den vergangenen Tagen als Büro gedient hatte. Er wühlte zwischen den Schlüsseln in dem kleinen Wandschränkchen, konnte Johans Bootsschlüssel jedoch nicht finden.

»Wo um alles in der Welt ist der Schlüssel!«, fluchte er verzweifelt.

»Verdammter Mist!«, platzte Sandra heraus. »Er liegt bei meiner Großmutter, in der Hosentasche meiner Kakishorts.«

»Wie kommt er da hin?!«, brüllte Dennis und sah aus, als wollte er Sandra am liebsten schütteln.

»Ich hole ihn«, erwiderte Sandra und war schon zur Tür hinaus. »Gib mir fünf Minuten.«

»Dann hat sie es schon bis England geschafft«, konstatierte Dennis kläglich.

Amanda Horn saß in dem Motorboot von Christians Vater. Christian hatte sich auf unerklärliche Weise als ihr Sommerflirt entpuppt, auch wenn es ihr im Grunde schleierhaft war, wie er das geschafft hatte. Er war weder das, was sie brauchte, noch das, was sie wollte, aber die Mittsommernacht war so lau und hell, dass sie nicht das Bedürfnis verspürte, den Abend zu beenden und nach Hause zu gehen.

»Im Herbst fahren wir nach Asien«, erzählte Christian.

»Wer, ›wir‹?«, fragte Amanda.

»Die Jungs und eine Freundin von irgendwem, glaube ich«, antwortete Christian. »Die Sommer in Schweden sind toll, aber der Winter ist zum Kotzen.«

»Ja, ja«, erwiderte Amanda. Im Winter würde sie sich voll und ganz auf ihre berufliche Karriere konzentrieren und genügend Erfahrung sammeln, um eine Stelle bei einer Stockholmer Zeitung zu ergattern. Mit dem Rucksack durch Asien zu reisen erschien ihr im Vergleich dazu armselig.

»Da ist die Dolores«, sagte Christian plötzlich.

»Was?« Amanda fuhr herum.

Der Fischkutter Dolores tuckerte hinter ihnen vorbei. Das war doch das Boot, auf dem Dennis Wilhelmson wohnte. Sie war gestern am Liegeplatz gewesen, hatte sich jedoch nicht getraut, an Bord zu gehen. Dennis hatte sie nicht gesehen, aber warum fuhr er in aller Herrgottsfrühe um halb vier Uhr morgens aufs Meer hinaus? War das normal?

»Runter«, zischte Amanda Christian zu, als das Fischerboot näher kam. Sie presste seinen Kopf auf den Boden hinter dem Steuerstand. Dort kauerten sie, bis die Dolores ihr Boot passiert und den Hafen verlassen hatte.

»Was für eine heiße Braut«, sagte Christian, als sie sich wieder aufrichteten.

»Was?«, erwiderte Amanda. »War eine Frau am Steuer?«

»Ja«, bestätigte Christian. »Und was für eine Sahneschnitte.«

Amanda betrachtete ihn mit wachsender Abneigung. Warum hatte sie überhaupt ihre Zeit mit ihm verschwendet? Noch dazu an Mittsommer?

Dennis öffnete die Hintertür des Bootsschuppens und trat auf den Steg hinaus. Johans Boot schaukelte im Sonnenschein friedlich auf den Wellen. Aber ohne Schlüssel nutzte es ihnen herzlich wenig. Wie konnte Sandra nur so gedankenlos sein?

Ein Stück entfernt entdeckte er ein junges Paar in einem Motorboot, das ziemlich schnell aussah, zumindest schnell genug, um einen Fischkutter einholen zu können.

»Hallo!«, rief Dennis den beiden zu.

Er musste mehrmals rufen, bis sie reagierten. Beim letzten Mal schrie er, und als er sah, dass sie ihn gehört hatten, gestikulierte er mit den Armen, bis sie den Motor anließen. Als das Boot auf seinen Steg zusteuerte, kamen ihm die beiden bekannt vor. Den Jungen hatte er bei Smögen-Bau gesehen. Er musste Pelle Hallgrens Sohn sein. Das Mädchen konnte er nicht recht einordnen, aber ihre rote Haarmähne war ihm schon häufiger begegnet.

»Was ist los?«, fragte der Junge, als sein Boot längs am Steg lag.

Dennis sprang in die Plicht. »Fahr hinter dem Fischkutter her«, sagte er ohne jede weitere Erklärung.

Als sie aufs offene Wasser hinauskamen, konnten sie die Dolores nirgendwo entdecken. Sie hatte ihren Vorsprung genutzt, um außer Sichtweite zu gelangen.

»Wo wollen wir hin?«, fragte Amanda.

»Ich weiß es nicht!«, erwiderte Dennis. »Wo fährt man hin, wenn man entkommen will?«

»Skagen vielleicht«, schlug Christian vor, der sich daran erinnerte, dass er mit den Jungs auf einem größeren Boot mal nach Skagen gefahren war, um dort zu feiern.

»Ja, gut möglich«, sagte Dennis. »Aber gib Gas, wir müssen die Dolores finden!«

»Wohnen Sie nicht auf der Dolores?«, fragte Amanda in dem Versuch, eine Unterhaltung in Gang zu bringen.

Dass Dennis Wilhelmson, der Polizist, den sie in den vergangenen Tagen auf Schritt und Tritt beschattet hatte, buchstäblich in ihr Boot gefallen war, war einfach zu gut, um wahr zu sein.

Sandra schlüpfte in ein Paar Turnschuhe, das unter ihrem Bett bei ihrer Großmutter stand. Sie war so schnell sie konnte nach Hause gelaufen, um den Schlüssel zu holen, und ihre Fußsohlen schmerzten höllisch. Genau wie sie gesagt hatte, lag Johans Bootsschlüssel in der Hosentasche ihrer Kakishorts. Sie steckte ihn ein und nahm noch einen Fleecepullover vom Stuhl, falls es auf dem Meer kalt wurde. Die Dolores musste inzwischen ziemlich weit gekommen sein, und sie konnte schlecht einschätzen, wie lange ihre Verfolgungsjagd dauern würde.

Kurz darauf war sie wieder zurück am Bootsschuppen. Sie stürzte hinein und sah, dass die Tür zum Steg offen stand. Aber Johans Boot schaukelte nach wie vor auf dem Wasser. Sie rief nach Dennis. Als sie keine Antwort bekam, lief sie zu der Garage, in der sein Auto stand. Aber auch dort war er nicht, und der Maserati parkte an Ort und Stelle. Sandra fragte sich, was Miriam Morten Dennis am Telefon wohl erzählt hatte und wo ihr Chef abgeblieben war. Hätte er die paar Minuten nicht auf sie warten können? Sie rief Dennis auf seinem Handy an, es klingelte, aber er nahm nicht ab.

Sandra umklammerte den Bootsschlüssel in ihrer Hosentasche. Egal, was Dennis gerade tat, sie musste jetzt ihre eigenen Entscheidungen treffen.

Das Motorboot sprang direkt an, als sie den Schlüssel umdrehte und den Gashebel nach vorn drückte. Sie musste vorsichtig sein, damit sie nicht geradewegs gegen einen Steg oder ein im Hafen liegendes Boot fuhr.

Smögen, 7. November 1837

Anna-Katarina hielt ihm ein Paar Wollstrümpfe hin, die er nicht kannte.

»Hast du die gestrickt?«, fragte Carl-Henrik.

»Ja.« Anna-Katarina schenkte ihm ein trauriges Lächeln.

»Ich bin nur ein paar Tage weg«, versicherte Carl-Henrik und strich ihr über die Wange.

»Amelia ist noch so klein«, sagte Anna-Katarina.

»Ich habe Frau Kreutz gebeten, nach euch zu sehen. Sie hat sogar versprochen, mit dem kleinen Walter hier zu schlafen, wenn du möchtest.«

»Nein, das ist nicht nötig. Wir kommen schon zurecht«, entgegnete Anna-Katarina zuversichtlich.

»Bis Göteborg ist es eine Tagesreise, ich bleibe nur einen Tag, also bin ich in drei Tagen wieder bei euch.«

»Was mache ich, wenn die Männer des Patrons zurückkommen und die Pachtzahlung einfordern?«, fragte sie besorgt.

»Das werden sie nicht, aber falls doch, sag ihnen, dass ich das Geld haben werde, wenn ich zurückkomme.«

»Aber woher willst du es nehmen?« Anna-Katarina sah ihm forschend in die Augen.

Carl-Henrik fragte sich, ob er zu viel gesagt hatte.

»Ich werde meinen Bruder um Hilfe bitten«, antwortete er und wich ihrem Blick aus.

»Wie soll er dir helfen können? Er hat doch selbst kaum genug.«

»Wir werden sehen«, erwiderte Carl-Henrik. »Ich nehme deine Strickarbeiten mit, die Strümpfe und die Mützen. Vielleicht kann ich sie auf dem Markt verkaufen.«

Anna-Katarina seufzte. Diese Reise nach Göteborg kam ganz und gar ungelegen, und sie verstand nicht, welchen Nutzen sie bringen sollte.

»Pass auf dich auf«, sagte sie und küsste ihn. »Wir brauchen dich hier.«

»Ich weiß«, antwortete Carl-Henrik, beugte sich herunter und küsste Amelia auf die Wange.

20

Hinter dem Nordmanshuvud öffnete sich das Meer. Christian drosselte die Geschwindigkeit und wartete auf neue Anweisungen. Einige frühe Fischer legten ihre Netze aus, aber die Dolores war nirgends zu sehen.

Dennis blickte auf den Hafen von Smögen, wo sich die Motorboote dicht an dicht aneinanderreihten. Doch nach den nächtlichen Mittsommerfeierlichkeiten schien alles ruhig zu sein. Er hatte zwei Möglichkeiten – ohne den geringsten Hinweis, der ihm die Wahl erleichterte, aber er musste eine Entscheidung treffen.

»Fahr nach Norden«, sagte er gepresst, als das Motorengeräusch leiser wurde.

Christian gab wieder Gas. Er umrundete Kleven, jagte am Holländareberget und der Makrillviken vorbei und nahm Kurs aufs offene Meer.

»Da!«, schrie Amanda plötzlich. Ein gutes Stück vor ihnen tuckerte ein Fischkutter in Richtung Wetterinseln.

»Volle Fahrt voraus!«, brüllte Dennis, obwohl Christian den Gashebel schon bis zum Anschlag nach vorne drückte.

Nach dem Regen in der Nacht war es frisch, aber die Sonne kletterte höher, und obwohl es erst fünf Uhr morgens war, wärmten ihre Strahlen bereits ein wenig. Amandas Haare flatterten im Gegenwind. Sie war sich nicht sicher, ob sie gerade tatsächlich einen Mörder jagten, doch alles sprach dafür. Sie traute sich nicht, Dennis zu fragen. Er würde ihr ohnehin keine weiteren Erklärungen liefern. Aber bald hatten sie das Fischerboot eingeholt, und mit jeder Welle, die sie durchbrachen, beschleunigte sich ihr Puls.

Er fragte sich, wohin sie fuhren. Zuerst hatte das Boot einen nördlichen oder westlichen Kurs gehalten, doch jetzt hatte er das Gefühl, dass sie eine andere Richtung einschlugen. Wo brachte sie ihn hin? Allmählich wurde es Tag, das Licht, das durch die Ritzen in der Bordwand fiel, nahm zu. Doch er war mittlerweile so schwach, dass es ihn kaum noch kümmerte. Der Tropf hielt ihn am Leben, aber nach mehreren Tagen ohne Nahrung und in derselben Haltung auf dem harten Boden liegend fühlte sich sein Körper wie eine erstarrte Mumie an. Wie ein lebender Toter. Die Krankenschwester hatte gestresst gewirkt. Er wusste nicht mit Sicherheit, ob tatsächlich sie oder der Mieter das Boot genommen hatte, aber aus irgendeinem Grund war er überzeugt, dass sie es war. Irgendwie schien es zu ihr zu passen, einfach die Tampen zu lösen und loszufahren. Und vermutlich wussten die meisten gar nicht, dass der alte Fischkutter noch fahrtüchtig war. Er spürte einen unfreiwilligen Anflug von Bewunderung für ihre Tatkraft. Dass sie überhaupt wusste, wie man ein solches Boot steuerte und sich aufs Meer hinauswagte. So, wie er sie in Erinnerung hatte, waren Wassersport und Nautik nicht gerade ihr Ding, aber er konnte sich irren. Wie gut kannte er sie eigentlich? Angesichts dessen, was geschehen war, offensichtlich nicht besonders gut. Das Einzige, was er mit Sicherheit wusste, war, dass er seine Familie nie wiedersehen würde. Sie fuhr ganz bestimmt mit ihm aufs Meer hinaus, um ihn dort irgendwo verschwinden zu lassen. Würde sie ihn mit einem Betonklotz am Bein im Meer versenken, wie es die Mafia machte? Oder was hatte sie vor? Das Boot fuhr schneller. Wahrscheinlich befanden sie sich auf offener See. Er spürte, wie eine Träne erst seine Wange und dann seinen Hals hinunterlief. Er weinte nicht aus Angst, weil er um sein Leben fürchtete. Er weinte aus Trauer, weil er seine Liebste und seine Tochter alleine zurückließ. Seine Tochter war sein großer Schatz, und er bereute bitter, dass er so fanatisch nach anderen Schätzen gesucht hatte, die nichts weiter als materiellen Wert besaßen. Der Nervenkitzel und der Gedanke, endlich ans Ziel zu gelangen und den Schatz zu bergen, hatte sein Gehirn beherrscht. Seine Lebensgefährtin hatte ihn besessen genannt. Warum hatte er nicht mehr Zeit mit seinem kleinen Mädchen verbracht? Sie war sein Ein und Alles. Plötzlich fuhr das Boot langsamer, und er wurde aus seinen Gedanken gerissen. Jetzt war es also so weit.

Sandras Atem ging nach dem Sprint immer noch schwer. Sie musste an all die rasanten Motorbootfahrten denken, die sie in ihrer Jugend unternommen hatte. Das schien unendlich lange her zu sein. Gut, sie hatte schon häufiger ein Boot gesteuert, aber immer unter Anleitung von jemandem, der alles über Schiffsmotoren, die See und tückische Untiefen wusste. Jetzt gab es nur sie, das Meer und Johans Motorboot. Zuerst hielt sie auf Penningskär zu, um Kleven zu umrunden, doch dann überlegte sie es sich anders. Aus irgendeinem Grund erschien ihr ein südlicher Kurs logischer, Südwest vielleicht. In Richtung Skagen. Sie schickte ein Dankesgebet an die Wettergötter, die an diesem Morgen für ruhige See sorgten. Zwar fuhr ihr der Wind durch die Haare, aber das Wasser lag glücklicherweise glatt vor ihr. Das Wetter konnte vor Smögen von einer Sekunde auf die nächste umschlagen. Ehe man sichs versah, befand man sich mitten in einem Sturm mit hohem Wellengang, der für ein kleines Motorboot schwer zu bewältigen war.

Auf der Backbordseite saß ein Mann in einem Boot und angelte. Der Mann hob grüßend die Hand. Sie grüßte zurück. Unvermittelt schoss ihr ein Gedanke durch den Kopf, und sie drosselte die Geschwindigkeit. Langsam ging sie längsseits von ihm. Als sie näher kam, erkannte sie den Mann. Es war der Däne.

»Mik, haben Sie den Fischkutter vorbeikommen sehen?«, rief sie.

»Meinen Sie die Dolores?«, gab Mik zurück, der trotz des sommerlichen Wetters Ölzeug und eine Schirmmütze trug.

»Ja, richtig!«, erwiderte Sandra und konnte ihr Glück kaum fassen.

»Sie ist vor einer Weile in Richtung Südwesten an mir vorbeigefahren.« Mik nahm eine Hand von seiner Angel und deutete in die Richtung.

»Danke!«, rief Sandra ihm zu, drehte und schob den Gashebel bis zum Anschlag nach vorne. Sie würde die Dolores bald einholen. Sie ärgerte sich, dass sie Mik nicht gefragt hatte, ob er Dennis gesehen hatte, aber wahrscheinlich war er ihr schon voraus.

Victoria betrachtete das winzige Gesicht ihrer Tochter, die tief und fest neben ihr schlummerte. Sie selbst kam einfach nicht zur Ruhe. Irgendetwas braute sich auf Smögen zusammen, das spürte sie. Ihr Gehirn arbeitete fieberhaft, die Gedanken wirbelten nur so durch ihren Kopf. Sie musste nachsehen, was geschah. Anna schlief weiter, als sie vorsichtig von ihr wegrutschte und aufstand. Eine zusammengerollte Decke musste für eine Weile als Mama-Ersatz dienen. Vielleicht reichte ihre Wärme aus, damit Anna nicht aufwachte. Victoria zog sich rasch an, schlich leise die Treppe hinunter und trat auf das Kopfsteinpflaster hinaus, dessen Steine noch von den alten Bohusläner Steinmetzen zurechtgeschlagen worden waren.

Victoria machte sich auf den Weg zu Gunnels Gartenatelier. Es lag nur einige Gehminuten von Björns und ihrem Haus entfernt. Der Schuppen war abgeschlossen, doch als sie zu Gunnels Haus hinaufblickte, sah sie, dass die Vordertür sperrangelweit offen stand. Es war erst fünf Uhr morgens, warum war Gunnel so früh auf den Beinen? Hoffentlich war nichts passiert. Victoria hatte keine Untermieterin bemerkt, und Gunnel hatte auch nichts dergleichen erwähnt. Allerdings wusste sie, dass vor einigen Tagen ein deutsches Ehepaar im Souterrain übernachtet hatte. Vielleicht vermietete Gunnel das Zimmer jetzt über einen etwas längeren Zeitraum.

Victoria stieg die Vordertreppe hinauf und klopfte vorsichtig an den Türrahmen, ehe sie Gunnels Namen rief. Keine Antwort. Im Haus war es still. Victoria ging hinein und sah als Erstes in die Küche. Auf der Arbeitsplatte standen zwei halb ausgetrunkene Teetassen mit Milch, daneben lag ein angebissenes Käsebrot. Victoria horchte. Immer noch kein Laut. Gunnel schlief vermutlich oben in ihrem Bett, und die Haustür war aus Versehen aufgegangen. Die Türen in den alten Häusern entwickelten häufig ein Eigenleben. Das wusste sie aus eigener Erfahrung. An stürmischen Tagen konnte ihre Verandatür ganz von selbst aufgleiten. Sie hatte Björn gebeten, die Tür zu reparieren, damit Theo nicht unbeaufsichtigt aus dem Haus laufen konnte.

Victoria stieg die Treppe hinauf ins Obergeschoss. Vielleicht beging sie gerade einen Einbruch in Gunnels Privatsphäre, aber was, wenn ihr etwas zugestoßen war? Immerhin lief auf Smögen ein Mörder frei herum, der erneut zuschlagen konnte. Sie musste nachsehen, ehe sie ruhigen Gewissens wieder nach Hause zurückkehren und neben Anna einschlafen konnte.

Sie näherten sich dem Fischerboot. Doch irgendetwas stimmte nicht. Je näher sie kamen, desto falscher wurde das Bild.

»Das Deck ist voller Leute«, sagte Amanda, als Christian die Geschwindigkeit drosselte.

Sie lagen jetzt direkt hinter dem Kutter und konnten ihn deutlich sehen.

»Das sind Touristen«, meinte Christian. »Das muss die Blenda sein.«

Blenda war ein ehemaliges Fischerboot, das inzwischen nur noch für Seehund-Safaris und Angelausflüge zu den Makrelengründen eingesetzt wurde.

»Woher weißt du das?«, fragte Dennis und sah Christian skeptisch an.

Christian lachte. »Mein Kumpel Mikael Pettersson hat mir erzählt, dass er an Mittsommer in aller Herrgottsfrühe Touristen zu den Wetterinseln bringen soll. Wir haben ihn deshalb ein bisschen gedisst, weil er gestern zu Hause bleiben musste. Das Boot gehört seinem Vater, und in der Beziehung versteht er absolut keinen Spaß. Keine Party, wenn es am nächsten Tag mit dem Boot rausgeht.«

Mikaels Vater hatte die Geschwindigkeit der Blenda inzwischen ebenfalls gedrosselt. Christian ging längsseits.

»Ist alles in Ordnung?«, erkundigte sich Mikael, der an der Reling stand. Sein Vater warf aus dem Steuerhaus einen säuerlichen Blick auf das Motorboot, das ihnen seit geraumer Zeit folgte. Seit er die Fischerei drangegeben hatte, bildeten die Touristenfahrten die einzige Einnahmequelle der Familie. Die Saison war kurz, und er musste jeden Tag des Sommers maximal ausnutzen.

»Der Polizist hier hat die Blenda für ein anderes Fischerboot gehalten«, sagte Christian und deutete mit dem Kopf auf Dennis.

»Wir suchen nach der Dolores«, verdeutlichte Dennis.

»Aha, die Dolores. Könnt ihr Dolores und Blenda etwa nicht auseinanderhalten?«, erwiderte Mikael und grinste.

»Wenn ihr die Dolores seht, will ich, dass ihr es sofort meldet«, sagte Dennis mit einem Versuch von Amtsautorität in der Stimme.

Inzwischen hatten sich die Touristen an der Reling versammelt und ließen ein Blitzlichtgewitter auf das Trio im Motorboot niedergehen. Sie lachten und unterhielten sich aufgedreht miteinander. Sie schienen die Begegnung für eine interessante Abwechslung in ihrem frühmorgendlichen Ausflug zu halten.

»Die Dolores hat den Hafen direkt vor uns verlassen«, sagte Mikael, »aber soweit ich sehen konnte, ist sie in südliche Richtung gefahren.«

»Danke!«, schrie Dennis, während Christian wendete und erneut Gas gab. Die Gischt schäumte am Bug hoch, als sie Kurs Richtung Süden nahmen.

Christians herablassendes Verhalten brachte Dennis zur Weißglut, doch er schien verstanden zu haben, worum es ging. Dass sie keine Zeit verlieren durften. Möglicherweise waren Menschen in Gefahr, und entweder liebte er nur die Geschwindigkeit, oder er begriff tatsächlich, dass sie eine Mission hatten, über deren Ausgang ihr gemeinsamer Einsatz entschied.

Sie fror, obwohl die Sonne ihren Rücken wärmte. Vermutlich forderten Champagner und Schlafmangel ihren Tribut. Ihr Körper fühlte sich völlig zerschlagen an. Sandra zog den Fleecepullover über. Das Meer lag noch immer glatt vor ihr, doch am Horizont zogen dunkle Wolken auf. Vielleicht folgte auf den gestrigen Regen nun ein richtiges Unwetter. Das sonnige Wetter hatte fast eine ganze Woche angehalten, doch jetzt war die Luft mit einem Mal schwer und stickig. Ein Stück voraus entdeckte sie ein Boot und hielt darauf zu. Sandra konnte noch nicht erkennen, ob es sich um ein paar Frühaufsteher in einer Motorjacht handelte oder ob sie tatsächlich die Dolores vor sich hatte. Sie beschleunigte. Erneut versuchte sie, Dennis anzurufen. Er ging nicht ran. Es war wirklich an der Zeit, dass er seine Telefongewohnheiten überdachte. Sogar ihre Großmutter benutzte ihr Handy häufiger als er. In manchen Dingen kam ihr Dennis wie ein alter Rentner vor. Langsam.

Wo um alles in der Welt steckte er? Sie brauchte ihn jetzt. In wenigen Augenblicken war sie auf gleicher Höhe mit einem Boot, an dessen Bord sich möglicherweise ein Tatverdächtiger befand. Und sie hatte keine Ahnung, was dort gerade geschah. Jetzt sah sie, dass zwei Personen an Deck standen, bisher hatte sie nur eine ausmachen können. Das Boot schien sich langsam vorwärtszubewegen. Oder trieb es nur auf dem Wasser? Gleich war sie am Ziel.

Victoria klopfte behutsam an Gunnels Schlafzimmertür und ging hinein. Doch ihr Gefühl sagte ihr, dass niemand dort sein würde. Sie irrte sich nicht: Das Doppelbett war gemacht, heute Nacht hatte niemand darin geschlafen. Ob Gunnel bei Freunden übernachtete und jemand hatte die Gelegenheit für einen Einbruch genutzt? Doch das erschien ihr nicht plausibel. Dennis hatte in der letzten Zeit häufiger von Einbrüchen erzählt, zuletzt vor einigen Tagen, als jemand in Evas Haus eingedrungen war. Aber meistens durchwühlten die Diebe Schränke und Schubladen und hinterließen ein heilloses Durcheinander. So hatte es Dennis jedenfalls beschrieben. Und Gunnels Haus war tadellos aufgeräumt. Keine verstreuten Sachen, keine Staubflusen, alles lag an Ort und Stelle. Victoria sah ihr eigenes Haus vor sich, in dem fast immer Unordnung herrschte. Wohin man auch blickte: Spielsachen, Kissen, Decken, Trinkfläschchen, Windeln und Feuchttücher. Doch in Gunnels kinder- und männerfreiem Haus lag alles an seinem Platz. So wünschte sie es sich, sobald die Kinder größer wurden. Gunnel hatte alle Räume in Weiß mit rosafarbenen Akzenten und Blumen eingerichtet. Dieser Stil würde ihr auch gefallen, allerdings würde sie Björn vermutlich eher von einer Weiß-Beige-Kombination mit Türkis als Kontrastfarbe überzeugen können.

Victoria starrte auf das ordentlich gemachte Bett und die

weißen Schänke mit diamantförmigen Knäufen. Plötzlich spürte sie, wie ihr jemand ein Knie in den Rücken rammte. Ein Arm legte sich von hinten um ihre Schultern, und sie spürte eine Messerspitze am Hals.

Amanda schaltete ihr Handy ein. Sie filmte die Bootsjagd und kommentierte gleichzeitig, was geschah. Das war das Unglaublichste, was sie je erlebt hatte. Um mehr Informationen über den Mordfall zu bekommen, hatte sie Dennis und seine Kollegin tagelang beschattet und ihre Gespräche belauscht. Meistens hatte sie nicht alles aufgeschnappt, aber dass Åke Strömberg verschwunden war, als er nach einem Schatz tauchte, hatte sie mitbekommen. Und dass eine Nonne oder eine Diakonin vermisst wurde, die auf Smögen mit ihnen reden wollte. Außerdem hatte sie darüber berichtet, dass Sebastian Svenssons Schwiegervater in spe, Carl Hallgren, der Haupttatverdächtige war, auch wenn sie seinen Namen in ihrem Artikel nicht direkt nannte. Was Maya, die beste Freundin von Carl Hallgrens Tochter Sofie, mit dem Ganzen zu tun hatte, wusste sie nicht, doch das würde sie noch herausfinden. Und dass sie jetzt auch noch in dem Boot saß, das der leitende Ermittler beschlagnahmt hatte, war zu gut, um wahr zu sein. Das Material, das sie für die Druckausgabe und die Onlineausgabe der Zeitung verwerten konnte, würde sie über Nacht zu einer berühmten Journalistin machen. Bei dem Gedanken, dass Montagmorgen in nahezu jedem Haushalt in Bohuslän eine Zeitung mit ihrem Artikel auf der Türschwelle liegen würde, wurde ihr ganz warm. Auch bei ihren Eltern würde eine Zeitung im Briefkasten stecken. Aus dem Augenwinkel sah sie zu Dennis hinüber. Entweder kümmerte es ihn nicht, dass sie filmte, oder er merkte es gar nicht, weil sie ihr Handy so unauffällig wie möglich hielt.

Als er hörte, wie sie das Vorhängeschloss öffnete, schreckte er aus seinem Dämmerzustand auf. Sie drehte den Bügel zur Seite und ließ das Schloss los, das scheppernd gegen die Metallverstärkung an der Holztür stieß. Bei diesem Geräusch fuhr er jedes Mal zusammen. Bisher hatte ihn in diesem Moment immer die Angst ergriffen, was wohl als Nächstes mit ihm geschah, doch diesmal spürte er nichts. Vielleicht weil er wusste, dass es vorbei war. Sie befanden sich auf dem offenen Meer, und sie hatte den Motor ausgestellt. Weshalb sollte sie das tun, wenn sie nicht vorhatte, ihn hier verschwinden zu lassen. Gut, sie könnte auch etwas aus dem Meer hervorholen wollen, aber die wahrscheinlichere Alternative war, dass sie die Absicht hatte, ihn zu ertränken. Am Sonntagabend, bei seinem letzten Tauchgang, hatte er seinen Körper stolz in der Spiegelung des Wassers betrachtet. Er hatte stark ausgesehen, und er hatte sich stärker denn je gefühlt. Doch nach den letzten Tagen war kaum noch etwas von ihm übrig. Jegliche Kraft war aus ihm geronnen. Buchstäblich. Die Nährflüssigkeit der Infusion hatte er durch die Hose auf die Bodenplanken ausgeschieden. Der Gestank war anfangs unerträglich gewesen, doch mittlerweile nahm er ihn nicht mehr wahr. Wenn die Tür aufging, wehte hin und wieder frische Meeresluft in sein Kabuff, doch sobald die Krankenschwester die Tür hinter sich schloss, umgab ihn wieder der beißende Gestank seiner Exkremente.

Sie beugte sich über ihn.

»Es tut mir leid, aber es ist so weit«, sagte sie lächelnd.

Er antwortete nicht, diese Worte hatte er erwartet. Sie entfernte den Infusionsschlauch von der Kanüle in seiner Armbeuge. Ihm fiel ein breiter Lederriemen auf, der an ihrer Schulter hing. Einen solchen Riemen hatte er schon einmal gesehen: am Jagdgewehr von Evas Vater.

»Versuch nicht, Widerstand zu leisten«, sagte sie. »Ich

würde das hier ungern benutzen«, fügte sie hinzu und strich über das Gewehr, das jetzt offen an ihrer Seite baumelte.

Sie löste die Fesseln an seinen Fußgelenken, und selbst wenn er die Möglichkeit gehabt hätte, sie zu treten, sie zu überwältigen und ihr das Gewehr zu entreißen, fehlte ihm die Kraft dazu. Sein mentaler Zustand glich dem eines Zombies. Vielleicht hatte sie irgendetwas in die Nährflüssigkeit getan. Etwas, das sein Gehirn umnebelte. Er nahm wahr, was um ihn herum geschah, aber seine Gliedmaßen gehorchten ihm nicht. Sein Gehirn war außer Gefecht gesetzt.

»Hoch mit dir!«, forderte sie ihn auf.

Er versuchte aufzustehen, und mit größter Mühe gelang es ihm sich hinzuknien. Sie musste ihn am Arm hochzerren. Seine gefesselten Hände waren ihm keine Hilfe.

»Geh vor«, befahl sie.

Als er die steile Treppe aus dem Lastraum zum Deck hinaufstieg, drückte sie ihm die Gewehrmündung in den Rücken, damit er nicht nach hinten kippte und sie im Fallen mitriss. Stufe für Stufe kletterte er hinauf und merkte, dass es leichter ging, als er die Brise vom Meer spürte. Solange er denken konnte, hatte die Meeresluft ihm Kraft gegeben. Zuweilen vielleicht sogar Superkräfte.

»Setz dich hin«, hörte sie eine Stimme hinter sich sagen.

Sie ging zum Bett und setzte sich auf den faltenlosen Überwurf. Die Stimme kam Victoria vertraut und fremd zugleich vor. Etwa Wahnhaftes und Krankes, Hysterisches schwang in ihr mit. Diese Hysterie flößte Victoria mehr Angst ein als der physische Schmerz, der ihr zugefügt wurde. Hysterie war eine Urkraft, die sie selbst hin und wieder spürte. Bisher hatten diese Phasen noch keine ernsthaften Konsequenzen nach sich gezogen, doch sie wusste, was dieser Zustand mit sich brachte. Bisweilen trieben sie der ständige Schlafmangel und ihr Frust angesichts der Situation zu Hause in eine Verfassung, von der sie selbst nicht wusste, wie sie enden würde. Heute Morgen erst hatte sich diese Hysterie auf eine Weise geäußert, die sie ängstigte. Was, wenn Björn es nicht mehr aushielt. Wenn er sie verließ?

Als sie sich umdrehte, sah sie in ein Paar pechschwarzer Augen. Es hatte den Anschein, als versprühten sie Asche, so intensiv war ihr Blick. Die schwarzen Haare, die das schöne Gesicht für gewöhnlich glatt umrandeten, standen wirr nach allen Seiten ab. Victoria musste an Szenen aus Björns DVD-Sammlung denken. In den meisten Fantasy-Filmen bildeten Hexen und andere verrückte und böse Frauengestalten den Gegenpart zu wunderschönen Prinzessinnen und Elfen. Häufig waren die schönen Frauen auch noch mutige Kriegerinnen. Victoria verabscheute diese Stereotypen in den amerikanischen Filmen. Doch die Frau, die vor ihr stand, war keine Hollywood-Schauspielerin. Sie war echt, und sie strahlte eine unbändige Wut aus, von der Victoria nicht wusste, wie sie darauf reagieren sollte.

»Eva«, keuchte Victoria. Sie bekam kaum Luft.

»Du und Gunnel, ihr habt mir Åke genommen!«, schrie Eva mit einer Stimme, die aus der Unterwelt zu kommen schien.

»Nein«, erwiderte Victoria. »Ich bin es, deine Freundin, Dennis' Schwester.«

Eva lachte höhnisch. »Ja, ich habe dich auch für meine Freundin gehalten, aber jetzt weiß ich, dass du mit dieser Frau unter einer Decke steckst.«

Eva stand mit erhobenem Messer ein Stück von ihr entfernt, jederzeit bereit zuzustechen.

»Eva, ich weiß, dass die letzten Tage sehr schwer für dich gewesen sind«, sagte Victoria beschwörend. »Den Mann zu verlieren und gleichzeitig ein kleines Kind versorgen zu müssen ist unmenschlich.«

»Lass Vera aus dem Spiel«, schnaubte Eva.

»Bitte, Eva. Leg das Messer weg und lass uns reden.«

»Es gibt nichts mehr zu reden«, erwiderte Eva, doch in ihrem Tonfall schwang Resignation mit. »Ich habe gesehen, wie oft du zu diesem Haus gegangen bist. Ich weiß, dass ihr Pläne geschmiedet habt, du und sie, und dass es um Åke ging.«

»Ich weiß nicht, wovon du sprichst«, sagte Victoria und hob die Hände. »Ich habe nur in Gunnels Gartenschuppen gearbeitet und ein bisschen recherchiert, um Dennis bei den Ermittlungen zu unterstützen.«

»Recherchiert?«, zischte Eva. »Dennis kriegt zwar nicht viel auf die Reihe, aber womit solltest du ihn unterstützen können?«

»Ich habe Informationen über diesen versunkenen Schatz gesucht, dem Åke auf der Spur war.«

Eva ließ das Messer sinken. Ihr Arm baumelte schlaff an der Seite. Das Messer glitt ihr aus der Hand und fiel auf die Holzdielen. Die unbändige Wut schien aus ihr gewichen zu sein. Die hexenartige, wahnsinnige Gestalt ähnelte jetzt eher einem traurigen, kleinen Mädchen. Sie sackte zu Boden und blieb mit an die Wand gelehntem Kopf sitzen. Victoria stürzte zu ihr und nahm sie in die Arme. Ihre Angst war verschwunden. Diese bemitleidenswerte Frau sah nicht aus, als sei sie fähig, irgendjemandem etwas zuleide zu tun.

»Alles wird gut«, murmelte Victoria, während sie Eva in den Armen wiegte. Nach einer Weile merkte sie, wie die Anspannung von ihrer Freundin abfiel.

»Was machen wir jetzt?«, fragte Eva und sah Victoria aus müden Augen flehend an.

Victoria griff nach ihrem Handy und wählte eine Nummer.

Sie kamen an Sälö und am Leuchtturm von Hållö vorbei. Dahinter breitete sich endgültig das offene Meer vor ihnen aus.

Am Horizont machte Dennis ein Frachtschiff aus, das aus der Entfernung wie eine blaue Luftspiegelung über dem Wasser wirkte. Christian fuhr schnell. Sofern die Dolores wirklich diesen Kurs eingeschlagen hatte, würden sie sie bald eingeholt haben. Durch den Fahrtwind hatte Dennis das Gefühl, Sand in seinen ohnehin übermüdeten Augen zu haben, und er blinzelte ununterbrochen.

»Stellen Sie sich hier hin!«, schrie Christian und zog ihn hinter das Steuerpult.

Als seine Augen nicht mehr vom Wind tränten, konnte er besser sehen. Hinter dem Pult befanden sich das Steuer und ein kleiner Unterschrank. Dennis bückte sich und sah hinein. Dort lagen einige zusammengerollte Seekarten und ein Fernglas.

»Nehmen Sie es!«, schrie Christian.

Dennis suchte mit dem Fernglas das Wasser ab. Direkt vor ihnen, in südwestlicher Richtung, war ein Fischer in seinem Motorboot auf dem Weg landeinwärts. Dennis wies Christian mit dem Arm die Richtung, in die er fahren sollte, und gehorsam änderte er den Kurs. Als sie sich dem Boot näherten, drosselte Christian die Geschwindigkeit, und Dennis erkannte, dass sein dänischer Nachbar in dem Boot saß. Ihr erstes Aufeinandertreffen war nicht gerade angenehm verlaufen, und er bereute, dass er Christian gebeten hatte abzudrehen.

»Seid ihr auch auf der Suche nach der Dolores?«, fragte Mik, als sie neben ihm lagen. In der Plicht seines Bootes zappelten ein großer Dorsch und einige Flundern.

»Ja!«, rief Dennis. »Hat sich noch jemand nach der Dolores erkundigt?«

»Sandra kam vor einer Weile hier vorbei und wollte wissen, ob ich sie gesehen hätte, direkt danach hat der Dorsch angebissen.« Mik zeigte auf den Fisch mit den kräftigen Kinnbarteln, der in nicht allzu ferner Zukunft wahrscheinlich ausgenommen und weiß in viel Butter in einer Pfanne auf dem Herd brutzeln würde.

»Was haben Sie ihr gesagt?«, rief Dennis, dessen Stresslevel sekündlich stieg.

»Dass die Dolores Richtung Skagen gefahren ist.« Der Däne deutete zum Horizont, und Dennis konnte nur zum Dank winken, ehe Christian schon wieder beschleunigte.

Jetzt wussten sie mit Sicherheit, dass sie auf dem richtigen Weg waren. Dennis spürte, wie die Unruhe in ihm wuchs. Sandra musste mit Johans Boot die Verfolgung aufgenommen haben, vielleicht hatte sie die Dolores schon erreicht. Ihr konnte alles Mögliche zugestoßen sein. Obwohl sie bereits in rasender Fahrt übers Wasser jagten, wies Dennis Christian erneut an, das Letzte aus dem Motor herauszuholen. Amanda kauerte sich vor dem immer stärker werdenden Wind im Bug zusammen.

Halt suchend lehnte er sich an die Außenwand des Steuerhäuschens. Kalter Wind schlug ihm ins Gesicht. Normalerweise belebte ihn das, doch diesmal nicht. Sein Körper fühlte sich schwer wie Blei an.

»Gleich wirst du gut schlafen«, sagte die Krankenschwester.

Er vermochte weder, sie anzusehen, noch, sich zu wehren, als sie mit dem Zeigefingernagel gegen die Spritze klopfte. Die Luftblasen in der Flüssigkeit verschwanden, und sie schnalzte zufrieden. Er empfand den Nadelstich wie eine Befreiung. Das Mittel breitete sich in seinem Körper aus, und als sie ihn vorwärtsstieß, konnte er nur mit Mühe einen Fuß vor den anderen setzen. An einer Stelle hatte sie die Reling geöffnet, damit er bis an den Bootsrand vortreten konnte. Dann musste sie ihm nur noch einen leichten Stoß versetzen, und er würde mit gefesselten Händen in den blauen Tiefen des Meeres versinken, in die er sich verliebt hatte, seit er das erste Mal nach Smögen gekommen war. Das Meer vor Sotenäs besaß einen einzigartigen Blauton, den es nirgendwo sonst auf der Welt gab. Genau wie bei Skagen und auf den griechischen Inseln. Dort wies das Wasser ebenfalls eine ganz spezielle blaugrüne Färbung auf, die nur das dortige Licht erzeugte. Das faszinierte ihn. Das Meer war sein bester Freund geworden, und irgendwann hatte er sein Leben in ihm beschließen wollen, aber nicht jetzt, nicht, wo seine Familie auf ihn wartete. Trauer überwältigte ihn. Seine wunderbare Lebensgefährtin brauchte ihn. Konnte diese Frau das nicht verstehen?

»Hallo!«, erklang plötzlich eine Stimme. Sie schien von der Steuerbordseite des Fischkutters zu kommen.

Die Krankenschwester stieß ihm grob das Gewehr in die Seite, und er stürzte auf das Deck. Sein Kopf landete auf einem nachlässig aufgerollten Tau.

Victoria saß neben Eva im Notarztwagen, der auf dem Weg zum Fußballplatz Havsvallen war, wo ein Rettungshubschrauber wartete. Eva umklammerte im Schlaf Victorias Hand. In ihrem Gesicht zuckte es. Sie war immer noch unruhig, doch nach der Spritze hatte sich ihr erschöpfter Körper nicht mehr wach halten können.

»Was ist passiert?«, erkundigte sich ein Sanitäter.

Victoria sah ihn an und wusste nicht, wo sie beginnen sollte.

»Evas Mann wird seit Sonntagabend vermisst. Sie haben eine kleine Tochter. Eva stand in den vergangenen Tagen unter großer Anspannung«, sagte sie schließlich.

»Waren Sie bei Eva oder bei sich zu Hause?«, fragte der Sanitäter.

»Wir waren bei Gunnel.«

»Gunnel?«, wiederholte der Mann. »Wo ist diese Gunnel, und wo ist Evas Tochter?«

»Vera ist bei Evas Eltern, ihr geht es gut«, sagte Victoria.

»Und wo ist Gunnel?«, wiederholte der Sanitäter seine Frage.

»Das wissen wir nicht«, erwiderte Victoria.

Der Notarztwagen hielt an, und der Sanitäter trug Eva zum Rettungshubschrauber, der auf dem Fußballplatz stand. Victoria bat darum, Eva begleiten zu dürfen. Sie wollte nicht, dass Eva allein in einem sterilen Stationszimmer im Krankenhaus von Uddevalla aufwachte. Als der Hubschrauber abhob, vibrierte ihr Handy in der Hosentasche. Björn.

Sie erklärte ihm so gut es ging, was geschehen war. Björn war aufgewacht, weil Anna geweint hatte, und als er Victoria im ganzen Haus nicht finden konnte, hatte er sich Sorgen gemacht. Victoria hörte, dass er verärgert war, aber er schien einzusehen, dass sie an der Situation nichts ändern konnte. Sie versprach, sobald wie möglich mit dem Bus von Uddevalla nach Hause zu fahren. Björn bot an, sie mit dem Auto abzuholen, aber sie wollte nicht, dass er sich mit den Kindern im Wagen hinters Steuer setzte, weil er am Abend zuvor Whisky getrunken hatte.

Victoria blickte nach unten, als der Hubschrauber über die Dächer von Smögen flog. Sie hatte schon häufig mit dem Gedanken gespielt, mit Björn einen Rundflug zu machen und Smögen und die umliegenden Inseln einmal von oben zu sehen, aber so hatte sie sich das Ganze nicht vorgestellt. Sie warf einen Blick auf Eva und dachte, wie schade es war, dass sie die Insel, auf der sie ihr ganzes Leben verbracht hatte, an diesem schönen Sommermorgen nicht aus der Luft betrachten konnte.

Göteborg, 8. November 1837

Um ihn herum herrschte reges Treiben. Der Markt hatte bereits begonnen, und die Bauern aus Hisingen und Mölndal priesen ihre Erzeugnisse an. Gemüsestände mit Kartoffeln, Steckrüben und Möhren gesellten sich zu Karren, auf denen Leder- und Pelzwaren lagen. Unten am Kanal reihten sich die Fischverkäuferinnen dicht an dicht und boten Salzheringe und geräucherte Makrelen feil. Elegant gekleidete Damen, die ihren Stadtspaziergang absolvierten, rümpften angesichts der Gerüche die Nase.

»Sie schmecken ja gut, aber der Gestank ist fürchterlich«, bemerkte eine der Damen an ihre Freundin gewandt, die ihre Hände in einem Muff vor dem Bauch verbarg.

»Ja, darum muss sich Alma kümmern«, erwiderte die Freundin mit dem Muff und bedeutete ihrer Köchin, die einige Schritte hinter ihnen ging, den Fischeinkauf zu tätigen.

Carl-Henrik überholte die Damen und steuerte auf einen Brotstand zu.

»Guten Tag«, sagte er höflich.

»Unsere Zuckerkringel sind heute ganz vorzüglich«, erklärte das Mädchen hinter der Theke. Sie trug einen grünen Kapuzenumhang und blickte ihn mit lebhaft funkelnden Augen an.

»Das glaube ich gerne«, erwiderte Carl-Henrik. »Ich komme von Smögen und bin der Nachbar von Herrn und Frau Kreutz. Ich habe die Kringel selbst probiert.«

»Ach, das wusste ich nicht«, sagte das Mädchen verlegen. »Wie geht es meiner lieben Tante?«

»Gut«, antwortete Carl-Henrik.

»Mutter erzählte, dass die Zeiten auch für sie nicht leicht sind«, fuhr das Mädchen fort.

Carl-Henrik nickte vage.

»Ich habe einige Strickarbeiten meiner Frau dabei, Strümpfe und Mützen«, sagte er. »Dürfte ich die vielleicht hier verkaufen?«

Das Mädchen musterte die grauen und braunen Strümpfe.

»Ich kann es versuchen«, erwiderte sie und breitete die Strickwaren vor sich auf der Theke aus.

»Dann komme ich heute Abend wieder«, sagte Carl-Henrik. »Ich muss noch einige Besorgungen machen.«

»Auf Wiedersehen!«, verabschiedete sich das Mädchen und wandte sich daraufhin einem Herrn zu, der ein halbes Dutzend Zuckerkringel kaufen wollte.

21

Sandra blickte zur Reling, konnte aber niemanden mehr an Bord sehen. Sie schaute sich in Johans Boot um und entdeckte einen Draggen, der an einer Leine befestigt war. Sie warf den Draggen über die Reling der Dolores, zog ihn fest und kletterte mit ein paar Schritten an der Schiffswand hoch. Als sie sich über die Reling schwang, sah sie einen Mann auf dem Deck liegen. Seine Hände waren auf dem Rücken gefesselt, und er schien bewusstlos zu sein.

Sie blickte sich um und stürzte zu dem Mann hin. Als sie ihn umdrehte, erkannte sie ihn. Er atmete nur flach, und sein Puls war schwach. Sandra fragte sich, wie lange er wohl durchhielt, wenn er nicht augenblicklich ärztliche Hilfe bekam. Sandra zog ihr Handy aus der Tasche und wählte die Nummer der Notrufzentrale. Sie merkte nicht, dass sich jemand von hinten näherte. Als sie ein harter Schlag auf der Hand traf, schrie sie auf und ließ das Handy fallen. Die Frau, die sie geschlagen hatte, drehte ihr Gewehr um und zertrümmerte mit dem Kolben das Display.

»Du musst niemanden mehr anrufen«, sagte sie.

Sandra schaute zu ihr hoch. Die Frau zielte auf ihr Gesicht.

»Was haben Sie getan?«, fragte Sandra.

»Du wirst vieles nicht verstehen, Mädchen, aber so viel kann ich sagen: Du musst dir keine Sorgen machen, dass unschuldigen Menschen Leid geschieht.«

»Und was haben Åke, Eva und Vera Ihrer Meinung nach Böses getan?«, erwiderte Sandra. Sie hatte keine Ahnung, woher sie den Mut nahm, doch sie spürte, dass ihre einzige Chance darin bestand, durch ein Gespräch Zeit zu gewinnen.

»Leg dich auf den Bauch«, befahl die Frau.

Sie fesselte Sandra auf die gleiche Weise wie den bewusstlosen Mann, der auf dem Tau lag, und band ihr die Hände auf den Rücken. Dann ging sie weg und kehrte kurz darauf mit einer Spritze in der Hand zurück. Die Flüssigkeit war beinahe klar, mit milchigen Schlieren versetzt, als wäre irgendein Pulver in Wasser oder einer anderen durchsichtigen Substanz aufgelöst worden.

»Gleich wirst du gut schlafen«, sagte die Frau. »Ich hätte nicht gedacht, dass so viele diese Prozedur durchmachen müssen, aber ihr lasst mir keine Wahl.«

»Wenn Sie sich freiwillig der Polizei stellen, wird man das als strafmildernd werten«, sagte Sandra in einem letzten verzweifelten Versuch, der Spritze zu entgehen. »Sie werden bald wieder frei sein und können ein neues Leben beginnen. Irgendwo anders.«

»Dafür ist es leider zu spät«, erwiderte die Frau, während sie die Luftbläschen aus der Spritze klopfte.

Ihre Worte gingen im Dröhnen eines Rettungshubschraubers unter, der über ihnen entlangflog. Sandra fragte sich, weshalb er wohl unterwegs war. Er kam aus Richtung Smögen. Vielleicht hatte eine ältere Dame einen Schlaganfall erlitten, aber der Einsatz konnte auch einen ganz anderen Grund haben. Sie verfluchte, dass ihr buchstäblich die Hände gebunden waren und sie nicht signalisieren konnte, wie dringend sie Hilfe benötigte.

Victoria schaute auf das Fischerboot hinab, das unter ihnen auf dem Wasser trieb. An Deck konnte sie zwei Personen ausmachen, die reglos dazuliegen schienen. Auf dem Steuerhaus flatterte etwas Rotes im Wind. Kurz darauf lag das Boot auch schon ein gutes Stück hinter ihnen. Sie beugte sich zu dem Rettungssanitäter aus dem Notarztwagen hinüber, der sie begleitete. Er hatte ein Headset auf und konnte mit dem Piloten kommunizieren. Sie schrie ihm etwas zu, aber er hörte sie nicht. Sie selbst trug nur einen Gehörschutz ohne Kommunikationsausrüstung. Victoria gestikulierte immer verzweifelter. Sie spürte, dass auf dem Fischerboot irgendetwas nicht stimmte. Das Rote auf dem Dach des Steuerhauses musste Dennis' Billabong-Badehose gewesen sein, die Björn und sie ihm dieses Jahr zum Geburtstag geschenkt hatten. Da war sie sich sicher. Und was machte die Dolores auf dem offenen Meer? Der Hubschrauber musste umdrehen. Der Sanitäter schnallte sich ab und ging zum Piloten ins Cockpit. Er kam mit einem Headset mit integriertem Funkgerät zurück. Victoria streifte ihren Gehörschutz ab, und er setzte ihr das Headset auf. Er aktivierte die Sprechfunktion, sodass sie plötzlich seine Stimme hören konnte.

»Was ist los?«, fragte er.

»Das Fischerboot«, keuchte sie und deutete nach hinten.

»Was ist damit?«, erkundigte sich der Sanitäter ruhig.

»Auf dem Deck lagen zwei Menschen«, sagte Victoria und merkte selbst, wie wirr ihre Erklärung klang. Wahrscheinlich dachte der Sanitäter, dass Eva und sie beide den Verstand verloren hatten, aber sie musste ihm begreiflich machen, was sie meinte. Das Fischerboot lag schon ein gutes Stück hinter ihnen, und in wenigen Minuten würden sie den Hubschrauberlandeplatz des Krankenhauses erreichen.

»Haben Sie das Fischerboot erkannt?«, fragte der Mann.

»Es gehört Gunnel, aber mein Bruder wohnt darauf.«

»Aha«, erwiderte der Sanitäter, »vielleicht sind sie zum Angeln rausgefahren.«

»Nein!«, rief Victoria mit allem Nachdruck, den sie aufbringen konnte.

Der Sanitäter zuckte zusammen, als ihre laute Stimme im Headset sein Trommelfell traf.

»Wir müssen umdrehen, die Leute an Bord brauchen Hilfe!«, fuhr Victoria verzweifelt fort.

»Hier im Hubschrauber ist nur Platz für eine Trage«, erwiderte der Sanitäter sachlich. »Wir müssen Ihre Freundin zuerst ins Krankenhaus bringen. Danach können wir zurückfliegen und nachsehen, was an Bord des Fischerbootes geschehen ist.«

Victoria spürte, wie ihre Verzweiflung wuchs, sah aber ein, dass der Mann recht hatte.

»Kann ich meinen Bruder anrufen?«, fragte sie.

»Natürlich«, erwiderte der Sanitäter und reichte ihr ein Telefon. »Sprechen Sie einfach ins Headset, Sie können mit ihm genauso reden wie mit mir.«

Es klingelte in der Leitung.

»Dennis Wilhelmson, Polizei Kungshamn«, erklang Dennis' Stimme in ihrem Headset.

»Dennis!«, schrie Victoria. »Hörst du mich?«

»Ja, ich höre dich, laut und deutlich«, erwiderte Dennis, dem wahrscheinlich gerade fast das Ohr abgefallen war, als sie seinen Namen geschrien hatte.

»Auf dem Vorderdeck der Dolores liegen zwei Personen. Gunnel ist verschwunden, und ich bin mit Eva in einem Rettungshubschrauber auf dem Weg ins Krankenhaus in Uddevalla. Wo bist du?«

»Ich verfolge die Dolores. Wir sehen sie schon.«

»Sei vorsichtig!«, bat Victoria.

Sie legten auf, und Victoria ließ sich gegen die Lehne ihres Sitzes fallen. Jetzt konnte sie nichts weiter tun, als zu warten, bis sie das Krankenhaus erreichten.

Christian näherte sich dem Fischerboot langsam und ging geschickt längsseits, ohne an den Rumpf zu stoßen, obwohl der Wellengang inzwischen zugenommen hatte. Ein Tampen hing von der Reling, und Dennis sah, dass an dessen oberen Ende ein Draggen befestigt war. Den Draggen erkannte er wieder, aber von dem Boot, zu dem er gehörte, fehlte jede Spur. War es auf die andere Seite des Kutters getrieben? Dennis kletterte an dem Seil hoch, doch auf halbem Weg krängte die Dolores in einer Welle. Dennis rutschte mit dem Fuß ab und fiel zurück ins Motorboot. Amanda kicherte, und als Dennis Christians spöttisches Grinsen sah, stieg ihm vor Wut saurer Magensaft die Kehle hoch. Bei seinem zweiten Versuch hatte ihn das Adrenalin gepackt, er kletterte rasch die Bordwand empor und schwang sich über die Reling.

Als er sich umblickte, entdeckte er zwei Personen, die reglos nebeneinander auf der Backbordseite auf dem Vorderdeck lagen.

»Sandra!«, rief er und stürzte zu ihr hin. Ihr Puls schlug schwach, aber regelmäßig. Sie schlief. Irgendjemand musste ihr ein Betäubungsmittel verabreicht haben, denn er konnte sie nicht wecken. Neben Sandra lag ein Mann. Er lag auf der Seite und hatte Dennis den Rücken zugewandt. Seine Gestalt kam ihm bekannt vor. Der Mann war ebenso wenig ansprechbar wie Sandra, und sein Puls war noch schwächer.

»Durchsuchst du sie?«, erklang eine scharfe Stimme hinter ihm.

Dennis drehte sich um und blickte in den Lauf eines Jagdgewehrs.

Er hörte, wie das Motorboot losfuhr und Kurs auf Smögen nahm.

»Warum tust du das?«, fragte Dennis.

»Ja, die beiden hier hatten keine Lust mehr, auf dich zu warten«, erwiderte die Frau. »Also gibt es jetzt nur noch dich und mich, wenn man diese beiden Schlafmützen nicht mitzählt.«

»Aber was hat Sandra dir getan?«, fragte Dennis. Kommunikation war jetzt seine wichtigste Waffe. Wenn es ihm gelang, mit ihr zu reden und an ihre Empathie zu appellieren, gab sie vielleicht auf, obwohl sie gegenwärtig am längeren Hebel saß.

»Es ist deine Schuld, dass Sandra hier ist, das hast du dir selbst zuzuschreiben«, erwiderte sie. »Du solltest eine Polizeianwärterin nicht auf eigene Faust ohne Rückendeckung ermitteln lassen.«

Dennis spürte, wie ein weiterer Schwall Magensäure seine Kehle hochstieg. Er konnte es nicht ändern, dass Sandra das Boot genommen hatte und allein losgefahren war. Aber er bewunderte sie auch dafür. Sie hatte ihn auf die richtige Fährte gebracht.

»Leg deine Pistole auf den Boden und schieb sie zu mir rüber«, befahl ihm die Frau scharf.

Dennis schaute einen Moment zum Himmel, aber sie reagierte unmittelbar auf seine Verzögerungstaktik und drückte ihm den Gewehrlauf in die Wange.

»Warte«, sagte Dennis und holte seine Dienstwaffe hervor, die er die ganze Zeit bei sich gehabt hatte. Er stieß sie mit dem Fuß zu ihr hin, und sie hob die Waffe auf, ohne ihn dabei aus den Augen zu lassen.

»Setz dich«, sagte sie, »dann bringe ich dir auch einen Cocktail«, sagte sie. »Du magst doch Cocktails?«

»Ich nehme einen Whisky. Rare Malt. Im Schrank in der Kabine steht eine Flasche Glenmorangie«, fuhr er fort, als könnte er sich mit einem Scherz aus der Situation herausmanövrieren.

»Du wirst diesen Cocktail mögen«, erwiderte sie mit einem freudlosen Lächeln.

Als sie sich umgedreht hatte, beugte er sich zu Sandra hinunter und schlug sie leicht auf die Wange, um sie zu Bewusstsein zu bringen. Keine Reaktion. Er tastete über ihren Arm. Ihre Körpertemperatur war gesunken. Die Sonne war inzwischen ganz verschwunden. Dunkle, graublaue Wolken zogen über den Himmel, und der Wind frischte auf. Dennis entdeckte nichts, womit er die beiden zudecken konnte. Er wusste, dass im Steuerhaus eine Decke lag, doch er traute sich nicht, nach hinten zu kriechen und sie zu holen. An der Reling stand die Holzkiste, in der er die Kissen aus den Korbsesseln aufbewahrte. Er kroch darauf zu und hoffte, dass sie nicht so bald zurückkäme.

Amanda schrie Christian an: »Verdammt, Christian, wir können doch nicht zurückfahren, wo wir so nah dran sind!«

»Hast du das Gewehr nicht gesehen?«, schrie Christian zurück. »Begreifst du nicht, dass ein Zeitungsartikel es nicht wert ist, sein Leben dafür aufs Spiel zu setzen? Außerdem ist das Wetter gegen uns. Dieses Boot ist für einen so hohen Wellengang nicht geeignet.«

Amanda kochte vor Wut. Noch nie war sie hautnah bei so einer Sensationsstory dabei gewesen. Sie sah vor sich, wie ein anderer Journalist die Sache groß aufbauschte, sobald der Pressesprecher der Polizei in ein paar Stunden eine Pressemitteilung an alle Zeitungen, Fernseh- und Rundfunksender des Landes herausgab. Scheiße! Das durfte einfach nicht passieren. Sie setzte sich hin und scrollte die Bilder auf ihrem Handy durch. Vielleicht hatte sie für den Moment genug zusammen, aber sie durfte den Ausgang nicht verpassen.

»Bring mich nach Kungshamn«, sagte sie zu Christian, der eine Grimasse schnitt, aber tat, was sie wollte.

Im Krankenhaus hatte schon die morgendliche Routine begonnen, obwohl die meisten Patienten noch schliefen. Vielleicht waren auch sie am Mittsommerabend etwas länger wach geblieben. Victoria durfte Eva bis auf ihr Zimmer begleiten. Es war ein Zweierzimmer, aber das zweite Bett war nicht belegt. Die Wirkung der Beruhigungsspritze, die der Sanitäter Eva in Gunnels Haus gegeben hatte, hielt noch an; Eva schlief. Victoria fragte sich, wie ihre Nächte in der vergangenen Woche wohl ausgesehen haben mochten. Wahrscheinlich hatte sie aus Sorge um Åke kaum ein Auge zugetan. Sie dachte an Björn und wie dankbar sie war, dass sie ihn und die Kinder hatte. Manchmal zeigte sie es ihnen vielleicht nicht genug. Eva hatte ihren Mann verloren und Vera ihren Vater. Der Gedanke war so qualvoll, dass ihr die Tränen über die Wangen liefen.

»Alles kommt wieder in Ordnung«, sagte eine Krankenschwester, die das Licht über dem Kopfende von Evas Bett ausknipste. »Sie wird wieder gesund. Sie müssen sich keine Sorgen machen.«

Victoria ging rückwärts aus dem Zimmer und sah, wie die Krankenschwester die Bettdecke bis über Evas Schultern hochzog. Draußen auf dem Flur wählte sie Björns Nummer.

Durch ein Loch in der Holzkiste sah Dennis, dass sie zurückkam. Sie stand nur einige Zentimeter von seinem Versteck entfernt und schaute sich mit erhobenem Gewehr um. Sie blickte ins Wasser hinunter, lief über das Deck und kontrollierte die andere Schiffsseite. Dennis verstand es einfach nicht. Diese schöne blonde Frau verhielt sich wie ein Monster. Was war geschehen? Warum hatte sie Sandra betäubt, und wer war der Mann, der neben ihr lag? Plötzlich wackelte die Kiste, sein Herz setzte einen Schlag aus. Sie stieß mit dem Gewehrkolben gegen die Kiste, hob den Deckel und hielt den Lauf auf ihn gerichtet. Es gab kein Entrinnen. Er saß wie eine Schiffsratte in der Falle.

»Sieh es ein, Dennis. Du kommst hier nicht weg«, sagte sie und starrte ihm direkt in die Augen.

Diese Augen waren ihm zuvor als strahlend blau erschienen. Wie das Meer an einem schönen Sommertag. Doch jetzt sah er in ihnen nichts als Eiseskälte. Aus der Nähe fehlte ihnen das azurblaue Pigment.

»Du kannst den Schaden immer noch begrenzen«, sagte er in einem letzten Versuch, sie zum Umdenken zu bewegen.

»Du ahnst nicht, wie groß der Schaden in Wahrheit ist«, erwiderte sie. »Du hast nicht die leiseste Ahnung. Komm jetzt raus, dann beenden wir das Ganze hier. Ich muss weiter.«

Dennis sah, dass Rauch aus der Dolores aufstieg. Sie musste im Lastraum Feuer gelegt haben, und er begriff, dass es keine Möglichkeit gab, Sandra und den Mann lebend von Bord zu schaffen.

Sie wies ihn an, den Deckel zu schließen und auf die Kiste zu steigen. Er kam ihrer Aufforderung nach und sah aus dem Augenwinkel, wie sie einige Schritte zurückwich und mit dem Gewehr auf ihn zielte. Als sich der Schuss löste, wurde er zurückgeschleudert und stürzte mit dem Rücken voran auf die Wasseroberfläche.

Aus der Ferne sah Mik, dass an Deck der Dolores Rauch aufstieg. Er fuhr schneller. Was ging dort vor? Dieser Einsatz schien völlig aus dem Ruder zu laufen.

Vor seinem inneren Auge tauchten Bilder von seinem letzten Arbeitstag bei der Kopenhagener Polizei auf. Auch damals war alles schiefgelaufen. Schlafmangel und andere Faktoren hatten ihn falsche Entscheidungen treffen lassen. Durch seine Schuld waren Menschen ums Leben gekommen. Die Angst, die sich seitdem in ihm eingenistet hatte, beeinträchtigte ihn jeden Tag. Er war unmittelbar zum Chef zitiert worden, der ihm ohne ein Wort seine Dienstmarke abnahm. Er hatte es verstanden. So waren die Regeln. Gleichzeitig hatte er es als ungerecht empfunden, denn die Situation war von vornherein schwierig gewesen, und während des Einsatzes war alles falsch gelaufen.

Die Dolores kam näher. Der Rauch wurde immer stärker, bald würden Flammen emporschlagen. Mik hielt auf die Leeseite des Schiffes zu. Irgendwie musste er an Bord gelangen. Er warf eine Tauschlinge um einen Poller der Dolores und zog sie fest. Wenn noch etwas von seiner früheren Fitness übrig war, sollte er es schaffen, an Bord zu klettern. Aus dem Inneren des Fischkutters erklang ein Knall. Nicht mehr lange und die Dolores würde sinken. In den Rauchschwaden an Deck konnte er zwei Personen ausmachen. Sie lagen bewusstlos auf dem Boden. Eine der Personen war Sandra, der Mann neben ihr kam ihm vage bekannt vor. Sandra war leichter, aber wie sollte er sie nach unten in sein Boot bekommen? Sie war schlank, doch in ihrem offensichtlich bewusstlosen Zustand trotzdem schwer. Ihm blieb nicht viel Zeit. In Kürze würde er in dem Rauch nicht mehr atmen können. Mühsam zog er Sandra über das Deck zur Reling. Als er nach unten blickte, stand zu seinem Erstaunen Dennis in seinem Boot. Blut floss über seinen Brustkorb.

»Wo zum Teufel kommen Sie denn her?«, schrie Mik, während er Sandra über die Reling hievte. »Nehmen Sie sie an.«

Dennis war um die Dolores herumgeschwommen und mit der stark blutenden Schussverletzung an seiner Schulter ins Motorboot geklettert.

Victoria stürzte auf den Flur der Krankenstation. Eva schlief immer noch.

»Hilfe!«, rief sie. »Der Rettungshubschrauber muss noch einmal losfliegen. Zurück nach Smögen!«

Eine Frau in einem grünen OP-Kittel ging an ihr vorbei und bedeutete einer Krankenschwester mit kurzen braunen Haaren, die gerade aus einem Zimmer kam, sich um Victoria zu kümmern.

Die Krankenschwester nahm Victoria bestimmt am Arm.

»Setzen Sie sich«, sagte sie und zeigte auf einen der Klappstühle, die auf dem Korridor standen. Sie zog einen Stift aus der Brusttasche ihres weißen Kasacks. »Ich bin gleich wieder da.«

»Sie bringt sie um! Wir müssen sofort los. Geben Sie dem Piloten Bescheid!«

Victoria war verzweifelt. Wie sollte sie erklären, was geschehen war? Der Sanitäter, der mit im Hubschrauber gesessen hatte, hatte zum Teil gesehen, was an Bord der Dolores vor sich gegangen war. Er würde sie verstehen, aber wo war er jetzt?

Die Krankenschwester drehte sich zu ihr um. »Bleiben Sie hier sitzen und gedulden Sie sich ein wenig, es wird sich gleich jemand um Sie kümmern«, sagte sie und eilte den Flur hinunter.

Victoria blickte sich um und versuchte sich zu erinnern, durch welche Tür sie das Krankenhaus von der Hubschrauberplattform aus betreten hatten. Am Ende des Flurs befand sich eine Tür mit der Aufschrift: Heliport. Sie lief darauf zu und hoffte, dass sie unverschlossen war, gleichzeitig wählte sie 112.

Mik ließ Sandra vorsichtig zu Dennis ins Boot hinunter. Dennis machte sich bereit, Sandra entgegenzunehmen, aber seine verletzte Schulter schmerzte, und er hatte keine Kraft in dem Arm. Schließlich musste Mik Sandra loslassen, und Dennis versuchte, sie aufzufangen, als sie das letzte Stück hinunterfiel. Von seiner Schulter tropfte Blut auf ihren weißen Fleecepullover. Mik verschwand aus seinem Blickfeld.

»Was machen Sie?«, schrie Dennis, doch ihm war klar, dass Mik ihn nicht hörte.

Aus dem Lastraum der Dolores schlugen mittlerweile hohe Flammen, es war nur noch eine Frage der Zeit, bis sie sinken würde. Mik riskierte sein Leben, indem er noch einmal zurückging. Dennis ging neben Sandra in die Hocke und fühlte ihren Puls. Er schlug immer schwächer. Wenn Mik nicht bald zurückkam, wäre er gezwungen, ohne ihn loszufahren.

Andernfalls würde Sandra vielleicht nicht überleben. Er gab Mik noch drei Minuten, dann musste er fahren.

Dennis setzte sich und zählte die Sekunden. Bei zweihundert stand er auf und stellte sich ans Steuerpult. Bevor er den Schlüssel umdrehte, warf er einen letzten Blick zur Dolores hoch und sah, wie Mik den Mann über die Reling hievte. Er ließ den Schlüssel los und trat an den Bootsrand, um ihn entgegenzunehmen. Der Mann war groß und wog wahrscheinlich doppelt so viel wie Sandra. Wie sollte er ihn mit seiner verletzten Schulter halten?

Aber zuerst musste er Sandra an eine andere Stelle legen, damit der Mann nicht auf sie drauffiel. Er zog sie am Arm in Richtung Heck. Dann machte er sich bereit, den bewusstlosen Mann entgegenzunehmen.

»Jetzt kommt er!«, schrie Mik, während er versuchte, den Mann so lange wie möglich festzuhalten.

Schließlich fiel der Mann in die Plicht hinunter, und das Motorboot schaukelte bedenklich. Der Mann stöhnte auf, als sein Kopf gegen eine der Sitzbänke stieß. Dennis kroch zu ihm hin und bettete seinen Kopf vorsichtig auf den Boden. Als er den Kopf des Mannes drehte, sah er, wer er war.

Victoria stand auf der Landeplattform, wo ein Rettungshubschrauber auf einen neuen Einsatz wartete. Die Mitarbeiterin der Notrufzentrale bat sie zu erklären, was geschehen war. Victoria versuchte, ihre Fragen so gut wie möglich zu beantworten. Die Frau versprach, einen Hubschrauber zur Dolores zu schicken, und beendete das Gespräch. Eine Tür ging hinter ihr auf. Sie drehte sich um. Drei Männer liefen auf sie zu. Zwei von ihnen stiegen ins Cockpit des wartenden Hubschraubers, der dritte setzte sich nach hinten. Ehe er die Tür zuziehen konnte, kletterte Victoria ihm nach.

»Sie können nicht mitkommen«, sagte der Sanitäter und versuchte, sie am Einsteigen zu hindern.
»Ich habe die Notrufzentrale alarmiert!«, schrie Victoria. »Ich weiß, wo das Boot ist!«
»Rickard!«, rief der Sanitäter, und der Mann neben dem Piloten drehte sich um. Es war der Rettungssanitäter, der sie vorhin ins Krankenhaus begleitet hatte.
»Lass sie mitfliegen«, schrie Rickard zurück, und als sie die Tür geschlossen hatten, hob der Hubschrauber in Richtung Nordwest ab.

Immer dichtere schwarze Rauchschwaden umgaben die Dolores. Dennis hielt Åkes Kopf in seinen Händen. Das Gesicht seines Freundes war ausgezehrt, und er war immer noch bewusstlos. An Kinn, Hals und Wangen sprossen graue Stoppeln. Seine Haut war zerfurcht und die Sonnenbräune verschwunden. Von der Vitalität, die Åke während ihres Treffens am Sonntag ausgestrahlt hatte, war nichts mehr zu sehen. Wenn er nicht augenblicklich in ein Krankenhaus kam, befürchtete Dennis, dass Åke es nicht schaffen würde. Dennis sah an seinem eigenen Pullover hinunter. Er war voller Blut, und Dennis nahm an, dass er selbst einen furchtbaren Anblick bot.

Mik rutschte an dem Tau ins Boot, an dem er hinaufgeklettert war.

»Sie sehen fürchterlich aus«, sagte er zu Dennis, als er im Motorboot stand und das Seil von der Dolores löste.

»Das war im allerletzten Moment«, erwiderte Dennis, »ein paar Minuten länger ...«

Mik blickte ihn nicht an, sondern ließ den Motor an und bretterte in rasender Fahrt in Richtung Lysekil. Dennis sah, wie die Dolores hinter ihnen in den Wellen versank. Einige Sekunden später war sie verschwunden. Die See hatte das brennende Fischerboot verschluckt, damit es für alle Zeiten auf dem Meeresgrund ruhte.

»Sehen Sie!«, rief Dennis.

Aus südöstlicher Richtung näherte sich ein Hubschrauber. Er stand auf und winkte mit seinem unverletzten Arm. Der Helikopter drehte und hoverte über ihnen in der Luft. Eine Frau wurde zu ihnen heruntergefiert.

»Victoria!«, rief Dennis und umarmte seine Schwester, als sie im Motorboot stand. Sie erwiderte seine Umarmung, schnallte anschließend den Gurt um seine Taille und bandagierte seine Schulter notdürftig mit seinem Pullover, um die Schmerzen zu lindern, bevor er zum Hubschrauber hinaufgefiert wurde.

Als auch Åke und Sandra an Bord des Hubschraubers waren, blieb sie mit Mik im Motorboot zurück.

»Der Helikopter kann nicht mehr Personen transportieren«, erklärte sie.

»Sie können natürlich mit mir zurückfahren«, erwiderte Mik, wendete das Boot und nahm Kurs auf Smögen.

»Wo ist die Dolores?«, fragte Victoria.

»Was haben Sie gesagt?«, schrie Mik und bedeutete ihr, lauter zu sprechen.

»Wo ist der Fischkutter?«, schrie sie.

»Auf dem Meeresgrund«, antwortete Mik und sah sie an.

»Dennis wird sein Schlagzeug vermissen«, sagte Victoria und erwiderte seinen Blick.

Mik lachte, laut und dröhnend. Seine kurzen weißen Haare und sein Bart waren mit Ruß und Blut verklebt, sein Hemd zerrissen. Als Victoria ihn ansah, musste sie ebenfalls lachen.

Sie lachte so sehr, dass ihr die Tränen kamen, vor Erschöpfung und weil die Ereignisse dieser Mittsommernacht einfach völlig bizarr waren. Als sie sich beruhigt hatte, rief sie Björn an und teilte ihm mit, dass sie bald zu Hause sei.

Smögen, 8. November 1837

Frau Kreutz blickte immer wieder besorgt aus dem Fenster. Die Dunkelheit war hereingebrochen, und sie konnte nicht mehr erkennen, ob sich jemand der Nachbarkate näherte. Der gestrige Vorfall hatte sich für alle Zeiten tief in ihre Seele eingebrannt, aber sie hatte nicht mit ihrem Mann darüber gesprochen.

»Setz dich hin!«, bellte Herr Kreutz. »Hör mit diesem Hin-und-her-Gelaufe auf.«

Die Kinder, die auf dem Fußboden spielten, blickten ihren Vater erschrocken an, aber als sie sahen, dass er sich wieder seiner Suppe widmete und die heiße Brühe löffelte, beruhigten sie sich.

Frau Kreutz setzte sich ihrem Mann gegenüber, und kurz darauf waren auch die Kinder um den Tisch versammelt.

Die Schalen mussten nach der Mahlzeit kaum gespült werden. Mit alten Brotkanten hatten sie die Suppe bis zum letzten Tropfen aufgetunkt. Das frisch gebackene Brot brachte Frau Kreutz in den Laden, und die Laibe, die nicht verkauft wurden, nahm sie wieder mit nach Hause.

»Habt ihr auch etwas gehört?«, fragte sie, setzte sich aufrechter hin und lauschte.

Ihr Mann antwortete nicht, er war bereits aufgestanden und in dem Teil der Hütte, der ihnen als Schlafzimmer diente, auf dem Bett eingeschlummert. Die Kinder spielten wieder auf dem Fußboden, und keines von ihnen schien etwas Ungewöhnliches bemerkt zu haben. Doch Frau Kreutz hatte ein mulmiges Gefühl. Und vielleicht war es ohnehin an der Zeit hinüberzugehen, um nach Anna-Katarina und Amelia zu sehen, wie sie es Carl-Henrik vor dessen Abreise versprochen hatte. Doch ehe sie sich in die Dunkelheit hinausbegab, griff sie nach dem Schürhaken. Sie hörte noch, wie in der Kate der kleine Walter zu weinen begann. Seine älteste Schwester nahm ihn auf den Schoß und drückte ihm das Holzpferdchen in die Hand, das ihr Vater für sie alle geschnitzt hatte. Walter verstummte und spielte zufrieden mit dem Lieblingsspielzeug seiner großen Geschwister.

22

Sie befand sich in einem Zustand zwischen Schlafen und Wachen. Ihr Kopf war benebelt. Im Traum hatte Åke ihre Hand gehalten und ihr zugeflüstert, dass er sie liebe. Sie hatte sogar seinen Atem an ihrem Ohr gespürt. Gleich würde sie aufwachen, und er wäre wieder fort. Sie wollte den Traum nicht verlassen.

»Eva«, sagte eine Stimme leise. Schlief sie? Oder war sie wach? Vorsichtig öffnete sie die Augen. Über ihr befand sich eine weiße Zimmerdecke, und sie konnte die Umrisse einer Bettlampe ausmachen, das Kabel hing in ihrem Gesichtsfeld. Das letzte Mal hatte sie bei Veras Geburt vor zwei Jahren im Krankenhaus gelegen. Das Bett war schmal und hart gewesen, und sie hatte sich danach gesehnt, nach Hause zu kommen. Vera hatte dicht neben ihr geschlafen und fast die ganze Nacht an ihrer Brust gesaugt. Ihre Wärme war tief in ihr Innerstes gedrungen, und von dem Moment an war die Liebe zu dem kleinen Wesen gewachsen.

»Hier«, flüsterte die Stimme neben ihr.

Sie drehte den Kopf so weit nach rechts, wie sie konnte. Rechts von ihr stand ein Bett. Ein ebensolches Bett wie das, in dem sie lag.

»Ich bin es, Liebling.«

Eva erkannte Åkes braunen Haarschopf, Strähnen hingen ihm in der Stirn. Seine Stimme war so sanft und schwach, dass sie sie kaum wiedererkannte. Eva setzte die Füße auf den kühlen Boden und ging zu ihm hin. Als sie ihm in die Augen blickte, liefen ihr die Tränen über die Wangen und tropften auf sein Gesicht. Er blinzelte, als eine Träne in seinen Augenwinkel rann.

»Bist du zu uns zurückgekommen?«, fragte sie glücklich.

»Ja«, erwiderte Åke, und bei dem kurzen Wort brach seine Stimme.

»Erzählen Sie uns bitte von Anfang an, was sich zugetragen hat«, begann Tom Sigurdsson, der die Vernehmung leitete und Gunnel an einem Tisch gegenübersaß.

Sie befanden sich im Göteborger Polizeipräsidium in der Skånegatan. Die Skagener Polizei hatte Annika Gunnel Andersson nach einem Anruf von Dennis Wilhelmson festgenommen, als sie mit einem Motorboot im Hafen von Skagen anlegte. Sie hatte keinen Widerstand geleistet.

Jetzt saß sie mit gesenktem Kopf da. Ihr Blick war leer, und ihr sonst so fröhliches, braun gebranntes Gesicht hatte einen aschgrauen Farbton angenommen, als wäre alles Blut daraus gewichen.

»Er hat mich verlassen«, sagte sie und sah nicht einmal aus dem Augenwinkel zu Dennis hinüber, der neben Tom saß.

Gunnel wurde von ihrer Anwältin begleitet, die ihr braunes Haar zu einem straffen Knoten aufgesteckt hatte.

»Wer hat Sie verlassen?«, fragte Tom.

»Åke, er hatte versprochen, für immer bei uns zu bleiben. Sich um uns zu kümmern«, fuhr Gunnel fort.

»Wen meinen Sie mit ›uns‹?«, hakte Tom nach.

»Das Mädchen und mich«, erwiderte Gunnel und sah Tom an.

»Wo ist das Mädchen jetzt?«, fragte Tom.

»Sie ist tot«, antwortete Gunnel, ihre Augen schienen ihren blauen Farbton komplett verloren zu haben.

»Haben Sie sie getötet?«, fragte Tom.

»Nein, Åke hat sie getötet.«

»Darf ich Sie daran erinnern, dass es in dieser Ermittlung nicht um das Ableben des Kindes geht?«, warf die Anwältin ein.

»Das wissen wir noch nicht«, gab Tom zurück, ohne Gunnel aus den Augen zu lassen.

»Sind Sie sicher, dass Åke das Mädchen getötet hat?«, fragte er. »Das ist eine sehr schwerwiegende Anschuldigung.«

»Ich hatte Åke mehrere Wochen nicht gesehen. Er war nach Smögen gefahren, um irgendetwas zu erledigen. Ich habe auf ihn gewartet. Mein Babybauch wurde immer dicker, und schließlich konnte ich nicht mehr arbeiten. Åke sollte eine Bleibe für uns finden. Wir konnten nicht zu dritt zur Untermiete in der Wohnung leben.«

»Kam er zu Ihnen zurück?«, fragte Tom.

»Er rief eine Woche vor dem Geburtstermin an und sagte mir, dass wir uns nicht mehr sehen könnten, dass unsere Beziehung beendet sei und er nicht zur Geburt kommen würde.«

Dennis, der die ganze Zeit schweigend zugehört hatte, spürte, wie sich sein Magen verkrampfte. Konnte sich Åke einer Frau gegenüber, die sein Kind erwartete, tatsächlich so verhalten haben?

»Wie haben Sie sich da gefühlt?«, fragte Tom.

»Er hat etwas in mir getötet. Ich ging kaputt. Das ganze Glück darüber, unser gemeinsames Kind zur Welt zur bringen, verschwand. Mein Babybauch wurde zu einem Fremdkörper, einem Geschwür.«

»Was haben Sie an jenem Abend gemacht?«, fragte Tom weiter.

»Ich erinnere mich nicht«, erwiderte Gunnel und machte nicht gerade den Eindruck, als würde sie sich Mühe geben, ihr Gedächtnis aufzufrischen.

Die Vernehmung ging in demselben gemächlichen Takt weiter. Toms etwas schleppende, aber deutliche Stimme lullte die Anwesenden geradezu ein. Und Gunnel erzählte ihre Geschichte beinahe wie in Trance.

Dennis trat auf den Flur hinaus, während ein Polizist Gunnel abführte.

»Wie konnte alles nur so schieflaufen?«, sagte Dennis zu Sandra, die vor dem Vernehmungszimmer auf ihn gewartet hatte.

»Komm«, erwiderte sie. »Wir trinken einen Kaffee.«

»Danke, Tom«, sagte Dennis zu dem Vernehmungsleiter, der ebenfalls auf den Flur hinauskam.

»Ich tue nur meine Arbeit«, antwortete Tom Sigurdsson und ging in sein Büro, um sich Notizen über den Verlauf der Vernehmung zu machen.

Sandra wandte sich in Richtung der Fahrstühle, und Dennis folgte ihr. Im Auto sagte keiner von ihnen ein Wort. Sandra hielt vor den Antikhallen und ging hinein. Als sie zurückkam, hatte sie zwei Caffè Latte und eine Tüte mit Sandwiches dabei. Dennis lehnte das Sandwich ab, trank aber den Kaffee.

»Der beste Kaffee in ganz Göteborg«, sagte er.

»Ja, du hast erzählt, dass es in dem Café in den Antikhallen guten Kaffee gibt. Deswegen bin ich hier hingefahren. Wie geht es deiner Schulter?«

»Gut«, erwiderte Dennis. »Es war nur ein Streifschuss, es sah schlimmer aus, als es ist. Ich hatte Glück.«

»Wie lief die Vernehmung?«, fragte Sandra und fuhr in Richtung Autobahn.

»Gunnel hatte Åke entführt«, sagte Dennis.

»Das weiß ich«, erwiderte Sandra, »aber weshalb?«

Dennis erzählte, dass sich Åke und Annika in dem Herbst kennengelernt hatten, als Åke in Stockholm Unterwasserarchäologie studierte und Annika in der häuslichen Pflege arbeitete. Nach Weihnachten war er etliche Male nach Smögen gefahren, hatte gegenüber Annika jedoch stets beteuert, bei ihr und dem Kind bleiben und sein Studium in Stockholm fortsetzen zu wollen.

»Annika?«, fragte Sandra. »Aber sie hat sich doch als Gunnel vorgestellt?«

»Gunnel ist ihr zweiter Vorname. Sie benutzt ihn, seit sie auf Smögen wohnt.«

»Was ist mit dem Kind passiert?«, fragte Sandra.

»Åke rief sie eine Woche vor dem Geburtstermin an und beendete die Beziehung. Am selben Abend bekam sie Blutungen. Die Blutungen hielten mehrere Tage an, aber sie ist nicht zum Arzt gegangen. Am Ende kam ihr Vermieter nach Hause, fand sie völlig entkräftet vor und rief einen Krankenwagen. Am Mittsommerabend brachte sie ein Mädchen zur Welt, aber es starb ein paar Stunden später.«

»Wie furchtbar«, sagte Sandra. »Stell dir vor, du hältst dein neugeborenes Kind in den Armen und verlierst es kurz darauf.«

»Ja. Ein schrecklicher Gedanke«, stimmte Dennis zu.

Schweigend fuhren sie durch den Tingstadstunnel.

»Hat sich deine Bekannte eigentlich wegen des Amuletts gemeldet, das wir in Sebastians Zimmer gefunden haben?«, fragte Sandra unvermittelt. Sie hatte das Amulett im Wirbel der Ereignisse völlig vergessen, aber jetzt fiel es ihr plötzlich wieder ein.

»Ja, Mirabella hat gestern angerufen«, antwortete Dennis.

»Was hat sie gesagt?«, fragte Sandra ungeduldig.

»Es ist einfach nur ein Schmuckstück. Sie konnte nichts Außergewöhnliches daran feststellen«, fuhr Dennis fort und schielte zu Sandra hinüber.

»Gut! Sollen wir jetzt nach Uddevalla zum Krankenhaus fahren?«, fragte Sandra, der es offenbar nichts ausmachte, dass er ihr nicht schon früher von Mirabella St. Clairs Anruf erzählt hatte.

»Nein, ich glaube, wir fahren direkt nach Smögen. Wir reden morgen mit Åke und Eva, wenn sie sich ein bisschen ausgeruht haben. Victoria war bei ihnen und hat gesagt, dass Åke auf dem Weg der Besserung ist. Er hat die ganze Woche nichts anderes als Nährflüssigkeit aus dem Tropf bekommen.«

»Gunnel ist Krankenpflegerin, oder?«, sagte Sandra.

»Ja, sie wusste, wie sie ihn am Leben hielt, aber zu viel mehr hat die Infusion nicht gereicht. Als er ins Krankenhaus kam, stand es sehr schlecht um ihn.«

»Ja, ich habe es gesehen«, erwiderte Sandra, die Gunnels oder Annikas perfides Vorgehen an Bord der Dolores am eigenen Leib zu spüren bekommen hatte.

»Aber wie konnte er die ganze Zeit unten im Lastraum liegen, ohne dass ich etwas gemerkt habe?« Dennis' Stimme war deutlich anzuhören, dass er sich über sich selbst ärgerte.

»Sie hat dafür gesorgt, dass du es nicht konntest. Sie hat ihn an Armen und Beinen gefesselt und ihm den Mund zugeklebt. Er konnte sich weder bewegen noch irgendwelche Geräusche von sich geben.«

»Ich habe dieses Kabuff hinter dem Lastraum nicht betreten, weil sie behauptet hat, dort kaputte Sachen aus dem Bootsschuppen aufzubewahren, der zur Dolores gehört.«

»Wie wird der Bootsschuppen zurzeit genutzt?«, fragte Sandra.

»Keine Ahnung. Wir werden wohl hinfahren müssen. Ich weiß nicht, welcher es ist.«

»Können wir nicht zuerst zu Gunnels Haus fahren? Die Spurensicherung hat ihre Arbeit bestimmt schon beendet, aber vielleicht haben sie etwas übersehen. Was wollte Victoria eigentlich mitten in der Nacht bei Gunnel? Und warum war Eva ebenfalls da?«

»Das werde ich herausfinden, sobald wir auf Smögen sind«, sagte Dennis.

Ein Auto überholte sie. Als sie auf gleicher Höhe waren, lachte Dennis am Fenster auf der Beifahrerseite ein fröhliches

Gesicht an. In dem Wagen saßen ein braun gebrannter Johan und seine ebenso braun gebrannte Freundin. Wahrscheinlich waren sie gerade auf Landvetter gelandet und wollten nach Hause. Dennis formte mit Daumen und Zeigefinger einen Telefonhörer und hielt ihn sich ans Ohr.

»Was für eine Woche!«, sagte Sandra. »Schön für die beiden, dass sie das nicht miterleben mussten. Hast du dich eigentlich mal bei diesem Mann gemeldet, der dir im Surfers Inn seine Nummer zugesteckt hat?«

»Nein«, erwiderte Dennis.

»Ruf ihn an, man weiß nie, was dabei herauskommt. Vielleicht ist es ein reicher Verwandter, der dir mitteilen will, dass du ein Schloss in Deutschland erbst. Oder er will dich einfach nur zum Essen ausführen«, zog Sandra ihn mit einem Zwinkern auf.

Smögen, 8. November 1837

Anna-Katarina stellte eine Kerze in das Fenster, das zum Weg hinausging, und zündete sie an. Auch wenn Carl-Henrik erst in zwei Tagen zurückkäme, wollte sie ihn willkommen heißen. Sie würde die Kerze jeden Abend anzünden, bis er wieder zu Hause war. Die flackernde Flamme erinnerte sie an ihre Eltern. Es war ihnen nicht vergönnt gewesen, ihr Enkelkind kennenzulernen, doch Anna-Katarina hatte ihrer Mutter vor deren Tod versprochen, dass das Kind, falls es ein Mädchen wurde, ihren Namen bekommen sollte. Das hatte ihre Mutter glücklich gemacht, so glücklich, wie man im Wissen, dass man das Erdendasein und die, die man liebte, bald verlassen würde, sein konnte. »Carl-Henrik wird gut für dich sorgen«, hatte ihre Mutter gesagt.

Amelia schlief friedlich auf der Küchenbank, und Anna-Katarina beschloss, zu putzen und Ordnung zu schaffen. Wenn ihr Mann nach Hause käme, sollte er sehen, dass sie die Zeit sinnvoll genutzt hatte. Sie erhitzte Wasser im Kessel über dem Feuer und tat ein wenig von der Seife hinein, die sie aus Kräutersud und Hagebutten gekocht hatte. In der Hütte sollte es bei Carl-Henriks Rückkehr frisch duften.

Anna-Katarina nahm ihre gute Schürze ab, kniete sich auf den Boden und begann zu schrubben. Leise summte sie ein Lied vor sich hin, das ihre Mutter immer gesungen hatte, und obwohl sie Carl-Henrik vermisste, spürte sie, dass das Leben es gut mit ihnen meinte. Amelia war wundervoll, ihr Mann rackerte sich tagtäglich ab, und irgendwie würde er die Speisekammer vor dem Winter füllen. Da war sie sich sicher. Während der letzten zwei Monate ihrer Schwangerschaft hatte sie nicht viel beitragen können, aber obwohl sie von der Niederkunft noch immer geschwächt war, spürte sie, dass ihre Kräfte mit jeder Stunde mehr und mehr zurückkehrten. Sie lachte und sang etwas lauter. Plötzlich erklang ein Geräusch an der Tür, und ein eiskalter Windstoß fegte unter ihre Röcke. Anna-Katarina drehte sich um, und bei dem Anblick, der sich ihr bot, verzerrte sich ihr Gesicht vor Angst.

23

Eva war neben Åke eingeschlafen. Zuerst hatte sie lange an seinem Bett gesessen und seine Hand gehalten, erstaunt, wie ausgemergelt er nach diesen sechs Tagen war. Nach einer Weile legte sie ihren Kopf neben seinen auf das Kissen und schlief ein.

»Bapa, Bapa!«, rief eine klare Kinderstimme, bei deren Klang Åke und Eva aufwachten.

Vera ließ die Hand ihres Großvaters los und lief auf sie zu. Malkolm und Marianne blieben stehen und ließen sie auf das Bett zu ihren Eltern klettern.

»Meine Kleine«, schluchzte Åke und richtete sich so abrupt auf, dass Evas Kopf vom Kissen rutschte und sie aufstehen musste. Åke schloss seine Tochter fest in die Arme. Er hatte geglaubt, sie niemals wiederzusehen.

»Wieder da, wieder da!«, jubelte Vera und strahlte über das ganze Gesicht.

»Ja, Papa ist wieder da«, sagte Eva, die ebenfalls weinte. Auf wundersame Weise war ihre geliebte Familie wieder vereint, und in diesem Moment wurde ihr in ihrem Innersten klar, wie viel ihr das bedeutete.

»Hier liegst du also«, sagte Malkolm mit seiner dröhnenden Stimme und sah seinen Schwiegersohn an.

»Ja«, erwiderte Åke, »aber die Verpflegung ist nicht unbedingt zu empfehlen.«

»Das sehe ich«, sagte Marianne. »Du bist ja nur noch Haut und Knochen.«

»Ach, einen leichten Bauchansatz hat er noch«, antwortete Eva.

»Und das ist ein Glück«, kommentierte Marianne. »Wer weiß, wie es sonst ausgegangen wäre.«

Niemand erwiderte etwas, und selbst der alte Seebär Malkolm, der selten seine Gefühle zeigte, war offensichtlich gerührt.

Eine Ärztin betrat das Zimmer und zog einen Stift aus der Brusttasche ihres Kittels, während sie das Krankenblatt überflog, das am Fußende von Åkes Bett hing. Sie beugte sich über ihn.

»Wie geht es Ihnen?«, erkundigte sie sich.

»Gut«, erwiderte Åke. »Besser als seit Langem. Aber ich habe Hunger.«

»Schön. Dann entlasse ich Sie beide, und Sie können nach Hause fahren, wenn Sie so weit sind. Aber schonen Sie sich einige Tage«, sagte die Ärztin und warf ihnen einen ernsten Blick zu. »Keine weiteren Abenteuer in der nächsten Zeit. Haben wir uns verstanden?« Sie nickte Malkolm und Marianne zu und eilte zu ihrem nächsten Patienten.

Die Kriminaltechniker hatten Gunnels Haus mit dem üblichen Warnhinweis abgeriegelt, der das Betreten unter Strafandrohung untersagte. Dennis hielt das Absperrband für Sandra hoch. Die Haustür war abgeschlossen. Dennis zog den Schlüsselbund mit dem Schlüssel für die Dolores aus seiner Hosentasche, der an seinem ersten Tag auf Smögen für ihn in Gunnels Briefkasten gelegen hatte. Einer der anderen Schlüssel passte, und sie betraten das Haus. Bei seinem letzten Besuch war ihm der Duft von frisch gebackenen Cremetörtchen entgegengeschlagen, und trotz der weißen Einrichtung hatte ihn eine warme, gemütliche Atmosphäre empfangen. Doch jetzt atmete er nur den Geruch von Wandfarbe und Leere ein. Die Stille, die im Haus herrschte, würde nicht bald durch die Geräusche seiner Bewohner abgelöst, einen laufenden Fernseher und Geschirrgeklapper. Diese Stille war endgültig. Die Besitzerin des Hauses würde wahrscheinlich niemals zurückkehren.

»Sieh dir das an«, sagte Sandra. Sie war durch den Flur ins Wohnzimmer und von dort in die Küche gegangen, wo sie eine Tür geöffnet hatte. Dennis hatte bei seinem Besuch angenommen, dass sie in einen Wirtschaftsraum führte. Er stellte sich neben Sandra in den Türrahmen.

Der Raum war als Kinderzimmer eingerichtet, vermutlich für ein Mädchen, denn in dem Gitterbettchen lagen ein rosafarbenes Kopfkissen und eine rosafarbene Decke. Der Baldachin über dem Bett war mit kleinen rosa Schmetterlingen bedruckt. Auf dem Kopfkissen lag ein Puppenkopf, der täuschend lebensecht aussah. Auf den ersten Blick hätte man die Puppe tatsächlich für ein Baby halten können. Die Augen waren geschlossen. Die Puppe schlief. An den Pfosten des Gitterbettchens hingen Klebebandfetzen. Wahrscheinlich hatte Gunnel Eva hier gefesselt, bevor sie sich befreien konnte.

»Den Teppich hat meine Großmutter gewebt«, sagte Sandra und deutete auf den weißen Flickenteppich mit rosa Streifen auf dem Boden.

»Woher weißt du das?«, fragte Dennis.

»Ich habe gesehen, wie sie daran gearbeitet hat. Am Donnerstag muss sie ihn dann ausgeliefert haben. Sie wollte mir nicht sagen, für wen er war. Vielleicht hat Gunnel sie gebeten, diskret zu sein. Eigentlich webt meine Großmutter nur weiße Teppiche mit blauem Muster. Doch bei dem Auftrag hatte sich die Kundin nicht umstimmen lassen.«

»Deine Großmutter hat ihr den Teppich also am Donnerstag gebracht?«, sagte Dennis.

»Ja, und eine Spitze für einen Brautschleier«, erwiderte Sandra.

»War die auch für Gunnel?«, hakte Dennis nach.

»Ich weiß es nicht, meine Großmutter wollte mir auch nicht sagen, wer die Spitze bestellt hat.«

»Dann werden wir wohl mit deiner Großmutter reden

müssen«, beschloss Dennis. Sandra folgte ihm widerwillig. Ihre Großmutter in ihrem Zuhause dienstlich befragen zu müssen war kein besonders angenehmer Gedanke.

»Wollen wir nicht erst mal noch einen Kaffee trinken?«, schlug Sandra vor, als sie draußen auf der Straße standen. Abgesehen von ihrem kurzen Nickerchen bei dem jungen Kellner konnte keiner von ihnen behaupten, in den letzten Tagen besonders viel Schlaf bekommen zu haben.

»Bist du müde?«, fragte Dennis. »Du hast jedenfalls mehr geschlafen als ich. Du solltest lieber an mich denken.«

»Das tue ich«, erwiderte Sandra und versuchte, seine Anspielung, dass sie heute Nacht bei einem Mann gewesen war, zu ignorieren. Was ging Dennis das überhaupt an? Aber sie hatte nicht vor, dieses Thema zu vertiefen. Der Schlafmangel machte Dennis schon reizbar genug, und sie hatte keine Lust, sich noch weitere Witze auf ihre Kosten anzuhören.

»Gut, was hältst du davon, wenn wir im Surfers Inn einen Kaffee trinken und einen Obstsalat essen?«, meinte Dennis, als Sandra keine Anstalten machte, sich zum Verlauf ihrer Mittsommernacht zu äußern.

Sie setzten sich an einen der Tische draußen vor dem Restaurant. Das Unwetter, das während ihrer Bootsverfolgungsjagd heraufgezogen war, hatte sich gelegt, und die Sonne hatte erneut entschieden, dass Sommer war. Ein schwedischer, aber Sommer.

Ihr Tisch stand ganz hinten im Schatten der Außenanlage, und die umliegenden Tische waren nicht besetzt.

»Ich kriege das alles immer noch nicht richtig zusammen«, sagte Dennis – oder raunte es vielmehr, damit niemand ihr Gespräch mitbekam.

»Ich auch nicht«, flüsterte Sandra zurück und beugte sich vor.

»Åke war mit Gunnel zusammen, als Eva und er eine Beziehungspause hatten. Gunnel wurde schwanger und beschloss, das Kind zu behalten. Åke hat sie in diesem Entschluss bestärkt. Eva hat mir erzählt, dass Åke Kinder wollte und dass sein Kinderwunsch der Grund für ihre Trennung war«, fuhr Dennis fort. Dieses Detail hatte Eva ihm nach ein bisschen gutem Zureden gestanden.

»Aber als Åke über die Weihnachtsferien nach Smögen fuhr, haben er und Eva sich wieder angenähert, und Åke begann, an seiner Beziehung zu Annika zu zweifeln, obwohl er wusste, dass sie ein Kind erwartete«, ergänzte Sandra.

»Kurz vor dem Geburtstermin hat Åke ihr gesagt, dass er nicht bereit sei, seinen Teil der Verantwortung zu tragen, und dass sie das Kind ohne ihn zur Welt bringen müsse«, sagte Dennis.

»Das muss Gunnels Welt zum Einsturz gebracht haben«, erwiderte Sandra und starrte in ihren Kaffee.

»An dem Abend bekam sie Blutungen und hatte keine Kraft, Hilfe zu rufen. Als man sie schließlich ins Krankenhaus brachte, war es zu spät. Das Mädchen konnte nicht gerettet werden«, sagte Dennis und senkte den Blick.

»Gunnel muss letztes Jahr Kontakt zu Åke aufgenommen und im Gegenzug für ihr Schweigen Geld von ihm gefordert haben«, mutmaßte Sandra.

»Vielleicht hatte sie gehört, dass er und Eva ein Kind bekommen haben, und das hat das Fass zum Überlaufen gebracht«, führte Dennis ihren Gedankengang weiter.

»Mit dem Geld konnte sie die Anzahlung für ein kleines Fischerhäuschen auf Smögen leisten. Aus irgendeinem Grund wollte sie nicht, dass Åke sein Lebensglück genoss. Ihre Anwesenheit auf Smögen sollte ihn tagtäglich an ihre gemeinsame Geschichte erinnern«, fuhr Sandra fort.

»Aber wie passt Sebastian da ins Bild?«, sagte Dennis ratlos.

»Wir müssen noch einmal mit Sofie reden. Irgendetwas hat sie uns nicht erzählt. Vielleicht kann sie uns das fehlende Puzzlestück liefern«, erwiderte Sandra.

»Wir fahren sofort zu ihr«, beschloss Dennis, und Sandra hatte keinerlei Einwände. So würde sich das Gespräch mit ihrer Großmutter noch ein wenig hinauszögern.

Anthony Parker wachte am Mittsommertag erst spät auf. Whisky, Schnaps und Bier hatten ihre Wirkung gezeigt. Er war das Trinken nicht mehr gewöhnt. Sein Kopf fühlte sich schwer und träge an, aber er dachte mit Freuden an die Erlebnisse des gestrigen Tages zurück. Und das Essen hatte fantastisch geschmeckt, auch wenn der Hering nicht unbedingt sein Fall gewesen war. Die Menschen und die Familie, die er kennengelernt hatte, waren ihm wie seine eigene Familie vorgekommen. Auch wenn sie über seinen Akzent gelacht hatten, empfand er bei ihnen eine Wärme, wie er sie seit Langem nicht mehr gespürt hatte. Seine Eltern waren verstorben, und seine einzige Schwester, die in Miami wohnte, sah er nur alle zwei Jahre, manchmal sogar noch seltener. Er war weder verheiratet, noch hatte er Kinder.

Die Ahnenforschung hatte ihm die Tür zu einem anderen Leben geöffnet. Ein Leben voller Verwandter. Ein bisschen wie in seiner Kindheit, als seine Großeltern noch lebten. Aber seine Mutter hatte eine Reise nach Schweden nie konkret in Erwägung gezogen. Und sein eigenes Interesse an der Heimat seiner Mutter war erst nach ihrem Tod erwacht, als er all die Briefe und Fotos durchging, die sie in einem Karton aufbewahrte. Dass seine Mutter sie all die Jahre aufgehoben hatte, zeigte, wie viel sie ihr bedeuteten, aber irgendetwas musste sie zugleich belastet haben. Denn wenn sie ihm etwas aus den Briefen vorlas, hatte sie jedes Mal einige von ihnen beiseitegelegt, damit er sie nicht sah. Erst ein, zwei Wochen nach der Beerdigung hatte er seinen Mut zusammengenommen, den Karton geöffnet und zu lesen begonnen. Der Inhalt der Briefe hatte Gefühle in ihm geweckt, von denen er gar nicht gewusst hatte, dass sie existierten. Starke Emotionen und den Willen, diese Menschen zu finden und zu treffen, mit denen seine Großmutter und seine Mutter über fast hundert Jahre Kontakt gehalten hatten. Nach und nach waren die Fotos für ihn zu einer Besessenheit geworden, und jetzt war er völlig vernarrt in sie. Brummschädel hin oder her, er wollte weitermachen. Nur ein einziges Puzzleteil fehlte noch, und sobald er es gefunden hätte, würde er das Puzzle vor ihren Augen zusammensetzen.

Noch im Schlafanzug nahm er am Schreibtisch Platz und widmete sich erneut seinen Papierstapeln. Kurz darauf war er so vertieft in seine Arbeit, dass er nicht hörte, wie seine Zimmertür aufging und jemand sich leise von hinten an ihn heranschlich.

»Wir würden gerne sofort mit Ihnen sprechen«, sagte Sandra, als Sofie sich meldete. »Nein, nicht bei Ihnen zu Hause. Ja, das ist gut.« Sandra legte auf und wandte sich an Dennis.

»Sie kann uns vor dem Jacht- und Bootszubehörgeschäft auf Kleven treffen.«

Dennis nickte. »In Ordnung.«

Sie hatten das Surfers Inn verlassen und waren zum Marktplatz gegangen, wo Sandras Wagen stand.

»Soll ich fahren?«, fragte sie.

»Ja, das ist wohl besser«, erwiderte Dennis. Er fasste sich an die Schulter und rutschte auf den Beifahrersitz.

Sandra setzte sich hinters Lenkrad. Sie verstand, dass Dennis nicht unbedingt der Sinn nach Autofahren stand. Auch wenn er es nicht zugab, bereitete ihm die Schussverletzung vermutlich heftige Schmerzen. Sie fuhren die Anhöhe in Richtung Vallevik hinunter, und wie üblich verschlug Dennis der Ausblick auf die einzigartige Schärenlandschaft den Atem.

Vor dem Geschäft war kein Mensch zu sehen. Auch Sofie entdeckten sie nicht. Sandra und Dennis stiegen aus und schauten sich um. Hinter einer Reihe von Bootsschuppen erhoben sich verwitterte Giebel. Sandras Blick blieb an einem Haus hängen, dessen Fassade ursprünglich einmal gelb gewesen sein musste, doch der Anstrich war so stark verwittert, dass das Holz nahezu unbehandelt wirkte.

»Hier hat er gewohnt«, bemerkte eine Stimme hinter ihnen.

Als sie sich umdrehten, erblickten sie Sofie. Sie trug Ballerinas und eine weiße Jeans. Ihre große schwarze Sonnenbrille steckte in ihren Haaren.

»Wissen Sie, wie wir ins Haus kommen können?«, fragte Sandra.

»Ich habe den Schlüssel«, erwiderte Sofie leichthin und hielt einen Schlüssel hoch, der an einem mit einem Makramee-Netz umflochtenen Korkball hing.

Trotz der sommerlichen Temperaturen roch es in dem Haus feucht und schimmelig. Die Lage des baufälligen Gebäudes war mit Geld nicht zu bezahlen, aber der Eigentümer schien sich seit Jahren nicht um die Instandhaltung gekümmert zu haben. Die zwei Zimmer im Erdgeschoss waren bis auf einige alte Fischereigeräte, Netze und Bojen leer.

»Wem gehört das Haus?«, fragte Dennis, während sie die marode Treppe hinaufstiegen.

»Smögen-Bau«, erwiderte Sofie. »Es soll im Zuge der Neubaumaßnahmen wohl abgerissen werden.«

»Neubaumaßnahmen?«, fragte Sandra.

»Ja, soweit ich weiß, wollen mein Vater und Pelle hier neue Eigentumswohnungen bauen, so wie weiter draußen auf Kleven.«

Der Raum im Obergeschoss war spartanisch möbliert. Auf einem Feldbett lag eine nachlässig über ein Kissen geworfene Decke. Die restliche Einrichtung bestand aus einem Tisch und einem Stuhl vor dem Fenster, das zu dem Bootszubehörgeschäft hinausging. Als man Sebastians Leiche im Hafenbecken gefunden hatte, war die Polizei mit Paul Hammarberg an der Spitze noch am selben Morgen in Sebastians Wohnung gewesen. Doch nach Dennis' und Sandras Kenntnisstand hatte man abgesehen von den Dingen, die Sebastians Pflegeeltern später geholt hatten, keine Wertgegenstände oder dergleichen gefunden.

»Sofie, worüber haben Sie und Sebastian bei Ihrem letzten Gespräch geredet, als er Sie am Sonntagabend anrief?«

Sofie wand sich ein wenig. Im Grunde hatte sie nichts mehr zu verbergen. Sebastian war tot. Ihr gemeinsames Leben würde nie Realität werden. Das Einzige, was sie noch tun konnte, war, seine Erinnerung zu wahren. Gut, er hatte Probleme gehabt und ein paar Dummheiten begangen, aber er hatte ihr versprochen, dass damit Schluss war. Sie wollten ein ehrliches und anständiges Leben führen, ohne die Typen aus der kriminellen Gang, die sich als seine Freunde ausgaben, und ohne Drogen. Zusammen mit ihr hätte er das sorglose Leben bekommen, das er sich gewünscht hatte. Aber er hatte noch eine letzte Sache erledigen wollen, ehe er um ihre Hand anhielt. Sie wusste nicht, was das gewesen war, doch ihr war klar, dass er einen hohen Preis dafür gezahlt hatte.

»Sofie, antworten Sie bitte!«, sagte Sandra, und ihre resolute Stimme riss Sofie aus ihren Gedanken.

»Er hat gesagt, dass wir zusammenziehen würden«, erwiderte sie.

»Wo denn?«, fragte Dennis in sanfterem Tonfall.

»In Göteborg«, erklärte Sofie. »Er hatte dort eine Wohnung für uns gefunden.«

»Worauf hat er noch gewartet?«, fragte Sandra. »Was wollte er noch erledigen?«

»Ich weiß es nicht«, antwortete Sofie und sank auf das Feldbett, das selbst unter ihrem geringen Gewicht fast zusammenklappte. Tränen liefen ihr über die Wangen.

»Glauben Sie, dass er etwas beobachtet haben könnte, etwas, womit er jemanden erpresst hat?«, fragte Dennis.

Sofie blickte ihn mit großen blauen Augen an.

»Ich weiß es nicht«, sagte sie.

Anthony saß noch immer an seinem Schreibtisch und blätterte in einem Fotoalbum mit alten Porträtaufnahmen. Auf einmal hörte er ein Geräusch hinter sich und drehte sich hastig um. Ein Briefstapel war umgekippt, und die Umschläge lagen auf dem Boden verstreut. Er blickte auf und entdeckte die Person, die den Stapel umgestoßen hatte. Zwischen den vergilbten Briefen stand eine Frau. Das rote Kleid, das sich wie eine zweite Haut um ihren Körper schmiegte, kaschierte ihre Formen nur oberflächlich. Ihre füllige Brust hob und senkte sich im Takt ihrer Atemzüge. Ihr schwarzes glattes Haar fiel in einer perfekten Welle über ihre Schultern. Sie lächelte ihn an und ging langsam auf ihn zu.

»Da bin ich!«, sagte sie und platzierte ihre Knie rechts und links von ihm auf seinem Schreibtischstuhl.

Anthony bekam keinen Ton heraus. Er blickte nur tief in ihre schwarzen Augen, während er behutsam den Trägerriemen ihres Kleides von ihrer Schulter streifte. Sie strich ihm über das Haar und seine unrasierten Wangen. Seine Lippen zitterten, als er sie küsste. Hungrig kam sie seiner suchenden Zunge entgegen. Sie schmeckte himmlisch. Er wusste, dass es um ihn geschehen war. Er war ihr mit Haut und Haar verfallen.

Göteborg, 8. November 1837

Die Gasflammen der Straßenlaternen leuchteten in der Dunkelheit den Weg. Die meisten Händler hatten ihre Waren zusammengepackt und sich nach Hause begeben. Die Fischverkäuferinnen deckten die restlichen Fische in ihren Körben bis zum nächsten Morgen mit Segeltuch ab, aber ihr Heimweg war kurz, denn sie schliefen auf ihren Booten, die unten am Kanal vertäut lagen.

Carl-Henrik ging zu der Stelle, wo Frau Kreutz' Nichte am Vormittag Zuckerkringel verkauft hatte, doch er konnte sie nirgendwo entdecken. Sie musste bei Einbruch der Dunkelheit nach Hause gegangen sein. Seine Besorgungen hatten mehr Zeit in Anspruch genommen als gedacht, doch schließlich hatte er das erledigt, weshalb er hergekommen war.

Eine Frau fegte den Platz, vermutlich war es ihre Arbeit, ihn vor dem nächsten Markttag am kommenden Morgen zu reinigen. Carl-Henrik trat auf sie zu.

»Ich bin auf der Suche nach dem Mädchen, das die Zuckerkringel verkauft. Wissen Sie, wo ich sie finden kann?«, fragte er.

Die Frau mit dem Besen stemmte eine Hand ins Kreuz, als sie sich aufrichtete, um ihm zu antworten. Carl-Henrik sah, dass sie ein Kind erwartete. Bis zur Geburt konnte es nicht mehr lange dauern.

»Viele Mädchen verkaufen hier Zuckerkringel, seit fast jede deutsche Familie ihr Brot auf dem Markt anbietet«, erwiderte die Frau, die vor Anstrengung außer Atem war.

»Das Mädchen trug einen grünen Kapuzenumhang und hat grüne Augen«, sagte Carl-Henrik und hoffte, dass diese Beschreibung der Frau half.

»Ach so, das ist die Kleine von Herrn und Frau Becker. Die arme Frau, krank und schwach, wie sie ist.«

»Wo wohnt die Familie?«, fragte Carl-Henrik.

»Zwei Häuser hinter dem Zeughaus auf der rechten Seite, wenn er die Sillgatan zum Wasser hinuntergeht.«

»Ich danke Ihnen«, erwiderte Carl-Henrik und überquerte den Marktplatz in Richtung Torggatan, die auf die Sillgatan führte.

Das Haus war niedrig und hatte nur eine schmale Giebelseite. Carl-Henrik bog in eine enge Gasse, die an der Längsseite des Hauses verlief. Er klopfte an die Tür und wartete, dass jemand öffnete.

»Kommen Sie herein«, sagte das Mädchen vom Marktplatz, als sie ihn erkannte. Das Leuchten in ihren Augen war erloschen, sie sah müde aus.

»Ich möchte nicht stören«, sagte Carl-Henrik, als er sah, dass Frau Becker schon schlief. Nur ihre Nasenspitze ragte unter der hochgezogenen Decke hervor, und von ihrem Bett erklang deutliches Schnarchen.

»Das ist Mutter«, sagte das Mädchen. »Sie ist krank, und Vater ist auf Reisen.«

»Wann kommt er zurück?«, fragte Carl-Henrik und betrachtete das kummervolle Gesicht des Mädchens.

»Mit wem haben wir die Ehre?«, keuchte plötzlich Frau Becker, die auf ihrem Kissenberg aufgewacht war.

»Ich bitte um Verzeihung«, sagte Carl-Henrik und trat an das Bett, um sich vorzustellen. »Ich bin der Nachbar von Herrn und Frau Kreutz auf Smögen und habe Ihre Tochter gebeten, die Strümpfe und Mützen, die meine liebe Frau gestrickt hat, auf dem Markt zu verkaufen. Ihre Tochter war so nett, mir zu versprechen, es zu versuchen.«

»Ja, das hat sie erzählt«, antwortete Frau Becker und verzog schmerzhaft das Gesicht, als etwas in ihrem kranken Körper sie peinigte. Das Mädchen reichte ihrer Mutter ein Glas mit einer grünlichen Flüssigkeit. Sie wartete, bis sie es ausgetrunken hatte, und ging dann zum Tisch.

»Ich habe drei Paar Strümpfe verkauft«, sagte sie und gab ihm einige Münzen.

»Danke«, sagte Carl-Henrik. »Ich dachte, ich lasse euch die anderen Stricksachen hier? Ich kann sie in meinem Gepäck auf der Heimreise nicht mehr unterbringen.« Er deutete zur Tür, an der seine schwere Tasche und einige verschnürte Bündel standen.

»Wie wollt ihr über die Runden kommen, wo deine Mutter krank und dein Vater auf Reisen ist?« Carl-Henrik flüsterte, obwohl von Frau Beckers Bett erneut vernehmliches Schnarchen ertönte.

»Wir werden es schon schaffen«, sagte das Mädchen mit entschlossener Stimme, und ihr Blick gab ihm deutlich zu verstehen, dass er gehen solle.

Als Carl-Henrik sich nach einem der Bündel neben seiner Reisetasche bückte, steckte er einen kleinen runden Lederbeutel in einen Schuh, von dem er aufgrund seiner Größe annahm, dass er dem Mädchen gehörte. Sie konnte nicht viel älter sein als zwölf.

Carl-Henrik ging zum Marktplatz zurück. So belebt, wie er tagsüber gewesen war, so ausgestorben lag er jetzt am Abend da. Aber vom Kanal drang Gegröle herauf. Eine Fischverkäuferin saß an Deck des Bootes, das direkt neben dem Schiff ankerte, auf dem er heute Nacht untergekommen war, und sang ein wehmütiges Lied. Sie hielt einen Krug in der Hand und trank in regelmäßigen Abständen einen Schluck. Carl-Henrik kletterte an Bord des Bootes, auf dem man ihm eine Herberge versprochen hatte.

»Komm er her, junger Mann, dann soll er auf seine Kosten kommen!«, lallte die Frau und lachte.

»Nein danke«, erwiderte Carl-Henrik, der nicht ganz sicher war, was sie ihm anbot.

»Ich hab immer noch Feuer«, lachte die Frau erneut.

»Kümmern Sie sich nicht um Elin«, erklang eine Stimme aus dem Bauch des Schiffes, auf dem er stand. Es war Hilda, die Frau seines Freundes Emil.

Carl-Henrik stieg unter Deck, wo ihn aus dem Heck drei Paar Kinderaugen anstarrten.

»Wir schlafen da hinten«, sagte Hilda und deutete auf die Kinder. »Sie können es sich hier bequem machen.« Sie zeigte auf eine Koje, die seitlich an der Schiffswand verlief. Er stellte sein Gepäck vor die ihm zugewiesene Koje und reichte Hilda wie vereinbart eine Münze als Bezahlung für den Schlafplatz. Als er in die Koje kroch, spürte er die Müdigkeit in jedem einzelnen Knochen. Im selben Moment, in dem sein Kopf den Mantel berührte, der ihm als Kissen diente, war er auch schon eingeschlafen.

24

Sofies weißer Porsche verschwand, und Dennis und Sandra blieben allein vor Sebastians schäbiger Behausung zurück. Dennis musste daran denken, dass seine eigene Unterkunft auf dem Meeresgrund lag. An Bord waren seine Kleidung, sein Schlagzeug und seine anderen Habseligkeiten gewesen. Wo sollte er jetzt hin?

»Wir können zu meiner Großmutter gehen«, sagte Sandra, als hätte sie seine Gedanken gelesen. »Wir können beide eine Dusche und ein paar Stunden Schlaf vertragen, bevor wir nach Kungshamn zum Polizeirevier fahren und Bericht erstatten.«

Auf dem Weg rekapitulierten sie den Stand der Ermittlungen.

Hatten sich schon alle Puzzleteile zusammengefügt, oder mussten sie noch weitere Hintergründe aufdecken?

Sandra ging den mutmaßlichen Ablauf der Ereignisse Schritt für Schritt durch: »Sebastian muss gesehen haben, wie Gunnel Åke entführt hat, und Schweigegeld von ihr erpresst haben.«

Sandra ging davon aus, dass Gunnel Sebastian mit derselben Substanz betäubt hatte wie Åke und sie selbst. Die Rechtsmedizinerin Miriam Morten hatte Dennis im beschwipsten Zustand mitgeteilt, dass ihr zwischen Sebastians Zähnen Spuren von Vanillecreme aufgefallen waren, und Dennis hatte sofort an Gunnels göttliche Cremetörtchen denken müssen – göttlich, aber giftig? Daraufhin war ihm schlagartig bewusst geworden, dass er auf dem Weg zu Gunnels Haus die Dolores nicht hatte im Hafen liegen sehen. Irgendetwas hatte ihm gesagt, dass Gunnel versuchte, mit dem Boot zu entkommen. Höchstwahrscheinlich hatten sich Gunnel und Sebastian am Sonntagabend bei Sebastian zu Hause getroffen, Gunnel hatte ihm mit Ketamin versetzte Vanillecremetörtchen angeboten, ihn anschließend an den Kai hinunter gezwungen und ihn ins Hafenbecken gestoßen. Sebastian hatte keine Chance gehabt.

Dennis nickte zustimmend zu Sandras Theorien. »Hör mal«, sagte er dann, »ich gehe lieber erst zu meiner Schwester. Wir sehen uns nachher.«

»In Ordnung«, erwiderte Sandra. »Ruf mich an.«

Sandra lief die Vordertreppe zur Veranda ihrer Großmutter hinauf, und Dennis machte sich auf den Weg zum Haus seiner Schwester.

»Komm rein«, sagte Björn, der ihm die Tür öffnete. »Victoria und die Kinder schlafen. Die drei waren nach dieser Nacht völlig erschöpft.«

»Das kann ich mir denken«, erwiderte Dennis, dem bewusst wurde, dass Victoria die ganze Nacht auf den Beinen gewesen sein musste. »Wie ist sie nach Hause gekommen?«, fragte er.

»Der Däne hat sie bis vor die Tür gebracht«, sagte Björn.

»Ein richtiger Gentleman also«, grinste Dennis.

»Dem Anschein nach«, sagte Björn und sah Dennis forschend an, als fragte er sich, ob er sich Sorgen machen musste.

»Nein, nein, alles in Ordnung«, beschwichtigte Dennis. »Ich hatte nur einen schlechten ersten Eindruck von ihm.«

»Laut Victoria hat er sich im Boot tadellos verhalten und Åke, Sandra und dir das Leben gerettet.«

»Ja, so war es vielleicht«, sagte Dennis unangenehm berührt. »Ich habe keine Ahnung, wie die Sache ohne ihn und sein Boot ausgegangen wäre.«

»Und wo ist Gunnel jetzt oder Annika, sollte ich vielleicht besser sagen?«, fragte Björn.

»Die Polizei hat sie festgenommen, als sie im Hafen von Skagen anlegte. Sie hat versucht, mit Johans Boot, mit dem zuvor Sandra losgefahren war, nach Dänemark zu entkommen. Sag mal, kann ich vielleicht bei euch duschen?«, fügte er hinzu.

»Ja klar, ich hol dir schnell ein Handtuch und was zum Anziehen. Fühl dich wie zu Hause. Ehrlich gesagt siehst du ziemlich mitgenommen aus.«

»Danke, danke«, erwiderte Dennis mit einem müden Lächeln und griff nach dem Handtuch, das sein Schwager ihm hinhielt.

Smögen, 8. November 1837

Frau Kreutz fror, als sie mit dem Schürhaken in der Hand zu Anna-Katarina hinüberging. Er war spürbar kälter geworden. Bald würde sie das letzte Gemüse in ihrem Garten ernten müssen. Für gewöhnlich dörrte sie den Kohl und die Steckrüben oder legte sie sauer ein. So konnte sie die Suppe ein wenig strecken, und mit dem Brot zusammen reichte es, damit sich die Familie den Winter über satt essen konnte.

Sie sah, dass im Fenster der Nachbarkate eine brennende Kerze stand, deren Flamme unruhig flackerte. Frau Kreutz runzelte die Stirn. Wie konnte Anna-Katarina so sorglos sein? Mit Feuer war nicht zu spaßen, und ohne ihre Hütte würde es ihnen schlimm ergehen. Als sie um die Hausecke bog, fiel ihr Blick auf Anna-Katarinas kläglichen Gemüsegarten. Im Frühling würde sie Anna-Katarina das ein oder andere über den Anbau von Küchenkräutern beibringen.

Die Tür der Kate stand offen. Frau Kreutz stürzte hinein und blickte sich besorgt um. Anna-Katarina lag auf dem Fußboden, ihre Hände waren an die Beine der Küchenbank gefesselt. Auf ihr lag einer der Männer des Patrons, die im Kaufmannsladen gewesen waren. Er hatte seine Hose heruntergelassen, und sein weißes Hinterteil leuchtete im Schein der flackernden Kerze im Fenster. Frau Kreutz schrie auf und rammte den Schürhaken in das weiße Gesäß. Der Mann brüllte auf und wand sich wie ein Fisch, der am Haken zappelte. Er verzog das Gesicht und versuchte verzweifelt, den schmutzigen Schürhaken zu packen. Es war der Mann mit dem Backenbart. Frau Kreutz beugte sich zu ihm hinunter und zischte ihm ins Ohr: »Jetzt mach er, dass er fortkommt. Hat er das verstanden, Hundsfott, widerwärtiger?« Bevor Frau Kreutz den Schürhaken aus seinem Hinterteil zog, drehte sie ihn einmal um. Der Mann mit dem Backenbart brüllte vor Schmerz, kroch davon und stand auf, um seine Hose hochzuziehen. Mit offenem Gürtel stürzte er hinaus und griff im Laufen seinen Mantel, der neben der Tür lag. Frau Kreutz lief ihm einige Schritte nach.

»Wenn ich ihn noch einmal in der Nähe von Smögen sehe, wird er nicht so glimpflich davonkommen wie heute!«, schrie sie ihm durch die Dunkelheit hinterher.

Als sie Anna-Katarinas Hände losband, stellte sie fest, dass er es nicht geschafft hatte, sich ihr zu nähern.

»Es ist gut«, tröstete Frau Kreutz und hielt die weinende Anna-Katarina im Arm. »Er wird nie wieder herkommen, das verspreche ich.«

»Sie sind ein Engel«, schluchzte Anna-Katarina.

»Ich bin mir nicht sicher, ob mein Mann das genauso sieht«, erwiderte Frau Kreutz lächelnd. »Ich hole jetzt den kleinen Walter, und dann schlafe ich bei Ihnen, bis Carl-Henrik zurück ist. Ich glaube zwar nicht, dass sich noch jemand nach Kleven hinauswagt, aber man kann nie wissen.«

Frau Kreutz hob den blutigen Schürhaken vom Fußboden auf, richtete ihre Röcke und ging zur Kaufmannskate hinüber, wo die Kinder begleitet vom Schnarchen ihres Vaters immer noch friedlich spielten.

25

Dennis wachte auf, weil Theo auf seinem Bauch hockte und versuchte, ihm Rosinen in den Mund zu stecken.

»Lecker«, sagte Theo.

»Nein, nicht lecker«, widersprach Dennis und versuchte sich zu wehren, aber Theos kleine Hand blieb hartnäckig. Dennis sollte gefüttert werden.

»Ich glaube, Onkel Dennis möchte lieber Pfannkuchen«, sagte Victoria und lachte.

Der Duft von frisch gebackenen Pfannkuchen stieg Dennis in die Nase.

»Wundervoll«, sagte er und spürte, wie hungrig er war. »Gibt es Blaubeermarmelade und Eis dazu?«

»Eis!«, jubelte Theo und rannte zu seinem Stuhl in der Küche.

Der riesige Pfannkuchenberg war erstaunlich schnell abgetragen.

»Schaffst du noch einen?«, fragte Björn. »Ich habe schon sechs gegessen.«

»Und ich fünf«, sagte Dennis und hielt sich den Bauch.

»Dann bist du im Rückstand«, erwiderte Björn, spießte einen Pfannkuchen auf seine Gabel und legte ihn seinem Schwager auf den Teller.

Satt und zufrieden ging Dennis zum Marktplatz, um sich mit Sandra zu treffen. Sein Maserati stand in der Nähe des Parks, die letzten Schritte schlich er sich an und schlüpfte rasch hinein. Er liebte seinen Wagen, aber ihm waren die Blicke unangenehm, mit denen die Leute ihn und den Maserati bedachten, wo immer er auftauchte. Die Aufmerksamkeit gehörte dazu, das wusste er, aber er hatte gemerkt, dass sie ihm ganz und gar nicht gefiel.

»Camilla Stålberg ist im Revier«, sagte Sandra, als sie sich neben ihn auf den Beifahrersitz setzte. »Sie hat gerade angerufen.«

»Was will sie?«

»Sie will, dass du sie auf den neuesten Stand bringst, und in einer Stunde findet eine Pressekonferenz statt.«

Camilla Stålberg und Ragnar Härnvik saßen bereits im Besprechungsraum des Polizeireviers. Eine Bereitschaftspolizistin kam mit einer Thermoskanne Kaffee und einem Hefekranz herein, den sie in die Mitte auf den Tisch stellte. Sandra suchte sich einen Platz, während Dennis am Kopfende des Tisches stehen blieb. Camilla erhob sich und trat zu ihm.

»Gute Arbeit!«, sagte sie und legte ihm die Hand auf die Schulter. Dennis trat einen Schritt zur Seite, um ihre Hand unauffällig abzuschütteln.

Als sich alle gesetzt hatten, ergriff er das Wort und schilderte, was sich in der Mittsommernacht ereignet hatte. Er berichtete von Gunnel, dem Dänen Mik Birke, von der Dolores und von Åke. Sandra erzählte, wie sie die Dolores mit Johans Boot verfolgt hatte und von Gunnels Machenschaften an Bord.

Als sie ihren Rapport abgeschlossen hatten, richteten Sandra und die Bereitschaftspolizistin den Raum für die Pressekonferenz her.

Dennis ging den Flur hinunter zur Hintertür, um vor dem Eintreffen der Journalistenmeute noch einige Minuten ungestört auf der Rückseite des Polizeireviers zu sitzen. Er hatte Amanda Horn von der Bohusläns Tidning ein Exklusiv-Interview versprochen. Schließlich hatte sie die Verfolgung der Dolores und sein Eingreifen überhaupt erst ermöglicht, obwohl er zugeben musste, dass man sein Vorgehen als ziemlich dilettantisch bezeichnen könnte.

»Dennis, warte!«, rief eine Stimme hinter ihm.

»Nicht jetzt, Camilla. Ich habe nichts zu sagen«, antwortete Dennis, ohne sich umzudrehen.

»Ich wollte dich nur informieren, dass Paul Hammarberg direkt nach seinem Urlaub eine Stelle in Uddevalla antritt.«

Dennis drehte sich um. »Aha, dann hast du also eine Vakanz in Kungshamn«, sagte er gleichgültig.

»Nein, das denke ich nicht«, erwiderte Camilla geheimnisvoll.

»Hör mit deinen Spielchen auf«, antwortete Dennis ungehalten.

»Spielchen?«, wiederholte Camilla und tat erstaunt.

»Du weißt ganz genau, was ich meine«, sagte Dennis.

»Dennis, ich möchte, dass ihr hier in Kungshamn bleibt, du und Sandra«, erklärte Camilla Stålberg.

»Und was ist mit Töreboda?«, fragte Dennis.

»Patrik Ulvesson springt im Herbst dort ein, danach sehen wir weiter. Ich möchte, dass du Paul Hammarberg als Dienststellenleiter nachfolgst, und Sandra wird deine rechte Hand.«

»Glaubst du nicht, dass Sandra höhere berufliche Ziele hat?«

»Sandra muss Erfahrung sammeln, und das kann sie hier bei dir. Dann wird sich zeigen, wie ihre weiteren Pläne aussehen.«

»Aber ich habe mich vom Polizeidienst beurlauben lassen und bin an der Stelle nicht interessiert. Lägen die Dinge anders, wäre es eine gute Idee gewesen«, sagte Dennis und öffnete die Hintertür.

»Dennis, du kannst wegen des Vorfalls im Frühjahr nicht ewig den Miesepeter spielen. Das Leben geht weiter. Du magst doch Sotenäs, und ganz offensichtlich mag Sotenäs dich.«

»Und du hast mich nicht in Göteborg vor den Füßen«, erwiderte Dennis sarkastisch.

»Denk einfach darüber nach«, bat Camilla.

»Können Sie noch etwas anderes über die Ermittlungen sagen?«, fragte Amanda nach der Pressekonferenz.

»Nein«, erwiderte Dennis. »Ich melde mich, falls sich eine neue Faktenlage ergibt, mit der wir an die Öffentlichkeit gehen können, aber wahrscheinlich haben Sie schon alle Informationen erhalten.«

Amanda schien sich damit zufriedenzugeben, obwohl sie natürlich ganz genau wusste, dass es noch weitere ermittlungstechnische Details gab, mit denen sie ihre Artikel hätte aufbauschen können. Vielleicht konnte sie eine andere Quelle anzapfen, aber von Dennis würde sie nichts mehr erfahren.

»Darf ich ein Foto von Ihnen machen?«, fragte Amanda.

»Ja, wenn Sandra auch mit drauf ist«, erwiderte Dennis in einem Versuch, weitere mediale Aufmerksamkeit zu vermeiden.

Amanda wählte auf der Stelle Sandras Handynummer und bat sie, zu ihnen auf die Rückseite des Polizeireviers zu kommen. Sandra schien sich zu sträuben, doch schließlich gab sie nach und kam nach draußen.

»Rücken Sie näher zusammen«, wies Amanda sie an. »Ja, so. Wunderbar. Vielen Dank!«

Amanda verstaute Notizblock und Stift in dem Helmfach unter dem Sitz ihrer roten Vespa und brauste davon, die Kamera baumelte an ihrer Schulter.

»Wie eilig sie es plötzlich hatte«, bemerkte Sandra amüsiert.

»Ja, sie will die Erste sein«, sagte Dennis mit einem Lächeln. »Das ist ihr Job.«

»Ja, vermutlich«, schnaubte Sandra.

»Hast du mit Camilla Stålberg gesprochen?«, erkundigte sich Dennis und schaute in die Ferne.

»Ja«, erwiderte Sandra und suchte seinen Blick.

»Hast du dich entschieden?«, fragte er.

»Hast du?«, entgegnete Sandra.

»Nein, ich weiß nicht«, erwiderte Dennis.

»Ich auch nicht«, sagte Sandra.

»Wir sehen uns«, antwortete Dennis und hielt ihr die Hand hin.

»Das tun wir«, erwiderte sie und gab ihm die Hand.

»Kommst du nächsten Samstag zu unserem Bandauftritt im Havet?«

»Ja, vielleicht«, antwortete Sandra. »Aber wie willst du ohne Schlagzeug spielen?«

»Ich finde schon einen Weg«, sagte Dennis mit einem Augenzwinkern und drückte auf seinen Autoschlüssel.

Der Maserati gab ein Piepen von sich.

Smögen, 20. November 1837

Erling Sivertsson wies auf den Stuhl vor seinem Schreibtisch, und Carl-Henrik setzte sich.

Die Rückreise aus Göteborg war ohne Zwischenfälle verlaufen, und Anna-Katarina hatte ihn mit einer brennenden Kerze im Fenster und einer liebevollen Umarmung empfangen. Sie hatte besorgt gewirkt, aber er versicherte ihr, dass alles gut werden würde, und nachdem er seine Beutel mit Graupen, Würsten und Steckrüben ausgepackt hatte, hatte sie ihm ein königliches Mahl zubereitet. Als sie wissen wollte, woher das Geld kam, hatte er behauptet, alle Strickwaren auf dem Markt verkauft und bei den Stadtfrauen einen guten Preis dafür ausgehandelt zu haben.

Jetzt saß er bei Erling Sivertsson, dem reichsten Heringsbaron auf Smögen. Er hatte am Kai gerade erst eine schöne Kaufmannsvilla gebaut, weiß mit blauen Giebeln und Fensterrahmen.

»Herr Strand möchte sich also ein Haus auf Smögen bauen?«, sagte Erling Sivertsson und lehnte sich amüsiert in seinem Ledersessel zurück. Seine Hemdkrause war blütenweiß, und die vergoldeten Knöpfe seines schwarzen Gehrocks glänzten im Sonnenlicht. »Und nicht nur das, er möchte sogar zwei Grundstücke von mir erwerben«, fuhr er belustigt fort.

»Ich würde gerne die Grundstücke unterhalb des Hauses von Herrn Sivertssons Tante kaufen.«

»Aha, neben meiner lieben Tante Agda«, antwortete Sivertsson. »Dabei handelt es sich um Eckgrundstücke in bester Lage auf Smögen. Solche Grundstücke gibt es nicht umsonst«, fuhr Sivertsson fort und griff nach einer Zigarrenschatulle mit von Hand gerollten Zigarren.

»Raucht Herr Strand?«, erkundigte er sich.

»Nein danke«, erwiderte Carl-Henrik und überlegte, wie lange er wohl hier mit Sivertsson sitzen musste, bis das Geschäft unter Dach und Fach war. Gerade schwieg der Mann mit der Hemdkrause und schnitt eine Zigarre mit einem kleinen Werkzeug an, das anscheinend zu dem Zigarrenkästchen gehörte, denn als er fertig war, öffnete er ein kleines Fach in der Schatulle und legte das Werkzeug sorgfältig hinein.

»Ich werde Ihnen einen Preis nennen«, sagte Sivertsson, ohne seine Zigarre aus den Augen zu lassen. »Dann werden wir sehen, ob Herr Strand auf dieses Angebot einzugehen vermag.«

Als er seine Zigarre aufgeraucht hatte, erhob er sich und hielt Carl-Henrik die Hand hin. Der beeilte sich, von seinem Stuhl aufzuspringen, und besiegelte den Handschlag.

26

Neben der Verandatür stand ordentlich abgestellt ein Paar orangefarbene Turnschuhe mit blauen Schnürsenkeln. Dennis konnte sich nicht vorstellen, dass sie Signe oder Gerhard gehörten.

»Hallo!«, rief er.

»Komm rein!«, rief Gerhard zurück.

Gerhard saß mit einer Tasse Tee am Küchentisch, der über und über mit Papieren und Fotos bedeckt war. Signe stand an der Arbeitsplatte und knetete ihre Hände auf eine Weise, die Dennis noch nie bei ihr gesehen hatte. Seine Signe, die so schnell nichts aus der Ruhe brachte, war offensichtlich nervös. Gegenüber von Gerhard saß ein Mann, der Dennis bekannt vorkam.

»Setz dich«, sagte Signe.

»Anthony Parker«, sagte der Mann und streckte Dennis die Hand entgegen. Der ergriff sie und stellte sich höflich vor, ehe er sich setzte.

»Anthony möchte uns etwas erzählen«, sagte Signe, blickte Dennis an und setzte sich auf den letzten freien Küchenstuhl.

»Ja, also«, begann Anthony. »Ich habe in meiner Familiengeschichte nachgeforscht und herausgefunden, dass wir miteinander verwandt sind.«

»Interessant«, sagte Dennis und spürte, wie die Neugier in ihm wuchs. Er hatte seit Jahren mehr über seinen familiären Hintergrund erfahren wollen. Allerdings konnte er sich keinen Reim darauf machen, woher Signe, Gerhard und dieser Mann mit amerikanischem Akzent etwas über seine Familie wissen konnten.

»In den 1830er-Jahren lebte hier auf Smögen ein Mann namens Carl-Henrik Strand. Er und seine Frau waren sogenannte Strandsitzer. Zur damaligen Zeit war das in den Küstenregionen ein üblicher Beruf.«

»Was waren Strandsitzer?«, fragte Dennis.

»Die Strandsitzer waren das Gegenstück zu den Kätnern auf dem Festland«, erklärte Gerhard, »besitzlose Familien, die gegen eine sehr geringe Pacht in einfachen Hütten direkt am Strand wohnen durften. Für die Landbesitzer waren diese Grundstücke an den Klippen wertlos, weil sie dort nichts anbauen konnten.«

»Wovon haben sie gelebt?«, fragte Dennis.

»Von Muscheln, Garnelen und den Fischen, die sie in der Nähe der Strände fangen konnten«, sagte Signe. »Im Herbst ruderten die Frauen zu den umliegenden Inseln und sammelten Heidekraut, das sie als Heizmaterial verkauften. Schon damals war es sehr schwer, hier draußen Feuerholz zu bekommen. Sie führten ein entbehrungsreiches Leben.« Signe hörte nicht auf, ihre Hände zu kneten. Das harte Los ihrer Vorfahren berührte sie, das war ihr deutlich anzumerken.

»Carl-Henrik und seine Frau Anna-Katarina bekamen eine Tochter, die Amelia hieß«, fuhr Anthony fort. »Als Amelia vier Jahre alt war, zog die Familie in ein eigenes Haus, das sie gebaut hatten.«

»Woher hatten sie das Geld?«, fragte Dennis.

»Das weiß ich nicht«, erwiderte Anthony. »Vielleicht hatten sie etwas geerbt, oder die Fischerei warf mehr Geld ab, ich kann es nicht sagen. Aber irgendwie sind sie in vier Jahren zu genügend Geld gekommen, um Holz und andere Materialien zu kaufen und sich ein schönes Fischerhäuschen zu bauen. Hier!«

Anthony zeigte auf ein vergilbtes Dokument mit Angaben über einen Hausbau.

»Baujahr 1841«, sagte Dennis.

»Genau«, erwiderte Anthony.

»Gibt es einen Bauplan von dem Haus?«, fragte Dennis. »Steht es noch?«

»Nein, es gibt keinen Bauplan«, sagte Anthony. »Aber ich habe das hier.« Er zog eine Zeichnung hervor. Sie war sehr präzise, auch wenn man erkannte, dass sie von einem Kind stammte.

Dennis drehte das Blatt um. Auf der Rückseite stand »Amelia 1851«.

»Aber das ist doch Signes und Gerhards Haus!«, rief er.

»Ganz recht«, erwiderte Anthony zufrieden. Ihm schien es zu gefallen, dass Dennis die Zusammenhänge verstand. »Amelia muss das Bild mit vierzehn gezeichnet haben.«

»Carl-Henrik und Anna-Katarina haben also dieses Haus gebaut, und plötzlich waren sie keine armen Strandsitzer mehr, sondern ... was eigentlich?«

»Carl-Henrik hat eine Baufirma gegründet, könnte man sagen«, antwortete Anthony. »Nachdem dieses Haus fertig war, taucht er in mehreren Dokumenten als Erbauer von einigen Häusern hier in der Nähe auf. Die Geschäfte scheinen gut für ihn gelaufen zu sein.«

Dennis' Handy klingelte.

»Aha. Ja, klar, ich komme direkt«, sagte er und legte auf.

»Wer war das?«, fragte Signe.

»Ein Kollege aus Uddevalla. Åke ist vernehmungsfähig. Ich muss weg, aber ich komme später noch einmal vorbei.«

»Klopf dann bei mir an«, sagte Anthony.

Elfrida und Sandra saßen einander am Küchentisch gegenüber, jede mit einer duftenden Tasse Kaffee vor sich.

»Sie hatte ein Zimmer für ihr totes Kind eingerichtet?« Sandras Großmutter blickte ihre Enkelin entsetzt an.

»Ja«, erwiderte Sandra. »Sie hatte geglaubt, den Mann

gefunden zu haben, mit dem sie bis ans Lebensende zusammen sein würde, doch er hat sie verlassen. Kurz darauf brachte sie ein Mädchen zur Welt, das wenige Stunden nach der Geburt starb. Die Trauer war zu groß, um sie zu ertragen.«

»Du sagtest, dass die Puppe unglaublich lebensecht wirkte«, fuhr ihre Großmutter fort.

»Ja. Gunnel ist Bildhauerin, sie hat die Puppe selbst entworfen und angemalt. Als Vorlage diente ihr ein Gipsabdruck, den sie von ihrer Tochter auf der Entbindungsstation gemacht hat, ehe das tote Baby weggebracht wurde.«

»Und sie hat Åke Strömberg eine Woche lang auf dem Boot gefangen gehalten, ohne dass Dennis etwas gemerkt hat?«

»Ja, sie hat ihn gefesselt, geknebelt und ihm über einen Tropf eine mit Beruhigungsmitteln versetzte Nährlösung zugeführt. Er hat versucht, sich bemerkbar zu machen, aber er war zu geschwächt.«

»Wie konnte Åke die Frau so im Stich lassen?«, fragte ihre Großmutter ungehalten.

»Wir werden es in Erfahrung bringen. Bisher kennen wir nur Gunnel Anderssons Version.«

»Und wie geht es Eva jetzt?«, erkundigte sich ihre Großmutter besorgt.

»Åke und ihr geht es den Umständen entsprechend gut, aber sie sind immer noch im Krankenhaus.«

Sandras Handy klingelte.

»Ja, ich kann sofort mitkommen. Holst du mich ab?« Sandra legte auf.

»Aber du willst doch jetzt nicht schon wieder weg?« Ihre Großmutter runzelte die Stirn.

»Die Kollegen in Uddevalla haben Dennis informiert, dass Åke das Krankenhaus verlassen kann. Sie bringen ihn aufs Polizeirevier in Uddevalla. Dennis und ich können dort mit ihm sprechen.«

»Sandra«, sagte ihre Großmutter und griff nach ihrem Arm, »schau mich an.«

Sandra blickte in die hellblauen Augen ihrer Großmutter.

»Dieses Mal wärst du um ein Haar gestorben. Du hättest mit dem brennenden Boot untergehen können.«

»Mik hat mich gerettet«, sagte Sandra.

»Ja«, erwiderte ihre Großmutter. »Ich hatte bisher keine besonders hohe Meinung von ihm, aber von jetzt an werde ich ihm auf ewig dankbar sein.«

»Ich auch«, sagte Sandra und befreite sich behutsam aus dem Griff ihrer Großmutter. »Wir sehen uns später!«

Sandra spürte den Blick ihrer Großmutter im Rücken, als sie das Haus verließ und zu Dennis in den Wagen stieg.

Åke Strömberg hockte vornübergebeugt am Tisch und stützte sich mit beiden Armen auf. Es sah aus, als würde er ohne den Halt des Tisches vom Stuhl kippen, als fehle seiner Wirbelsäule die Kraft, ihn aufrecht zu halten.

Dennis saß ihm gegenüber. Er musterte seinen Freund. »Wie geht es dir?«

Sie befanden sich in einem der Vernehmungsräume des Polizeireviers in Uddevalla.

»Ganz gut«, erwiderte Åke mit gesenktem Blick. Er lächelte matt.

»Möchten Sie einen Kaffee?«, fragte Sandra.

»Nein danke, mein Magen verträgt das gerade nicht.«

»Was ist passiert?«, fragte Dennis.

Åke wand sich auf seinem Stuhl.

»Sie war im Bootsschuppen«, sagte er schließlich.

»Wann?«, fragte Sandra.

»Als Dennis und ich uns am Surfers Inn getrennt hatten, wollte ich an dem Tag noch einen letzten Tauchgang machen«, fuhr Åke fort und sah Dennis an.

»War sie in Johans Bootsschuppen?«, fragte Dennis.

»Ja, er gehört Johan und Eva zusammen«, erwiderte Åke.

»Das weiß ich, aber war Gunnel schon dort, als du kamst?«, wiederholte Dennis seine Frage.

»Ja, Annika war da. Sie hatte Gebäck und Kaffee dabei. Sie sagte, dass wir einen Schlussstrich unter die Vergangenheit ziehen sollten.«

»Was hast du darauf erwidert?«, fragte Dennis.

»Mir war das nur recht. Seit Annika plötzlich auf Smögen auftauchte, war das Leben für mich die reinste Hölle.« Åke stiegen Tränen in die Augen.

»Haben Sie ihr Geld bezahlt, damit sie niemandem erzählt, was zwischen Ihnen war?«, fragte Sandra.

»Ja«, sagte Åke leise. »Sie wollte ein Haus auf Smögen kaufen.« Er sah von Sandra zu Dennis. »Ich wollte nicht, dass Eva davon erfährt«, fuhr er schließlich fort und blickte aus dem Fenster.

»Also haben Sie Geld vom Konto Ihrer Firma unterschlagen?«, fragte Sandra.

»Geliehen«, erwiderte Åke. »Ich wollte mit Pelle darüber reden.«

»Was ist im Bootsschuppen passiert?«, fragte Dennis.

»Wir haben Kaffee getrunken, und ich habe ihre Cremetörtchen probiert. Dann sagte sie, sie wolle mir auf dem Fischkutter etwas zeigen, bevor du darauf wohnen würdest.«

»Was wollte sie Ihnen zeigen?«, hakte Sandra nach.

»Sie sagte, sie hätte dort irgendwelche Werkzeuge des ehemaligen Besitzers gefunden, die mir bei meiner Schatzsuche nützlich sein könnten.«

»Gab es die?«, fragte Sandra.

»Als wir an Bord der Dolores waren, hielt sie plötzlich ein Gewehr in der Hand und hat mich in den Lastraum hinuntergezwungen. Dort öffnete sie eine Tür zu einem kleinen Kabuff im Bug. Danach kann ich mich an nichts mehr erinnern.«

»Haben Sie das Bewusstsein verloren?«

»Ja, und als ich wieder zu mir kam, war ich an Händen und Füßen gefesselt und mein Mund zugeklebt. Ich konnte nur mit Mühe atmen. In meinem Arm steckte eine Kanüle, von der ein Schlauch zu einem Infusionsbeutel führte, der über mir hing.«

Sandra und Dennis wechselten einen Blick.

»Wo haben Sie Gunnel oder Annika kennengelernt?«, fragte Sandra.

»In Stockholm, in einer Bar auf Södermalm. Ich bin nach der Uni mit einem Kommilitonen um die Häuser gezogen, und da tauchte sie auf. David kannte sie flüchtig. Sie setzte sich zu uns, wir tranken etwas. Als David nach Hause ging, haben wir uns weiter unterhalten.«

»Wurden Sie ein Paar?«, fragte Sandra.

Åkes Augen waren inzwischen vor Anstrengung gerötet.

»Eva hat nichts von sich hören lassen. Sie wollte keine Kinder mit mir. Ich fühlte mich einsam.«

»Du bist doch nach Stockholm abgehauen und hast sie sitzen lassen«, erwiderte Dennis.

Sandra warf ihm einen irritierten Blick zu.

»Eva und ich steckten in einer Krise. Ich brauchte Abstand. Von diesem Unterwasserarchäologie-Kurs hatte ich jahrelang geträumt. Ich glaubte, es würde uns guttun. Eva und mir. Aber sie wollte absolut keinen Kontakt. Sie hielt mich von sich fern.«

»Also sind Sie stattdessen mit Gunnel zusammengekommen?«, fragte Sandra.

»Nein, Annika und ich haben uns im Herbst häufiger getroffen. Aber ich habe erst nach einer Weile gemerkt, dass sie mehr wollte. Ich hatte immer gehofft, die Beziehung zu Eva wieder zu kitten.«

»Aber Gunnel wurde schwanger?«, fragte Dennis.

»Ja«, erwiderte Åke. »Sie hatte mir erzählt, dass sie die Pille nahm. Ich konnte sie einfach nicht darum bitten, abzutreiben.«

»Also haben Sie es in die Länge gezogen«, sagte Sandra. »Haben ihr gesagt, dass Sie sie liebten, ihr vorgegaukelt, dass Sie zu ihr und dem Kind stehen.«

»Ich hatte doch keine Ahnung, wie sich die Beziehung zu Eva entwickeln würde«, verteidigte sich Åke, dem jetzt die Tränen über das Gesicht liefen.

Im Auto schwieg Dennis. Er hatte Schwierigkeiten, die Gedanken in seinem Kopf zu sortieren. Die Begegnung mit Anthony Parker vermischte sich mit den Ereignissen um Åke, Gunnel und Eva. Im Grunde konnte er verstehen, dass sich Åke während der Beziehungspause von Eva einer anderen Frau zugewandt hatte, aber zugleich fragte er sich, wie er sich am Ende so hatte verhalten können. Dass Gunnel schwanger geworden und darüber hinaus auch noch zu einem Mord fähig gewesen war, hatte er nicht vorausahnen können, aber trotzdem. Dennis spürte einen Stich in der Magengrube. Er wusste, wie es sich anfühlte, von dem Menschen, den man am meisten auf der Welt liebte, hintergangen zu werden. Die Enttäuschung, die er im Frühjahr erlebt hatte, war immer noch eine blutende Wunde.

»Nicht gerade die feine englische Art«, sagte Sandra neben ihm.

Dennis zuckte zusammen. Er war so tief in seine eigenen Gedanken versunken gewesen, dass er ihre Anwesenheit ganz vergessen hatte.

»Ja«, erwiderte Dennis. »Er hatte verdammtes Pech.«

»Was willst du denn damit sagen?«, hakte Sandra nach. »Pech, dass er mit einer Frau geschlafen hat?«

»Nein, aber dass daraus eine so große Sache wurde.«

»Dass sie schwanger wurde, meinst du?«, fragte Sandra.

»Ja«, antwortete Dennis.

»Jeder weiß, dass dieses Risiko ziemlich groß ist, wenn man über einen längeren Zeitraum hinweg ungeschützten Sex hat.« Sandra klang irritiert.

»Bist du wütend?«, fragte Dennis.

»Nein, aber manchmal frage ich mich, wie manche Menschen denken.«

»Also bist du auf Gunnels Seite?«, fragte Dennis.

»Nein, natürlich nicht, aber ...«

»Aber?«, wiederholte Dennis.

»Eine schwangere Frau kurz vor der Geburt sitzen zu lassen, das ist schon harter Tobak.«

»Das gibt ihr aber nicht das Recht, Menschen zu töten«, sagte Dennis.

Sandra schwieg. Die Smögenbron umhüllte ein milchiger Nebel. Das sommerliche Blau des Meeres war einer grauen Masse gewichen.

»Du kannst mich bei meiner Großmutter absetzen«, sagte Sandra.

Das tat Dennis.

Als Sandra ausstieg, rief er ihr nach, dass er später anrufen würde.

Dennis grüßte ein paar bekannte Gesichter im Verkaufsraum von Göstas Kiosk und ging dann die Treppe hinauf zu den Pensionszimmern. Eine der Türen war nur angelehnt, er öffnete sie und ging hinein.

»Hallo, willkommen! Setz dich her«, sagte Anthony und deutete auf einen abgewetzten Plüschsessel neben dem Schreibtisch. Für sich selbst zog er einen Hocker heran und stellte ihn davor. Dennis bahnte sich einen Weg zwischen den

Papierstapeln und Fotografien auf dem Boden hindurch und bemühte sich, nirgends draufzutreten.

»Diese Ahnenforscherei ist wirklich interessant«, sagte er, als er im Sessel saß. »Aber ich verstehe nicht ganz, was das alles nun mit mir zu tun hat?«

»Hier waren wir«, sagte Anthony und zog die Zeichnung von Gerhards und Signes Haus hervor.

»Amelia hat also ihr Elternhaus gemalt«, sagte Dennis. »Blieb das Haus bis zu Signe und Gerhard von Generation zu Generation in Familienbesitz?«

»Allem Anschein nach, ja«, erwiderte Anthony, und seine Augen glühten vor Eifer, als er Dennis den Stammbaum zeigte, den er angefertigt hatte.

Der Stammbaum wirkte eher wie ein Gemälde. Anthony hatte jedes Kästchen mit Schnörkeln verziert und Namen und Jahreszahl mit einer schönen, altmodischen Handschrift eingetragen. Als Hintergrundmotiv hatte er einen Baum gezeichnet. Eine Eiche mit üppigem Blätterdach und zwei Eichhörnchen, die hinter dem Stamm hervorlugten.

»Du bist ein Künstler«, sagte Dennis und lachte. »Hast du den Stammbaum gemacht?«

»Yeah«, erwiderte Anthony lächelnd, »aber ich habe ziemlich lange dafür gebraucht.«

Dennis studierte die Eintragungen. Unter den Namen standen das Geburtsdatum, der Hochzeitstag und das Sterbedatum der betreffenden Personen. Ganz unten hatte Anthony Beruf und Wohnort vermerkt. Der Stammbaum begann mit Carl-Henriks und Anna-Katarinas Eltern. Carl-Henriks Eltern hatten in Göteborg gelebt, Anna-Katarinas in Uddevalla.

»Wie haben sich Carl-Henrik und Anna-Katarina kennengelernt?«, fragte Dennis.

»Ich weiß es nicht, aber Carl-Henriks Eltern sind gestorben, als er fünfzehn war. Seine jüngeren Geschwister waren damals drei, sieben und vierzehn.« Anthony zeigte auf die Kästchen neben Carl-Henriks Namen. »Wahrscheinlich hat sich Carl-Henrik bei einem Bauern in Uddevalla als Knecht verdingt und ist dort Anna-Katarina begegnet.«

Unter dem Namen von Anna-Katarinas Vater war als Beruf ›Bauer‹ angegeben.

»Was ist aus den anderen Kindern geworden, Carl-Henriks jüngeren Geschwistern?«

»Hier!«, sagte Anthony. »Sie haben erst in Göteborg und dann auf Smögen gewohnt. Aus meinen Dokumenten geht hervor, dass alle drei 1841 nach Smögen gezogen sind. Carl-Henrik muss sie zu sich genommen haben, als das Haus fertig war.«

»Das kann man ihm hoch anrechnen«, sagte Dennis und spürte, dass ihn Carl-Henriks Handeln rührte. Falls es tatsächlich so gewesen war.

»Carl-Henriks Tochter Amelia«, sagte Anthony und folgte mit den Fingern Amelias Ahnenreihe, »hat 1861 hier auf Smögen einen Fischerssohn geheiratet. Er hieß Robert. Amelia behielt nach der Hochzeit ihren Mädchennamen Strand, und Robert nahm ihren Namen an.«

»Das war zu der Zeit eher ungewöhnlich, oder?«

»Ja, aber Robert trat nach der Hochzeit mit Amelia in Carl-Henriks Firma ein, die ›Strands Manufaktur‹ hieß, und hat wahrscheinlich aus diesem Grund den Familiennamen seines Schwiegervaters gewählt. Er hat den Betrieb nach Carl-Henriks Tod übernommen.«

»Und Amelia und Robert bekamen drei Kinder?«, fragte Dennis und zeigte auf die Kästchen rechts von Roberts Namen.

»Ja«, bestätigte Anthony. »Der älteste Sohn Herman kam 1862 zur Welt. Er hat die Firma nach Robert weitergeführt. Aber in der nächsten Generation passierte etwas Interessantes.«

Dennis betrachtete den Stammbaum und versuchte, etwas Ungewöhnliches festzustellen. Herman schien mit seiner Frau Emma zwei Söhne bekommen zu haben, weitere Informationen konnte er jedoch nicht entdecken.

»Hermans Söhne Anton und Frank waren Zwillinge. Möglicherweise haben sie die Tischlerei zu gleichen Teilen geerbt, weil das Erbrecht in einem solchen Fall keine klare Regelung vorsah. Sie übernahmen die Firma gemeinsam, aber nach einigen Jahren taucht nur noch Franks Name als Eigentümer auf.«

»Was ist damals geschehen?«, fragte Dennis.

»Ich habe mit Gerhard darüber gesprochen«, antwortete Anthony. »Ihm zufolge hat Frank seinen Bruder aus der Firma geworfen. Aber Anton durfte das Haus behalten.«

»Wer ist Anton genau?«, fragte Dennis.

»Gerhards und Signes Großvater.«

»Und Frank?«

»Der Großvater von Carl und Pelle Hallgren.«

»›Strands Manufaktur‹ heißt heute also ›Smögen-Bau‹?«, fragte Dennis und raufte sich die Haare.

»Ja, nach dem Rauswurf seines Bruders hat Frank die Firma umbenannt und seinen Nachnamen von Strand zu Hallgren geändert.«

»Du meine Güte«, sagte Dennis, »ist das der Grund, warum Gerhard nicht gut auf Carl Hallgren zu sprechen ist?«

»Einer der Gründe, würde ich meinen«, sagte Anthony. »Es können auch noch andere Dinge vorgefallen sein.«

»Anthony, das war alles sehr interessant, aber ich weiß immer noch nicht, was ich mit dem Ganzen zu tun haben soll. Allerdings hast du wirklich großartige Arbeit geleistet. Gerhard und Signe müssen dir unglaublich dankbar sein.«

»Da bin ich mir nicht so sicher«, erwiderte Anthony. »Viele Leute mögen es nicht, wenn man an alte Familiengeschichten rührt. Aber ich denke, was das Ende der Geschichte betrifft, solltest du mit Gerhard und Signe reden, schließlich ist es ihre eigene.« Anthony legte eine Farbkopie des Stammbaums in eine Zeichenmappe und reichte sie Dennis. »Nimm das hier mit und zeig es ihnen.«

»Danke«, sagte Dennis. »Wir sehen uns!«

»Das werden wir ganz sicher«, erwiderte Anthony und beugte sich wieder über seine Dokumente.

Jacqueline gab Gas, als sie die Serpentinen hinauffuhr. Sie atmete den Duft von Zitronenbäumen ein und lachte vor Glück, als sie das Kitzeln im Magen spürte. Gleich war sie wieder zu Hause, zu Hause in den Bergen über den Kieselsteinstränden von Nizza, und würde mit einem Glas in der Hand auf der Terrasse sitzen und in Alphonses braune Augen blicken.

André hatte es buchstäblich die Sprache verschlagen, als sie ihm sagte, dass sie die Scheidung wollte. Er hatte so langweilig und grau ausgesehen, dass sie sich ein Grinsen nicht hatte verkneifen können. Wie trist durfte ein Leben auf einer Skala von eins bis zehn werden? André Berglund war der Typ intellektueller, künstlerisch begabter Langweiler, in den sie sich aus einem unerklärlichen Grund verliebt hatte. Aber das war lange her. Vielleicht hatte es an der Sicherheit gelegen, die er damals ausstrahlte. Als sie noch als Putzfrau gearbeitet und nur ein karges Einkommen gehabt hatte, waren Andrés ungelenke Umarmungen möglicherweise ein Trost gewesen, aber jetzt war sie heilfroh, sie nicht mehr spüren zu müssen. Ein neues Leben wartete auf sie, und sie konnte es kaum noch erwarten.

Jetzt sah sie das Dach und die grünen Klappläden der Terassentür.

In der Auffahrt parkten mehrere Autos. Hatte Alphonse Gäste eingeladen?

Als sie ausstieg, entdeckte sie einen Rettungswagen, der mit offenen Türen vor dem Eingang stand. Zwei Männer kamen mit einer Trage aus dem Haus. Sie konnte nicht erkennen, wer darauf lag. Ihr Agent stürzte auf sie zu.

»C'est le fin!«, rief Massimo und fuchtelte dramatisch mit den Händen.

»Was ist passiert?«, fragte Jacqueline.

»Sie haben ein Fest gefeiert«, fuhr Massimo fort, »eine wilde Party. Das Haus ist eine Ruine, und Alphonses Freundin hat irgendeine Überdosis genommen.«

»Alphonses Freundin?«, wiederholte Jacqueline.

»Ja, du weißt schon. Die Kleine, die als Model für Victoria's Secret läuft. Anina irgendwas.« Massimo nahm ihr die Autoschlüssel aus der Hand.

»Die nehme ich«, sagte er. »Wenn dieses Chaos geklärt ist, wirst du kaum das nötige Geld haben, um mich auszuzahlen.«

Jacqueline blickte ihm verblüfft nach, als er sich ins Auto setzte und davonbrauste. Die Sanitäter waren ebenfalls abfahrbereit, und aus dem Augenwinkel sah sie, wie ein stark mitgenommener Alphonse zu dem Mädchen in den Rettungswagen stieg. Als er aus der Auffahrt rollte, folgte ihm ein weiterer Pkw mit einem Arzt und einer Krankenschwester die Serpentinen hinunter.

Gerhard und Signe sahen sich im Fernsehen eine Quizshow an, als Dennis ins Wohnzimmer kam.

»Hallo, Dennis«, sagte Signe. »Setz dich zu uns.«

»Seht mal her, was Anthony mir gegeben hat«, erwiderte er und breitete den Stammbaum auf dem Couchtisch aus.

Signe und Gerhard wechselten einen Blick, und Signe schaltete den Fernseher aus.

»Anthony hat mir von eurem Großvater Anton erzählt«,

fuhr Dennis fort. »Als Nächstes kommen eure Eltern Hulda und Carl-Johan.«

Gerhard setzte seine Brille auf und beugte sich über den Stammbaum.

»Signe, kannst du bitte das Licht anmachen?«, bat er. Signe seufzte, erfüllte ihm aber den Wunsch.

»Und hier seid ihr«, sagte Dennis und zeigte auf die nächste Reihe des Stammbaums. »Aber das letzte Kästchen unter deinem Namen, Gerhard, ist leer. Da steht nur ›Sohn‹«, fuhr er fort und wies auf das leere Kästchen.

Gerhard räusperte sich und sah seine Schwester an.

»Ich habe einiges von Anthony erfahren, aber er war der Ansicht, dass der letzte Teil eure Geschichte sei und dass ihr ihn mir erzählen solltet.«

Signe und Gerhard schwiegen.

»Ihr müsst nicht, wenn ihr nicht wollt«, sagte Dennis entschuldigend. »Anthony meinte nur, dass ihr noch mehr erzählen könntet, und da bin ich neugierig geworden. Aber ich habe damit ja gar nichts zu tun ...«

»Doch, das hast du«, erwiderte Gerhard.

Ein unheimlicher Laut erklang, als Signe wie in Panik nach Luft rang, auf dem Sofa zur Seite kippte und reglos liegen blieb.

»Komm rein«, sagte Greta und griff nach Neos Hand.

»Warte, warte«, antwortete ihr Mann unwillig und machte sich los. Er setzte sich in den Korbsessel auf der Veranda, zog seine Schuhe aus und schlüpfte in seine Hauspantoffeln. Greta wartete geduldig und griff dann wieder nach seiner Hand. Sie führte ihn ins Esszimmer, wo der Tisch mit einer solchen Unmenge an Kuchen und Gebäck gedeckt war, dass es ganz bestimmt auch für die alten Seebären am Kai samt Anhang gereicht hätte.

Am Tisch saßen schon zwei Personen, dicht beieinander. Zu dicht, dachte Neo. Bei der einen handelte es sich um seine Tochter Maya, deren vormals langes schwarzes Haar jetzt kastanienbraun und zu einer schulterlangen Pagenfrisur geschnitten war. Es stand ihr gut, und ihre Wangen waren so rosig und frisch wie schon lange nicht mehr. Der Mann neben ihr erhob sich und streckte ihm die Hand entgegen.

»André Berglund«, stellte er sich vor.

»Papa, setz dich!« Maya lachte nervös.

Neo war nicht begeistert. Er fragte sich, wohin das führen würde, doch er war nicht sicher, ob er die Antwort wissen wollte. Und er begriff, dass seine Frau mindestens einen Finger dabei im Spiel gehabt hatte. Greta setzte sich neben ihn und bat alle, sich bei Kaffee und Kuchen zu bedienen.

»Einen Moment«, begann André und räusperte sich. »Ich ...«

»Ja, was?«, brauste Neo auf und legte sich ein Stück Kuchen auf den Teller.

»Ich möchte Sie um die Hand Ihrer Tochter bitten«, fuhr André fort, und sein breites Lächeln enthielt eine große Portion Nervosität.

»Weshalb?«, fragte Neo und starrte André an. Seine Geduld war allmählich am Ende. Er spürte, wie es in ihm zu brodeln begann.

»Weil ich Ihre Tochter liebe«, erwiderte André und sah Maya zärtlich an.

»Sie sind schon verheiratet und, wenn ich mich nicht irre, außerdem auch noch Mayas Lehrer«, sagte Neo wutentbrannt. Er ignorierte die Versuche seiner Frau, ihn zu beschwichtigen. »Ich erkenne Sie wieder, ich habe Sie an Ostern gesehen, als ich Maya von der Schule abgeholt habe. Sind Sie damals nicht aus ihrem Zimmer gekommen?«

»Meine Frau Jacqueline hat die Scheidung eingereicht, und

ich werde mit Freuden zustimmen«, sagte André. »Ich gebe zu, ein anderer Anfang wäre wünschenswert gewesen, aber jetzt will ich alles korrigieren. Ich möchte Maya heiraten und alles herrichten, damit sie das Kind in Ruhe zur Welt bringen kann.«

»Ist es Ihr Kind?«, brüllte Neo außer sich.

»Beruhige dich«, bat Greta. »Denk an dein Herz.«

Neo hustete und lehnte sich auf seinem Stuhl zurück, um Luft zu holen.

»Ja, es ist Mayas und mein gemeinsames Kind«, sagte André. »Und Sie sind der Großvater des Kindes.«

»Was?« Neo merkte, wie sein Zorn verrauchte. Er hatte keine Kraft mehr. Seine Besorgnis um Maya, die er das vergangene Jahr gespürt hatte, hatte ihren Höhepunkt erreicht. Und das, wovor er so große Angst gehabt hatte, war eingetreten. Er hatte sie nicht beschützen können.

»Papa, ich liebe André«, sagte Maya und blickte Neo mit ihren großen grünen Augen an.

»Ja, ja«, antwortete Neo, der sich ein wenig erholt hatte. »Und wann kommt das Kind?«

Maya lachte, und seiner Frau liefen vor Erleichterung die Tränen über die Wangen.

»Der errechnete Geburtstermin ist Heiligabend.«

Neo räusperte sich. Große Gefühlsausbrüche waren nicht seine Sache.

»Heiligabend«, wiederholte er. »Solltet ihr euch dann nicht sofort verloben?« Er kapitulierte. Seine geliebte kleine Tochter erwartete ein Kind, und eigentlich wollte er nichts weiter, als sie in die Arme zu schließen. »Ich habe einen Ring für euch«, sagte er. Ihm war der Ring eingefallen, den er bei Sebastian Svensson gefunden hatte, als er ihn aus dem Hafenbecken gezogen hatte. Jetzt, da der Fall aufgeklärt war, konnte er damit schlecht noch zur Polizei gehen.

»Was für einen Ring?«, fragte Maya neugierig. »Wir hatten nicht gerade an ein Exemplar aus dem Kaugummiautomaten am Kai gedacht.«

Greta sah auf und wollte ebenfalls wissen, welcher Ring ihm vorschwebte.

»Wartet, ich zeige ihn euch«, sagte Neo und ging ins Schlafzimmer. Kurz darauf kam er zurück und hielt Maya den Ring erwartungsvoll hin.

Maya blickte erst ihre Mutter und dann André an.

»Wo hast du den her?«, fragte sie.

Neo starrte auf die Tischdecke und schwieg.

»Åke hat diesen Ring bei mir in Auftrag gegeben«, erklärte Maya. »Er muss ihn sofort zurückbekommen.«

Hastig stand sie auf. André bedankte sich für den Kaffee und eilte ihr nach.

Gerhard und Dennis hatten Signe die Stirn gekühlt und ihr ihre Herztabletten gegeben, die sie mit einem Glas Wasser hinunterschluckte.

»Mir geht es gut«, versicherte Signe, als sie sich ein wenig erholt hatte, und verscheuchte Dennis, der ihr erneut einen kalten Umschlag auf die Stirn legen wollte. »Hör lieber Anthony zu.«

Anthony hatte seine Neugier nicht zügeln können. Er war Dennis zu Signe und Gerhard gefolgt und hatte mitten in der Hektik um Signes Ohnmachtsanfall an die Tür geklopft.

Sie setzten sich an den Küchentisch, und Anthony breitete den Stammbaum aus, den er Dennis mitgegeben hatte.

»Meine Großeltern sind 1922 von Smögen nach Amerika ausgewandert«, begann er, als Signe signalisierte, dass es ihr gut ging. »Meine Mutter war damals fünf Jahre alt.« Anthony deutete auf ein Foto, auf dem zwei Kinder in die Sonne blinzelten. Sie standen vor dem Haus, das Amelia gezeichnet hatte.

»Deine Mutter hat also hier in Signes und Gerhards Haus gelebt?«, sagte Dennis und sah Anthony verblüfft an.

»Ja«, antwortete er.

»Und der Junge neben ihr ist ihr Bruder?«, fragte Dennis.

»Ja, das ist mein Onkel. Leider sind beide inzwischen verstorben«, erwiderte Anthony.

»Anthonys Großmutter war die Schwester unserer Mutter«, sagte Gerhard.

»Okay«, erwiderte Dennis, »dann seid ihr also miteinander verwandt?«

»Ja«, bestätigte Signe und sah ihren Bruder an.

»Wenn Gerhards und Signes Mutter die Schwester deiner Großmutter war, dann wären die Kinder von Signe und Gerhard deine Großcousins oder Großcousinen«, sagte Dennis an Anthony gewandt.

»Ganz genau!«, erwiderte Anthony und strahlte.

Signe erhob sich und trat an die Arbeitsplatte.

»Möchte noch jemand Kaffee?«, fragte sie und schenkte ihnen nach, ehe sie überhaupt antworten konnten. »Hier sind auch noch Schokoladenkekse«, fügte sie hinzu und schob Dennis den Teller hin.

Dennis hatte noch nicht gegessen und verdrückte gleich zwei Schokokekse hintereinander.

»Das ist alles sehr interessant, aber ich frage mich immer noch, was das alles mit meiner Familie zu tun hat.«

Gerhard räusperte sich, und Signe verschwand in Richtung Wohnzimmer.

»Ja, also, es ist so«, begann Gerhard und blickte auf die Tischplatte, »Anthony und du, ihr seid tatsächlich Cousins zweiten Grades.«

»Wie bitte?«, fragte Dennis und schaute zu Signe hinüber, die am Wohnzimmerfenster stand und ihnen den Rücken zuwandte. »Wie denn das?«

»Deine Mutter hat Ende der Sechzigerjahre einen Sommer lang hier bei uns gewohnt«, sagte Gerhard und drehte nervös die Daumen. Das Gesicht des alten Mannes, der in jungen Jahren einmal sehr attraktiv gewesen sein musste, wirkte erschöpft.

»Ja, das weiß ich«, erwiderte Dennis.

»Mmh«, machte Gerhard.

»Raus mit der Sprache, Gerhard«, sagte Signe, die in die Küche zurückgekehrt war. »Wenn die Wahrheit ans Licht kommen soll, dann jetzt.« Signe stützte sich auf die Lehne eines Küchenstuhls und beugte sich zu Dennis. »Deine Mutter wurde in jenem Sommer schwanger«, sagte sie.

»Aha«, erwiderte Dennis und sah sie an. »Wen hatte sie kennengelernt?«

»Gerhard«, antwortete Signe und blickte ihren Bruder an.

»Was?«, platzte Dennis ungläubig heraus und schaute zu Gerhard hinüber, der aufsah und seinen Blick erwiderte. »Du bist mein Vater?«

»Ja«, bestätigte Gerhard, und sein graues Gesicht wurde noch etwas fahler.

»Warum habt ihr mir das nie erzählt?«, fragte Dennis.

Gerhard starrte auf seine Hände.

»Es ging nicht«, sagte er nach einer Weile.

Dennis war nun richtig aufgebracht. »Warum denn nicht?«

»Damals haben unsere Eltern noch gelebt«, antwortete Signe. »Sie hätten es nicht akzeptiert.«

»Und meine Mutter durfte nicht erzählen, wer mein Vater ist?«, fragte Dennis in anklagendem Ton.

»Nein«, gab Gerhard zu, und es war ihm anzusehen, dass er sich schämte.

»Damit ihr euch nicht das Getratsche der Leute anhören musstet?«, sagte Dennis und schaute Signe vorwurfsvoll an.

»So einfach war es nicht, Dennis«, erwiderte Signe. »Unsere Eltern hätten uns beide aus dem Haus geworfen. Gerhard, weil er deine Mutter geschwängert hat, und mich, weil ich ihn in Schutz genommen habe. Wo hätten wir hingehen sollen? Ich habe nie gearbeitet. Ich habe mich mein ganzes Leben lang um dieses Haus gekümmert«, sagte sie entschuldigend und machte eine ausholende Geste mit der Hand.

»Warum hast du meine Mutter dann nicht geheiratet?«, wandte sich Dennis wieder an Gerhard.

»Deine Mutter wollte nicht. Ich habe sie gefragt, aber sie konnte sich ein Leben hier bei mir und Signe nicht vorstellen.«

Anthony sah auf seine Dokumente.

»Kann ich den Stammbaum jetzt vervollständigen?«, fragte er erwartungsvoll. Dennis schaute dabei zu, wie die Buchstaben, die Anthony in das leere Kästchen eintrug, seinen Vornamen ergaben. Kästchen für Kästchen bis in die Spitze der Baumkrone konnte er den Nachnamen Strand bis zu Carl-Henrik und Anna-Katarina zurückverfolgen. Anthony schaute Dennis an, als hätte er seine Gedanken gelesen. In einer schön geschwungenen Handschrift schrieb er »Dennis Strand« in das letzte Kästchen.

Seine Mutter saß an dem kleinen Tisch vor dem Fenster mit Blick auf den Hafen. Da sie auf den Rollstuhl angewiesen war, stellte die steile Treppe ins Obergeschoss ein unüberwindbares Hindernis für sie dar. Von dort hätte sie weit hinaus aufs Meer sehen können. Mik stellte das Tablett mit Kaffee und einem frisch gebackenen Hefekranz ab. Seit er zu seiner Mutter nach Smögen gezogen war, kochte und backte er mit wachsender Begeisterung. Seine Mutter wurde zunehmend gebrechlicher und war inzwischen nicht mehr in der Lage, aufwendiger zu kochen. Früher hatte er ihr Essen geliebt.

»Du solltest nicht deine Zeit damit verbringen, deine alte Mutter zu bedienen«, sagte sie und streichelte ihm mit ihrer schmalen Hand über die stoppelige Wange.

»Das mache ich gerne, Mutter«, sagte er lächelnd.

Nach der Katastrophe in Kopenhagen hatte er beschlossen, aus der Schusslinie zu gehen. Seit einigen Jahren führte er bei seiner Mutter ein sehr zurückgezogenes Leben, und sie profitierten beide davon. Er hatte den Rückzugsort bekommen, den er benötigte, und sie bekam seine Hilfe. Jede Woche ging er einkaufen, putzte, kochte und hielt das Haus in Schuss. Und ihm gefiel es, es gab seinem Leben einen neuen Sinn. Seine Mutter strich mit der Hand über die Mårbacka-Geranien, die sich auf der Fensterbank drängten.

»Was ist eigentlich am Samstag draußen auf dem Wasser passiert?«, fragte sie.

»Zerbrich dir nicht den Kopf darüber, Mutter«, lächelte Mik. »Alles ist gut ausgegangen, und das ist die Hauptsache.«

Ein Klopfen an der Tür unterbrach ihre Unterhaltung.

»Ich mache auf«, sagte Mik und erhob sich.

Sandra stand auf der Vordertreppe und lächelte ihn an.

»Kommen Sie rein, wir wollten gerade Kaffee trinken«, sagte Mik und führte sie ins Wohnzimmer.

Sandra begrüßte Miks Mutter und setzte sich, während Mik in die Küche ging und eine dritte Kaffeetasse von dem blau geblümten Porzellan holte.

»Sind Sie die Frau, der mein Sohn das Leben gerettet hat?«, fragte Miks Mutter und blickte Sandra forschend in die Augen.

»Hör auf, Mutter. So dramatisch war es nicht«, sagte Mik und setzte sich zu ihnen an den Tisch.

»Doch, so ist es«, erwiderte Sandra und lächelte verlegen. »Deshalb bin ich hier. Ich wollte mich persönlich bei ihm bedanken.«

»Er war ein großartiger Polizist«, fuhr Miks Mutter fort.

»Ja, das kann ich mir vorstellen«, sagte Sandra und warf Mik einen Blick zu.

Der wiederum sah aus, als wünschte er sich, seine Mutter würde von etwas anderem reden.

Sandra legte ein längliches Paket auf den Tisch.

»Für Sie!«, sagte sie und schob es Mik hin.

»Nein, das ist wirklich nicht nötig«, wehrte er ab, schien sich aber trotzdem zu freuen und löste die Schleifen.

»Meine Großmutter hat ihn gemacht«, sagte Sandra, als Mik einen weiß-blau gemusterten Läufer hervorzog.

»Vielen Dank!«, erwiderte Mik und gab ihr die Hand. »Ich bin nur froh, dass ich euch nachgefahren bin. Ich hatte ein ungutes Gefühl, als Sie und Dennis beide nach der Dolores fragten. Mir war klar, dass irgendetwas nicht stimmte.«

»Das kann man wohl sagen«, ließ sich seine Mutter in einem Ton vernehmen, als sei sie persönlich bei der Rettungsaktion draußen auf dem Meer dabei gewesen.

Eva saß bei ihren Eltern auf der Terrasse und blätterte in einer Zeitschrift. Vera hockte daneben und spielte mit einer Pippi-Langstrumpf-Puppe.

»Ich kann es gar nicht glauben, dass Åke wieder da ist«, sagte ihre Mutter, die ihr mit einer Häkelarbeit gegenübersaß.

»Ja, es ist wie ein Wunder«, erwiderte Eva und blickte auf den weiß-roten Leuchtturm von Hållö, der sich deutlich vor dem wolkenlosen blauen Himmel abzeichnete. »So einen sonnigen Frühsommer hatten wir lange nicht«, fuhr sie fort.

»In der Tat«, pflichtete ihre Mutter ihr bei und sah sie an. »Über das Wetter können wir uns jedenfalls noch nicht beschweren.«

Sie legte ihre Häkelarbeit in den Schoß und nippte an ihrem Kaffee, der inzwischen abgekühlt war.

»Hallo!«, erklang eine Stimme von der Terrassentür. »Hier habt ihr es euch also gemütlich gemacht.«

Åke trug ein schwarzes Polohemd und weiße Shorts und kehrte gerade von einer Besorgung zurück. Er kam zu ihnen hinaus.

»Störe ich?«, fragte er und ging zu Eva hinüber, die nach seiner Hand griff und ihn zu sich herunterzog, sodass er sich vor ihren Korbsessel kniete.

»Papa!«, jubelte Vera fröhlich, lief auf ihren Vater zu und umarmte ihn.

»Hallo, meine Süße!«, lachte Åke. »Spielst du mit Pippi?«

»Mmh, Pippi Lang«, bestätigte Vera.

Åke blieb vor Eva knien. »Eva, ich möchte dich etwas fragen«, sagte er und strahlte dabei über das ganze Gesicht.

Evas Mutter ließ ihre Kaffeetasse sinken und sah zu ihrer Tochter und Åke hinüber.

Åke legte Eva einen kleinen Seidenbeutel in die Hand.

»Was ist das?«, fragte sie verlegen.

»Mein Schatz«, begann Åke und holte tief Luft, »ich möchte dich fragen: Willst du mich heiraten?«

Eva sah ihn an, blickte in seine Augen. Obwohl er von den vergangenen Ereignissen noch gezeichnet war, war er ihr Åke. Ihr wunderbarer Mann und Veras Vater.

»Natürlich will ich!« Sie lachte und küsste ihn überschwänglich. Nichts würde sie jemals wieder voneinander trennen können.

Sie öffnete den Beutel und nahm den Ring heraus. Es war der schönste Ring, den sie je gesehen hatte, aus Weißgold mit kleinen geschliffenen Diamanten, die in der Sonne glänzten. Und als eine ihrer Tränen auf sie hinunterfiel, funkelten sie noch strahlender.

Sandra stieg ins Auto, und Dennis begrüßte sie gut gelaunt. Er wirkte fröhlich, als sie in Richtung Kungshamn fuhren, sagte aber nichts.

»Ist irgendwas?«, fragte Sandra.

»Nein, nichts«, erwiderte Dennis. »Oder doch, ich habe gerade einen Vater, eine Tante und einen Großcousin bekommen«, sagte er.

»Wovon redest du?«, fragte Sandra.

»Erinnerst du dich an den Mann, der mir im Surfers Inn den Zettel zugesteckt hat? Er ist Amerikaner, heißt Anthony Parker und hat ein bisschen Ahnenforschung betrieben. Er hat uns seinen Stammbaum präsentiert.«

»Aha, und was hast du damit zu tun?«, fragte Sandra. »Die Familie deiner Mutter kommt doch aus Göteborg?«

»Ja«, erwiderte Dennis, »aber ganz offensichtlich ist Gerhard mein Vater.«

»Tut mir leid, wenn ich ein bisschen schwer von Begriff bin«, sagte Sandra, »aber wie ist das denn zugegangen?«

»Meine Mutter hatte im Sommer 1969 ein Verhältnis mit ihm, als sie bei Signe und Gerhard zur Untermiete wohnte.«

»Aber Gerhard ist ein alter Mann.«

Dennis lachte. »Mag sein, aber das Ganze ist vierzig Jahre her, und damals scheint er ein richtiger Frauenheld gewesen zu sein, noch dazu ein ziemlich attraktiver.« Dennis warf seine Haare nach hinten.

Sandra sah ihn von der Seite an.

»Und du glaubst, du hast sein gutes Aussehen geerbt?«, sagte sie und grinste.

»Habe ich nicht?«, erwiderte Dennis gespielt beleidigt.

»Guck mal, da drüben! Ist das nicht deine alte Flamme?«, rief Sandra plötzlich.

»Was bildest du dir denn jetzt wieder ein?«, sagte Dennis und blickte in die Richtung, in die Sandra zeigte.

Anthony und Monica gingen den Bürgersteig vor dem Fußballplatz entlang. Monica hatte sich bei Anthony eingehakt und lachte, und Anthony schritt mit umgedrehter

Baseballkappe auf dem Kopf in seinen orangefarbenen Turnschuhen stolz neben ihr her.

»Du hast aber auch ein Pech!« Sandra lachte.

»Das sagt die Richtige«, erwiderte Dennis, ebenfalls lachend. »Du machst dich in Ermangelung eines anderen Kandidaten an einen wehrlosen kleinen Jungen heran.«

Sandra boxte Dennis in den Arm, konnte bei dem Gedanken, wie sie und der junge Kellner in der Mittsommernacht nach Hause gewankt sein mussten, ein Lächeln aber nicht unterdrücken.

»Hat sich der Vernehmungsleiter aus Göteborg eigentlich noch einmal bei dir gemeldet?«, fragte Sandra.

»Ja, Tom hat heute Morgen angerufen«, erwiderte Dennis.

»Und was hat er gesagt?«, hakte Sandra in ihrer üblichen ungeduldigen Art nach.

»Gunnel hat gestanden, dass Sebastian sie dabei beobachtet hat, wie sie Åke mit vorgehaltenem Gewehr in den Lastraum der Dolores gezwungen hat.«

»Hat er in dem Moment eingegriffen?«, fragte Sandra.

»Nein, er ist später zu ihr nach Hause gegangen und hat ihr erzählt, dass er sie beobachtet hat und dass ihm die Geldbeträge aufgefallen sind, die Åke vom Firmenkonto unterschlagen hat. Irgendwie hat er herausgefunden, dass die Vorfälle miteinander zusammenhängen, und Schweigegeld von Gunnel erpresst. Gunnel ist zum Schein auf seine Forderung eingegangen, und sie verabredeten, sich am selben Abend zu treffen. Mit dem Geld wollte Sebastian sein gemeinsames Leben mit Sofie finanzieren. Er wollte ihrem Vater zeigen, dass er sehr wohl für sie sorgen könne, in der Hoffnung, dass Carl Hallgren ihre Beziehung endlich gutheißen würde. In Sebastians Bruchbude hat Gunnel ihm mit Betäubungsmittel versetzte Cremetörtchen angeboten. Kurz bevor Sebastian bewusstlos wurde, hat sie ihn hinunter an den Kai gezwungen, wo er selbst ins Hafenbecken springen musste. Sein Körper war schon so stark betäubt, dass er sich im Wasser nicht mehr bewegen konnte.«

»Aber wo hatte sie das Betäubungsmittel her?«

»Vom Tierpark Nordens Ark in Sotenäs. Sie hat eine Skulptur für den Zoo angefertigt, einen Schneeleoparden. Bei der Arbeit hat sie das Mittel dort gestohlen.«

»Die Skulptur steht jetzt also im Tierpark?«, fragte Sandra.

»Ja, sie hätte am kommenden Samstag eingeweiht werden sollen, aber aufgrund der Ereignisse wurde die Einweihung natürlich abgesagt.«

»Und was machen wir jetzt?«, fragte Sandra.

»Wir fahren zum Polizeirevier und erledigen den ganzen Papierkram. Danach habe ich vor, wieder meinen Diensturlaub zu genießen. Und du? Arbeitest du den ganzen Sommer?«

»Ich weiß es nicht, das hängt davon ab, ob die Polizeibehörde der Meinung ist, dass ich meine Ausbildung beendet habe. Die Fahrprüfung steht noch aus, und seit Paul Hammarberg nicht mehr da ist, bist du der Einzige, der meine Fahrkünste gesehen hat.«

»Ja, und Gott sei Dank hab ich sie überlebt!«, neckte Dennis sie.

»So schlimm ist es nun auch wieder nicht«, erwiderte Sandra.

»Hast du eigentlich begriffen, warum dieser Albert wie ein Verrückter vor mir geflohen ist, als ich ihn auf dem Baustoffhof vor dem Schuppen gesehen habe, in dem sie ihre Architekturmodelle aufbewahren?«, fragte Dennis.

»Das ist eine gute Frage. Als Ragnar und ich dort waren, um Pelle Hallgren zur Vernehmung zu holen, hat er sich auch aus dem Staub gemacht.«

»Bist du dem nachgegangen?«

»Ich habe am Donnerstag unter einem Vorwand mit Linda, der Buchhalterin von Smögen-Bau, telefoniert. Als ich mich erkundigte, ob sie einen Grund für Alberts Verhalten wüsste, meinte sie, dass sein Vater nicht besonders begeistert wäre, dass er sich mit dem Modell für das Bauprojekt am Smögen-Kai beschäftigt.«

»Ist Albert Modellbauer?«, fragte Dennis.

»Genau. Eigentlich wollte er als technischer Modellbauer bei einer Firma in Göteborg arbeiten, aber das Arbeitsamt hat ihm einen Praktikumsplatz bei Smögen-Bau vermittelt.«

»Ja, dieses geplante Bauvorhaben stößt hier nicht gerade auf Begeisterung«, sagte Dennis. »Das Modell sah toll aus, ist aber natürlich ein Schandfleck für alle, deren Herzen für Smögen schlagen.«

»Wie deins zum Beispiel, nicht wahr?« Sandra lächelte.

»Mmh, wer ist der Vater von diesem Albert, kennen wir ihn?«

»Ich weiß nicht, ob du ihn kennst, aber ich habe ihn bei der Gemeindeverwaltung getroffen. Er heißt Arne Anrén und arbeitet beim Bauamt.«

»Dann kann man vielleicht verstehen, warum Albert die Beine in die Hand genommen hat. Er wollte wohl nicht, dass herauskommt, dass er an diesem Modell arbeitet.«

»Nein, wahrscheinlich nicht«, pflichtete Sandra ihm bei. »Aber sollen wir vielleicht ...«

Dennis' Telefon klingelte.

»Hallo, Åke! Wie geht's dir?«, begrüßte Dennis seinen Freund fröhlich. »Was habt ihr vor? – Aber seid vorsichtig! – Oh! Ja, natürlich komme ich! Rechne mit zwei Personen«, verkündete er und legte auf.

»Wie geht es Åke, was hat er gesagt?«, fragte Sandra.

»Bist du etwa neugierig?«

»Ja, ein bisschen, denn als wir in Uddevalla mit ihm gesprochen haben, war er nicht gerade das blühende Leben. Da ist die Frage, wie es ihm geht, ja wohl nicht ganz unberechtigt?«

»Er und Eva wollen am Wrack tauchen. Offenbar hat sie beschlossen, seiner Schatzsuche nicht mehr im Weg zu stehen.« Dennis lachte und warf einen Blick in den Rückspiegel.

»Ach du liebes bisschen«, sagte Sandra. »Ich hoffe, sie finden etwas Spannendes.«

»Außerdem hat er mich zur Hochzeit eingeladen. Eva und er wollen im Winter heiraten.«

»Eine Winterhochzeit?«, fragte Sandra.

»Ja, komisch, wenn man bedenkt, wie schön es hier im Sommer ist«, sagte Dennis.

»Der Winter ist auch schön. Wen nimmst du als Begleitung mit, jetzt, da Gunnel hinter Schloss und Riegel sitzt?«, zog Sandra ihn auf und grinste ihn spitzbübisch an.

»In Ermangelung einer anderen Kandidatin wollte ich dich fragen«, erwiderte Dennis und grinste ebenso spitzbübisch zurück.

Danksagung

Von vielen Menschen inspiriert und von Familienmitgliedern und Freunden unterstützt, habe ich nach zwei Jahren meinen ersten Kriminalroman beendet, der Smögen als Schauplatz hat. Ohne Euch würde es dieses Buch nicht geben, und dafür möchte ich mich herzlich bedanken – bei:

Dennis Wilson, einem der Bandmitglieder der *Beach Boys*, dessen glamouröses Leben und letztendlich außerordentlich tragisches Schicksal mich zu meiner Hauptfigur, dem Polizeibeamten Dennis Wilhelmson, inspiriert hat;

den Verfassern des wunderbaren Buchs *Sotenäset – die Küste der Schiffbrüche*, Bo Antonsson, Bertil Abrahamsson, Sievert Pihl und Eskil Sewerinson;

Camilla Läckberg, die einmal sagte, dass es keine Abkürzungen gibt. Man muss sich hinsetzen und schreiben. Dein Instagram-Profil inspiriert mich jeden Tag;

Anna Jacobsson, Erika Hallenbo und Lina Ryberg. Ihr habt mir mit Eurer fantastischen Kompetenz auf dem Gebiet der Krankenpflege, der Polizeiarbeit und der Pädagogik unschätzbare Dienste geleistet;

Bo Ranman, Dag Persson und Sara Lundstedt vom Fri Press förlag, die dieses Buch in erster Auflage herausgegeben haben, und Alexandra Wattwil, die mich während des Verlagsprozesses unterstützt hat;

Vera Lindgren, Lilian Stranne und allen anderen, die Smögen lieben und mir kleine und große Geschichten, Rezepte und hilfreiche Hinweise mitgegeben haben.

Ein großes Danke auch an alle, die sich die Zeit genommen haben, mein Buch zu lesen! Für Euch schreibe ich!

Anna Ihrén